Diederichs

GELBE REIHE MAGNUM

herausgegeben von Michael Günther

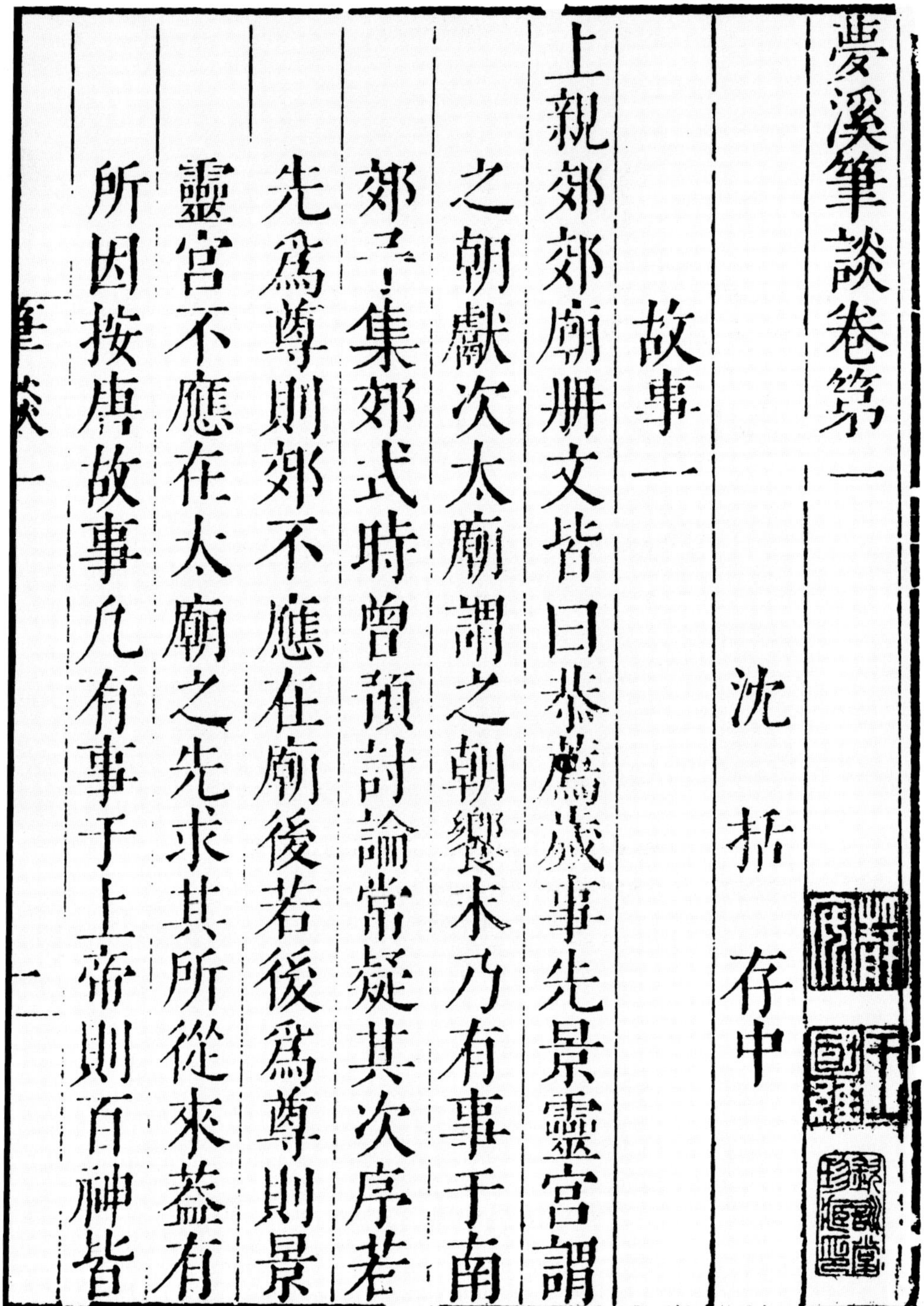
夢溪筆談卷第一
沈括存中
故事一
上親郊郊廟冊文皆曰恭薦歲事先景靈宮謂
之朝獻次太廟謂之朝饗末乃有事于南
郊予集郊式時曾預討論常疑其次序若
先爲尊則郊不應在廟後若後爲尊則景
靈宮不應在太廟之先求其所從來蓋有
所因按唐故事凡有事于上帝則百神皆
筆談一　一

Seite einer mingzeitlichen Ausgabe der »Pinselunterhaltungen am Traumbach«
mit dem Stempel des Literaturwissenschaftlers und Historikers Wang Guowei (1877–1927),
jetzt aufbewahrt in der Pekinger Bibliothek.

Shen Kuo

Pinsel-unterhaltungen am Traumbach

Das gesamte Wissen des alten China

Aus dem Altchinesischen übertragen
und herausgegeben von Konrad Herrmann

Eugen Diederichs Verlag

Mit 30 Abbildungen

Die Deutsche Bibliothek – CIP-Einheitsaufnahme
Shen, Kuo:
Pinselunterhaltungen am Traumbach : das gesamte Wissen des alten China/ Shen Kuo. aus dem Altchines. übertr. und hrsg. von Konrad Herrmann. – München : Diederichs, 1997
(Gelbe Reihe Magnum ; Bd. 1)
Einheitssacht.: Meng-qi-bi-tan <dt.>
ISBN 3-424-01382-X

Umschlaggestaltung: Zembsch' Werkstatt, München
Produktion: Tillmann Roeder, München
Satz: Typodata, München
Druck und Bindung: Huber, Dießen
Printed in Germany

ISBN 3-424-01382-X

Inhalt

Vorbemerkung und Danksagung 14

Persönliches Vorwort von Shen Kuo 15

Leben am Hof

Über das kaiserliche Opfer für Himmel und Erde 17
Die Hanlin-Akademie 17
Hofzeremoniell 18
Eine Anekdote aus dem Gelehrtenhof 18
Der hunnische Ursprung der von der Nördlichen Qi-Dynastie stammenden Kleidung 19
Die Kopfbedeckung Futou 19
Über den Ursprung amtlicher Anordnungen und Vermerke 20
Das Zeremoniell beim Kanzler und beim Kaiser 21
Der Ansturm auf die Sophorenhalle 21
Rauschgelb 22
Das Büro der Fünf Befehlshaber 22
Das Büro der Silberterrasse 23
Ein Pfeil zur Prüfung der Identität des Kaisers 23
Aufbewahrung von Büchern 23
Die Hanlin-Gelehrten 24
Ein Bankett für die Hanlin-Gelehrten 24
Die Palastprüfung 24
Wang Anshi wirft eine alte Regel über Bord 25
Die Vollstreckungsbeamten 26
Die kaiserliche Leibgarde 26
Liu Xus Ernennung zum Finanzkommissar 27
Der Blutsprinzentitel Nanbanguan und eine Eingabe von Diao Yue 28

Erörterungen

Das System der Gewichte in alter und neuer Zeit 30
Brennspiegel 30
Der Salzteich von Xiezhou 31
Treibsand 32
Beseitigung von Holzwürmern mit Wein-Rautenkraut 32
Die rotschwarze Farbe *xuan* 34
Schmelzen von Stahl 34

Weinherstellung in der Han-Dynastie 36
Die Gelatine Ajiao 36
Über Maße und Gewichte 36
Zimtholzspäne beseitigen Gräser 37
Identifizierung eines Bildnisses von Han Yu 37
Eine Methode zur Einsparung von Münzmetall 38
Über die Marschen von Yunmeng 38

Musik

Die astronomischen Zahlen in der Chronik »Han shu« 40
Eine zweifellige Metalltrommel 40
Siegeslieder von der Befriedung der Grenze 41
Der Tanz der Kudranienzweige 42
Die Musik ausländischer Orchester 43
Liedmelodien 43
Beurteilung der Jadeklingsteine aus Runzhou 44
Vom Sinngehalt der Musik 44
Betrachtung über das Musikstück »Guangling San« 45
Material für die Zither Qin 45
Gleiche Töne führen zum Mitschwingen 47

Astronomie und Mathematik

Die Korrektur des Schaltmonats und des Monatsersten im Fengyuan-Kalender 48
Erklärung des Begriffs »Chen« 48
Die Richtung des Stiels des »Großen Schöpflöffels« 49
Luoxia Hongs Kalendermethode 50
Die Messung der Position des Polarsterns 51
Wasseruhren 52
Die 28 Sternhäuser 54
Die Gestalt von Sonne und Mond 55
Sonnen- und Mondfinsternisse 56
Wirts- und Gastphänomene 56
Der hölzerne Zhong Kui und die Sonnen- und Mondfinsternisse 57
Ekliptik, Himmelsäquator und Mondbahn 58
Neuerliche Messungen bei der Revision des Kalenders 60
Neuordnung des kaiserlichen Observatoriums 61
Umgestaltung von drei astronomischen Geräten 61

Persönlichkeiten

Xu Huaide empfängt einen Gelehrten 63
Die Tugend war gleich, doch das Ergebnis verschieden 63
Wang Wenzhengs Duldsamkeit 64

Ein reicher Tölpel 65
Die Selbstgenügsamkeit des Fünften Herrn Du 66
Die Storax-Duftpillen 68
Wang Anshi verweigert die Annahme eines Geschenks 68
Der Menschenfreund Kong Min 69
Di Qings Verhältnis zu seinen Ahnen 69
Yan Shus freimütiges Wesen 70
Shi Manqings Trinklust 70
Liu Tingshis Treue zu seiner blinden Frau 71
Li Yuqing deckt vor seinem Tod eine Heimtücke auf 72

VERWALTUNGSSYSTEM

Die Stadtmauer von Helian 73
Liu Yans »Methode des harmonisierten Reiseinkaufs« 73
Ein Strafrechtsbeamter weist falsche Urteile zurück 74
Die Verlegung der Stadt Shenzhou 75
Der Kampfunterstand - eine provisorische Befestigungsanlage des Altertums 75
Herkunft des Gesetzes über die Unbefangenheit eines Anklägers 76
Postverkehr 76
Fan Zhongyan organisiert eine Hungerhilfe 77
Zur Frage der Getreidetransporte für ein ins Feld marschierendes Heer 78
Gao Chao schließt das Drachentor 79
Salz 80
Untersuchung einer Leiche mit rotem Licht 82
Die Buhnenpfähle am Damm des Qiantang-Stroms 82
Fan Xiang führt ein »Salzgeldverfahren« ein 84
Die Doppeltorschleuse von Zhenzhou 85
Zhang Gaoqing entlarvt mit Weisheit eine Ehebrecherin 86
Fan Zhongyan unterdrückt die Kaufleute zugunsten der Bauern 86
Wang Qinruos Karriereerfolg 87
Die Bezahlung der Amtsdiener 88
Das Teegesetz 88
Der Salzbrunnen von Lingzhou 89
Eine Stimmpfeife 90
Zähmung einer Berg-Frankoline 90
Di Qing entsendet außergewöhnliche Truppen 92
Di Qing erobert mit List den Kunlun-Paß 92
Cao Weis Kunst der Kriegführung 93
Ein Situationskünstler 94
Wang Yuanze unterscheidet ein Wasserreh von einem Hirsch 94
Kunst der Täuschung 95
Lei Jianfu versetzt einen großen Fels 95

Gelehrte und Erfinder

Die Landkarten der koreanischen Gesandten 96
Aufgestautes Wasser als Grenzhindernis 96
Der konfuzianische General Li Jilong 97
Der lange Damm - ein Landweg im Land des Wassers 98
Der Ursprung der Mauer am nördlichen Stadttor von Xiongzhou 98
Mit List einen Räuber überführen 99
Hou Shuxian repariert den Damm am Bian-Fluß 99
Zhong Shiheng sendet Spione aus 100

Literatur

Phonoideogramme mit rechtsseitigem Bedeutungsträger 102
Wang Shengmei studiert das Werk »Meng Zi« 102
Die Verbreitung der Gedichte über das Singmädchen Hong'er 103
Ein zusammengesetztes Gedicht von Wang Anshi 103
Dattel und Jujube 104
Kalligraphien aus der Zeit der Jin- und der Liu-Song-Dynastie 104
Ein nächtlicher Regen beseitigte unheilvolle Dämpfe 104
Fischfang mit Kormoranen 105
He Ning übertrug die Autorschaft seiner Liebesgedichte auf Han Wo 106
Wei Ye und die »Ungehobelte Achte Zhang« 106

Kalligraphie und Malerei

Entscheidung nach dem Ohr 108
Wu Yus Gemäldekenntnis 108
Die Schönheit von Kalligraphien und Gemälden besteht in ihrem Sinn 108
Auflösung und Perspektive in der Malerei 109
Das Geheimnis um den täglichen Fortschritt des Malstils 110
Die Bilder von Huang Quan und Xu Xi 111
Bevor man den Pinsel ansetzt, muß man das Schriftzeichen vor sich sehen 111
Zur Geschichte des Textes »Über Le Yi« 112
Wang Hongs Mord an 18 Malern 113
Betrachtung von Gemälden 113

Handwerk

Yu Haos »Klassiker des Holzbaus« 114
Die Kunst des rechtwinkligen Dreiecks und die Kunst der Verknüpfung 116
Die Berechnung des Spaltvolumens und der Bogenlänge 116
Herstellung von Bögen 119
Über die Zahl der Stellungen beim Schachspiel 120
Das Erweiterungsverfahren 121
Druck mit beweglichen Typen 121

Wei Pos Meisterschaft in der Kalenderkunst 123
Erklärung des Begriffs »zhuang« 125
Spielstrategie beim Belagerungsschach für vier Personen 125
Der hölzerne Turm im Kloster des Brahmahimmels 125
Über Bart- und Augenbrauenhaare 127
Die Praxis der Medizin darf sich nicht allein auf Bücher stützen 127
Mutterwurz und Schnurbaum 129
Eine Behandlung der Leber unterstützt die Milz 130

GEBRAUCHSGEGENSTÄNDE

Gefäße des Typs Lei 131
Ein Hohlraum kann Schall empfangen 131
Eine Abzugsvorrichtung mit Inschrift 131
Der Götterarm-Bogen 132
Die alten Schwerter »Zhanlu« und »Yuchang« 132
Entdeckung eines alten Grabs 132
Konvexe Spiegel 133
Der Lungenstein der Tang-Dynastie 133
»Lichtdurchlässige« Spiegel 134
Der Abzugsmechanismus einer Armbrust 134
Kaltgeschmiedete Schilde 135
Der große kaiserliche Jade-Prunkwagen 136

ÜBERNATÜRLICHES

Der Aalbrunnen 137
Ein Meteorit 137
Gemüsekrankheiten 138
Ein heftiger Blitzschlag 138
Die Dinge sind nicht vorbestimmt 139
Herstellung von Gold 139

ERSTAUNLICHES

Ein Regenbogen 141
Ein doppelwandiger Spiegel 141
Kaltes Licht 142
Untersuchung über Goldmünzen 142
Merkwürdige Krankheiten 143
Die Riesenperle von Yangzhou 144
Das Erdbeben von Dengzhou 144
Eine eisvogelgrüne Tropfenperle 144
Eine Fata Morgana 145
Die versteinerten Bambussprossen von Yanzhou 145
Die Versteinerungen von Zezhou 147

Das Volk von Jiaozhi bringt ein seltenes Tier dar 147
Das Schwert von Shuqu 148
Alligatoren 148
Ein Barbaren-Seelöwe 150
Ein Tornado 150
Eisblumen 150

IRRTÜMER

Kann ein Baum fünf Düfte haben? 152
Die Kunst des Wahrsagens 152
Bao Zheng durchkreuzt die Ränke eines treulosen Beamten 153
Bestechliche Beamte 153
Die Riesenmuschel 154

IRONISCHES

Krankheiten der Literatur 155
Ein Studierter tritt dem Prüfungsaufsatz wie einem Feind entgegen 155
Bremsen 156

VERMISCHTES

Durch die Prüfung gefallen 157
Der Gelehrte aus Wuzhong 157
Sprichwörter 158
Erdöl 158
Der südliche Salzwind 159
Die Residenz des Zhao Pu 159
Eine Springmaus 160
Der Reifbote 160
Ein Gesetz betreffend das Überstauen von Feldern 160
Wandel von Meer und Festland 160
Der alte Lauf des Huai-Flusses 161
Raffinieren von Zinnober 161
Das Yandangshan-Gebirge 163
Über das Meer gekommene Gäste 164
Der Kompaß 164
Die Gedichte über den Sklaven Lu 166
Aufstieg und Niedergang der Beamtenfamilien 166
Teestrauchtriebe 168
Züchtung von Litschi-Pflaumen mit kleinen Kernen 168
Wintersaateulen 168
Selbstrettung einer Spinne 169
Bräuche aus dem Norden 169
Aus dem »kleinen Meer« wurden Reisfelder 170

Zweiköpfige Schlangen 170
Die Himmelsschlange 170
Der Tee von Jianxi 171
Raffination von Kupfer 171
Eine Vermessung der Gestalt der Erde 172
Vorsorge vor Sturmkatastrophen 173
Wie die Gegend Ji ihren Namen bekam 174
Kann eine Krabbe Malaria vertreiben? 174
Berichterstattung 174
Eine Reliefkarte 175
Der Aufstand des Li Shun 175
Kaiser Taizu der Song leitet das Heer 176
Zhuge Liang bediente sich außergewöhnlicher Menschen 177

MEDIZIN

Die inneren Organe 178
Hühnerzungenduft 179
Herrscher, Minister, Adjutant und Diener in Arzneien 179
Die glatte Rose 180
Arzneien in Form von Absuden, Pulvern und Pillen 180
Sammeln von Heilkräutern 181
Geweihbast vom Davidshirsch und vom Hirsch 182
Ningxia-Bocksdorn 183
Woran Haselwurz zu erkennen ist 183
Sesam 183
Himmelshanf 184
Gips 184
Seeaustern 185
Eine Yamswurzel-Art 185

ERGÄNZUNG DER PINSELUNTERHALTUNGEN – HISTORISCHES

Sima Qians Hintersinn 186
Mängel der Methode zur Beschreibung der Aussprache eines Schriftzeichens mittels zwei Schriftzeichen 186
Sinn und Wohlklang liegen jenseits der Töne 187
Die 28 Tonarten der Festmusik 187
Ursachen für Fehler der Intonation 188
Musikglocken 189
Griffbrett- und Wölbbrettzither reagieren aufeinander 189
Xu Yan spielt die Griffbrettzither Jiqin 190

Naturphänomene

Ebbe und Flut 191
Ein Kalender mit zwölf Solarperioden 191
Charakteristische Werte der Stimmpfeifen 193
Wang Ceng weist mit ernster Miene einen Hofbeamten zurück 194
Die Speise des Kreisvorstehers Zhang 194
Ein alter Hauptmann verwandelt eine Situation der Gefahr in Frieden 195
Eine Auslassung in der »Chronik der Han-Dynastie« 196
Auf einen Schlag drei Arbeiten bewältigen 197
Zur Reparatur eines Schiffes eine Grube ausheben 197
Aus Falsch wird Wahr gemacht 198
Das Wesen der Kalligraphie 198
Der den alten Gefäßen innewohnende Sinn 199

Merkwürdiges

Eine Karte aller Bezirke und Kreise 200
Die Schlacht von Shanyuan 200
Die Schlachtordnung der neun Heere 203
Über die Wertschätzung 204
Geheimnisvolle Verwandlungen 205
Sternanis 205
Fließendes und stehendes Wasser 206
Über den Gebrauch von Arzneimitteln 207
Bambusbast 208
Die Magnetnadel 208
Der Kugelfisch 208
Die Orchideenart Cymbidium 210
Die japanische Pollie 211
Gelsemium 212
Gelbring 212
Unreife und getrocknete Orangen 213

Kunst und Literatur

Lu Zongdao 215
Das Wesen der Dinge 216
Ein Gedicht von Tao Yuanming 216
Unheilvolle Träume 216
Das Rätsel vom »wachsenden Maulbeerbaum« 217
Wortwirkung 217
Wang Anshi ändert im Scherz ein Gedicht von Han Yu 217

Nachwort – Shen Kuo und die »Pinselunterhaltungen am Traumbach« 219

Anhang

Anmerkungen 247
Zeittafel der Dynastien 299
Regierungsären der Nördlichen Song-Dynastie 300
Maßeinheiten während der Song-Dynastie 301
Literatur 302
Personen- und Ortsregister 308
Zum Autor 313

Vorbemerkung und Danksagung

Die vorliegende Übersetzung von Auszügen aus Shen Kuos »Pinselunterhaltungen am Traumbach« wurde auf der Grundlage der vollständigen von Hu Daojing kommentierten und berichtigten Ausgabe »Meng xi bi tan jiaozheng«, Verlag Gudian wenxue chubanshe Shanghai (1957), angefertigt. In diesem Buch sind 285 von insgesamt 609 Notizen Shen Kuos widergegeben. Die den Notizen nachgestellten Nummern folgen der von Hu Daojing in dieser Ausgabe eingeführten Numerierung. Die Überschriften zu den Notizen, die sich im Original unmittelbar aneinanderreihen, stammen vom Übersetzer. Um dem Leser die chronologische und maßliche Zuordnung von Sachverhalten zu erleichtern, wurden die Jahreszahlen von Dynastien und Regierungsären sowie Äquivalente altchinesischer Maße in eckigen Klammern eingefügt.
Mit dem Ziel, die zuweilen verwirrende Vielfalt der Namen für ein und dieselbe Person einzuschränken, gibt die Übersetzung in der Regel nur den ursprünglichen Namen an, während im Original Gelehrtenname, postumer Name usw. stehen können. Die dem Leser aus den Übersetzungen Richard Wilhelms vertraute Transkription des Chinesischen wurde zugunsten der Pinyin-Umschrift aufgegeben, und alle Eigennamen sind in der offiziellen Pinyin-Transkription der VR China wiedergegeben. So wird beispielsweise I Ging zu Yi jing, Li Gi zu Li ji und Mong Dsi erscheint hier als Meng Zi.
Die politischen und gesellschaftlichen Hintergründe Chinas zu Shen Kuos Lebzeiten sowie Einzelheiten zu seiner Biographie und seinem umfangreichen Wissen sind im Nachwort eingehend beschrieben. In den unter Berücksichtigung der Annotationen von Hu Daojing verfaßten Anmerkungen finden sich Erklärungen zu von Shen Kuo erwähnten Personen, Orten und historischen Begebenheiten sowie weiterführende Hinweise zu den von ihm dargestellten Wissensbereichen.

An dieser Stelle möchte ich Herrn Qian Guanyu aus Haining (Prov. Zhejiang), mit dem ich mich über manche schwierige Stelle im altchinesischen Original austauschen konnte und der mir half, zahlreiche Realien zu identifizieren, meinen herzlichen Dank aussprechen. Mein Dank gebührt weiterhin Herrn Liu Tianhua aus Beijing, der mir bei der Beschaffung der Originaltexte und von Illustrationsmaterial behilflich war.

Berlin 1997 — Konrad Herrmann

Persönliches Vorwort von Shen Kuo

Bildnis von Shen Kuo in Beamtentracht.

Zurückgezogen unter Bäumen, lebte ich abgeschieden von der Außenwelt. Da entsann ich mich der Gespräche mit Freunden, und wenn ich dann eine Begebenheit mit dem Pinsel festhielt, war mir, als unterhielte ich mich wieder mit ihnen. So verbrachte ich einsam die Tage. Weil meine Gesprächspartner nur der Pinsel und der Tuschereibstein waren, nannte ich dies »Pinselunterhaltungen«.

Ich wagte nicht, einseitig über die Pläne des Kaisers, über Staatspolitik und Hofaffären zu berichten. Auch unterließ ich es, mich über den Ruf der jetzigen Beamtenschaft zu verbreiten, so daß ich weder ihre Vorzüge noch ihre Fehler erwähnte. Einzig ließ ich mich vom Schatten unter den Bäumen in der Stille der Berge leiten. Wie es mir einkam, plauderte und scherzte ich, doch nie auf Kosten anderer. Aber bis hinab zum Gassenjargon ließ ich nichts aus.

Da verschiedenes auf Überlieferung beruht, sind Lücken und Irrtümer unvermeidlich. Wenn nun aber jemand meint, ich hätte einen zu geringen Beitrag zur Beförderung der Sittlichkeit geliefert, kann ich nur betonen, daß dies gar nicht in meiner Absicht lag.

Leben am Hof

Über das kaiserliche Opfer für Himmel und Erde (1)

Wenn der Kaiser persönlich Himmel und Erde opfert, ist in den Aufzeichnungen festgehalten, daß er ihnen jährlich respektvoll dienen soll. Zuerst wird im Tempel der Verehrung der Götter das kaiserliche Opfer, dann im Ahnentempel des Kaisers das kaiserliche Opfermahl und zum Schluß der Ritus an der südlichen Altarstätte abgehalten.

Als ich das Material für die Schrift »Riten der Opfer für Himmel und Erde« (»Nan jiao shi«)[1] sammelte, hatte ich in Diskussionen Zweifel an der Reihenfolge der Riten geäußert. Angenommen, die erste Zeremonie wäre am bedeutendsten, dann dürfte der Ritus an der südlichen Altarstätte nicht erst nach dem im Ahnentempel vollzogen werden. Und angenommen, die letzte wäre die bedeutendste, dann dürfte die Zeremonie im Tempel der Verehrung der Götter nicht vor der im Ahnentempel abgehalten werden.

Als ich die Ursprünge dieser Zeremonien untersuchte, fand ich folgende Gründe für die Reihenfolge. Nach Aufzeichnungen aus der Tang-Zeit schickte man, wenn dem Himmel geopfert werden sollte, zuvor einen Abgesandten, der die Verkündung der Götter einholte. Nur zum Tempel der Großen Reinheit und zum Ahnentempel begab sich der Kaiser persönlich. In seinem Zeremonienhandbuch stand: »Wähle einen bestimmten Tag eines bestimmten Monats für die Zeremonie an einem bestimmten Ort und wage nicht, etwas zu verschweigen.«

Die Zeremonie im Tempel der Großen Reinheit und im Ahnentempel hieß »Verkündung an den Thron«, die anderen hießen »Verkündung der Götter«. Erst der Ritus an der südlichen Altarstätte war das »Hauptopfer«.

Im 9. Jahr der Regierungsära Tianbao [750] wurde folgendes Edikt erlassen: »Da der Begriff ›*gao*‹ (Verkündung) die Richtung von oben nach unten bezeichnet, soll künftig die Zeremonie im Tempel der Großen Reinheit »Kaiserliches Opfer« und die im Ahnentempel »Kaiserliches Opfermahl« heißen. Seitdem gab es also nicht mehr die Bezeichnung »Verkündung an den Thron«. Die offiziellen Aufzeichnungen sprachen nur noch vom »Hauptopfer«.

Die Hanlin-Akademie (3)

In der Tang-Zeit befand sich die Hanlin-Akademie[2] in der Verbotenen Stadt nahe den Privatgemächern des Kaisers. Dort befanden sich die Jadehalle, der Palast des gesammelten Glanzes und der Goldene Kaiserliche Empfangssaal.

Vom Gelehrten an abwärts hießen alle Bediensteten des Kaisers, dazu gehörten

Handwerker, niedere Beamte und Diener, Hanlin. Heute wäre dies mit den Hanlin-Medizinern oder den Hanlin in Befehlserwartung vergleichbar. Die für die Bewirtung mit Tee und Wein zuständigen Hanlin werden einfach Angehörige des Hanlin-Amts tituliert. Vielleicht wurde in diesem Fall eine falsche Bezeichnung überliefert.

Hofzeremoniell (4)

In der Tang-Zeit war festgelegt, daß, angefangen vom Kanzler bis zu den niedrigen Beamten, bei der ersten Vorladung durch den Kaiser keine verbindlichen Riten galten. Nur wenn Gelehrte vorgeladen wurden, mußte ihnen ein Eunuch den Befehl überbringen, vielleicht weil der Gelehrtenhof innerhalb des Kaiserpalastes lag. Deshalb gab es außer dem Tor zum Hof noch ein zweites Tor, durch das man in den Kaiserpalast gelangen konnte. Der Gelehrtenhof hatte auch ein Nordtor, denn da er südlich der kaiserlichen Badehalle lag, war es so bequem, die Befehle des Kaisers zu befolgen.

Wenn heute ein Gelehrter zum ersten Mal dem Kaiser aufwartet, reitet er durch das Östliche Blumentor. Dann, am Linken himmlischen Empfangstor angelangt, steigt er vom Pferd und wartet, bis er aufgerufen wird. Ein Hofdiener geleitet ihn vom Linken himmlischen Empfangstor zu den Beamten am Tor der Audienzhalle. Das geschieht genau nach den alten Regeln der Tang-Zeit.

Wenn zur Tang-Zeit Gelehrte vorgeladen wurden, traten sie durch das Osttor ein. Weil der Gelehrtenhof damals im Westen lag, kamen sie auf einen Befehl vom Osttor der Hanlin-Akademie, nicht aber wie jetzt vom Östlichen Blumentor. Damals zog man an einem Glockenseil, um sich anzukündigen. Selbst die Angehörigen des Gelehrtenhofs, obwohl er doch innerhalb des Palastes lag, verharrten vor dem Eingang zur Jadehalle. Daran kann man die Strenge der Vorschriften ermessen.

Heutzutage liegt der Gelehrtenhof außerhalb des Kaiserpalasts. Obwohl es zwischen ihm und den anderen Amtsgebäuden keinen Unterschied gibt, existiert noch das Glockenseil, aber es ist nur ein Relikt aus alter Zeit.

Eine Anekdote aus dem Gelehrtenhof (5)

Die Jadehalle des Gelehrtenhofs wurde einst von Kaiser Taizong[3] persönlich beehrt. Bis heute ist es den Gelehrten nur am Monatsersten gestattet, hier Platz zu nehmen. An anderen Tagen würden sie es nicht wagen, sich in der Jadehalle niederzusetzen.

Früher pflegte man im Gelehrtenhof eine bestimmte Etikette: In der Mitte der Halle war ein Pult aufgestellt, an dem die kaiserlichen Edikte verfaßt wurden. Jedes Mal, wenn ein Edikt zu schreiben war, nahm der Gelehrte, korrekt gekleidet und das Haupt bedeckt, am Pult Platz. Heute wird die Halle nicht mehr benutzt, nur das Pult steht verwaist da.

In der Kanzlei östlich der Jadehalle erkennt man auf einem Fensterkreuz Feuerspuren. Einmal besuchte Kaiser Taizong nachts die Jadehalle. Der Gelehrte Su Yijian[4], der hier schon schlief, erhob sich hastig und ordnete, ohne erst eine Kerze anzuzünden, Gewand und Hut. Jedoch eine Konkubine des Kaisers leuchtete mit einer Kerze durch das Fenster hinein. Bis auf den heutigen Tag will niemand den dabei entstandenen Brandfleck beseitigen, weil man diesem Ereignis eine große Bedeutung für die Jadehalle beimißt.

Der hunnische Ursprung der von der Nördlichen Qi-Dynastie stammenden Kleidung (9)

In China trägt man seit der Zeit der Nördlichen Qi-Dynastie [550–577] Kleidung und Kopfbedeckung, die sämtlich von den Hunnen stammt. Enge Ärmel, kurze rot-grüne Röcke, Langschäfter und Ledergürtel mit Gürtelringen sind alles Kleidungsstücke hunnischen Ursprungs. Enge Ärmel erweisen sich beim Reiten und Jagen als vorteilhaft. Kurze Röcke und Langschäfter sind bequem, um über die Steppe zu galoppieren. Solcherart gekleidet, nächtigen die Hunnen oft und gern in dichtem Gras.
All das hatte ich gesehen, als ich als Botschafter ins Liao-Reich reiste[5], dessen Herrscherhof sich selbst mitten in der Steppe befindet. An jenem Tag, an dem ich den Hof der Hunnen erreichte, hatte es gerade geregnet, so daß mein Übergewand und meine Hose vom Marsch durch die Steppe durchnäßt, während die Kleider der Hunnen trocken geblieben waren. Zu den Utensilien, die sie am Gürtel tragen, gehören Bogen und Schwert, ein Schweißtuch, ein Ledersäckchen für Zählstäbchen, ein Wetzstein und anderes. Obwohl man nun keinen Gürtelschmuck mehr antrifft, existieren noch die Gürtelringe, die dazu dienen, Utensilien an ihnen anzuhängen, zum Beispiel das Riemenzeug, die heute aber als Schmuck dienen.
Für den Himmelssohn sind dreizehn Ringe vorgeschrieben. So galt es zur Zeit der Tang-Kaiser Gaozu[6] und Taizong[7]. Obwohl dieser alte Brauch noch während der Regierungsära Kaiyuan [713–741] bestand, wurden die Gürtel allmählich breiter. Der Gürtelhaken paßte aber immer noch durch das ursprüngliche Loch. Seit der Song-Dynastie wurde noch ein Haken hinzugefügt, doch er dient nur als Verzierung.

Die Kopfbedeckung Futou (10)

Die Kopfbedeckung Futou heißt auch »Vier Zipfel«, weil sie vier Bänder besitzt. Zwei Bänder werden am Hinterkopf zusammengebunden, deren Enden dort herabhängen. Die beiden anderen Bänder werden über Kreuz auf dem Kopf zusammengebunden, so daß sich das gefaltete Tuch an die Stirn legt. Deshalb heißt diese Kopfbedeckung auch »nach oben gefaltetes Kopftuch«.

Gemäß den Bekleidungsvorschriften der Tang-Dynastie durften nur die Herrscher ein Futou mit steifen Bändern tragen. Erst gegen Ende der Tang-Zeit maßten sich die Provinzgouverneure an, Futou mit steifen Bändern zu tragen. In dieser Dynastie gibt es fünf Formen von Futou: Gerade, gebogene, über Kreuz gelegte, nach oben und nach hinten gestellte Bänder. Nur der Futou mit geraden Bändern[8] wird von Hoch und Niedrig gleichermaßen getragen. Außerdem hießen die vom Volk getragenen Kopftücher während der Tang-Zeit ebenfalls »vier Bänder«, weil man zwei Bänder am Hinterkopf und die beiden anderen unter dem Kinn zusammenband. Derartige Kopftücher lösten sich nicht bei der Arbeit. Nach der Arbeit knüpfte man die beiden letztgenannten Bänder über dem Kopf zusammen. Heutzutage schnürt man die beiden Bänder nicht mehr unter dem Kinn, sondern läßt sie einfach herunterhängen.

Über den Ursprung amtlicher Anordnungen und Vermerke (12)

Als ich Redakteur in der Halle der Geschichtsschreibung war[9], fragte das militärische Oberkommando bei mir über die Herkunft amtlicher Anordnungen *(xuan)* und Vermerke an. Bei der Überprüfung überlieferter Aufzeichnungen aus der Tang-Zeit stellte ich fest, daß es damals Aufgabe der Kanzlersekretäre war, kaiserliche Edikte zu entwerfen. Hierbei gab es zwei Ausfertigungen: Die erste war das Manuskript, und die zweite die Anordnung. »Anordnung« bedeutete ursprünglich nur »absenden«, so daß damit noch nicht das schriftliche Dokument gemeint war.

Wenn ein Kommissar des militärischen Oberkommandos am Ende der Tang-Zeit einen Befehl aus dem Palast erhalten hatte, leitete er ihn an das Kanzlersekretariat weiter; dies nannte man »*xuan*«. Das Sekretariat nahm den Befehl entgegen und verzeichnete ihn in den Akten. Dies nannte man »den Auftrag für eine Anordnung registrieren«.

Im Amt für Geschichtsschreibung ist heute noch das Buch »Anordnungen und Manuskripte aus der Liang-Dynastie« (»Liang xuan di«) in zwei Kapiteln erhalten, das sich mit den heutigen »Protokollen kaiserlicher Worte« (»Sheng yu bu«) vergleichen läßt. Zu Beginn der Liang-Dynastie [907–923] wurde das Amt des Respekts vor der Herrschergewalt eingerichtet[10], das besonders für die Ausführung geheimer Befehle zuständig war. Erst nachdem Kaiser Zhuangzong der Späteren Tang-Dynastie[11] wieder das Amt eines Kommissars des militärischen Oberkommandos eingerichtet und Guo Chongtao und An Zhonghui hierzu ernannt hatte[12], wurden die Regierungsaufgaben aufgeteilt. Befehle, die nun direkt, ohne den Umweg über das Kanzlersekretariat, nach unten gegeben wurden, hießen »Anordnungen«. Sie entsprachen den »Verfügungen« des Kanzlersekretariats. Über geringfügige Angelegenheiten wurden Vermerke herausgegeben, die mit Kabinettsmitteilungen zu vergleichen sind.

Bis heute bedient sich das militärische Oberkommando der Anordnung und des Vermerks. In der gegenwärtigen Dynastie benutzt das militärische Oberkom-

mando außerdem noch die Form der Anweisung. Die Anweisungen aus dem Kanzlersekretariat tragen oben die Unterschrift des Kanzlers und darunter in entsprechender Reihenfolge die Unterschriften des stellvertretenden Kanzlers und weiterer Regierungsmitglieder. Die Anweisungen des militärischen Oberkommandos tragen unten die Unterschrift des Kommissars und darüber die Unterschriften seiner Stellvertreter in entsprechender Reihenfolge. Darin unterscheiden sich die beiden Arten von Anweisungen.
Beispielsweise genügt ein Vermerk, um über den Einsatz von Postpferden zu entscheiden.

Das Zeremoniell beim Kanzler und beim Kaiser (13)

Wenn der Kanzler die Beamtenschaft in seinem Sekretariat empfängt, treten die neun Minister und die im Rang unter ihnen stehenden auf den lauten Ruf »Verbeugt Euch!« eines Angestellten des Sekretariats eilig ein.
Der Kanzler begrüßt sie mit zusammengelegten Händen und bietet Tee an, worauf alle lobpreisend ihre Stimme erheben. Diese Zeremonie heißt »Verbeugung und Begrüßung«.
Wenn die Verfasser kaiserlicher Edikte und andere hohe Beamte bei ihm erscheinen, sagen sie einfach: »Ich bitte Euch um ...«, ohne daß man sich verbeugt oder besonders begrüßt. Aber bevor sie sich zurückziehen, wird auch ihnen etwas zu trinken angeboten.
In beiden Fällen nehmen die Beamten ihre Plätze an der Südseite des Kanzlersessels ein. Während die Hofbeamten sitzen, müssen alle anderen, von den Beamten im Dienst der Hauptstadt an abwärts, stehen.
Wenn der Kaiser in der hinteren Halle Beamte empfängt, melden sich die Verfasser kaiserlicher Edikte und andere hohe Hofbeamte mit Namen und machen Kotau. Die übrige Beamtenschaft verbeugt sich jedoch nur, eine Lobesformel murmelnd, ohne sich mit Namen zu melden oder einen Kotau zu machen.
Im Kanzlersekretariat haben die hohen Beamten wenig Formen zu beachten, was zeigt, daß sie gleichrangig behandelt werden. Dagegen verhalten sich die niederen Beamten vor dem Kaiser formlos ohne Zeremoniell.[13]

Der Ansturm auf die Sophorenhalle (15)

Vor dem Studierzimmer der dritten Halle im Gelehrtenhof wächst eine riesige Sophore, nach der das Gebäude seit jeher »Sophorenhalle« heißt.
Schon lange wird überliefert, daß in diesem Zimmer zahlreiche Beamte wohnten, die bis zum Kanzler aufstiegen. So geschieht es, daß sich die Gelehrten um die Sophorenhalle streiten. Sie haben gar schon einmal das Gepäck eines Mannes, der dort bereits eingezogen war, ins Freie geworfen und das Zimmer regelrecht besetzt.
Als ich Gelehrter war[14], habe ich das mit eigenen Augen erlebt.

Rauschgelb (18)

Wenn in der kaiserlichen Bibliothek und im Archiv in neuen Büchern oder ins reine geschriebenen Manuskripten fehlerhafte Stellen entdeckt wurden, übermalte man sie mit Rauschgelb[15].

Die verschiedenen Verfahren, Schriftzeichen zu korrigieren, sind alle schon erprobt worden.

Wenn man wiederholt mit einem Messerchen schabt und Wasser dazugibt, beschädigt man das Papier. Überklebt man die Stelle mit einem Stück Papier, kann es sich leicht lösen. Bestreicht man sie mit Puder, so deckt er nicht, denn die Fehlerstelle verschwindet erst nach mehrmaligem Überstreichen. Einzig durch Rauschgelb wird sie mit einem Überstrich völlig bedeckt, und die Schicht löst sich nicht ab. Die Alten nannten dieses schon lange bekannte Mittel »Bleigelb«.

Das Büro der Fünf Befehlshaber (19)

In den Tagen, als ich Militärbevollmächtigter der Provinz Fuyan war[16], wurde dort eine neue Dienststelle eingerichtet, die man Büro der Fünf Befehlshaber nannte. Die oberste Dienststelle des Bezirks Yanzhou war die des Oberbefehlshabers. Er allein war für alle Angelegenheiten von Yanzhou zuständig. Demgegenüber war das Büro der Fünf Befehlshaber für die militärischen Aufgaben von Fuyan zuständig, genau wie eine Kommandantur während der Tang-Zeit.

Die Fünf Befehlshaber sind: der Militärbevollmächtigte, der Befriedungskommissar, der regionale Oberbefehlshaber, der Militärgouverneur und der Überwachungskommissar.[17]

Nach dem System der Tang-Zeit versah eine Verteidigungskommandantur die Aufgaben des Militärgouverneurs, des Überwachungskommissars und des Inspektors.

Heute werden die Aufgaben des Militärgouverneurs oft vom Büro des regionalen Oberbefehlshabers, diejenigen des Überwachungskommissars vom Büro des Befriedungskommissars und diejenigen des Inspektors vom Büro des Militärbevollmächtigten ausgeübt.

Früher waren sowohl der Militärgouverneur als auch der Überwachungskommissar gleichzeitig als Richter tätig, während sie heute nur für die Verwaltungsangelegenheiten des Bezirks zuständig sind.

Im Büro des Militärbevollmächtigten und des Befriedungskommissars sind keine subalternen Beamten angestellt. Dadurch wird gewährleistet, daß die höchste Autorität beim obersten Befehlshaber liegt. Der regionale Oberbefehlshaber, sein Stellvertreter und der Militäradministrator sind unterschriftsberechtigt, unterstehen aber alle der Kontrolle des Militärbevollmächtigten.

Das Büro der Silberterrasse (20)

Das Büro der Silberterrasse[18] überprüft, außer der Übermittlung von Eingaben, die vom Kanzlersekretariat verabschiedeten Dokumente, was ursprünglich Aufgabe des politischen Zensors war. Obwohl dieses Büro eigentlich dem Kanzlersekretariat unterstellt werden sollte, gehörte es schon immer zum militärischen Oberkommando.

Befehle an die Ämter und Direktorien werden in Form einer Anweisung erteilt, während sie umgekehrt Berichte an das Büro der Silberterrasse einreichen. Selbst die Finanzkommission adressiert ihre Berichte »An das hohe Büro«.

Der Direktor des Büros der Silberterrasse erhält unabhängig von seinem Rang zu Beginn des Winters vom Kaiser eine Brokatrobe mit eingewebten Eisvogelfedern geschenkt. Bekleidet er jedoch einen Rang höher als ein Hanlin-Gelehrter, erhält er eine seinem Rang angemessene Ehrung.

Die Weitergabe der Dokumente erledigen Bedienstete aus dem militärischen Oberkommando.

Der Direktor des Büros der Silberterrasse erhält vom militärischen Oberkommando einen Verpflegungszuschuß, was seine Zugehörigkeit zu diesem Amt unterstreicht.

Ein Pfeil zur Prüfung der Identität des Kaisers (21)

Wenn der Kaiser in der großen Karosse ausfuhr, wurde in seinem Gefolge ein Pfeil mitgeführt, der zur Überprüfung der Person des Kaisers diente.[19] Denselben Zweck erfüllten die seit alters gebräuchlichen Kerbholzstäbe. Die männliche Hälfte des Pfeils hieß *xiong mu jian* (männlicher Pfeil) und das weibliche Gegenstück *pi zhang jian* (sich öffnender Pfeil). Dieses ursprünglich von den Hunnen stammende Verfahren wurde während der Regierungsära Xining [1068–1077] abgeschafft.

Aufbewahrung von Büchern (22)

Schon in früherer Zeit bewahrte man wertvolle Bücher an mehreren Orten zugleich auf, um Verluste durch Wasserschäden und Feuersbrunst zu verhindern. Heutzutage werden Bücher an vier Orten aufbewahrt, nämlich in den Drei Hallen und im Palast der Kostbarkeiten[20], die alle zum Hof der Verehrung der Kultur gehören.

Aus ihnen wurden viele Bücher aus kaiserlichem Besitz gestohlen, die oft in die Familien von Würdenträgern gelangten. In den Jahren der Regierungsära Jiayou [1056–1063] bildete man einen Redaktionsrat mit acht Mitgliedern, dessen Aufgabe darin bestand, die Ausgaben in den vier Bibliotheken zu vergleichen und zu korrigieren. Der Rat übergab die Bücher dann an hundert Bibliotheksbeamte, die sie in großen Heften mit gelbem Papier niederschrieben. Seitdem wa-

gen es Privatpersonen nicht mehr, Bücher aus den kaiserlichen Bibliotheken unrechtmäßig bei sich aufzubewahren.
Doch selbst wenn man die Korrekturarbeiten mehrere Jahre fortsetzt, wird lediglich die Korrektur der Bücher aus der einen Halle der Verehrung der Literatur abgeschlossen sein.

Die Hanlin-Gelehrten (23)

Da die Stellung der Hanlin-Gelehrten früher hochgeachtet und unantastbar war, bekleideten sie kein zusätzliches Amt. Vom Redakteur an aufwärts bezogen alle Gelehrten in den literarisch arbeitenden Instituten ein entsprechendes Gehalt. Nur die Hanlin-Gelehrten und die Angestellten des Kanzlersekretariats hatten keine derartigen Einnahmen.
Yang Yi[21], der lange Zeit Gelehrter war, richtete einmal wegen der Armut seiner Familie eine mehr als tausend Zeichen lange Eingabe mit der Bitte um Versetzung nach außerhalb des Palastes an den Thron. Darin finden sich die beiden folgenden Verspaare:[22]

> »Obwohl ich Unwürdiger dem Kaiserhaus treu diene,
> wird mein Geist zuletzt wie der des Mo-ao[23] hungernd umherirren.
> Wenn die Not eures Untergebenen nicht bald ein Ende hat,
> möchte ich lieber Hungers sterben wie Fang Shuo[24].

Ein Bankett für die Hanlin-Gelehrten (24)

An dem Tag, an dem sich die Beamtenschaft in der Hauptstadt zur Audienz versammelt, werden nur die Hanlin-Gelehrten auf kaiserlichen Befehl zu einem Bankett eingeladen, bei dem auch Musik gespielt wird. Alle anderen Würdenträger, selbst der Kanzler, kommen nicht in den Genuß dieser Zeremonie. Die auftretenden Schauspieler und Musiker werden von der Präfektur Kaifeng ausgewählt. Als Chen Yi[25] zum Gelehrten ernannt wurde, hatte er gleichzeitig das Amt des Präfekten von Kaifeng inne. Seitdem wurden keine Schauspielerinnen mehr verpflichtet.

Die Palastprüfung (25)

Am Tag, an dem im Prüfungsbüro des Ritenministeriums die Palastprüfung[26] zum Erwerb des Doktortitels stattfindet, wird vor den Stufen der Prüfungshalle ein Tisch mit einem Weihrauchbecken aufgestellt. Davor verneigen sich der Prüfungsvorsitzende und die Graduierten der Provinzprüfungen. Dies ist ein alter Brauch aus der Tang-Zeit.
Die Schreibplätze der Kandidaten sind mit allen nötigen Gerätschaften bestens ausgestattet. Diener bringen Tee und andere Getränke.

Dagegen werden bei den Teilnehmern an der Prüfung in den Klassikern sämtliche Vorhänge und Decken entfernt, und es gibt auch keinen Tee. Wenn die Kandidaten Durst haben, müssen sie das Wasser aus dem Tuschereibstein trinken. Deshalb haben sie alle schwarze Lippen. Diese Maßnahme ist nicht als Schikane gedacht, sondern soll verhindern, daß Diener ihnen durch die Vorhänge die Bedeutung der Klassiker vorsagen. Weil so etwas schon einmal passiert war, möchte man dem vorbeugen. Ouyang Xiu[27] sagte einmal in einem Gedicht:

> »Für die Doktoren brennt nach dem Ritus Weihrauch,
> bei der Klassikerprüfung nimmt man die Vorhänge ab.«

Er fand es sonderbar, daß die verschiedenen Prüfungen so unterschiedlich gehandhabt werden, aber es gibt dafür tatsächlich einen Grund.

Wang Anshi wirft eine alte Regel über Bord (26)

In den Jahren der Regierungsära Jiayou [1056–1063] geschah es einmal, daß die Liste der aus der Palastprüfung hervorgegangenen Doktoren an den Thron eingereicht worden war, ohne daß der Kaiser die Kandidaten geprüft hätte. In der Hauptstadt kursierte das Gerücht, Wang Junmin[28] hätte die Palastprüfung als Primus bestanden. Aber niemand wußte, woher das Gerücht stammte noch wer Wang Junmin überhaupt sei.
Als die Palastprüfung stattfinden sollte, fungierten Wang Anshi[29], damals Schreiber, und Yang Ledao, Verfasser kaiserlicher Edikte in der Halle des Himmelssiegels, als Vorsitzende der Prüfungskommission. Nach dem ursprünglichen System war ein Vorprüfer eingesetzt, der eine erste Rangfolge der Absolventen festlegte. Dieser schickte seine Liste versiegelt zu einem zweiten Prüfungsbeamten, der erneut eine Rangfolge festlegte. Dann wurden die Listen beider Prüfer den Vorsitzenden der Prüfungskommission übergeben, die die Rangfolge des Vorprüfers mit jener des zweiten Prüfers verglichen. Stimmten beide Rangfolgen überein, dann war über die Absolventen entschieden. Andernfalls sahen sie die Prüfungsaufsätze noch einmal durch. Daraufhin folgten sie entweder dem Vorschlag des ersten oder dem des zweiten Prüfers, eine neue Reihenfolge lag völlig außer Betracht.
Dieses Mal hielt Wang Anshi jedoch dafür, daß man die vom ersten und zweiten Prüfer festgelegten Prüfungsersten nicht bestätigen könne, und wählte aus den Listen einen anderen Primus aus. Yang Ledao, für den die Regeln unumstößlich waren, hielt dies für ausgeschlossen. Ihr Streit war noch nicht entschieden, als der stellvertretende Minister im Amt für kaiserliche Opfer Zhu Congdao[30], der die Versiegelung der Prüfungsaufsätze beaufsichtigte, davon hörte und seinen Kollegen erzählte: »Warum nur streiten sich die beiden Herren? Schon vor zehn Tagen habe ich gehört, Wang Junmin sei Primus der Palastprüfung. Da die Sache im vorhinein bestimmt zu sein scheint, sollte die beiden Herren ihr Streit reuen.«
Danach reichten beide einen Bericht mit ihrem jeweiligen Vorschlag ein, und der Kaiser folgte in seinem Erlaß Wang Anshis Empfehlung. Als das Siegel ge-

brochen wurde, fand sich in dem Umschlag der Name Wang Junmin. Seitdem verfuhr man nach dieser Ordnung, wenn die Vorsitzenden der Prüfungskommission zu unterschiedlichen Rangfolgen gelangten.

Die Vollstreckungsbeamten (27)

Den Vollstreckungsbeamten[31] war es anfangs nicht erlaubt, zu Pferde durch das Tor zum Kaiserpalast zu reiten.
In der Regierungsära Tiansheng [1023–1031] erhielten die Vollstreckungsbeamten Posten in den Drei Hallen[32]. Ouyang Xiu, Huang Jian und andere mußten seinerzeit noch am linken Seitentor des Palastes vom Pferd steigen und zu Fuß ihr Institut erreichen. Deshalb nannte man sie »zu Fuß gehende Gelehrte«.
In der Regierungsära Jiayou [1056–1063] wurde in der Halle zur Verehrung der Literatur ein Büro für Redakteure eingerichtet. Die hier tätigen Redakteure durften alle zu Pferde bis zum Eingang der Halle reiten. Später wurden die Fünf Büros des Kanzlersekretariats den Beamten für die Ausbildung zur Verfügung gestellt. Auch diese ritten, diesem Beispiel folgend, zu ihrem Büro.

Die kaiserliche Leibgarde (28)

Wenn der Kaiser in seiner Karosse ausfährt, eilt ihm eine Vorhut voraus, die »Kommando« heißt. Sie entspricht der früher gebräuchlichen »Wache, die den Weg freimacht«.
Ihr folgt die kaiserliche Schutzwache. Da die Schutzwächter gewöhnlich das Eingangstor zum Kaiserpalast kontrollieren, sind sie mit der früheren »äußeren Schutzwache« zu vergleichen. Zwischen Vorhut und Schutzwache marschiert die »Palastwache«, das sind Leibwächter aus dem inneren Palast.
In der Zhou-Zeit [11. Jh. – 221 v. Chr.] formierten sich die Beauftragten für die kaiserliche Unterkunft auf Reisen symbolisch zu einem Tor, wenn kein Palast zur Verfügung stand. Diese Aufgabe versahen die Zivil- und Militärbeamten der Palasttore. Hierfür werden im ganzen Reich acht hochgewachsene Männer ausgesucht. Wenn die kaiserliche Karosse die vordere Halle erreichte, standen sie mit Streitäxten in der Hand unter dem Tor der Purpurhalle. Fuhr der Kaiser aus, bildeten sie das »Tor der Leibwache« und marschierten vor den berittenen Schutzwächtern.
Außerdem gibt es noch eine Torformation, die in Querrichtung von zehn Männern mit einem Kommandanten gebildet wird. Nur besonders tapfere und starke Männer versehen dieses Amt. Erreicht die kaiserliche Karosse die hintere Halle, stellen sie sich, Peitschen haltend, zu beiden Seiten einander gegenüber vor der Halle auf. Sie entsprechen den früher eingesetzten »Tigerläufern« und den erwähnten Beamten, die sich zu einem Tor formieren.

Liu Xus Ernennung zum Finanzkommissar (29)

Ich habe einmal die Kopie einer Akte aus dem ersten Jahr der Regierungsära Yingshun [934] unter Kaiser Mindi der Späteren Tang-Dynastie erworben. Es handelte sich dabei um einen Untersuchungsbericht über die Ernennung des Kanzlers Liu Xu[33] zum Finanzkommissar. Der erste Teil der Akte enthielt folgende Eingabe:

»In der Sache des Beamten Liu Xu:
Nach unserer unmaßgeblichen Meinung besitzt Liu Xu größtes Talent, das Reich zu regieren, und den festen Willen, die kaiserliche Herrschaft zu bewahren. Da es jetzt überaus wichtig ist, die alten Traditionen fortzuführen, wird er dabei behilflich sein, Pläne zum richtigen Anfang zu machen. Darauf habt Ihr gnädigerweise Euer Augenmerk gerichtet und seid zu der Ansicht gelangt, daß man ihn hierzu ermächtigen sollte. So breitet sich wieder Hoffnung aus unter den Vornehmen und im Volk, daß man ewig Eure Weisheit loben wird.
Bei unseren Überlegungen sind wir darauf gestoßen, daß es dem Genannten vergönnt war, bereits zum stellvertretenden Kanzler und zum Personalminister ernannt zu werden. Gleichzeitig ist er leitender Beamter der Sekretariatskanzlei und ein hoher Gelehrter in der Halle der versammelten Weisen. Nun wurde er überdies zum Finanzkommissar bestimmt. Sollte man dies nicht noch einmal überdenken, da er so viele Ehrentitel, Auszeichnungen und Lehen angehäuft hat?
Falls wir mit Eurer gnädigen Zustimmung rechnen dürfen, schlagen wir demütigst vor, die Angelegenheit von der Hanlin-Akademie klären zu lassen.
Ehrfurchtsvoll übergeben wir diesen Bericht dem Thron.«

Hierauf erging folgender kaiserlicher Erlaß:

»In der Sache des Kanzlers Liu Xu:
Es wird ihm gestattet, das zusätzliche Amt des Finanzkommissars zu versehen. Er ist wohlgeeignet für die Leitung der Sekretariatskanzlei und setzt sich mit ganzer Kraft hierfür ein. Dies ist der Sekretariatskanzlei zu übergeben. Geschrieben am 10. Tag des vierten Monats.«
Der Erlaß trug das in Gegenwart des Kaisers neu geprägte Siegel.
Die Verfahrensweise der jetzigen Regierung unterscheidet sich etwas davon. In dieser Dynastie geht in einer wichtigen Angelegenheit ein entsprechender Bericht an den Thron. In einer geringfügigeren Angelegenheit wird ein Lösungsvorschlag eingereicht. Setzt der Kaiser darauf sein »Genehmigt«, wird entsprechend verfahren. Das nennt man einen »geprüften Vorschlag«.
In einer dringlichen Angelegenheit, bei der man nicht erst auf einen Bericht warten kann, gibt man zunächst eine Anweisung an die untergeordnete Abteilung, fertigt dann einen schriftlichen Entwurf an und reicht diesen an den Thron ein. Dieser heißt »einzureichender Entwurf«.
Der geprüfte Vorschlag wird auf weißem Papier geschrieben und trägt die Unterschrift des Kanzlers sowie die Namen anderer Regierungsmitglieder. Der

einzureichende Entwurf wird auf gelbem Papier geschrieben. Der Kanzler und andere Regierungsmitglieder unterschreiben auf der Rückseite.
Auf einem Untersuchungsbericht unterschreiben der Kanzler und die Regierungsmitglieder nicht, nur ein Sekretär des Kanzlers datiert auf der Rückseite, und ein Bediensteter des Sekretariats drückt einen Stempel mit entsprechender Unterschrift auf. Der Text der hier zitierten Eingabe wurde zwar von Kanzlern unterschrieben, trägt aber keinen Stempel. Hierin liegt der Unterschied zur jetzigen Verfahrensweise.[34]
In der Tang-Zeit war es allgemein üblich, vom Kaiserhof bis hinab zu den Präfekturen und Kreisen, den Wortlaut von Beschlüssen als »Urteil« zu bezeichnen. Das Verfassen von Urteilen war sogar Gegenstand der Beamtenprüfungen.
Die Eingabe war vom Prinzen von Ying namens Ping Dao[35] und von Li Yu[36] unterschrieben, und der Prinz von Ying hatte sie persönlich geschrieben. Leider wurde an vielen Stellen der Wortlaut abgeändert oder etwas gestrichen.
In der »Alten Chronik der Fünf Dynastien« (»Jiu wu dai shi«) heißt es: »Am 9. Tag des 4. Monats im ersten Jahr der Regierungsära Yingshun [934] starb der Prinz von E.[37] Seit dem Tage Gengchen leitete Kanzler Liu Xu die Finanzkommission.« Dies ist tatsächlich der zehnte Tag, was mit der Datierung des Erlasses übereinstimmt.[38]
Die Werke »Throneingaben und Bittschriften des Kanzlers aus der Regierungsära Kaiyuan« (»Kaiyuan zaixiang zou qing«) von Song Cidao, »Manuskripte vom Phönixteich« (»Feng chi gao cao«) von Zheng Tian und die »Sammlung annotierter Eingaben« (»Ni zhuang zhu zhi ji«) sind in einer Reimprosa, die sich aus vier- und sechssilbigen Verszeilen zusammensetzt, verfaßt. Alle diese Werke sind von den Kanzlern eigenhändig geschrieben worden. Somit entsprach es alter Tradition, daß Ping Dao die Eingabe persönlich aufgesetzt hatte.

Der Blutsprinzentitel Nanbanguan und eine Eingabe von Diao Yue (32)

Es wird überliefert, daß der Erbtitel eines Blutsprinzen des Kaiserhauses seit der Zeit verliehen wurde, als der Präfekt der Hauptstadt Wang Wenzheng[39] Kanzler war, doch in Wahrheit stimmt das nicht.
Früher erhielten die Prinzen in der Regel keinen Beamtenrang, nur bei den seltenen prächtigen Zeremonien konnte es geschehen, daß sie einen verliehen bekamen. In den Jahren der Regierungsära Jingyou [1034–1037] fand in dem in der südlichen Vorstadt gelegenen Ahnentempel eine große Opferzeremonie statt. Das Kaiserhaus wollte diese Gelegenheit zu einem Gebet nutzen, um die Ahnen für die Dynastie gnädig zu stimmen. Dafür erhielt der Aufseher des Prinzenpalastes Diao Yue[40] den Auftrag, eine Eingabe an den Kaiser mit Vorschlägen für die Ernennung von Beamten zu schreiben. Als Diao Yue danach den Kanzler Fürst Wang Yi[41] aufsuchte, fragte ihn der Kanzler: »Wer hat den Vorschlag zur Beförderung von Beamten verfaßt, um den der Kaiser gebeten hatte?«

Diao Yue, der Wang Yis Absicht nicht erriet, gab vor, es nicht zu wissen. Als er, von der Audienz zurückgekehrt, über das Gespräch nachdachte, fürchtete er, für schuldig gesprochen zu werden, wenn sein Auftrag bekannt werden würde. Deshalb begab er sich nochmals ins Kanzleramt.

Wie zuvor fragte ihn Wang Yi nach den Ernennungen. Obwohl sich Diao Yue noch mehr fürchtete, wagte er es nicht mehr, ihm die kaiserliche Order zu verheimlichen, und berichtete alles wahrheitsgemäß. Wang Yi beruhigte ihn, er solle sich unbeirrt ausschließlich seinem Auftrag widmen. Ihn ein ums andere Mal lobend, sprach der Kanzler wohlwollend: »Da der Kaiser so entschieden hat, besteht kein Anlaß, andere Vorkehrungen zu treffen. Warten Sie ein paar Tage, dann werde ich das Notwendige verfügen.«

Seit dieser Zeit wurde der Blutsprinzentitel *Naubanguan* verliehen. Nachdem man anfangs einen Angehörigen des Kaiserhauses zum Generalleutnant ernannt hatte, wurde er insgesamt siebenmal als Militärgouverneur entsandt. So entwickelte sich daraus eine feste Regel. Die Prinzen wollten Diao Yue für seinen Eifer mit tausend Stück Seidengaze danken, doch er wagte nicht, das Geschenk anzunehmen.

Da ich mit Diao Yue seit langem freundschaftlich verbunden bin, hatte er mir einmal sein Manuskript der Zeremonialansprache gezeigt.

Erörterungen

Das System der Gewichte in alter und neuer Zeit (42)

Jun und Dan gehören zu den fünf Gewichtseinheiten.[1] Das Gewicht von einem Dan betrug 120 Jin. Später – seit der Han-Dynastie [206 v. Chr. – 220 n. Chr.] – setzte man das in das Volumenmaß Hu passende Gewicht einem Dan gleich. Das ist gemeint, wenn es in einem Gedicht heißt: »Er trank ein Dan Wein, ohne betrunken zu werden.«
Die Alten hatten die Kraft zum Spannen von Bögen und Armbrüsten in Jun und Dan angegeben. Heutzutage gilt das Gewicht von nichtklebrigem Reis, der das Volumenmaß Hu füllt, als ein Dan. Allgemein setzt man ein Dan mit 92,5 Jin an, während ein Dan während der Han-Dynastie 341 Jin ergab. Heutzutage erreichen mit dem Fuß zu spannende Armbrüste der Soldaten eine Spannkraft von 9 Dan. In alter Zeit entsprach diese Kraft aber 25 Dan. Verglichen mit den Soldaten des Reiches Wei [220–265], entspräche die Kraft eines heutigen Soldaten der Kraft von mehr als zwei Soldaten der damaligen Zeit. Wenn man heute vermag, einen Bogen von 3 Dan zu spannen, so entspricht dies 34 Jun in alter Zeit. Verglichen mit der Kraft des von Yan Gao[2] erfundenen Bogens, ergibt sich ein Verhältnis von einem Mann heute zu mehr als fünf Männern in damaliger Zeit. Das ist alles in jüngster Zeit durch die Ausbildung erreicht worden. Beim Fechten, Stechen, Reiten und Schießen bedient man sich ganz und gar der Kriegskunst der Barbaren. Geräte und Waffen, Panzer und Helme stellen den Gipfel von alter und neuer Technikkunst dar. Die Blüte der heutigen Rüstung kannte in früherer Zeit nicht diesen Stand.

Brennspiegel (44)

Beleuchtet man einen Gegenstand mit einem Brennspiegel, so erscheint sein Bild umgedreht, weil der Spiegel in der Mitte ein Hindernis [einen Brennpunkt, Anm. d. Hrsg.] besitzt. Die Mathematiker nennen dies »Umkehrtechnik«. Sie ist mit dem Lager eines Ruders zu vergleichen. Wenn ein Milan durch die Luft fliegt, folgt der Schatten seinem Flug, aber wenn das Licht durch ein Loch in der Papierbespannung eines Fensters fällt, bewegt sich der Schatten entgegengesetzt zu dem Flug des Milans. Fliegt der Milan nach Osten, so bewegt sich der Schatten nach Westen und umgekehrt. Dasselbe gilt für den Schatten eines Turms, den man durch ein Loch in der Fensterbespannung betrachtet. Da das Licht in der Mitte durch das Fenster gebündelt wird, sind die Schatten genau wie beim Brennspiegel seitenverkehrt. Der Brennspiegel hat eine Hohlfläche. Nähert man

sich dem Spiegel mit einem Finger, steht sein Bild aufrecht. Entfernt man sich mit dem Finger, dann verschwindet plötzlich das Bild, und bewegt man sich über das Hindernis hinaus, dann kippt es um. Die Stelle, an der nichts zu sehen ist, läßt sich dem Loch in der Fensterbespannung, dem Ruderlager oder der Taille einer in der Mitte eingeschnürten Hüfttrommel vergleichen, wodurch Gegenstand und Bild entgegengesetzt gerichtet erscheinen und die Strahlen der Gestalt eines hin und her bewegten Ruders vergleichbar sind. Deshalb läßt sich die Erscheinung beobachten, daß, wenn man die Hand hebt, ihr Schatten sinkt, und wenn man die Hand senkt, ihr Schatten steigt.
Der Brennspiegel weist eine Hohlfläche auf. Richtet man ihn auf die Sonne, so wird das Licht in ihm nach innen gebündelt. Ein, zwei Cun vom Spiegel entfernt, wird das Licht in einem Punkt vereinigt, der so groß wie ein Sesamkörnchen oder eine Erbse ist. Hält man in diesen Punkt einen Gegenstand, so fängt er Feuer. Dieser Punkt läßt sich mit der Taille der Hüfttrommel vergleichen.
Nicht nur bei Gegenständen, sondern auch bei den Menschen verhält es sich so. Selten geschieht es, daß sie nicht in der Mitte des Lebens durch etwas behindert werden. In der Jugend wechseln sich Nutzen und Schaden ab, kehren sich Recht und Unrecht um. Im Alter hält man sich selbst für einen Gegenstand und einen Gegenstand für sich selbst. Man kann schwerlich verlangen, sich vom Brennpunkt entfernen zu wollen, ohne die Dinge umgedreht zu sehen.
Wenn es im Buch »Miszellen vom Youyang-Berg«[3] heißt: »Ist das Meer aufgewühlt, drehen sich die Schatten der Türme um«, so ist das eine unsinnige Behauptung. Gesetzmäßig ist, daß sich ein Schatten umkehrt, wenn er durch ein Loch in der Fensterbespannung fällt.

Der Salzteich von Xiezhou (50)

Die Salzmarschen von Xiezhou[4] messen 120 Li [65 km] im Geviert. Wenn es lange regnet, ergießt sich das Wasser von den vier ringsum liegenden Gebirgen hierher, ohne daß die Marschen je überflossen, und bei großer Dürre trockneten sie nie aus. Die Salzlauge, deren Quelle unter einer Salzkruste liegt, ist hellrot gefärbt und wird im Volksmund »Blut des Chiyou«[5] genannt. Einzig in der Mitte des Salzteiches gibt es eine Quelle, die Süßwasser zutage fördert. Mischt man das Salzwasser mit diesem Quellwasser, läßt sich das Salz ausfällen.[6]
Außerdem fließt nördlich von Xiezhou der Yaoxiao-Bach, der auch Wuxianhe (Zaubersalz-Fluß) genannt wird. Wenn Salzwasser nicht mit einer Süßwasserquelle gemischt wird, kann man das Salz nicht hervorbringen. Einzig wenn das Zaubersalz-Wasser hinzukommt, kann das Salz nicht wieder ausfallen, deshalb heißt er auch der »salzlose Fluß«, der für den Salzteich von Übel ist. Zum Schutz der Salzmarschen wurden um sie herum starke Dämme errichtet, die insbesondere Räuber und Diebe abhalten sollen.
Geht man dem Zaubersalz auf den Grund, so stößt man auf trübes Wasser. Gelangt es in die Salzlauge, verstopft es durch seinen Niederschlag die Salzader, so daß sich dann kein Salz mehr bilden kann.[7] Es gibt hierfür keinen anderen Grund.

Treibsand (52)

In dem Werk »Sechs Satzungen der Tang-Dynastie« (»Tang liu dian«)[8] treten bei der Abhandlung der fünf Elemente[9] u. a. die Bezeichnungen Karriere, Schicksal, Rastlosigkeit und Bing-Fluß auf. Die meisten Menschen wissen aber nicht, was mit Bing-Fluß gemeint ist. Als ich in Fuyan war, hörte ich, daß man für die Registrierung der Fußsoldaten und Reiter durch die Generale im Marschlager von Annan sagt, »die Verluste beim Überqueren des Fan-Flusses feststellen«. Auf meine Frage, was »Fan-Fluß« zu bedeuten habe, erklärte man mir, daß die Leute aus Yue einen Morast »Fan-Fluß«, die Leute im Norden ihn aber »lebenden Sand« nennen.
Einst setzte ich über den Wuding-Fluß und durchquerte den lebenden Sand, durch den man sich zu Fuß oder zu Pferde bewegt. Nach hundert Schritten kommt man nur noch schwankend voran, als balanciere man auf einer gespannten Zeltplane. Allgemein schreitet man auf durchaus festem Grund, doch trifft man auf ein Loch, können Pferd und Reiter oder Kamel und Wagen sofort darin versinken. Einmal verschwanden mehrere hundert Menschen in einer solchen Grube, ohne daß auch nur ein einziger überlebt hätte. Diese Erscheinung heißt treibender Sand, ebenso nennt man durch Wind verwehte Sanddünen treibenden Sand. Das Schriftzeichen *bing* 洴 wird auch *ni* 泥 geschrieben, was in alten Texten »tiefer Schlamm« bedeutet. Wenn Wahrsagebücher den Bing-Fluß erwähnen, ist damit ein böses Schicksal gemeint, so wie man heutzutage von »unglückverheißenden Tagen« spricht.

Beseitigung von Holzwürmern mit Wein-Rautenkraut (53)

Im Altertum benutzte man für die Aufbewahrung von Büchern Wein-Rautenkraut[10], um Holzwürmer zu beseitigen. Wein-Rautenkraut ist ein duftendes Kraut, das jetzt auch Sieben-Meilen-Duftkraut genannt wird. Seine Blätter ähneln denen von Erbsen. Das Kraut wuchert üppig, und seine Blätter verströmen einen starken Duft. Gegen Ende des Herbstes bildet sich zwischen den Blättern etwas weißes Mehl, das wie eine Schmutzablagerung aussieht, aber außerordentlich wirksam Holzwürmer vertreibt. Die Leute im Süden pflücken das Kraut und legen es unter die Sitzmatten, denn es vermag auch, Flöhe zu verjagen.
Als ich Redakteur in der Halle der leuchtenden Kultur war, erhielt ich von der Familie des Herzogs Lu[11] mehrere Stauden dieses Krauts, die ich hinter der Bibliothekshalle einpflanzte, die heute aber leider nicht mehr existieren. Die Arten der Duftkräuter haben zum großen Teil unterschiedliche Namen. Das sogenannte Orchideen-Duftgras wird heutzutage Ackerwurz[12] genannt. Die Orchideenart Cymbidium heißt jetzt Lingling-Duftkraut und der Engelwurz nunmehr Weißer Engelwurz.[13]

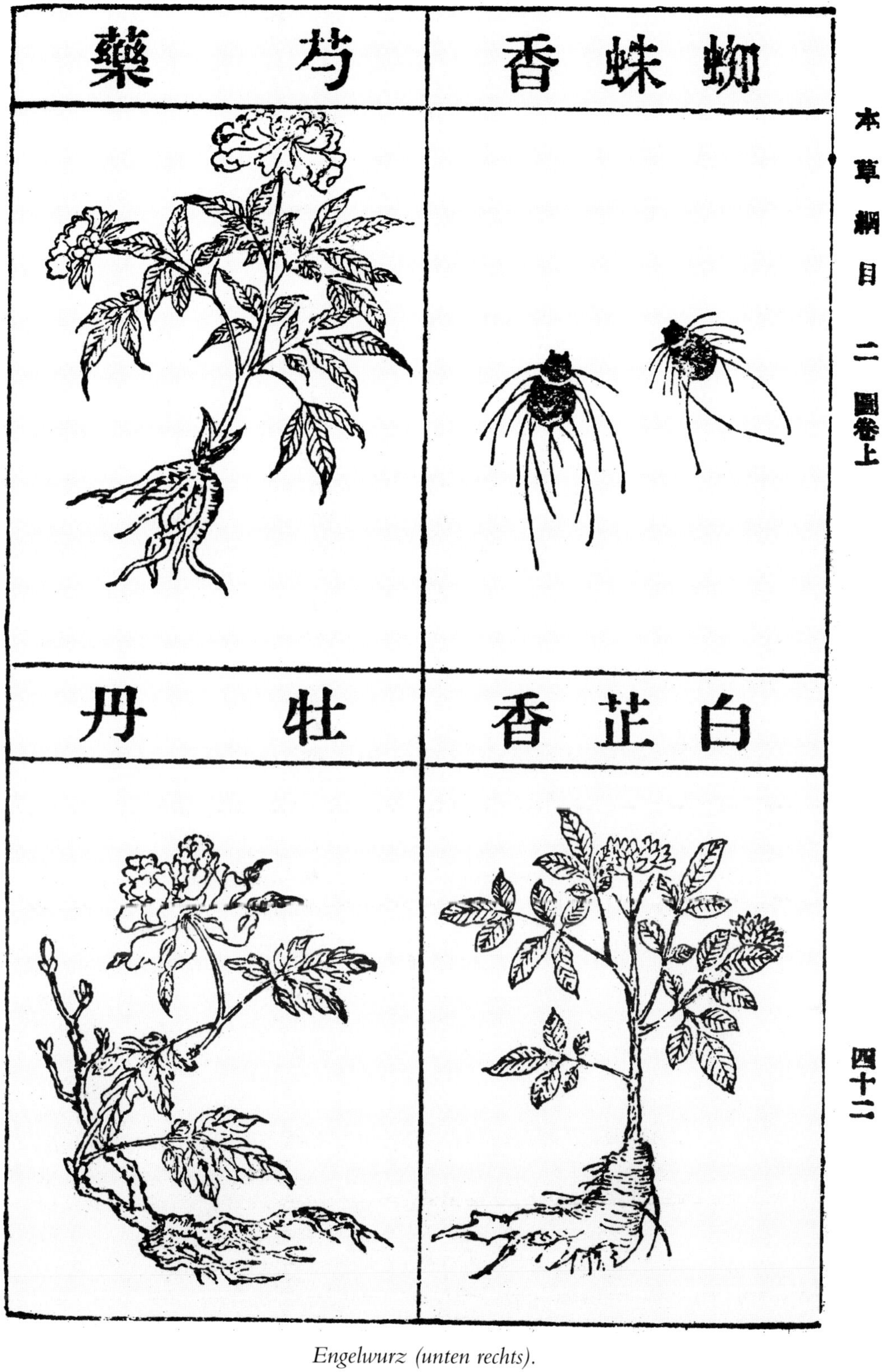

Engelwurz (unten rechts).
(Aus: Ben cao gang mu, 1595)

Die rotschwarze Farbe *xuan* (55)

Landläufig hält man *xuan* für einen Grauton und *men* für Rotbraun, aber das ist falsch. *Xuan* ist eine rotschwarze Farbe, und weil sie in Schwalbenfedern vorkommt, heißen Schwalben auch *Xuan*-Vögel.
In den Jahren der Regierungsära Xining [1068–1077] trugen der Adel und die Verwandten des Kaisers in der Hauptstadt oft Kleider mit einer tief violetten Farbe, die schwarzes Violett genannt wurde und Schwarz zum Verwechseln ähnlich sah. Das war die Farbe *xuan*. Bei *men* handelt es sich um Rotbraun. Sagt man nicht: »Ein Federkleid korallenrot wie ein Edelstein«? »Korallenrot« wird *men* gesprochen. Die Hirseart mit korallenroten Keimen heißt ebenfalls *men*, d. h., die Aussprache des Namens dieser Getreideart leitet sich von der Farbe ab. Im »Buch der Lieder« (»Shi jing«) steht geschrieben: »Hier gedeihen die Hirse *men* und die Hirse *qi*.« Heutzutage spricht man *men* in der Gegend von Qin wie »e« aus. Die Farbe *men* liegt zwischen Gelb und Zinnoberrot und ähnelt Rotbraun. Wenn man einen gleißenden Kristall mit beiden Händen hält, glänzt er wie eine rote Perle. *Men* ist somit eine Farbe, die Rotbraun ähnelt, ohne regelrecht Rotbraun zu sein. Diese Farbbezeichnung leitet sich von einem Edelstein her. Die Farbe ähnelt Ocker, ist aber glänzend. Deshalb erklärt man sie mit Vergleichen. Ebenso ist *bian* (grünlichgelb) ein Farbenname, der sich von einem Vogel, und zwar dem Falken herleitet.

Schmelzen von Stahl (56)

Allgemein bezeichnet man Schmiedeeisen als Stahl. Hierfür hämmert man in weiches Schmiedeeisen Roheisen hinein und bringt es in einer Lehmhülle zum Schmelzen. Das Schmieden bewirkt, daß sich beide Bestandteile durchdringen. Das Produkt heißt dann »Knetstahl« oder auch »Gießstahl«. Das ist aber kein echter Stahl, denn er wird zunächst mit Roheisen verfestigt, und wenn man das Material mehrmals zum Schmelzen bringt, verwandelt sich das Roh- in Schmiedeeisen, wobei man wieder einen schmiedbaren Stahl erhält.[14] Aber hierzulande hegt niemand einen Zweifel, daß dies Stahl sei, allerdings kennt man nur nicht den echten Stahl. Als ich als Gesandter an die Grenze geschickt wurde[15], besuchte ich in der Bezirksstadt Cizhou[16] eine Schmiedegasse. Erst als ich hier das Schmelzen von Eisen sah, wurde mir klar, was unter echtem Stahl zu verstehen sei.
Generell ist in Eisen auch Stahl enthalten, so wie in Mehl auch Gluten vorkommt. Wenn man auf das weiche Mehl Wasser gießt, tritt das Gluten zutage. Beim Schmelzen von Stahl verhält es sich ebenso. Aber nimmt man reines Eisen, schmiedet es mehr als hundertmal im Feuer und wiegt es nach jedem Schmieden, so nimmt sein Gewicht nach jedem Schmieden etwas ab. Doch wenn sich nach vielmaligem Schmieden sein Gewicht nicht mehr verändert, liegt reiner Stahl vor. Selbst wenn er dann noch hundertmal geschmolzen wird, verbraucht er sich nicht.[17] Diese Reinform des Eisens hat eine klare, helle Farbe. Wenn man

Eisenherstellung.
(Aus: Tian gong kai wu, 1637)

es glänzend poliert, zeigt es, anders als gewöhnliches Eisen, eine matte, blauschwarze Farbe. Es geschieht auch, daß Eisen immer wieder geschmolzen wird, ohne daß Stahl entsteht. Das hängt wiederum von der Abbaustätte des Erzes ab.

Weinherstellung in der Han-Dynastie (61)

Zur Zeit der Han-Dynastie [206 v. Chr. – 220 n. Chr.] vermochte man, »ein Dan[18] Wein zu trinken, ohne betrunken zu werden.« Als ich diese Angaben mit den Regeln der Weinherstellung verglich, stellte ich fest, daß man aus zwei Hu unpoliertem Reis [132,8 l] 6 Hu und 6 Dou [431,7 l] Wein keltern kann. Bei dem leichtesten Wein erzeugt man heutzutage aus einem Hu klebrigem Gaoliang[19] [66,4 l] nicht mehr als 1 Hu und 5 Dou [99,6 l] Wein. Verglichen mit dem Verfahren aus der Han-Dynastie, weist unpolierter Reis einfach mehr Weinstärke auf. Und daß ein Weintrinker viel trinken kann, ohne betrunken zu werden, braucht einen dann auch nicht zu verwundern. Aber ein Hu entsprach während der Han-Dynastie jetzigen 2 Dou 7 Sheng.[20] Nur wie kann man im Bauch 2 Dou und 7 Sheng [17,9 l] Flüssigkeit aufnehmen?
Jemand sagte dazu: »Mit dem Dan ist die Gewichtseinheit aus der Reihe Jun und Dan gemeint, die 120 Jin entspricht.« Berechnet man dies mit den heutigen Gewichten, so kommen 32 Jin jetzigen 3 Dou Wein gleich.[21] Wenn es über Yu Dingguo hieß, daß er mehrere Dan Wein trinken konnte, ohne betrunken zu werden[22], so halte ich das für unglaubwürdig.

Die Gelatine Ajiao (62)

In alter Zeit hieß es, daß die Jishui genannten Flüsse[23] teilweise unterirdisch verliefen. Wenn man nun bei Lixia[24] die Erde aufgräbt, tritt überall fließendes Wasser zutage. Deshalb wurde überliefert, hier unten fließe der Jishui. Der Jishui fließt auch an Dong'a[25] vorbei. Das Wasser aus den hier gegrabenen Brunnen verwendet man, um eine Gelatine zu kochen, die *Ajiao*[26] genannt wird. Wenn man sie in trübes Wasser einrührt, wird es klar. Die Menschen nehmen die Gelatine ein, um Magenkrankheiten zu behandeln, Entzündungen aufzulösen und Erbrechen zum Stillstand zu bringen, wobei stets die Eigenschaft des Jishui-Wassers ausgenutzt wird, nämlich herunterzufließen sowie klar und schwer zu sein. Deshalb kann man mit ihm Krankheiten heilen, bei denen sich Trübes ansammelt und aufsteigt.[27] Die jetzt geläufigen Rezepte vermerken diese Wirkung nicht.

Über Maße und Gewichte (68)

Als ich die Tonsysteme der Musik untersuchte, erhielt ich den Auftrag des Kaisers, eine modifizierte Form einer Armillarsphäre zu gießen. In diesem Zusam-

menhang befaßte ich mich mit den Maßeinheiten Dou und Sheng vor der Qin- und Han-Dynastie. Ich berechnete, daß damaligen 6 Dou heute 1 Dou 7 Sheng und 9 He[28] und damaligen 3 Jin heute 13 Liang[29] entsprechen, d.h., 1 damaliges Jin kommt heute $4^1/_3$ Liang und 1 damaliges Liang $6^1/_2$ Zhu gleich.
Das Volumenmaß Hu hatte in der Mitte einen zylindrischen Hohlraum, in den sich ein quadratischer Querschnitt mit einer Kantenlänge von 1 Chi einschreiben ließ. An seinen Abmessungen läßt sich feststellen, daß 2,53 alte Cun etwas mehr als 1,845 heutigen Cun gleichkommen.[30]

Zimtholzspäne beseitigen Gräser (73)

Yang Wengong[31] erzählte in seinen »Plaudereien über kaiserliche Gärten« (»Tan yuan«), daß Kaiser Li Yu[32] einmal Besorgnis über das vor der Halle der reinen Sommerhitze sprießende Unkraut geäußert hätte. Daraufhin befahl Xu Kai[33], auf die Fugen zwischen den Ziegeln der Pflasterung Zimtholzspäne zu streuen, wodurch alle ausdauernden Gräser abstarben. Heißt es doch im Buch »Frühling und Herbst des Lü Buwei«[34]: »Unter den Ästen von Zimtbäumen wachsen keine anderen Pflanzen.« Vielleicht ist die Ursache hierfür der scharfe, beißende Geruch von Zimtzweigen. Aber daß Zimt Pflanzen abtötet, ist auf seinen natürlichen Charakter, nicht aber auf den scharfen, beißenden Geruch zurückzuführen. In »Herzog Leis Erörterungen über Medizinbereitung«[35] steht: »Wenn man aus Zimtholz einen Nagel anfertigt und diesen in einen Baum treibt, stirbt der Baum ab.« Da ein Nagel sehr klein ist, kann er nicht mit stechendem Geruch einen großen Baum abtöten, sondern einzig durch seine natürlichen Eigenschaften.

Identifizierung eines Bildnisses von Han Yu (77)

Ein Bildnis von Han Yu[36] zeigt ihn mit einem kleinen Gesicht und schönem Bart, und auf dem Kopf trägt er einen Hut aus Gaze. Dieses Bild stellt in Wirklichkeit Han Xizai[37] aus Jiangnan dar. Es existiert aber noch ein zu Han Yus Lebzeiten gemaltes Porträt mit einer unzweideutigen Aufschrift.
Han Xizai trug den postumen Ehrennamen Wenjing, der Kulturvolle und Friedfertige, aber die Leute aus Jiangnan nannten ihn Han Wengong, Herzog der Kultur, was mit Han Yus postumem Ehrennamen übereinstimmt. Deshalb wurde sein Bild fälschlich als das von Han Yu bezeichnet. In Wirklichkeit war Han Yu rundlich und hatte einen dünnen Bart. Als Han Yu während der Regierungsära Yuanfeng [1078–1085] gemeinsam mit dem Philosophen Meng Zi[38], der den Titel König der Verkündung der Kultur verliehen bekam, zu den im Konfuzius-Tempel Verehrten erhoben wurde, stellte man in den Tempeln der Bezirke und Kreise sein Porträt aus, doch es handelte sich stets um das des Han Xizai. Wenn spätere Generationen die Bilder nicht mehr unterscheiden können, wird Han Yu schließlich zu Han Xizai.

Eine Methode zur Einsparung von Münzmetall (78)

Wenn man heutzutage Münzen zählt, heißen 100 Kupferkäsch »ein Mo« 陌, wobei das Schriftzeichen *mo* nur eine Variante für das Zeichen *bai* 佰 ist, das die Schreibform für die Zahl 100 darstellt, so wie *shi* 什 und *wu* 伍 die Schreibformen für die Zahlen 10 und 5 sind. In der Tang-Zeit schlug Huangfu Bo[39] vor, Münzmetall einzusparen, indem der Wert für »ein Mo« zu 80 Käsch festgelegt wurde. So verfuhr man bis zur Herrschaft des Kaisers Zhaozong[40]. Zur Zeit des Kaisers Yindi der Späteren Han-Dynastie[41] reduzierte der Finanzkommissar bei der Zahlung von Staatsgeldern ein Mo nochmals um 3 Käsch auf 77 Käsch. Dabei berechneten aber die Steuerbeamten ein Mo unverändert zu 80 Käsch und verfahren bis heute so.

Über die Marschen von Yunmeng (81)

Im Abschnitt »Tribut des Kaisers Yu« im alten »Buch der Urkunden« (»Shu jing«)[42] steht geschrieben: »Man beginnt, die Marschen von Yunmeng[43] unter den Pflug zu nehmen.« Während der Herrschaft des Kaisers Taizong[44] fand man ein altes Exemplar des »Buchs der Urkunden«, in dem diese Stelle so lautete: »Wenn die Erde in der Marsch von Yun zutage tritt, kann man die Marsch von Meng unter den Pflug nehmen.« Darauf befahl der Kaiser in einem Edikt, den Abschnitt »Tribut des Kaisers Yu« nach diesem alten Exemplar zu korrigieren.

Ich meine, daß der Kommentar von Kong Anguo zu diesem Text: »Die Marschen von Yun und Meng befinden sich südlich des Yangzi-Stroms« falsch ist. Das Buch »Zuo zhuan«[45] berichtet: »Als die Leute von Wu in Ying, der Hauptstadt des Staates Chu, einfielen, durchwatete der König von Chu den Sui-Fluß und setzte über den Yangzi-Strom, um sich in die Marsch von Yun zu flüchten. Während der König schlief, überfielen ihn Räuber. Darauf floh er in das Land Yun.« Wenn der König von Chu von der Hauptstadt Ying aus westwärts den Sui-Fluß durchwatet hatte, so hatte er das Gebiet südlich des Yangzi-Stroms verlassen. Danach war er über den Yangzi gesetzt, hatte sich in die Marsch von Yun begeben und war schließlich in das Land Yun geflüchtet. Das Land Yun entspricht dem heutigen Anzhou. Wenn er über den Yangzi-Strom gesetzt war und sich dann in die Marsch von Yun geflüchtet hatte und schließlich von der Marsch Yun aus in das Land Yun gelangt war, dann muß die Marsch Yun nördlich des Yangzi liegen.

Im Buch »Zuo zhuan« heißt es weiterhin: »Als der Graf Zheng nach Chu reiste, jagte der König in der Marsch Meng südlich des Yangzi.« Du Yu[46] vermerkte hierzu in einem Kommentar: »Die zum Reich Chu gehörenden Marschen Yun und Meng erstrecken sich nördlich und südlich des Yangzi.« Und wenn er von »der Marsch Meng südlich des Yangzi« sprach, so folgt daraus wieder, daß die Marsch Yun nördlich des Yangzi liegt.

Während der Regierungsära Yuanfeng [1078–1085] führte mich eine Reise von Suizhou über Hankou nach Anlu. Hier begegnete ich Guo Si, einem für das Bevölkerungsregister von Jingling verantwortlichen Beamten, der sich mit der Geographie der Flüsse Han und Mian auskannte. Auch er bestätigte, daß die Marsch Meng südlich und die Marsch Yun nördlich des Yangzi-Stroms liege. Anhand der Aussage des Buches »Zuo zhuan« halte ich Guo Sis Angabe für glaubwürdig. Das Gebiet südlich des Yangzi umfaßt u. a. die Kreise Gong'an, Shishou und Jianning, während das Gebiet nördlich des Yangzi u. a. die Kreise Yusha, Jianli und Jingling umfaßt. Hier in diesen am tiefsten gelegenen Landstrichen sammelt sich das Wasser. Die Provinz Erzhe südlich des Yangzi liegt hingegen etwas höher. »Wenn die Erde in der Marsch Yun zutage tritt, kann man die Marsch Meng unter den Pflug nehmen.« Dieser Sinn in der alten Ausgabe des »Buchs der Urkunden« kann als richtig gelten.

MUSIK

Die astronomischen Zahlen in der Chronik »Han shu« (85)

Im Kapitel über Musik und Astronomie der Chronik »Han shu«[1] heißt es bei der Erörterung der Zahlen: »Die ursprüngliche Energie des höchsten Pols enthält drei Bestandteile[2], die sich vereinigt haben. Der Pol umfaßt die zehntausend Dinge, und der Ursprung bedeutet den Anfang. Bezieht man das auf die 12 Erdzweige[3], beginnt die Bewegung bei *Zi* 子. Multipliziert man sie mit 3, so erhält man bei *Chou* 丑 3; multipliziert man wieder mit 3, so erhält man bei *Yin* 寅 9; multipliziert man weiter mit 3, so erhält man bei *Mao* 卯 27. Durchläuft man alle 12 Erdzweige, so erhält man die Zahl 177 147.[4] Das bedeutet, das weibliche Prinzip *Yin* und das männliche Prinzip *Yang* haben sich mit der Tugend vereinigt, die Energie hat sich im Erdzweig *Zi* konzentriert, und durch Verwandlung werden die zehntausend Dinge erschaffen.«
Doch letztlich war dem Chronisten nicht bewußt, daß sich hierin eine andere Bedeutung verbirgt, denn es handelt sich um das Gesetz, nach dem die Länge der Standardpfeifen für die Zwölftonleiter bestimmt wird. Denn was sollte es anderes meinen? Der Chronist sah einzig, daß die Zahl gewaltig sei, ohne zu ahnen, wozu sie dienen könnte. Deshalb flüchtete er sich ins Allgemeine: »Das bedeutet, das weibliche Prinzip Yin und das männliche Prinzip Yang haben sich mit der Tugend vereinigt, woraufhin durch Verwandlung die zehntausend Dinge erschaffen werden.«
Einst gab es einen Mann, der auf der Erde einen verrotteten Stampfer zum Klopfen von Seide fand. Ahnungslos trug er ihn heim und zeigte ihn seinen Nachbarn. Groß und klein versammelte sich um ihn und staunte, ohne zu wissen, was es mit dem Ding auf sich habe. Danach kam ein Gelehrter des Wegs, der beim Anblick des Fundes bemerkte: »Das ist etwas Göttliches. Ich habe gehört, daß der Windabwehrer[5] drei Zhang groß war und seine Knochen einen ganzen Wagen füllten. Dies ist ein Schienbeinknochen des Windabwehrers.« Hocherfreut errichteten die Dorfleute einen Tempel, brachten darin Opfer für den Knochen dar und gaben der Stätte den Namen »Tempel des Schienbeinknochens«.
Ban Gus Erörterung kommt fast diesem »Tempel des Schienbeinknochens« gleich.

Eine zweifellige Metalltrommel (86)

Ich hörte einmal, daß die »Aufzeichnungen über die zweifellige Metalltrommel«[6] den Klang dieses Instruments so beschrieben: »Sein hoch und weit bis zum Himmel dringender Klang unterscheidet diese Trommel grundlegend von anderen

Musikinstrumenten.« Jetzt gibt es nur noch in Binzhou[7] einen alten Mann, der aus der Tang-Zeit stammende Musikstücke für die zweifellige Metalltrommel zu spielen vermag, wie »Der große Zikadenchor« und »Die plätschernde Quelle«. Als ich mich in Fuyan aufhielt, hörte ich ihn einmal spielen. Aufgrund eines Berichts, den Yang Yuansun[8], der Oberinspektor des Grenzgebiets von Jingyuan, an den Thron gerichtet hatte, kehrte er mit einem kaiserlichen Erlaß von der Hauptstadt zurück, der dem Musikanten befahl, sich im Palast einzufinden. Doch als Yang Yuansun wieder in Binzhou eintraf, war der alte Mann schon gestorben, so daß es keine Metalltrommel-Musik mehr gab. Im Repertoire der heutigen Orchester tauchen nur noch die Namen von Musikstücken auf dieser Trommel auf. So ist ihr hoch und weit bis zum Himmel dringender Klang auf immer verhallt. Als sich der Tang-Kaiser Xuanzong einmal mit Li Guinian über die zweifellige Metalltrommel unterhielt[9], erzählte ihm Li, er habe vier Truhen voll zerbrochener Trommelstöcke. Wenn die Trommel so kraftvoll gespielt wird, kann man sich vorstellen, welche Meisterschaft diese Musik verlangt.

Siegeslieder von der Befriedung der Grenze (90)

Jedesmal, wenn die Truppen an der Grenze siegreich heimkehrten, stimmten die Kompanien Siegeslieder an, aus alter Zeit überlieferte Gesänge. Es gab sehr viele Siegeslieder, die aus dem Munde des gemeinen Volkes auf den Gassen und Märkten stammten.

Als ich in Fuzhou und Yanzhou[10] tätig war, verfaßte ich mehrere Dutzend Lieder und befahl den Soldaten, sie zu singen. Jetzt erinnere ich mich nur undeutlich an einzelne dieser Lieder:

Erstes

Erst erobern wir zwölf Bezirke in Shanxi.
Zum Schlag gegen das Haupt des Feindes
wird eigens ein Kommandeur bestimmt.
Hinter uns der Grenzwall von Qin,
hingeduckt wie ein Pferd.
Langsam öffnet sich der Gelbe Fluß,
der schnurgerade nach Norden fließt.

Zweites

Mit himmlischem Zorn Erde aufwirbelnd,
setzen wir über den Gelben Fluß.
Zehntausend Li weit fallen Tanguten[11]
unter Klängen chinesischer Lieder.
Staut nicht die Wasser der Gebirge,
sondern laßt sie westwärts fließen
als Wellen unserer Gnade!

Drittes

Vorbei die Zeit, als Hunnenreiter
die chinesische Braut des Khans
mit Zitherklang zu trösten suchten.[12]
Wenn ihr den Bogen spannt,
schießt nicht die Wildgans droben!
Die heimkehrende Wildgans
kann jetzt keine Kunde bringen.[13]

Viertes

Marschbanner und Truppen gleichen
einem gleißenden Berg von Brokat.
Die Silberpanzer der Feldherrngarde
blitzen auf einem weiten Schlachtfeld.
Laßt uns die Straße nach Anxi[14] fegen,
um dann an des Gelben Flusses Quelle
unsere Pferde zu tränken.

Fünftes

Die Kreise Lingwu und Xiliang
muß man nicht umzingeln,
weil dort alle Tanguten
das Heer der Song erwarten,
denn jeder zweite dort
stammt aus unsrem Guanxi.
Immer noch hört man Kinder
Chinesisch radebrechen.

Der Tanz der Kudranienzweige (91)

Ursprünglich gab es sehr viele Melodien zum »Tanz der Kudranienzweige«[15], wie zum Beispiel die Musik »Schlachtung des Jungviehs«, die in den »Aufzeichnungen über die zweifellige Metalltrommel« (»Jie gu lu«) erwähnt wird. Heute jedoch ist dieser Tanz bei weitem nicht mehr so verbreitet. Kou Zhun[16] liebte diesen Tanz sehr. Wenn er ein Fest gab, wurde er bestimmt aufgeführt, und jedesmal dauerte der Tanz, der »Schwankende Kudranienzweige« genannt wurde, einen ganzen Tag. Jetzt lebt in Fengxiang[17] noch eine alte Nonne, die seinerzeit zu Kou Zhuns Tänzerinnen gehörte. Sie erzählte mir: »Damals gab es mehrere Dutzend Melodien für den Tanz der Kudranienzweige, von denen heute nicht mehr als zwei oder drei Zehntel existieren.« Die alte Nonne kann die Melodien noch singen, und Liebhaber dieser Musik stimmen oft mit ihr ein.

Die Musik ausländischer Orchester (94)

Die ausländische Musik wurde in früheren Generationen in die Musik der vier nichtchinesischen Völkerschaften unterteilt. Im 13. Jahr der Regierungsära Tianbao [754] befahl ein kaiserlicher Erlaß erstmalig, Tempelmusik und ausländische Musik zusammen aufzuführen. Seither verließ man in der Musik die alten Wege vollkommen, denn die von den früheren Herrschern überkommene Tempelmusik und die als reine Musik bezeichnete neue Musik vorhergehender Generationen floß zusammen mit der ausländischen Musik in die Bankettmusik ein.

Liedmelodien (95)

In alter Zeit wurden Gedichte stets singend rezitiert. Später trug man sie in einer bestimmten Klangart vor, und wenn sie eine Melodie erhielten, verwandelten sie sich in Lieder. War die Stimmungslage des Gedichts friedlich und harmonisch, wurde es in friedlich-harmonischem Tonfall skandiert, war seine Stimmungslage schwermütig und grollend, wurde es in schwermütig-grollendem Tonfall skandiert. Deshalb ist der Tonfall für Frieden ruhig und glücklich, das heißt, Gedicht und Stimmungslage, Tonfall und Melodie strahlen Ruhe und Glück aus. Die Stimmungslage für eine Zeit der Wirren hingegen ist klagend und zornig, so daß Gedicht und Stimmungslage, Tonfall und Melodie Klage und Zorn ausdrücken. Deshalb kann man durch die Untersuchung der Melodien etwas über die Regierung erfahren.

Außer Gedichten gibt es noch Mitsummlaute, die man auch Melodie nennt. In den vom alten Musikamt[18] gesammelten Volksliedern sind Mitsummlaute zusammen mit dem Gedicht aufgezeichnet. Zum Beispiel sind solche Notationen wie »hè-hè-hè« oder »hé-hé-hé« Mitsummlaute. Die heutigen Zwischenspielmelodien für Blas- und Saiteninstrumente lassen sich auch auf diese überlieferten Formen zurückführen. Seitdem man in der Tang-Zeit Ci-Gedichte[19] nach vorhandenen Melodien schrieb, benutzte man nicht mehr die Mitsummlaute. Obwohl behauptet wird, dieses Gedichtmuster sei mit Wang Ya[20] aufgekommen, schrieben schon in den Jahren der Regierungsären Zhenyuan und Yuanhe [785–820] viele Leute Ci-Gedichte, so daß es sie schon vor Wang Ya gegeben haben muß.

Ferner findet man in einer Volksweise in »klarer, ruhiger Melodie« einen Vers »In Xianyang gibt man für Wein die letzte kostbare Haarnadel her«, von dem es heißt, er stamme von Li Bo[21], aber in Li Bos gesammelten Gedichten findet man zwar vier Gedichte mit »klarer, ruhiger Melodie«, allein es fehlt dieses Gedicht. Demgegenüber enthält die Sammlung »In Blumen« das Gedicht »In Xianyang gibt man für Wein die letzte kostbare Haarnadel her« und vermerkt dazu Zhang Mi[22] als Verfasser. Niemand weiß, welche Ansicht richtig ist. Heutzutage sind das Ci-Gedicht und seine Melodie eng miteinander verbunden. Gassenlieder, die »Weise vom Sonnenpaß«[23] und die »Lieder vom Stampfen der Seide« ähneln ein wenig der alten Tradition. Als die Leute während der Tang-Zeit Ci-Gedichte zu

Melodien schrieben, skandierten sie meist die passenden Melodien. Deshalb harmonieren Freude und Leid so gut mit den Melodien. Die Menschen von heute kennen aber nicht mehr die Melodien, so daß zu einer traurigen Melodie ein fröhliches Gedicht oder zu einer fröhlichen Melodie ein schwermütiges Gedicht gesungen wird. Deshalb kann man die Gefühle der Menschen nicht nachempfinden, selbst wenn die Worte treffend sind, eben weil Melodie und Sinn nicht miteinander harmonieren.

Beurteilung der Jadeklingsteine aus Runzhou (98)

In dem Buch »Zusammengefaßte Denkwürdigkeiten der Reichsgeschichte« (»Guo shi zuan yi«)[24] steht geschrieben: »In Runzhou[25] wurde einmal ein Satz von 12 Jadeklingsteinen ausgegraben, die dem Kaiser übergeben wurden. Als Zhang, der Aufseher der Wasseruhren, einen der Steine anschlug, meinte er: ›Dieser Klingstein wurde im Jahr soundso der Jin-Dynastie [265–420] angefertigt, das ein Schaltjahr war. Weil die Klingsteine damals nach der Zahl der Monate angefertigt wurden, müssen 13 vorhanden sein. Wenn man 9 Chi [2,73 m] östlich vom Klingstein »Gelbe Glocke«[26] aufgräbt, wird man den fehlenden finden.‹ Nachdem sie das getan hatten, fand man tatsächlich, wie vorausgesagt, den 13. Klingstein.«
Welch ungereimtes Zeug! Wenn Klingsteine nach den Monatstönen hergestellt wurden, so ist eigentlich die jeweilige in die Monatsmitte fallende Solarperiode[27] gemeint. Tritt nun in einem Jahr ein Schaltmonat auf, gibt es für ihn keine mittlere Solarperiode. Wie sollte es für ihn einen Monatston und entsprechend einen Klingstein geben? Diese Anekdote hat sich ein Dummkopf ausgedacht. Wie könnte man beim Anschlagen eines Klingsteins erkennen, daß er im Jahr soundso der Jin-Dynastie angefertigt sei? Und wenn die Klingsteine in die Erde versinken, wer hätte sich die Mühe gemacht, sie exakt nach Richtung und Maß zu vergraben? Das ist zuviel des Absurden!

Vom Sinngehalt der Musik (100)

Im Buch des Herrschers Yu[28] heißt es: »Sie sangen, während die runden Jadeklingsteine geklopft und die Saiteninstrumente geschlagen wurden, um die Ahnen erscheinen zu lassen.« Runde Jadeklingsteine wurden ursprünglich nicht wie das Schlaginstrument Yu[29] geklopft, doch wenn der Gefühlsausdruck der Musik den Höhepunkt erreichen sollte und der Gesang dies nicht allein erfüllte, wurden sie zuweilen auch geklopft. Saiteninstrumente wurden ursprünglich nicht wie das Schlaginstrument Zhu[30] geschlagen, doch wenn der Gefühlsausdruck der Musik den Höhepunkt erreichen sollte und der Gesang dies nicht allein erfüllte, wurden sie zuweilen auch geschlagen. Das gleiche gilt für den Tanz mit Armen und Füßen, bei dem sich der Tänzer selbst vergißt. Wenn der Gefühlsausdruck der Musik den Höhepunkt erreicht, werden die Ahnen erscheinen. Wenn die Gefühle dem Herzen entspringen, erlangen sie eine solche Ausstrahlung. Später bemühten sich die Musiker um Vollkommenheit der Form, ohne daß der Inhalt ihr entsprach. Die Musikmeister strebten vor allem nach exaktem Rhythmus und harmonischem Klang. Aber weil die Musikmeister des Altertums danach strebten, die Welt zu verstehen, entfalteten sich im Herzen Trauer und Freude, die sich in Klänge verwandelten. So fanden sie auch die rechten Formen, um ihren Gefühlen Ausdruck zu verleihen. Wenn die Musik einen Sinn und die Klänge einen Inhalt offenbaren, können sie die Menschen tief anrühren und sind nicht bloß dem Instrument entsprungen.

Betrachtung über das Musikstück »Guangling San« (106)

In den »Vermischten Erörterungen des Herrn Lu« (»Lu shi za shuo«)[31] heißt es: »Han Gao[32] erwähnte, Ji Kang[33] habe ein Musikstück namens ›Guangling San‹ komponiert. Da Wang Ling, Guanqiu Jian und ihre Freunde[34] in Guangling eine Niederlage einstecken mußten und man sich erzählte, der Untergang des Reiches Wei sei von Guangling ausgegangen, hatte er dieses Musikstück »Guangling San« genannt.« Als ich mich damit beschäftigte, fand ich, daß »*San*« der Name einer Musikstückgattung sei, ebenso wie *Cao, Nong, Can, Dan, Xu* und *Yin*. Deshalb heißt es in Fan Yues »Ode auf eine Mundorgel«: »Nachdem das traurige Zitherstück ›Das Mädchen Zhang‹ verklungen war, erscholl die berühmte Weise ›Guangling‹.« Ferner schrieb Ying Ju in einem »Brief an Liu Kongcai«: »Ich hörte die klare Weise ›San‹ aus Guangling.« Daraus wird deutlich, daß »San« eine Musikstückgattung bezeichnet. Vielleicht hatte sich Ji Kang dieses Namens bedient, um Mahnung und Spott über die Ereignisse seiner Zeit auszudrücken. Mit »San« wählte er den Namen einer Musikstückgattung, während »Guangling« sein Titel ist, und durch die Zusammenstellung von beiden artikulierte er einen bestimmten Sinn.

Material für die Zither Qin (109)

Für die Zither *Qin* wird das Holz des Tong-Baums[35] verwendet, aber es muß viele Jahre getrocknet worden sein, ehe es den gewünschten Klang erzeugt. Einmal hatte ich eine von einem Meister Lu zum Beginn der Tang-Zeit hergestellte Zither gesehen. Ihr Holz war trocken und morsch, so daß man sie kaum mit den Fingern anschlagen konnte, aber sie gab einen völlig reinen Klang. Ein anderes Mal sah ich eine von einem Meister Zhang Yue hergestellte Zither, die Tao Daozhen in Yue[36] aufbewahrte. Es wird überliefert, sie sei aus dem Holz der Spießtanne eines aus einem alten Grab geborgenen, verwitterten Sarges gefertigt. Auch sie besaß einen außerordentlich kräftigen Klang. Dem Buddhamönch Zhihe aus Wu[37] gehörte eine Zither mit himmelblauen Perlen für die Griffbrettmarkierungen, die Jade glichen, und ein gemusterter Stein diente als Schlüssel. Aufbau und Klang dieser Zither sind von bemerkenswerter Vollen-

Spiel auf der Zither Qin.
(Aus: Qin ding shu jing tu shuo, 1905)

dung. Ihr Bauch ist mit mehreren Dutzend Schriftzeichen im Siegelschriftstil *Zhuan* verziert, die kurzgefaßt lauten: »Auf einer Insel im Südmeer wurde ein Baum gefällt, der *Jia tuo luo* heißt. Sein Holz hat eine silbernen Spänen gleichende Maserung und ist hart wie Stein. Da befahl ich dem Meister, daraus eine Zither anzufertigen.« Die Siegelschrift ist wirklich altehrwürdig und schwungvoll.

Das Material für eine Zither soll leicht, locker, spröde und glatt sein. Diese nennt man seine vier edlen Eigenschaften. Ich kann aber nicht verstehen, daß sich aus einem steinharten Holz eine Zither anfertigen läßt. In den »Aufzeichnungen über den Aufbruch in die Wildnis«[38] heißt es: »In Qiongguan[39] wachsen viele Bäume, die *Wu man* und *Qu tuo* heißen. Sie sind alle höchst merkwürdig.« Ich bin mir nicht sicher, ob die Baumart *Jia tuo luo* mit *Qu tuo* identisch ist.

Gleiche Töne führen zum Mitschwingen (115)

Nach einer alten Regel hängen jeweils 16 Glocken oder Klangsteine, die die 16 Halbtöne[40] erzeugen, an einem Ständer. Aber jeder Glockenständer entspricht immer einem Halbton, weshalb es *Huangzhong*-Glockenständer, *Dalü*-Glockenständer usw. gibt, und für die anderen Musikinstrumente gilt dasselbe. Obwohl die *Qin*-Zither stets reine, volle Töne liefert, gibt es doch Instrumente mit schwerem und mit leichtem Klang, und dem Material der Zither sind die fünf Töne der Tonleiter[41] immanent. Deshalb werden die Tonarten berühmter *Qin*-Zithern des Altertums beispielsweise reines *Zheng* oder reines *Jue* genannt. Die Benennung erfolgt nicht nur nach den fünf Tönen, sondern auch nach den Tonarten. Die Familie eines meiner Freunde besitzt eine *Pipa*[42]. Wenn man sie in einen leeren Raum stellt und mit dem Rohrblattinstrument *Bili*[43] die Tonart *Shuangdiao* spielt, stimmen die Saiten der *Pipa* plötzlich einen Ton an. Spielt man eine andere Tonart, tönt sie nicht mit. Die Familie schätzt das Instrument als eine merkwürdige Rarität. Aber letztlich ist ihr nicht bewußt, daß hier ein allgemein gültiges Gesetz wirkt. Die *Pipa* tönt nur mit, wenn die Töne der 28 Tonarten gleich sind. Wenn man die 28 Tonarten durchgeht, ohne daß das Instrument mittönt, dann handelt es sich um Töne außerhalb dieser Tonarten. Nach einer alten Gesetzmäßigkeit weist eine Tonleiter sieben Töne auf, so daß 12 Tonleitern insgesamt 84 Tonarten enthalten. Nimmt man die Unterteilung noch feiner vor, dann ist man bei 84 Tonarten noch nicht am Ende. Die jenseits liegenden Tonarten sind äußerst zahlreich. Gehört eine Tonart zufällig zu den 28 Tonarten und die Menschen hören das Mittönen, so finden sie das seltsam, allein es handelt sich um ein ganz gewöhnliches Gesetz. Diese Lehre von den Tönen ist sehr wichtig und wunderbar. Da die heutigen Menschen ihre Gesetze nicht kennen, vermögen sie nicht, die harmonischsten Klänge zwischen Himmel und Erde zu spielen. Wenn die Musikinstrumentenbauer dieser Welt die Töne und Tonarten auf den Saiten nicht verstehen, wie könnten sie schon dahin gelangen?

Astronomie und Mathematik

Die Korrektur des Schaltmonats und des Monatsersten im Fengyuan-Kalender (116)

Da die Methode des Dayan-Kalenders[1] aus der Regierungsära Kaiyuan [713–741] lange Zeit die genaueste war, wurde über Generationen hinweg die in ihm enthaltene Methode der Bestimmung des Monatsersten[2] benutzt. Jedoch als der Kalender in der Regierungsära Xining [1068–1077] überprüft wurde, stellte man fest, daß er gegenüber den Gestirnen um mehr als 50 Ke nacheilte[3], was die für die Aufstellung des Kalenders verantwortlichen Beamten früherer Generationen nicht wissen konnten. Daraufhin verschob man im Fengyuan-Kalender den Schaltmonat und korrigierte den Zeitpunkt des Monatsersten. Im 10. Jahr der Regierungsära Xining [1077] galt als Zeitpunkt der Wintersonnenwende die Doppelstunde *Wu*[4], der im neuen Kalender zur Doppelstunde *Zi* verschoben wurde. Der Zeitpunkt des Einfügens eines Schaltmonats wurde vom 12. Monat auf den 1. Monat verlegt. Jedoch als die Vasallen aus den vier Himmelsrichtungen dem Kaiserhof Tribut zollten, kamen sie nacheinander noch nach dem alten Kalender über die Grenze ins Land.
Eine Menge von Zweiflern behauptete, es gäbe keine Erscheinung, mit der sich das Eintreffen der 24 Solarperioden des Mondkalenders überprüfen ließe. Deshalb hegten sie starkes Mißtrauen gegenüber dem neuen Kalender. Diese Angelegenheit wurde von den Kalenderbeamten untersucht und entschieden. Grundsätzlich ist die Schattenlänge der Sonnenuhr am Wintersanfang (*li dong*) gleich der Schattenlänge am Frühlingsanfang *(li chun)*.[5] Da jetzt die beiden Schattenlängen nicht gleich waren, wußte man also, daß der Zeitpunkt der Wintersonnenwende verrückt war. Nachdem man diesen Zeitpunkt um mehr als 50 Ke verschoben hatte, erhielt man am Winters- und am Frühlingsanfang die richtigen Schattenlängen. Durch diese Nachprüfung gaben sich die Zweifler geschlagen. Als sich am Neujahrstag die Beamten zur Zeremonie am Kaiserhof einfanden, sanktionierte Seine Majestät diese Methode der Kalenderberechnung.

Erklärung des Begriffs »Chen« 辰 (120)

In den Namen für Himmelserscheinungen taucht sehr häufig das Schriftzeichen *Chen* auf. Alle diese Namen lassen sich auf den Namen *Chen* in der Reihe der Erdzweige *Chen, Si* usw. zurückführen, was folgende Beispiele belegen sollen.
Die zwölf Erdzweige heißen auch die »zwölf *Chen*«, eine Doppelstunde ein »*Chen*« und ein Tag gleichfalls ein »*Chen*«. Sonne, Mond und Sterne bezeichnet

man als die »drei *Chen*«. Der Nordpolarstern führt auch den Namen »*Nördlicher Chen*« und der Stern *Dahuo* (Großes Feuer)[6] den Namen »*Großer Chen*«. Zu den fünf Sternen[7] gehört ein Stern namens *Chen*. Die auf der Grundlage der fünf Elemente[8] festgelegten Jahreszeiten nennt man die »fünf *Chen*«. Wenn im »Buch der Urkunden« (»Shu jing«) geschrieben steht: »Die Zeit folgt den ›fünf *Chen*‹«, so sind hiermit die Jahreszeiten gemeint. Alle diese Begriffe werden mit »*Chen*« bezeichnet.

Nun möchte ich eine Betrachtung über die Erdzweige von *Zi, Chou* bis *Xu, Hai* anschließen, die die »zwölf *Chen*« heißen. Im Buch »Zuo zhuan« heißt es: »Wenn sich Sonne und Mond begegnen[9], spricht man von »*Chen*«. In einem Jahr begegnen sich Sonne und Mond zwölfmal, also gibt es »*zwölf Chen*«. Die Sternhäuser, in denen sich Sonne und Mond befinden, zählt man von Osten aus auf, und die Sterne der Sternhäuser *Canglong, Jiao* und *Kang*[10] folgen der Einteilung in *Chen* und werden nach ihren Oberhäuptern benannt. Die mit *Zi, Chou* bis *Xu* und *Hai* bezeichneten Mondphasen heißen »*Chen*«. Somit besteht kein Zweifel, daß die zwölf Erdzweige und die zwölf Doppelstunden, die die Namen *Zi, Chou* bis *Xu* und *Hai* tragen, »*Chen*« heißen. Wenn »ein Tag« »ein *Chen*« genannt wird, so ist die Verbindung zu den zwölf Erdzweigen offenkundig. Mit den zehn Himmelsstämmen ausgedrückt, sagt man »heutiger Tag« (*jin ri*), jedoch mit den zwölf Erdzeigen ausgedrückt, entsprechend »heutiger *Chen*« (*jin chen*). Deshalb bezeichnet man die Erdzweige und die Himmelsstämme auch mit »*ri chen*«. Sonne, Mond und Sterne heißen die »drei *Chen*«, weil sie bis zur Doppelstunde *Chen*[11] deutlich zu sehen sind, sie sind also nach ihrer Sichtbarkeit benannt. Daher rührt der Name »*Chen*«.

Die Sichtbarkeit der Gestirne tritt entsprechend den vier Jahreszeiten früher oder später ein, doch bis zur Doppelstunde »*Chen*« sind sie zu allen Jahreszeiten deutlich zu sehen. Deshalb liefert »Sonne« 日 auf dem Schriftzeichen »*Chen*« das Schriftzeichen »Morgendämmerung« 晨, das heißt die Zeit des Sonnenaufgangs.

Die Sterne lassen sich in drei Gruppen einteilen: Erstens die Fixsterne außerhalb der Sternhäuser mit dem Nordpolarstern als Oberhaupt; zweitens die Sterne der 28 Sternhäuser mit dem »Großen Feuer« (*Dahuo*) als Oberhaupt, und drittens die Planeten mit dem Merkur (*Chenxing*) als Oberhaupt. Darum heißen sie alle »*Chen*«. Da der Polarstern an seinem Platz verweilt und alle Sterne ihn umkreisen, waltet er als Oberhaupt der Fixsterne. Weil das »Große Feuer« den Sitz des Himmelskönigs markiert[12], waltet es als Oberhaupt unter den Sternhäusern. Und weil der Merkur nahe der Sonne und nicht weiter als 30° von ihr entfernt ist, stellt er das Oberhaupt der Planeten dar.

Die Richtung des Stiels des »Großen Schöpflöffels« (125)

Es heißt, der Stiel des »Großen Schöpflöffels« zeige im ersten Mondmonat in die Richtung *Yin* und im zweiten Mondmonat in die Richtung *Mao.*[13] Das gilt aber nicht mehr. Allerdings ist es natürlich gesetzmäßig, daß der Frühling mit den

Das Sternbild des Großen Schöpflöffels.
(Relief aus dem Grab von Wu Liang [147 n. Chr.])

Richtungen *Yin, Mao* und *Chen*, der Sommer mit den Richtungen *Si, Wu* und *Wei* usw. verknüpft ist, aber man darf hierfür nicht die Richtung des Stiels des »Großen Schöpflöffels« zugrunde legen. Das liegt darin begründet, daß die Richtung des Stiels eine Jahresdifferenz aufweist.[14] Die Alten kannten wahrscheinlich noch nicht das Gesetz der Jahresdifferenz. Im »Kalender des Kaisers Zhuanxu«[15] steht geschrieben: »Zur Wintersonnenwende befindet sich die Sonne am Anfang des Sternhauses ›Rind‹.« Aber jetzt steht sie zu diesem Zeitpunkt 6° im Sternhaus »Schöpflöffel«. Wenn der Stiel des Schöpflöffels bei den Alten im ersten Mondmonat in die Richtung *Yin* zeigte, so weist er jetzt zu diesem Zeitpunkt in die Richtung *Chou*. Vergleicht man die Richtung des Stiels bei den Alten mit der heutigen Richtung, so tritt nunmehr eine Differenz von einem *Chen* (30°) auf. Im Kapitel »Kodex des Yao« des »Buchs der Urkunden« (»Shu jing«) wird vermerkt: »Zur Wintersonnenwende steht das Sternbild *Mao*[16] gegen Abend im Zenit.« Heute jedoch befindet sich dann das Sternbild »Ostmauer«[17] im Zenit.

Luoxia Hongs Kalendermethode (126)

In der »Chronik der Tang-Dynastie« (»Tang shu«) steht geschrieben: »Als Luoxia Hong[18] seinen Kalender aufstellte, äußerte er selbst, daß sein Kalender nach 800 Jahren um 1/81 Tag differieren würde. Nach dem Beginn der Tang-Dynastie unternahm es der Buddhamönch Yixing[19], den Kalender zu korrigieren.« Das ist eine unsinnige Behauptung. Luoxia Hongs Kalendermethode war noch nicht sehr ausgereift, vielleicht galt sie nur zu seiner Zeit als genau. Sie wies recht viele Mängel auf, von denen ich zwei anführen möchte. Zur Han-Zeit [206 v. Chr. – 220 n. Chr.] kannte man noch nicht die Präzession der Ekliptik, denn erst Zhang Zixin[20] aus der Zeit der Nördlichen Qi-Dynastie [550–577] entdeckte diese Erscheinung. Wenn man heute anhand der alten Kalender die Länge eines Jahres überprüft, findet man eine Differenz von 1/81 Tag für je 80 Jahre. Somit weist Hongs Kalender schon eine Differenz von 1/81 Tag für je 80 Jahre auf, zudem ist der Bruchzahlanteil im Wert für die Länge eines Jahres recht ungenau. Nach Hongs Methode ließen sich zu seiner Zeit einfach nicht die Zeitpunkte der 24 Solarperioden, der Neumonde und die Daten des Umlaufs der Fünf Planeten bestimmen, weil man nicht 80 Jahre abwarten konnte. Wenn behauptet wurde, »In 800 Jahren differiert der Kalender um 1/81 Tag«, so ist diese Angabe höchst ungenau.

Die Messung der Position des Polarsterns (127)

Die Astronomen benutzen die Armillarsphäre als ein Gerät zur Vermessung der Himmelskörper, das auf einer hohen Terrasse errichtet wird. Die Armillarsphären, die zum Beobachten der Himmelserscheinungen dienen, entstanden im Altertum aus den Visierrohren. Ein Himmelsglobus ist ein Gerät zur Darstellung des Himmels, das mit Wasser oder Quecksilber angetrieben wird. Der Himmelsglobus wird in einem abgeschlossenen Raum aufgestellt und bewegt sich in Übereinstimmung mit den Bewegungen der Himmelskörper. Bei den von Zhang Heng[21] und Lu Ji[22] angefertigten Globen bis zu dem in der Regierungsära Kaiyuan [713–741] vor der Halle der militärischen Vollendung aufgestellten Gerät[23] handelte es sich stets um derartige Himmelsgloben. In den Jahren der Regierungsära Huangyou [1049–1053] ordnete das Ritenministerium an, daß die Teilnehmer an der Beamtenprüfung in der Hauptstadt einen Essay über die »Ode auf den Himmelsglobus zur exakten Darstellung der Gestirne« verfassen sollten. Die Prüfungskandidaten behandelten das Thema aber alle nur sehr verworren, und da sich sogar die Prüfungsbeamten auf diesem Gebiet nicht auskannten, ließen sie die Kandidaten die Prüfung mit sehr gutem Ergebnis bestehen.

Vor der Han-Dynastie [206 v. Chr. – 220 n. Chr.] hielt man dafür, daß sich der Stern *Beichen* am Himmelspol befinde, weshalb er auch Polarstern heißt. Als Zu Gengzhi[24] mit einem Visierrohr den unbeweglichen Ort des Himmelspols gefunden hatte, stellte er fest, daß sich dieser Ort um etwas mehr als 1° neben dem Polarstern befand. In der Regierungsära Xining [1068–1077] erhielt ich den Auftrag des Kaisers, das Observatorium zu leiten. Darauf durchforschte ich zahlreiche Werke über Sternkunde und Kalender und beobachtete mit einem Visierrohr den Polarstern. Als ich in der ersten Nacht den Polarstern mit dem Visierrohr betrachtete, stellte ich fest, daß er nach einer Weile aus dem Gesichtsfeld verschwunden war. Daraus schloß ich, daß das Visierrohr zu klein war, um die Kreisbewegung des Polarsterns zu erfassen. Dann ließ ich immer grö-

ßere Visierrohre anfertigen und beobachtete wieder den Polarstern. Erst nach drei Monaten gelang es mir, die Bewegung des Polarsterns im Gesichtsfeld eines Visierrohrs einzufangen, ohne daß er aus ihm verschwand. Danach fand ich, daß der unbewegliche Ort des Himmelspols vom Polarstern um etwas mehr als 3° entfernt war.[25] Jedesmal, wenn ich den Polarstern mit dem Visierrohr beobachtete, zeichnete ich ein Bild seiner Bewegung, das einen Kreis ergab. Zur Abenddämmerung, um Mitternacht und zur Morgendämmerung zeichnete ich die beobachteten Positionen auf, die immer auf einem Kreis lagen. Insgesamt zeichnete ich mehr als 200 Bilder, die zeigten, daß sich der Polarstern stets auf einer Kreisbahn bewegte.
In einem ausführlichen »Bericht an den Kaiser über die Kalenderuntersuchungen in den Jahren der Regierungsära Xining«[26] hatte ich dies festgehalten.

Wasseruhren (128)

Die Schriften von mehreren Dutzend früherer und zeitgenössischer Autoren über Wasseruhren sind allesamt oberflächlich und fehlerhaft. Bei insgesamt 25 Kalenderastronomen, die seit der Aufstellung des »Kalenders des Kaisers Zhuandi«[27] bis zum heutigen Tag als große Kalenderastronomen bezeichnet werden und Sonnen- und Wasseruhren beschreiben, muß man feststellen, daß ihre Wasseruhren nicht mit dem Lauf der Himmelskörper übereinstimmten.
Die Ergebnisse meiner Beobachtungen der Gestirne und der Messungen der Schattenlängen der Sonne überprüfte ich mit Hilfe einer Armillarsphäre und eines Himmelsglobus. Dann führte ich Messungen der durch eine Wasseruhr gelaufenen Wassermenge durch. Erst nach mehr als zehn Jahre währenden Untersuchungen gelangte ich zu den richtigen Ergebnissen. Ich hielt sie in einem aus vier Heften bestehenden Buch fest, das den Titel »Untersuchungen über Sonnen- und Wasseruhren während der Regierungsära Xining« [1068–1077] erhielt[28].
Dieses Buch hielt nicht an den Methoden der Vorfahren fest. Zwei Dinge sind in ihm besonders hervorzuheben: Erstens, die Wasseruhrenbauer sorgten sich immer, daß das Wasser in den Wintermonaten langsamer und in den Sommermonaten schneller fließe. Dabei glaubten sie, dies sei eine Eigenschaft des Wassers. Man war sich auch nicht sicher, ob gefrierendes Wasser den Ausfluß verstopfen könnte. Auf vielfältigste Weise versuchte man, das Problem zu lösen, doch alle Methoden schlugen fehl. Als ich das Wesen dieser Erscheinung untersuchte, fand ich, daß sich die Sonne zur Zeit der Wintersonnenwende schneller bewegt, mit der Folge, daß der Ablauf der Sonne noch nicht beendet ist, während die Wasseruhr schon mehr als einen Tag, also mehr als 100 Ke, anzeigt. Dagegen bewegt sich die Sonne zur Zeit der Sommersonnenwende langsamer, mit der Folge, daß der Ablauf der Sonne schon beendet ist, während die Wasseruhr noch keinen vollen Tag, also weniger als 100 Ke, anzeigt. So erhielt ich die Größe dieser Differenz. Danach bestimmte ich nochmals die Schattenlängen der Sonnenuhr und die Stände der Wasseruhr, doch beide Anzeigen stimmten niemals überein. Das hatten die Alten noch nicht erkannt.[29]

Zweitens verändert sich die Länge eines Tages immer stetig, niemals tritt eine plötzliche Änderung der Tageslänge ein. Die Kalenderastronomen markieren den Anzeiger der Wasseruhr nach einem mittleren Wert der Tageslänge, so daß sich Defizite bzw. Überschüsse aufsummieren. Am Anfang einer Solarperiode sind die Differenzen, um die die Tageslänge ab- oder zunimmt, immer gleich. Aber wenn die Solarperiode wechselt, schlägt das Vorzeichen der Differenz plötzlich um. Die Ursache hierfür besteht darin, daß die Ekliptik gegenüber dem Himmelsäquator geneigt ist und deshalb keinen Kreis darstellt. Es gibt jedoch keine Theorie, wenn man sich darum bemüht, diesen Unterschied zu berechnen. Messungen und Berechnungen ließen sich nicht in Übereinstimmung bringen. Allgemein gilt, daß, wenn ein Körper eine bestimmte Form besitzt, es für sie einen wahren Wert gibt. Quadrate und Kreise, horizontale und geneigte Lage kennzeichnen bestimmte Formen. Als ich die Berechnung mit einer auf Multiplikation und Division beruhenden Methode vornahm, zeigten sich keine Abweichungen mehr, vielmehr erhielt ich eine gute Übereinstimmung und somit den wahren Wert. Das Verfahren läßt sich intuitiv begreifen, aber nicht mit Worten ausdrücken.
Die Ekliptik bildet einen Kreis, der den Himmel umläuft. Legt man für die Berechnung einen Kreis zugrunde, so erhält man sehr gleichmäßige Abweichungen für die Bewegung der Sonne. Wären diese Abweichungen nicht gleichmäßig, könnte man sie auch nicht mit einer Gesetzmäßigkeit beschreiben. Die Abweichungen lassen sich in Phasen mit langsamerer und schnellerer Umlaufgeschwindigkeit unterteilen. Ohne diese langsameren und schnelleren Phasen würden die Abweichungen nicht auftreten. Nimmt man die Berechnung nach der Kreismethode vor, so ergeben sich immer gleichmäßige Differenzen. Nimmt man jedoch die Berechnung nach dem Abweichungsverfahren vor, so erhält man größere und kleinere Differenzen. Mit einer Berechnungsmethode auf der Grundlage der vier Grundrechenarten erhält man ein Gesetz, dem die Sonnenbewegung folgt. Die Änderungen dieser Bewegung liegen im Bereich von Sekunden und Ke, wobei die Abnahme bzw. Zunahme nicht gleich sein müssen. Zur Beschreibung der Gleichmäßigkeit der Bewegung genügt eine Differenz, damit sich ein endloser Umlauf ergibt, bei dem sich Ende und Anfang lückenlos aneinanderfügen. Die Einzelheiten dieser Kreismethode waren den Mathematikern in früherer Zeit noch unbekannt. Aus dem Nachlauf der Sonne entsteht ein Vorlauf, der dann wieder in einen Nachlauf der Sonne umschlägt. Dieser ständige Wechsel liefert gegenseitig Ursache und Wirkung. Wenn man nach dieser Methode die Veränderung der Sonnenbewegung ermittelt und diese mit der Neigung der Ekliptik gegenüber dem Himmelsnordpol vergleicht, zeigt die Analyse keinen Widerspruch und stimmt auf natürliche Weise mit dem Gesetz der Sonnenbahn überein. Wer nicht tief in die Theorie der Berechnungsmethodik eindringt, vermag nicht, ihre Details zu begreifen.
Diese Berechnungen habe ich in einem eingehenden Bericht an den Thron dargestellt. Der Bericht wird jetzt im Geschichtsamt aufbewahrt. Außerdem habe ich über dieses Thema eine Abhandlung »Untersuchungen über Sonnen- und Wasseruhren während der Regierungsära Xining« [1068–1077] in vier Heften verfaßt.

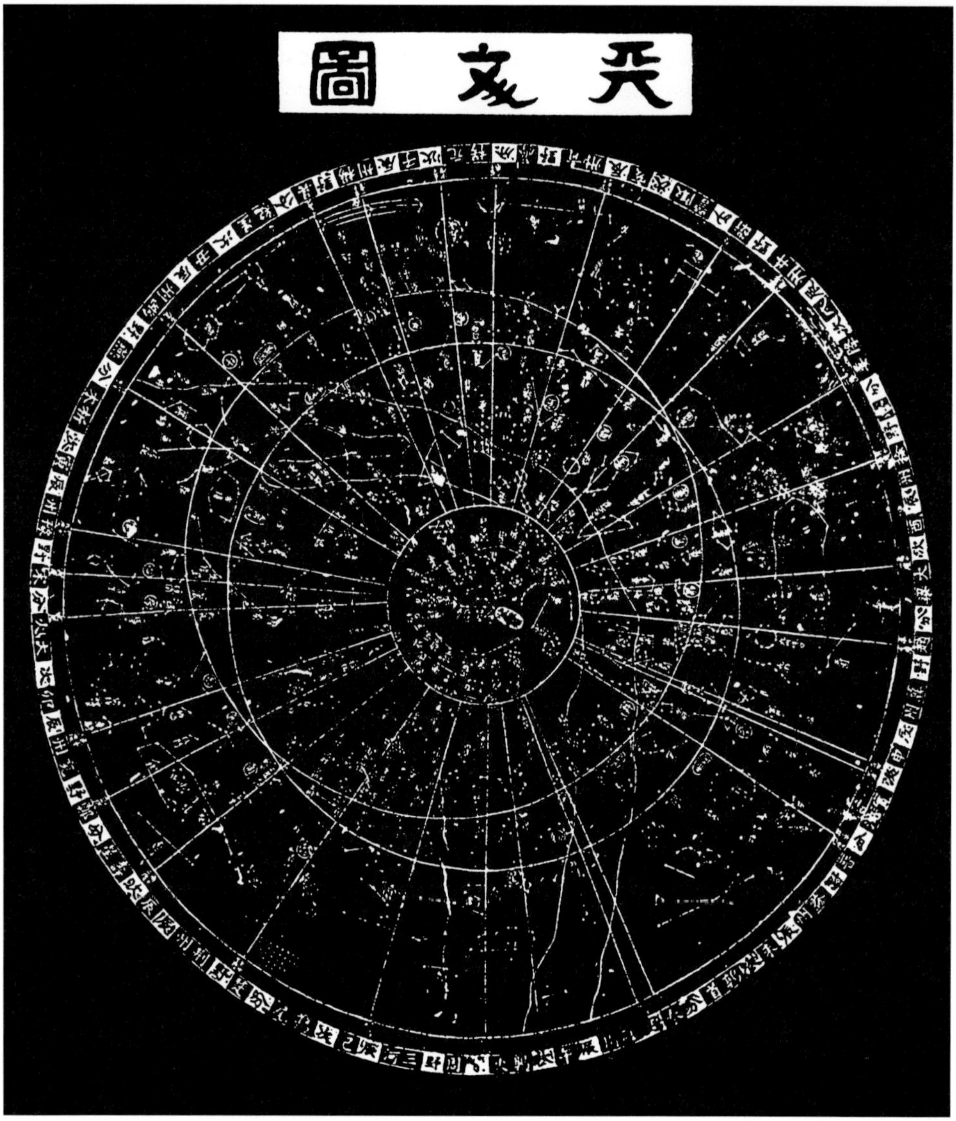

Sternenkarte mit den 28 Sternhäusern aus dem Jahre 1193, aufbewahrt im Stelenmuseum von Suzhou.

Die 28 Sternhäuser (129)

Als ich in der »Halle der leuchtenden Kultur«[30] Bücher kompilierte und herausgab, nahm ich an ausführlichen Diskussionen über die Ausstattung des Astronomischen Observatoriums mit neuen Armillarsphären teil.
Der Direktor fragte mich: »Wie kommt es, daß von den 28 Sternhäusern die größeren eine Breite von 33°, die kleineren aber eine Breite von nur 1° haben, sie also ungleichmäßig sind?«

»Die Astronomie kannte ursprünglich keine Gradeinteilung«, gab ich zur Antwort, »so daß die Kalendermacher über kein Hilfsmittel verfügten, um die Sternhäuser in Zahlen auszudrücken. Später wurde der Himmel längs der Sonnenbahn in 365° und einen Rest eingeteilt. Die Sonne läuft in etwas mehr als 365 Tagen einmal am Himmel um. Deshalb entspricht ein Tag einem Grad. Nachdem man den Himmel unterteilt hatte, brauchte man Himmelskörper, um ihn zu markieren. Danach konnte man die Himmelskörper beobachten und ihre Abstände in Grad zählen. Also wurde der Himmel mit Sternen, zu denen entsprechende Gradangaben gehören, markiert. Entlang eines Umlaufs der Sonne auf der Ekliptik wurde der Himmel in lediglich 28 Sternhäuser eingeteilt. Die Grade gleichen den Speichen eines Regenschirms, so daß jedes Grad auf einer Speiche des Schirms zu liegen kommt. Deshalb hatten die schirmförmigen Wagendächer auch 28 Streben, um die 28 Sternhäuser zu symbolisieren. Im »Bericht an den Thron über die Armillarsphäre« habe ich bemerkt: ›Die Grade kann man nicht sehen. Was man sehen kann, sind die Sterne. Die Sonne, der Mond und die fünf Planeten gehören zur Gesamtheit der Sterne. Zeichnet man die Sterne entsprechend den Gradpositionen ein, ergeben sich 28 Häuser genannte Bilder. Die Häuser dienen dazu, um die Sterne in Grad zu markieren. Die Grade dienen dazu, um die Sternposition mit Zahlen auszudrücken.‹ Damit ist das gemeint, was man heutzutage Leitstern[31] eines Sternhauses nennt. Es ist nicht so, daß gleichmäßig breite Sternhäuser nicht wünschenswert wären, aber die Sterne mit ihren zugehörigen Winkelpositionen entlang der Ekliptik bilden die Ursache für die unterschiedliche Breite der Sternhäuser.«

Die Gestalt von Sonne und Mond (130)

Weiter fragte mich der Direktor: »Gleicht die Gestalt von Sonne und Mond einem Ball, oder ist sie flach wie ein Fächer? Falls sie einer Kugel gleicht, behindern sich Sonne und Mond gewiß, wenn sie sich begegnen.«
»Die Gestalt von Sonne und Mond gleicht einem Ball«, erwiderte ich. »Woher wissen wir das? Das läßt sich anhand der Zu- und Abnahme des Mondes überprüfen. Der Mond sendet ursprünglich kein Licht aus. Wenn er dennoch wie ein silberner Ball aussieht, so ist das lediglich auf das von ihm reflektierte Licht der Sonne zurückzuführen. Wenn wir das Licht der Mondsichel sehen, fällt das Licht der Sonne seitlich auf den Mond ein. Weil es nur eine Seite des Mondes beleuchtet, sehen wir nur eine Sichel. Wenn sich die Sonne allmählich entfernt, fällt ihr Licht schräg auf den Mond, und dieser wird immer voller. Wenn man einen Ball auf einer Hälfte mit Puder bemalt und ihn von der Seite betrachtet, so sieht man die bepuderte Fläche als Sichel. Betrachtet man sie aber von vorn, so sieht man einen vollen Kreis. Daher wissen wir, daß ihre Gestalt einem Ball gleicht.
Andererseits bestehen Sonne und Mond aus dem Pneuma Qi[32], d.h., sie haben eine Gestalt, bestehen aber nicht aus einer festen Substanz. Deshalb können sie sich begegnen, ohne einander zu behindern.«

Sonnen- und Mondfinsternisse (131)

Der Direktor fragte weiter: »Wie kommt es, daß Sonne und Mond, die sich einmal im Monat in Konjunktion und Opposition befinden, nur gelegentlich eine Finsternis hervorbringen?«

»Die Ekliptik und die Mondbahn gleichen zwei Ringen«, antwortete ich, »die übereinanderliegen, aber um einen kleinen Betrag gegeneinander geneigt sind.[33] Würde diese Neigung nicht existieren, träte immer eine Sonnenfinsternis ein, wenn sich Sonne und Mond auf demselben Längengrad in Konjunktion begegneten, und es träte immer eine Mondfinsternis ein, wenn beide auf demselben Längengrad in Opposition stünden. Aber obwohl sie sich auf demselben Längengrad befinden, sind die Ekliptik und die Mondbahn nicht immer einander nahe, so daß sie sich nicht überdecken. Wenn sie sich auf demselben Längengrad und nahe dem Schnittpunkt von Ekliptik und Mondbahn befinden, dann begegnen und überlagern sie sich. Exakt im Schnittpunkt [im Knoten, Anm. d. Hrsg.] tritt eine vollständige Finsternis ein. Stehen Sonne und Mond nicht genau im Knoten, wird die Finsternis entsprechend dem Ausmaß der gegenseitigen Überlagerung nur eingeschränkt sein. Bei einer Sonnenfinsternis beginnt, wenn die Mondbahn von der südlichen zur nördlichen Seite der Ekliptik wechselt, die Finsternis im Südwesten und endet im Nordosten. Wechselt die Mondbahn von der nördlichen zur südlichen Seite der Ekliptik, dann beginnt die Finsternis im Nordwesten und endet im Südosten. Befindet sich die Sonne östlich vom Knoten, verfinstert sich die Nordseite der Sonne. Befindet sich die Sonne westlich vom Knoten, verfinstert sich die Südseite der Sonne. Wenn eine vollständige Finsternis im Westen beginnt, wird sie im Osten enden.«

Generell beginnt eine Mondfinsternis, wenn die Mondbahn von der nördlichen zur südlichen Seite der Ekliptik wechselt, im Südosten und endet im Nordwesten. Wenn die Mondbahn von der südlichen zur nördlichen Seite der Ekliptik wechselt, beginnt die Mondfinsternis im Nordosten und endet im Südwesten. Steht der Mond östlich vom Knoten, dann verfinstert sich seine nördliche Seite. Steht der Mond westlich vom Knoten, dann verfinstert sich seine südliche Seite. Eine vollständige Mondfinsternis beginnt im Osten und endet im Westen.

Der Knoten eilt pro Monat um etwas mehr als 1° nach.[34] Generell beträgt eine volle Periode für den Umlauf des Knotens 249 [drakonitische] Monate. Die Vorstellung in der westlichen [d. h. indischen] Astronomie von der entgegengesetzten Bewegung der Gestirne Rahu und Ketu[35] drückt ebendiesen Umlauf des Knotens aus. Rahu verkörpert den aufsteigenden und Ketu den absteigenden Knoten.

Wirts- und Gastphänomene (135)

Die Wandlungsphasen und Klimaphänomene eines jeden Jahres werden durch Wirts- und Gastphänomene geprägt. Die beständigen sind die Wirtsphänomene und die nach außen reichenden die Gastphänomene. Das erste Klimaphänomen ist das schwindende *Yin* und das letzte das starke *Yang*, die in der beständigen Abfolge der vier Jahreszeiten auftreten. Deshalb nennt man sie Wirtsphänomene. Demgegenüber werden die Gastphänomene in der Literatur nicht systematisch aufgeführt, so daß sie verschieden erklärt werden. So beginnt die Tageszählung eines *Jiazi*-Jahres zur Tageszeit 11. Ke des Zeitpunkts Wasser, das *Yichou*-Jahr beginnt mit dem 26. Ke, das *Bingyin*-Jahr mit dem 51. Ke und das *Dingmao*-Jahr mit dem 76. Ke. Diese Erscheinung nennt man Gastphänomen.[36] Hieran sieht man, wie eng die Bestimmung der Solarperiode Große Kälte[37] nach der Methode des Viertelrest-Kalenders[38] mit den Wandlungsphasen und Klimaphänomenen eines Jahres verbunden ist! Ferner werden die Konstellationen, daß die Phase Kanzlerfeuer zum Klimaphänomen Wasser und die Wandlungsphase Erde zum Klimaphänomen Wind in Opposition steht, ebenfalls Gastphänomene genannt.[39] Hierbei handelt es sich aber um Wirtsphänomene, die mit den sechs Klimaphänomenen zusammenhängen; man kann sie also nicht als Gastphänomene ansehen. Im großen und ganzen folgen alle Voraussagen und Berechnungen diesen Grundzügen.

Allgemein werden die »Gastphänomene« genannten Erscheinungen in der ersten Jahreshälfte vom Himmel und diejenigen in der zweiten Jahreshälfte von der Erde beherrscht. Die beständigen Klimaphänomene der vier Jahreszeiten sind als Wirtsphänomene und die von Himmel und Erde beherrschten Erscheinungen als Gastphänomene anzusehen. Erscheinungen, die den Wirtsphänomenen entgegenwirken, führen zu jähen Störungen und solche, die den Gastphänomenen entgegenwirken, zu langsamen Störungen. Die Wirts- und die Gastphänomene zu regulieren, ohne daß Schäden eintreten, stellt die Methode dar, um die Klimaphänomene zu beherrschen.

Der hölzerne Zhong Kui und die Sonnen- und Mondfinsternisse (139)

In den Jahren der Regierungsära Qingli [1041–1048] gab es einen scharfsinnigen Gelehrten mit dem Familiennamen Li. Einst schnitzte er aus Holz einen »tanzenden Zhong Kui«.[40] Die Statue war zwei, drei Chi [61 bis 92 cm] hoch, und in der rechten Hand hielt sie eine längliche Eisentafel. In Zhong Kuis linke Hand legte er einen duftenden Köder. Wenn nun eine Maus über die Hand an die Speise gelangen wollte, packte die linke die Maus, während die rechte sie mit der Eisentafel erschlug. Nachdem Li diese Figur dem König von Jing[41] dargebracht hatte, lud der König ihn zu seinen Kostgängern ein.

Es begab sich, daß der Hofastronom gerade davon sprach, daß es in der Abenddämmerung eine Mondfinsternis geben werde. Da warf Li ein: »Ich verfüge über ein Mittel, um dieses Unheil mit einem Gebet abzuwenden.« Nachdem der König von Jing ihn probeweise gewähren ließ, trat an diesem Abend tatsächlich keine Mondfinsternis ein. Der König, der ihn für ein göttliches Wesen hielt, berichtete noch am selben Tag dem Kaiser über den Mann.

Da befahl der Kaiser dem Palastsekretariat, den Mann über seine Fähigkeiten zu befragen. Li erklärte: »Ursprünglich kenne ich mich gut in Kalenderkunst aus.

Deshalb wußte ich, daß die Grenze für eine Finsternis im Chongtian-Kalender zu klein angegeben war und die Finsternis unterhalb des Horizonts auftreten mußte.[42] Da ich von niedriger Herkunft bin, konnte ich mich bisher nicht dem Hof empfehlen. Deshalb gab ich im Palast des Königs von Jing vor, durch ein Gebet das Unheil der Mondfinsternis abwenden zu können, um auf diese Weise die Aufmerksamkeit des Hofs zu erregen.«
Der Kaiser gab Order, Lis Aussage im kaiserlichen Observatorium zu überprüfen. Nachdem Li und der Hofastronom Chu Yan[43] Berechnungen über die Sonnen- und Mondfinsternisse angestellt hatten, addierten sie zur Finsternisgrenze eine Zeitspanne von 2 Ke [29 Minuten]. Li wurde als Gelehrter in das kaiserliche Observatorium aufgenommen.
Als im 7. Monat des 1. Jahres der Regierungsära Xining [1068] im Osten zur Doppelstunde Chen [7 bis 9 Uhr] eine stattgefundene Sonnenfinsternis nicht vorausgesagt worden war, lag der Fehler daran, daß die Finsternisgrenze zu groß veranschlagt worden war. Daraufhin wurden die Kalenderbeamten degradiert, und der Kaiser beauftragte Zhou Cong,[44] den Vorsteher des kaiserlichen Observatoriums, den Kalender zu revidieren. Da subtrahierte man wieder die 2 Ke von der Finsternisgrenze, die man in den Jahren der Regierungsära Qingli hinzuaddiert hatte. Vorläufig konnte man so die Sonnenfinsternis des Jahres 1068 ermitteln, aber der Kalender versagte dafür wieder bei der Finsternis in den Jahren der Regierungsära Qingli.
Lange wurde das Problem diskutiert, doch da bis zuletzt keine passende Berechnungsmethode gefunden wurde, verwarf man den »Mingtian-Kalender« und kehrte wieder zum »Chongtian-Kalender« zurück. Erst als Wei Po im 5. Jahr der Regierungsära Xining [1072] den »Fengyuan-Kalender«[45] schuf, erkannte man, daß die alte Methode zur Berechnung der Finsternis die mittlere Geschwindigkeit der Sonne zugrunde legte. Deshalb trat ein, daß die Sonne den Finsternispunkt bereits passiert hatte, wenn ihre tatsächliche Geschwindigkeit schneller war, und daß sie den Finsternispunkt noch nicht erreicht hatte, wenn ihre Geschwindigkeit langsamer war. Die Addition bzw. Subtraktion eines Korrekturglieds im »Chongtian-« und im »Mingtian-Kalender« trafen nicht die Ursache, so daß es erst neuerdings gelang, diesen Mangel zu beheben.

Ekliptik, Himmelsäquator und Mondbahn (146)

Die Kalenderkunde lehrt, daß es am Himmel die beiden Bahnen der Ekliptik und des Himmelsäquators gibt. Der Mond bewegt sich auf neun Bahnen.[46] Das sind alles veranschaulichende Begriffe, denn diese Bahnen existieren nicht wirklich. Das gleiche gilt für die 365 Grade zur Einteilung des Himmels, denn wo sind am Himmel Grade zu sehen? Sie stellen gedachte Grade entsprechend den 365 Tagen für einen Umlauf der Sonne dar.
Die Bahn, auf der sich die Sonne bewegt, heißt gelbe Bahn [Ekliptik]. Die Bahn, die senkrecht auf der Verbindungslinie und in der Mitte zwischen Himmelsnordpol und Himmelssüdpol liegt, heißt rote Bahn [Himmelsäquator]. Wenn

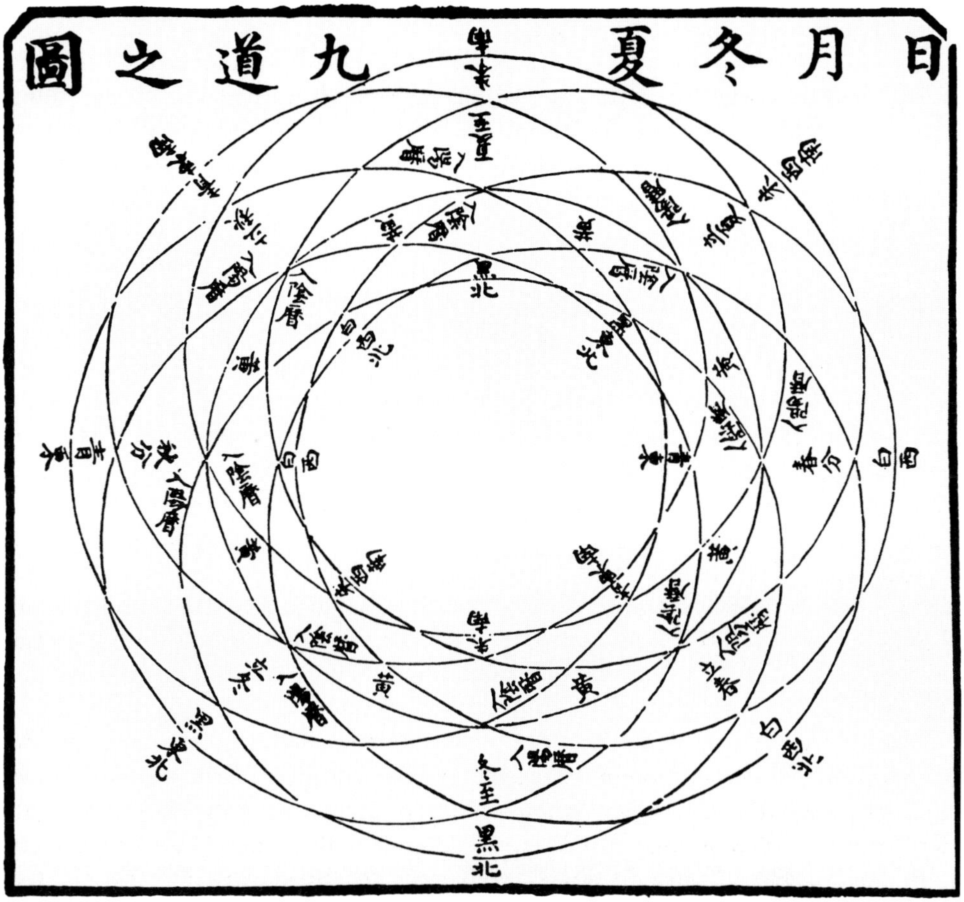

Darstellung der neun Bahnen des Mondes.
(Aus: Needham; Science and Civilization in China, Bd. III, S. 393)

sich der Mond südlich der Ekliptik bewegt, heißt sein Ort zinnoberrote Bahn, und bewegt er sich nördlich der Ekliptik – entsprechend schwarze Bahn. Der Osten der Ekliptik heißt blaue Bahn und der Westen der Ekliptik – weiße Bahn. Da es nördlich und südlich der Ekliptik jeweils vier Bahnen gibt, erhält man zusammen mit der Ekliptik insgesamt neun Bahnen. Weil die Bewegung von Sonne und Mond bald langsamer, bald schneller erfolgt, läßt sie sich schwer mit einer einzigen Berechnungsmethode beschreiben. Deshalb werden die Bahnen entsprechend der gegenseitigen Zuordnung von Sonne, Erde und Mond in mehrere Abschnitte unterteilt, wobei jeder Abschnitt mit einer Farbe bezeichnet wird, damit man die Positionen unterscheiden und berechnen kann. Für die Berechnung benutzt man rote und schwarze Zählmarken, um positive und negative Zahlen unterscheiden zu können. Die Kalenderastronomen, die den Sinn dieser Begriffsbildungen nicht verstanden, glaubten, es gäbe tatsächlich neun Bahnen. Wie lächerlich!

Neuerliche Messungen bei der Revision des Kalenders (148)

Als ich einst in älteren und jüngeren Kalendern die Gradangaben der Bewegung der fünf Planeten überprüfte, fand ich, daß die Angaben über ihre Haltepunkte und ihre Rückwärtsbewegung am meisten fehlerhaft waren.[47]

Wenn sich ein Planet von der Nordseite der Ekliptik vorwärts bewegt, muß seine Rückwärtsbewegung auf der Südseite der Ekliptik erfolgen. Bewegt er sich von der Südseite der Ekliptik vorwärts, muß seine Rückwärtsbewegung auf der Nordseite erfolgen. Seine Bahn gleicht der Kontur eines Weidenblatts. Weil seine beiden Enden spitz zulaufen und der zwischen den Enden liegende Weg der Vorwärts- und Rückwärtsbewegung sehr lang ist, bewegt sich der Planet an den beiden Enden recht langsam, bis er ein Grad passiert hat. Das liegt an der Krümmung seiner Bahn. In dem zwischen den Enden liegenden Bahnabschnitt bewegt er sich recht schnell, während er ein Grad passiert, was auf die Geradheit der Bahn zurückzuführen ist. Die Kalenderastronomen wissen bloß, daß sich die Planeten bald langsamer, bald schneller bewegen, nicht aber, daß außerdem Unterschiede zwischen gekrümmter und gerader Bahn wirken.

Als ich in den Jahren der Regierungsära Xining [1068–1077] das Amt für Astronomie und Kalender leitete, schuf Wei Po einen neuen Kalender. Die Solarperioden und die Monatsanfänge waren bereits geordnet, einzig war es nicht möglich, die Bewegung der fünf Planeten anhand von Aufzeichnungen zu überprüfen. Bei der Revision früherer Kalender hatte man oft nur einen alten Kalender erweitert oder an ihm Streichungen vorgenommen, nicht aber die tatsächlichen Positionen der Gestirne überprüft. Die Methode besteht darin, daß man jede Nacht zur Abend- und zur Morgendämmerung und um Mitternacht die Positionen des Mondes und der fünf Planeten in Grad und Sekunden messen und in einem Buch festhalten muß. Wenn man dies fünf volle Jahre ausführt und von dieser Zeitspanne die Tage mit Bewölkung und die Tage, an denen die Gestirne nur am hellen Tage auftreten, ausnimmt, kann man Daten über drei Jahre erhalten. Danach werden die Daten rechnerisch bearbeitet. Das verbirgt sich hinter dem alten Ausdruck »Revision des Kalenders durch allnächtliche Beobachtungen«. Zu jener Zeit wurden die Ämter der Kaiserlichen Astronomen und Kalendermacher allesamt innerhalb der mächtigen Geschlechter vererbt. Ihr Name beruhte auf dem Amt, und sie verzehrten nur das Gehalt. Diejenigen, die im Grunde nichts von Kalenderkunde verstanden, haßten Wei Po eifersüchtig, weil er ihnen überlegen war. Deshalb suchte die Meute, ihm Steine in den Weg zu legen, und strengte mehrmals große Prozesse gegen ihn an. Obwohl sie Wei Po letztlich nicht erschüttern konnten, sind aber die Planetenaufzeichnungen bis heute nicht vollendet. Die Angaben zur Bewegung der fünf Planeten im Fengyuan-Kalender beruhen deshalb nur auf Erweiterungen und Streichungen gegenüber alten Kalendern, so daß er wirklich noch viele Mängel enthält. So konnte man nur fünf, sechs Zehntel des Möglichen erreichen. In neuerer und alter Zeit hatte die Kalenderkunde noch nicht einen so hohen Stand wie durch Wei Po erlangt. Welch Jammer, daß eine Bande unfähiger Kalendermacher ihm Knüppel zwischen die Beine warf, so daß er seine Kunst nicht vollenden konnte!

Neuordnung des kaiserlichen Observatoriums (149)

Der Hof hatte im Palastbezirk eine Halle der Himmelsbeobachtung eingerichtet, zu der Wasseruhren, ein Observatorium und bronzene Armillarsphären genau wie im Kaiserlichen Observatorium gehörten, damit sich die Halle der Himmelsbeobachtung und das Kaiserliche Observatorium gegenseitig überprüfen. Jede Nacht wurde in der Halle der Himmelsbeobachtung observiert, ob am Himmel unheilverkündende Erscheinungen aufgetreten waren und welche Farbe die Wolken hatten. Außerdem wurde ermittelt, ob diese Anzeichen Glück oder Unglück verhießen und welche Position die Sterne in der Nacht einnahmen. Die Astronomen mußten sich, noch bevor die Tore des Palastbezirks geöffnet wurden, zum Kaiser begeben. Nach dem Öffnen der Tore traf auch der Bericht über die Beobachtungen des kaiserlichen Observatoriums ein. So konnte der Kaiser beide Berichte prüfend miteinander vergleichen und verhindern, daß er betrogen wurde.
In den letzten Jahren jedoch stimmte man sich insgeheim ab, so daß beide Einrichtungen konforme Berichte an den Thron lieferten. Schon lange hatte man sich an diesen Zustand als etwas Normales gewöhnt. Eingeweihten und Außenstehenden war das bekannt, niemand stieß sich daran. Die Positionen der Sonne, des Mondes und der fünf Planeten wurden für den Bericht an den Thron nur nach einem Volkskalender berechnet, denn schon lange fand keine Beobachtung mehr statt. So unterhielt man Observatorien, deren Beamte nur Gehalt bezogen.
Als ich in den Jahren der Regierungsära Xining [1068–1077] zum Vorsteher des Kaiserlichen Observatoriums ernannt wurde, deckte ich ihren Betrug auf und entließ sechs Beamte. Es ist jedoch schwer vorherzusehen, ob sich die früher aufgetretenen Verstöße wiederholen.

Umgestaltung von drei astronomischen Geräten (150)

Die bronzene Armillarsphäre im kaiserlichen Observatorium ist in den Jahren der Regierungsära Jingde [1004–1007] von dem Kalenderbeamten Han Xianfu[48] geschaffen worden, wobei er die Methoden von Kong Ting, Chao Chong und Hu Lan, die während der Herrschaft von Liu Yao wirkten, kopierte.[49] Ihr Mangel besteht in einem zu groben Aufbau. Die Armillarsphäre in der Halle der Astronomie wurde in den Jahren der Regierungsära Huangyou [1049–1053] von dem Astronomen und Kalendermacher Shu Yijian[50] geschaffen. Sie beruht auf den Methoden der Astronomen Liang Lingzan und Yixing[51] aus der Tang-Zeit, die sich durch hohe Präzision auszeichnen, aber umständlich zu handhaben sind.
In den Jahren der Regierungsära Xining [1068–1077] gestaltete ich die Armillarsphäre um, schuf eine Jadekrug-Wasseruhr[52] und baute neue bronzene Sonnenuhren, die alle in und vor der Halle der Astronomie aufgestellt wurden. Eigens wurde ein Beamter eingestellt, der diese Geräte bediente. Die alten bronzenen Geräte aus der Halle der Astronomie wurden zur Aufbewahrung in die Kaiserliche Effektenkammer überstellt, damit sie für Untersuchungen zur Verfügung stehen.

Messung der Schattenlänge mit einem Schattenstab.
(Aus: Qin ding shu jing tu shuo, 1905)

Persönlichkeiten

Xu Huaide empfängt einen Gelehrten (153)

Als Xu Huaide[1] General der Palasttruppen war, gab es einmal einen Gelehrten, der mit Hilfe von Huaides Amme darum ersuchte, als Kostgänger in sein Hauswesen aufgenommen zu werden. Xu Huaide willfuhr darauf seinem Wunsch. Der Gelehrte verbeugte sich, sein Gewand zusammenraffend, vor dem Hausherrn in dessen Hof, und Xu Huaide empfing ihn, auf seinem Sessel in der Halle thronend. Da fand einer seiner Gefolgsleute, daß sich Xu Huaide als Mann des Militärs nicht mit der Art der Gelehrten auskenne, weshalb er ihm zuflüsterte: »Einem Gelehrten sollte nicht das Ritual der Begrüßung auf der untersten Stufe zugemutet werden. Deshalb sollten Sie ihm ein paar Stufen entgegenkommen.« Darauf versetzte Xu Huaide: »Daß ich dieses blühende Talent hier empfange, beruht nur darauf, daß er meine Amme bestochen hat. Deshalb ist es völlig ausreichend, ihn auf diese Weise zu behandeln!«

Die Tugend war gleich, doch das Ergebnis verschieden (157)

Als Wang Yanzheng[2] die Stadt Jianzhou besetzte, befahl er einem gewissen General Zhang, die Stadtmauer zu bewachen. Einmal entsandte Zhang einen seiner Kommandeure, um den Gegner zum Kampf herauszufordern. Obwohl Zhang wegen dieser Befehlsverletzung hingerichtet werden sollte, war es Wang Yanzheng um Zhangs Talente leid, so daß er sich vor der Exekution an dessen Ehefrau wandte. Die Frau, eine gebürtige Lian, war sehr gescheit. Insgeheim schickte sie einen Boten zu ihrem Mann und ließ ihm ausrichten: »Da du nach dem Gesetz sterben mußt, fliehe schleunigst, um dem Tod zu entgehen.« Außerdem ließ sie ihm mehrere Dutzend Liang Silber mit den Worten übergeben: »Wenn du dich aus dem Staub machst, nimm nicht auf die Familie Rücksicht!«

Tatsächlich gelang es Zhang, zum Herrscher Li südlich des Yangzi-Stroms überzulaufen. Hier diente er unter dem Befehlsbanner von Cha Wenhui.[3] Als Cha Wenhui die Stellung von Wang Yanzheng angriff, schlug Zhang für seinen neuen Befehlshaber die Schlacht. Während die Stadt fiel, verkündete er seinen Soldaten: »Wenn ihr das Anwesen der Familie Lian vor Übergriffen bewahrt, erhaltet ihr eine dicke Belohnung!« Da schickte die gebürtige Lian einen Boten zu ihrem Mann, um ihm auszurichten: »Die Einwohner von Jianzhou sind unschuldig. Deshalb möge der General großmütig von Vergeltung absehen. Angesichts meiner Schuld, die den Tod verdient, wage ich nicht, weiterzuleben. Falls der General die Einwohner von Jianzhou nicht verschont, will ich vor allen anderen sterben. Ich schwöre, nicht allein weiterleben zu wollen!«

Der Kummer in ihren Worten rührte ihn dermaßen, daß ihm keine andere Wahl blieb, als Jianzhou gewaltlos zu besetzen. Dadurch blieb die Stadt völlig unversehrt. Bis auf den heutigen Tag zählt die Familie Lian zu den angesehenen Sippen von Jian'an. Die Nachfahren der Frau Lian erklommen in ihrer Beamtenlaufbahn häufig die höchsten Sprossen bis hinauf zum Reichskanzler.

Weiter begab es sich, daß der Herrscher Li Jing[4] einmal den General Hu Ze[5] beauftragte, die Verteidigung von Jiangzhou zu übernehmen. Bei einem Feldzug gegen die Reiche südlich des Yangzi belagerte Cao Han[6] mit seinen Truppen drei Jahre lang die Stellung von Hu Ze, doch die Stadt hielt sich standhaft, ohne zu fallen. Als Hu Ze eines Tages über einen Koch in Wut geriet, weil er ein Heringsgericht nicht nach seinen Wünschen zubereitet hatte, wollte er den Koch deswegen hinrichten lassen. Da suchte die Frau des Beschuldigten ihn mit den Worten zurückzuhalten: »Schon mehrere Jahre verteidigen die Soldaten die Stadt, überall bedecken die Knochen der Gefallenen die Erde. Wie kann man da wegen eines Gerichts einen Koch hinrichten?«

So begnadigte Hu Ze den Mann. Doch in der Nacht ließ sich der Koch an einem Seil von der Stadtmauer herab, lief zu Cao Han über und verriet ihm die wahre Lage in der Stadt. Speziell am südwestlichen Abschnitt der Stadtmauer hatte man wegen der unpassierbaren Wege keine Besatzung eingeteilt. Deshalb griff das von Cao Han befehligte königliche Heer die Stadt von dieser Seite her an. Noch in derselben Nacht fiel die Stadt, und Hu Zes gesamte Sippe wurde umgebracht.

Wie merkwürdig, daß beide Männer die gleiche Tugend bewiesen, doch so verschieden endeten!

Wang Wenzhengs Duldsamkeit (158)

Wang Wenzheng[7], der Militärkommandant der Hauptstadt, hatte einen duldsamen Charakter. Niemals sah man ihn in Wut ausbrechen. Wenn die Speisen und Getränke nicht schmeckten oder nicht reinlich angerichtet waren, begnügte er sich damit, sie einfach zu übergehen.

Als die Familienangehörigen einmal sein Gemüt auf die Probe stellen wollten, indem sie ein wenig Tuschestaub auf eine Fleischsuppe streuten, aß der Hausherr nur vom Reis. Auf die Frage, weshalb er die Suppe stehen lasse, gab er zur Antwort: »Ich mag gerade kein Fleisch.« Als sie eines Tages etwas Tusche in den Reis mischten, erklärte der Hausherr, nachdem ihm die ungewöhnliche Farbe des Reises aufgefallen war: »Ich mag heute keinen Reis essen, bereitet mir etwas Brei zu.«

Da klagten ihm seine Söhne: »Der Koch hat das Fleisch in der Küche veruntreut. Wir bekommen nicht genug Fleisch, um uns satt zu essen. Wir bitten darum, etwas zu unternehmen.«

»An was für eine Fleischportion dachtet ihr denn?« wollte der Hausherr wissen.
»Ein Jin, aber heute hat er uns nur ein halbes Jin zubereitet. Die andere Hälfte hat der Koch beiseite gebracht.«
»Und werdet ihr von einem Jin auch satt?« fragte der Hausherr weiter.
»Ganz bestimmt wird uns ein Jin reichen«, versicherten die Söhne.
Daraufhin entschied der Hausherr: »Künftig soll der Koch anderthalb Jin zubereiten.« So übte er stets bei den Verfehlungen der anderen Nachsicht.
Als einmal das Tor zu seinem Anwesen zusammenfiel, wurde für die Reparatur ein Stück Mauer abgetragen. Deshalb brach man an der Hausgalerie eine provisorische Toröffnung durch, um hier ein- und ausgehen zu können. Wenn der Hausherr nun zu diesem sehr niedrigen Seiteneingang geritten kam, mußte er sich auf seinem Sattel tief ducken, doch er fragte nicht weiter. Nachdem man das Tor erneuert hatte und wieder den Haupteingang benutzen konnte, verlor er ebenfalls kein Wort.
Wang Wenzheng beschäftigte einen Pferdeknecht, der, als er alt geworden war, von seinem Herrn Abschied nahm. »Wie lange hast du die Pferde versorgt?« erkundigte sich der Hausherr.
»Fünf Jahre.«
»Du bist mir noch gar nicht aufgefallen«, bekannte Wang.
Als der Knecht aufbrach, rief der Hausherr ihn noch einmal zurück. »Bist du nicht der-und-der?« Daraufhin beschenkte Wang seinen Knecht großzügig. Der Knecht hatte Tag für Tag die Pferde versorgt, aber Wang hatte ihn immer nur von hinten gesehen, niemals sein Gesicht. Als der Knecht nun ging, dämmerte es Wang erst beim Anblick seines Rückens, um wen es sich handelte.

Ein reicher Tölpel (159)

Als Shi Manqing in Caihe Xiaqu[8] lebte, hatte er einen reichen Nachbarn, von dessen Anwesen tagtäglich Gesang und Musik erschollen. Im Haus des Reichen wirtschafteten mehrere Dutzend Diener, die oft bei Shi Manqing verkehrten. Einmal rief Manqing einen von ihnen zu sich und fragte ihn, was für ein Mann der Reiche sei. »Er stammt aus der Sippe Li«, antwortete jener, »ist gerade erst zwanzig Jahre alt und hat keine Brüder. Aber er läßt sich von mehreren Dutzend in Seide gekleideten Mägden bedienen.« Als Manqing den Wunsch äußerte, ihn einmal kennenlernen zu wollen, meinte der Diener: »Der junge Herr hat noch nie einen Gelehrten empfangen. Deshalb hat ihn kein Fremder je zu Gesicht bekommen. Aber da er gern trinkt und schon mehrmals betont hatte, daß Sie einen guten Tropfen vertragen, scheint er doch mit Ihnen Bekanntschaft schließen zu wollen. Warten Sie, ich werde ihn einmal fragen.«
Eines Tages ließ der Reiche tatsächlich Manqing zu sich bitten. Manqing setzte sich einen Hut auf und begab sich zu ihm. Lange saß er in der Empfangshalle, ehe der Hausherr auftauchte. Der trug nur ein Kopftuch und hatte sich um sein Hausgewand lässig ein Seidenband geschlungen. Seine Kleidung und Kopfbedeckung waren nicht dem Empfang eines Gastes angemessen. Er hatte auch

nicht die mindeste Ahnung, daß man bei der Begrüßung beide Hände vor die Brust legt und sich dabei verbeugt. Dann wurde Manqing in eine andere vor Reichtum das Auge blendende Halle geführt. Nachdem er hier geraume Zeit gesessen war, erschienen zwei junge Dienerinnen. Sie brachten Manqing jeweils einen kleinen Teller, auf dem mehr als zehn rot gefärbte Elfenbeinmarken lagen. Die Marken auf dem einen Teller waren mit einem guten Dutzend Weinsorten beschriftet. Sie baten Manqing, eine Marke auszuwählen. Die Marken auf dem anderen Teller trugen die Namen verschiedener Speisen, von denen er sich fünf auswählen sollte. Nachdem die beiden Dienerinnen gegangen waren, erschien eine Schar von mehr als zehn Mädchen mit Speisen, Früchten und Musikinstrumenten. Nach Kleidung und Aussehen waren sie ausgesucht schön. Eine Dienerin schenkte Wein ein, und nachdem er den Wein ausgetrunken hatte, musizierten sie. Dabei stand die Schar der Mädchen mit Obst und Speisen vor ihm. Nach dem Essen stellten sie sich rechts und links von ihm auf. Die Hauptstädter nennen diese Art der Bewirtung »weiche Teller«, weil es keinen Tisch gibt. Nachdem sie ihm fünfmal Wein eingeschenkt hatten, zog sich die Mädchenschar zurück. Dann erschien der Hausherr ohne ein Wort der Erklärung und verschwand bald wieder, ohne seinen Gast zu verabschieden. So verließ Manqing allein das Haus.

Als Manqing mir die Art des Reichen schilderte, fand er ihn töricht und dumm wie einer, der nicht in der Lage ist, Bohnen und Weizen voneinander zu unterscheiden. Aber seine Art der Bewirtung war das merkwürdigste. Als Manqing wenige Tage später einen Diener mit Grüßen zu ihm schickte, hielt der Reiche das Tor verschlossen und empfing ihn nicht. Auch hielt er sich keinen Torwächter. Seine Nachbarn kannten noch nicht einmal sein Gesicht. Im Altertum nannte man solche Leute »reiche Tölpel« – fürwahr traf das auf ihn zu.

Die Selbstgenügsamkeit des Fünften Herrn Du (160)

Im Dorf Yingchang des Kreises Yangzhai[9] lebte ein gewisser Herr Du, dessen Vornamen ich nicht kenne. Seine Landsleute nannten ihn bloß den Fünften Herrn Du. Sein Haus befand sich mehr als 30 Li von der Kreisstadt entfernt und hatte nur zwei Räume, von denen er den einen und sein Sohn den anderen bewohnte. Vor seinem Haus lag ein etwas mehr als ein Zhang breiter Streifen unbebautes Land, der von einem Zaun mit einem Gartentor umgeben war. Seit insgesamt dreißig Jahren hatte Du dieses Gartentor nicht mehr passiert.

Als Sun Zhen, der Militärkommandant von Liyang, ihn einmal besuchte, beeindruckte ihn besonders die ungezwungene Art von Herrn Du.

»Warum besucht Ihr mich«, fragte Du, »da wir doch nur simple Dörfler sind?«

Sun wollte wissen, warum er nie sein Haus verlasse.

Du erklärte ihm lächelnd: »Ich werde Ihnen den Grund erklären.« Dann wies er auf einen Maulbeerbaum vor seinem Tor und erzählte: »Vor 15 Jahren bin ich einst zu diesem Maulbeerbaum gegangen, um mich in seinem Schatten zu erfrischen. Weshalb bin ich dann nicht mehr hinausgegangen? Einfach, weil man

mich nicht braucht und auch ich keine Forderungen an die Menschen stelle. So ergibt es sich eben, daß ich nicht ausgehe. Was ist daran sonderbar?«
Als Sun Zhen ihn fragte, wovon er denn lebe, antwortete Du: »Früher wohnte ich südlich der Kreisstadt und besaß dort 50 Mu Ackerland, das ich zusammen mit meinem älteren Bruder bestellte. Als später der Sohn des älteren Bruders heiratete, fand ich, daß wir uns von dem Acker nicht zusammen ernähren könnten. Also überließ ich den Acker meinem älteren Bruder und zog mit meiner Frau hierher. Zufällig gab es im Dorf einen Mann, der mir dieses Haus vermietete, worauf ich mich hier niederließ. Gelegentlich wählte ich für die Leute einen glücklichen Tag aus oder verkaufte ihnen eine Medizin, so daß ich mir davon einen Brei kochen konnte, doch oft war mir selbst das nicht regelmäßig vergönnt. Da sich mein ältester Sohn auf den Anbau von Feldfrüchten verstand und die Leute im Dorf mit mir Mitleid hatten, gaben sie mir 30 Mu Land. So hieß ich meinen Sohn, das Land zu bestellen, und wenn ich mich kräftig genug fühle, helfe ich ihm bei der Feldarbeit. Seitdem haben wir ausreichend zu essen. Weil die Leute im Dorf arm sind, befriedigen sie ihren Bedarf an Medizin und Wahrsagekünsten häufig selbst. Doch da wir genug zu essen haben, brauchen wir die Interessen der Dorfleute nicht zu berühren. Seitdem befaßte ich mich überhaupt nicht mehr damit, glückliche Tage auszuwählen und Medizin zu verkaufen.«
Weiter fragte Sun Zhen, wie er denn gewöhnlich den Tag verbringe.
»Ich setze mich nur gerade hin und tue nichts«, antwortete ihm Du.
»Lesen Sie viele Bücher?« erkundigte sich Sun.
»Einmal schenkte mir jemand ein Buch, dessen Titelblatt fehlte. Darin war viel die Rede vom ›Kanon des reinen Namens‹ (›Jing ming jing‹), doch ich wußte wiederum nicht, was für ein Buch der ›Kanon des reinen Namens‹ sei. Damals sprachen mich die Erörterungen in diesem Buch sehr an, aber jetzt habe ich sie schon vergessen, und ich weiß nicht einmal mehr, wo das Buch geblieben ist.«
Er befand sich in einer völlig gelösten Geistesverfassung und sprach klar und schlicht wie ein Dao-Meister. Trotz bitterer Kälte trug er nur ein langes baumwollenes Obergewand und Schuhe aus Stroh. Bis auf ein Bett war sein Zimmer leer. Auf die Frage nach seinem Sohn antwortete er mir: »Er ist ein Dorfjunge mit lauterem Charakter, lügt nicht und strolcht auch nicht umher. Nur wenn er gesalzenen Quark kaufen soll, begibt er sich in die Kreisstadt. Aber derartige Gänge kann man zählen, und man kann auf seine Rückkehr warten. Er geht hin und kehrt zurück, ohne auch nur einen Schritt vom Wege abzuweichen.«
Als ich einmal mitten in der Nacht wegen einer militärischen Angelegenheit bei Sun Zhen anlangte, legten wir uns nicht gleich hin. Obwohl schon recht müde, plauderte ich noch mit ihm. Als er auf Herrn Du zu sprechen kam, vergaß ich, unvermerkt von einem Gefühl der Achtung vor Herrn Du beseelt, die Strapazen der Reise.

Die Storax-Duftpillen (162)

Da Wang Wenzheng, der Militärkommandant der Hauptstadt, abgezehrt und häufig krank war, schenkte ihm Kaiser Zhenzong einmal eine Flasche Medizinwein und trug ihm auf, den Wein auf leeren Magen zu trinken, denn der Wein könne Körperkräfte und Blut harmonisieren und äußere Krankheitsursachen verdrängen.
Nachdem Wang Wenzheng den Wein getrunken hatte, fühlte er sich viel gesünder und kräftiger. Dafür bedankte er sich beim Kaiser. Seine Majestät bemerkte dazu: »Das ist ein Storax-Duftwein,[10] in dem ein Dou Wein und ein Liang Storaxpillen zusammen aufgekocht sind. Der Wein eignet sich vorzüglich, die fünf Organe[11] miteinander in Einklang zu bringen und alle Krankheiten im Bauch zu vertreiben. Wenn man morgens erkältet aufsteht, trinke man immer einen Becher von diesem Wein.«
Weil der Kaiser an seine nächsten Würdenträger mehrfach Gefäße mit diesem Wein verschenkte und auch die Familien aller Beamten diese Heilmethode nachahmten, waren Storax-Duftpillen damals sehr verbreitet.
Dieses Rezept stammt ursprünglich aus dem Werk »Umfassend helfende Rezepte« (»Guang ji fang«),[12] und die Arznei trägt die Bezeichnung Atractylis-Pillen.[13] In späterer Zeit wurde das Rezept in die Arzneibücher »Tausend-Goldstücke-Rezepte« (»Qian jin«) und »Geheimer Extrakt der äußeren Terrasse« (»Wai tai mi yao«)[14] aufgenommen, weil es sich beim Heilen von Krankheiten als besonders wirksam erwies. In meinem Buch »Gute Rezepte« (»Liang fang«)[15] habe ich es sehr ausführlich besprochen. Aber in früherer Zeit wußte man noch nichts von seinem Gebrauch. In dem von Fürst Qian Wenxi zusammengetragenen Arzneibuch »Rezepte aus dem Schatzkästchen« (»Qie zhong fang«)[16] heißt es über die Storax-Pillen: »Diese Arznei wurde ursprünglich im Kaiserhof benutzt. Während der Regierungsära Xiangfu [1008–1016] hatte der Kaiser sie einst an nahestehende Würdenträger verschenkt.« Damit ist diese Episode gemeint.

Wang Anshi verweigert die Annahme eines Geschenks (168)

Als Wang Anshi an Asthma erkrankte, sollte er als Arznei Ginseng vom Zituanshan-Gebirge einnehmen, doch er vermochte nicht, sich dieses Heilmittel zu beschaffen. Damals begab es sich, daß Xue Xiang[17] aus den Provinzen östlich des Gelben Flusses eben diesen Ginseng mitbrachte. Er verehrte Wang Anshi mehrere Liang von dem Ginseng, doch Wang nahm sein Geschenk nicht an. Jemand redete Wang Anshi zu: »Ihre Krankheit läßt sich nicht heilen, wenn Sie diesen Ginseng nicht einnehmen. Da sich die Krankheit verschlimmern kann, dürfen Sie die Arznei nicht zurückweisen.«
Wang aber erwiderte: »Mein Leben lang bin ich ohne den Ginseng vom Zituanshan-Gebirge ausgekommen und habe doch den heutigen Tag erlebt.« So nahm er den Ginseng endgültig nicht an.

Als Wang einmal eine ganz schwarze Gesichtsfarbe bekam, baten seine Gefolgsleute besorgt einen Arzt herbei. »Das ist Schmutz auf der Haut, aber keine Krankheit«, befand dieser. Daraufhin überreichte er Wang eine Bohnenbadeseife[18] und hieß ihn, sich damit das Gesicht zu waschen. Wang entgegnete jedoch: »Was soll mir die Bohnenbadeseife nützen, wenn der Himmel finsterer als mein Gesicht werden kann?«

Der Menschenfreund Kong Min (171)

Kong Min[19] aus Huainan, der ein redliches Einsiedlerleben führte, verschloß sich sein Lebtag der Beamtenkarriere. Wahrlich zeichnete ihn eine hochstehende Tugend aus.
Als es einmal ein Dieb auf den Bambus in seinem Garten abgesehen hatte, empfand Min mit ihm Mitleid, daß der Mann sich beim Durchwaten des eisigen Wasserlaufs an seinem Garten erkälten könnte, weshalb er ihm eine kleine Brücke baute. An dieser Geschichte läßt sich erkennen, daß er ein Menschenfreund war.
Ich habe einmal gehört, daß Zhuang Zi, nachdem seine Frau gestorben war, auf einem Waschbecken trommelte und dazu sang. Es ist möglich, daß er aus Trauer über den Tod seiner Frau nicht aufgehört hatte zu trommeln. Wenn er wegen ihres Todes trommelte, so reicht er aber nicht an die Beherrschung heran, wenn er nicht getrommelt hätte. Ebenso gibt es die Anekdote von Bing Yuan,[20] der beim Pflügen ein Goldstück gefunden und es dann über die Mauer seines Grundstücks geworfen hatte. Allerdings reichte er nicht an seinen Freund Guan Ning heran, der das Goldstück erst gar nicht beachtet hatte.

Di Qings Verhältnis zu seinen Ahnen (172)

Als Di Qing[21] Kommissar des militärischen Oberkommandos war, besuchte ihn einmal ein Nachfahr von Di Renjie[22] und machte ihm Di Renjies Bildnis und mehr als zehn Ernennungsurkunden zum Geschenk, weil er meinte, damit Di Qing wegen dessen Abstammung von Di Renjie schmeicheln zu können. Doch Di Qing lehnte dankend ab: »Wie könnte ich es wagen, mich mit Di Renjie zu vergleichen, da ich nur ein einziges Mal mit dem erhabenen Herrscher zusammengetroffen bin?« Nachdem er den Besucher reichlich beschenkt hatte, gab er ihm die mitgebrachten Präsente wieder zurück. Vergleicht man sein Verhalten mit der Geschichte, wie Guo Chongtao am Grab von Guo Ziyi geweint hatte[23], so ist Di Qing ihm moralisch weit überlegen.

Yan Shus freimütiges Wesen (176)

Als Yan Shu[24] noch ein Kind war, kam er auf Empfehlung von Zhang Wenjie[25] an den Kaiserhof. Vor dem Palast angelangt, traf er zufällig auf einen Gelehrten, der die kaiserlichen Prüfungen beaufsichtigte. Da hieß ihn der Gelehrte, gleich an der Prüfung teilzunehmen. Nach einem Blick auf das Prüfungsthema bemerkte Yan: »Da Euer Diener erst vor zehn Tagen zu diesem Thema eine Ode verfaßt hat und ihr Manuskript noch existiert, bitte ich Euch, mir ein anderes Thema zu stellen.« Seiner Majestät gefiel besonders diese seine offene Art.

Als Yan ein Amt in der kaiserlichen Akademie bekleidete, herrschte Frieden im Reich, so daß viele Beamte pflichtvergessen an lauschigen Plätzen Gelage abhielten. Wenn sich damals die Beamten aus der Halle der Kultur zu Gelagen versammelten, besuchten sie Weinlokale in der Stadt und schlugen auch oft Zelte an Ausflugsorten auf. Da Yan Shu damals sehr arm war, konnte er nicht ausgehen. Zu Hause geblieben, studierte und disputierte er mit seinen Brüdern. Als eines Tages ein Prinzenerzieher für den Östlichen Palast auserwählt wurde, gab plötzlich der Kaiser sein Einverständnis, Yan Shu für dieses Amt zu ernennen, doch dem verantwortlichen Würdenträger lag noch kein kaiserlicher Erlaß vor. Schließlich wurde am nächsten Tage in einem kaiserlichen Erlaß dieser Beschluß erläutert: »Kürzlich haben Wir erfahren, daß die Beamten der kaiserlichen Bibliothek ausnahmslos Gelagen frönen, die vom hellen Tag bis tief in die Nacht andauern. Einzig Yan Shu verschloß das Tor seines Hauses, um mit seinen Brüdern zu studieren. Wer sich so umsichtig verhält, kann zu Recht als Prinzenerzieher im Östlichen Palast tätig sein.« Nachdem Yan Shu das Amt übernommen hatte, durfte er eine Erwiderung zu der Absicht im Erlaß des Kaisers sprechen, ihn zu befördern. »Es ist nicht an dem, daß Euer Diener keinen Gefallen an Festen fände,« bekannte Yan Shu unverblümt, »es lag einfach an meiner Armut, daß ich nicht mittun konnte. Hätte Euer Diener Geld gehabt, wäre ich auch mit von der Partie gewesen. Ich konnte lediglich aus Armut nicht ausgehen.«

Der Kaiser lobte noch mehr seine Ehrlichkeit, und die Sympathie des Herrschers hielt bis zu seinem Lebensende an. Als Kaiser Renzong den Thron bestieg, wurde Yan Shu mit den höchsten Ämtern des Reiches betraut.

Shi Manqings Trinklust (178)

Shi Manqing[26] liebte es, nach Herzenslust zu trinken. Er war mit dem armen Gelehrten Liu Qian[27] befreundet. Während seiner Zeit als Gehilfe des Präfekten von Haizhou besuchte Liu Qian ihn einmal. Manqing empfing ihn am Steintordeich, um mit dem Freund ausgiebig zu bechern. Als um Mitternacht der Wein zur Neige ging, entdeckte er im Boot noch mehr als ein Dou Essig. Daraufhin goß er den Essig in den Wein und trank weiter. Am nächsten Morgen war auch dieser Vorrat verbraucht.

Jedesmal wenn er mit einem Gast einen über den Durst trank, setzte er sich mit nackten Füßen und einem hölzernen Sträflingskragen um den Hals hin, was er

»trinkender Gefangener« nannte. Trank er inmitten eines Haufens von Zweigen, so nannte er das »Trinken im Nest«. Wenn er sich mit Pflanzenstengeln umwickelte, den Kopf aus den Stengeln streckte, um zu trinken, und sich dann wieder in den Stengelpanzer zurückzog, nannte er das »trinkende Schildkröte«. Wenn er den Wein in ein leeres Zimmer stellte, nannte er das »trinkender Schüler«. Wenn er sich in seine vier Wände zurückzog, um dann einmal zum Trinken auszugehen, und sich danach wieder zurückzog, nannte er das »trinkender Dämon«. So etwa äußerte sich seine Tollheit. Hinter seiner Amtsstube stand eine Strohhütte, in der er oft schlief und die er »Strohhütte des Flohjuckens« nannte. Es gab keinen Tag, an dem er nicht betrunken gewesen wäre.
Kaiser Renzong fand Gefallen an seinem Talent. Einmal erklärte er seinen Ministern, er möchte, daß Shi Manqing zu trinken aufhöre. Als Shi Manqing davon erfuhr, gehorchte er, doch er wurde bald krank und starb.

Liu Tingshis Treue zu seiner blinden Frau (181)

Der Hofbeamte Liu Tingshi[28], der aus einer Bauernfamilie stammte, hatte einen alten, sehr armen Nachbarn. Dieser Mann versprach Tingshi seine Tochter zur Frau. Später lebte Liu Tingshi mehrere Jahre von zu Hause entfernt, in denen er studierte und die Beamtenprüfungen absolvierte. In sein Heimatdorf zurückgekehrt, suchte er die Familie des Nachbarn auf, doch der alte Mann war schon gestorben und das Mädchen durch eine Krankheit auf beiden Augen erblindet. So lebte die Familie in großer Not. Tingshi schickte einen Boten, um an das früher gegebene Eheversprechen zu erinnern, aber die Familie der jungen Frau lehnte wegen ihres Leidens ab. Weil sie sich außerdem als Tagelöhner verdingen mußten, um für andere Leute den Acker zu pflügen, wagten sie es nicht, mit einem Beamten eine Ehebeziehung einzugehen. Aber Tingshi beharrte hartnäckig auf seinem Vorsatz: »Wenn wir mit dem alten Herrn eine Heirat vereinbart hatten, wie könnten wir dagegen verstoßen, nur weil der alte Herr gestorben und seine Tochter erkrankt ist?«
So wurde schließlich die Ehe doch geschlossen, und Liu Tingshi lebte sehr harmonisch mit seiner Frau. Wenn er sie an der Hand faßte, konnte sie auch gehen. Im Laufe der Jahre gebar sie ihm mehrere Kinder.
Als Tingshi einmal wegen eines geringfügigen Vergehens unter Anklage stand, wollte der den Fall untersuchende Inspektor ihn aus seinem Amt jagen. Doch weil ein jeder über Tingshis tugendhaften Wandel des Lobes voll war, ließ der Inspektor letztlich Milde walten.
Später wurde Tingshi Präfekt von Jiangzhou.[29] Hier starb seine Frau, die er in tiefer Trauer beweinte.
Su Zichan,[30] der seine Rechtschaffenheit bewunderte, schrieb einen Essay zu seinem Lob.

Li Yuqing deckt vor seinem Tod eine Heimtücke auf (184)

Als Li Yuqing,[31] ein Gelehrter der Akademie, Präfekt von Changzhou war, übte er einen starken Einfluß auf die Staatsgeschäfte aus. Tatsächlich gelang es ihm, die Übelstände einzudämmen, so daß bösartige Bürger und Beamte ihn fürchteten wie einen Gott. Als er in seinen letzten Jahren schwer erkrankte, wurde er von einem Arzt in der Präfektur behandelt, der viele Verbrechen begangen hatte. Aus Angst, daß Yuqing ihm auf die Schliche kommen könnte, nutzte der Arzt das fortgeschrittene Stadium von Yuqings Krankheit aus, um ihn mit einer Medizin zu vergiften. Nachdem Yuqing die Arznei eingenommen hatte, bekam er einen nicht aufhören wollenden Durchfall, so daß sein Zustand höchst kritisch wurde. Dennoch untersuchte Yuqing seine Schurkereien. Dann ließ er sich von Dienern in die Gerichtshalle tragen, rief den Arzt herbei und befahl, ihn mit einem Stock zu Tode zu prügeln. Daraufhin kehrte er nach Hause zurück, um sich wieder hinzulegen, doch noch ehe er wieder ins Bett zurückfand, verstarb er. Li Yuqing wurde am Berg Hengshan begraben.

Bis auf den heutigen Tag hegen die Menschen Ehrfurcht vor ihm. Wer an seinem Grab vorbeireitet, steigt vom Pferd ab. Kranke nehmen sich ein wenig Erde von seinem Grab und legen sie auf ihr Bett, worauf sie stets Linderung finden. Solcher Art ist die Ehrfurcht der Menschen vor Li Yuqing.

Verwaltungssystem

Die Stadtmauer von Helian (191)

Die Stadtmauer der alten Kreisstadt Fenglin im Bezirk Yanzhou[1] ist ursprünglich von Helian Bobo[2], einem Mann hunnischer Abstammung, erbaut worden und heißt bis heute nach ihm Helian-cheng. Die Stadtmauer ist fest wie ein Fels, so daß man an ihr mit einem Werkzeug Funken schlagen kann.
Die Stadtmauer ist nicht besonders dick, aber weist in kurzen Abständen Mauervorsprünge auf. Ich hieß einen Diener, sie abzuschreiten. Dabei fand ich, daß alle Mauervorsprünge vier Zhang [12 m] lang und voneinander sechs, sieben Zhang [18 bis 21 m] entfernt sind. Weil die Mauervorsprünge in kurzen Abständen aufeinander folgen, muß die Stadtmauer nicht zu dick sein, ist aber mit Menschenkraft kaum anzugreifen.
Ich habe selbst einmal einen Angriff auf eine Stadtmauer erlebt. Wenn die Mauervorsprünge lang sind, kann man auf die Angreifer unterhalb der Stadtmauer zurückschießen, und wenn sie außerdem in kurzen Abständen angeordnet sind, erreicht man die Angreifer mühelos mit Pfeilen und Steinen. Ist der Feind am Fuß der Stadtmauer angelangt, kann er leicht von allen Seiten mit Pfeilen und Steinen beschossen werden. So eignen sich die Mauervorsprünge vortrefflich, um den Feind von der Stadtmauer fernzuhalten. Obwohl die Mauern an der Grenze heutzutage dick sind, weisen sie doch nur in großen Abständen kurze Mauervorsprünge auf. Wenn der Feind den Fuß der Befestigungsmauer erreichen kann, entsteht, auch wenn die Mauer dick ist, eine gefährliche Situation. Sind die Ecken der Mauervorsprünge beseitigt, so spricht man von Rundtürmen, doch sie erweisen sich als besonders nutzlos. Wenn man sich ganz auf die Turmecken stützt, um den Fuß der Stadtmauer durch Abschießen von Pfeilen und Werfen von Steinen zu verteidigen, aber dem Feind zu viele Stellen läßt, um sich zu sammeln, kann man sich selbst nicht halten. In dieser Hinsicht ist die Stadtmauer von Helian vorzüglich durchdacht.

Liu Yans »Methode des harmonisierten Reiseinkaufs« (192)

Liu Yan[3] verstand sich derart auf die Staatsfinanzen, daß er binnen eines Tages wußte, ob die Preise einer Ware im Umkreis von mehreren hundert Li steigen oder fallen würden.
Als ich im Südosten des Landes für die Finanzkommission tätig war, hatte ich Liu Yans Methode eingeführt. Alljährlich war dem Amt für Getreidetransporte und den staatlichen Reisaufkäufern in den Bezirken und Kreisen nicht bekannt,

ob die Preise hoch oder niedrig liegen würden, doch sie mußten immer zuvor einen Preis ausschreiben, der nach oben zu melden war, aber erst danach stellte man fest, wie teuer oder billig die Ware war. War sie teuer, wurde weniger, war sie billig, wurde reichlicher aufgekauft. Allerdings konnte man die Getreidemenge erst dann auf dem Lande bekanntgeben, wenn man die Preise in den Bezirken und Kreisen erfahren und die aufzukaufende Getreidemenge errechnet hatte. Doch wenn der Aufkauf begann, waren die Getreidepreise schon gestiegen, so daß für gewöhnlich teurer aufgekauft werden mußte.
Liu Yans Methode bestand nun darin, daß er befahl, für die Bezirke und Kreise mit reichlicher Getreideproduktion und guten Transportmöglichkeiten auf der Grundlage des durchschnittlichen Aufkaufpreises von mehr als zehn Jahren die Mengen des aufzukaufenden Getreides in fünf Preisstufen einzuteilen. Diese Preisstufen hielt er detailliert fest und informierte darüber das zuständige Amt (heute erfolgt diese Meldung an das Amt für Getreidetransporte). Nachdem die Getreidepreise festgelegt waren, gab es keinen weiteren Bericht mehr nach oben. Wenn das Getreide für den Speicher aufgekauft wurde, kaufte man für die erste Preisstufe die fünfte Menge, für die zweite Preisstufe die vierte Menge und für die vierte Preisstufe die zweite Menge auf. Daraufhin wurde an das Amt für Getreidetransporte schnell eine Meldung über die Aufkäufe gegeben. Auf diese Weise kaufte man in Gebieten mit billigem Getreide die größtmögliche Menge auf, während in den übrigen Preisstufen so viel aufgekauft wurde, wie es zweckmäßig war, so daß man unvorteilhafte Aufkäufe vermied. Das Amt für Getreidetransporte konnte nach wie vor die in allen Bezirken aufzukaufenden Getreidemengen errechnen. War schon zuviel Getreide eingelagert, dann verringerte man die teuren Aufkäufe in den entfernteren Regionen, und war noch nicht genug Getreide eingelagert, dann erhöhte man die billigen Aufkäufe in den nahegelegenen Regionen.
Seit dieser Zeit verpaßte man nicht den richtigen Zeitpunkt für die Festlegung der Getreidepreise. Für jede Gegend wußte man entsprechend guter oder spärlicher Ernte kurzfristig den Preis. Fürwahr verfügte man so über ein für Getreideaufkäufe sinnreiches Instrumentarium.

Ein Strafrechtsbeamter weist falsche Urteile zurück (196)

In den letzten Jahren wurden in den beiden Bezirken Xingzhou und Shouzhou Urteile auf der Grundlage unzutreffender Gesetze gefällt, die im nachhinein von einem Strafrechtsbeamten revidiert wurden.
In Shouzhou gab es einen Mann, der die Eltern und die Brüder seiner Ehefrau, also mehrere Personen, umgebracht hatte. Um dieses Kapitalverbrechen zu ahnden, warf der Bezirksvorsteher die Ehefrau ins Gefängnis. Doch der Strafrechtsbeamte wies die Verurteilung der Ehefrau mit den Worten zurück: »Schon die Schwiegereltern zu schlagen, bedeutet einen Bruch der familiären Beziehungen. Wieviel mehr gilt das für einen Mord! Deshalb besteht keine Notwendigkeit, die Ehefrau ins Gefängnis zu werfen.«

In Xingzhou brachte einmal ein Räuber eine Familie um, wobei die Eheleute sofort ums Leben kamen, während ihr einziger Sohn erst am nächsten Tage starb. Der Bezirksvorsteher überschrieb nun das Familienvermögen nach dem Gesetz für einen fehlenden Erben an die aus dem Haus gegangene verheiratete Tochter. Der Strafrechtsbeamte wies diesen Akt jedoch zurück und erklärte dazu: »Als die Eltern der Familie gestorben waren, lebte ihr Sohn noch, so daß zu diesem Zeitpunkt das Familienvermögen dem Sohn zugefallen war. Deshalb hat die verheiratete Tochter, das heißt die Schwester des Sohns, keinen Anspruch auf das Familienvermögen.«
Beide Fälle weisen eine gewisse Ähnlichkeit auf, allerdings wurde einmal bei einer Lebenden und das andere Mal bei einem Toten falsch entschieden.

Die Verlegung der Stadt Shenzhou (197)

Die Bezirksstadt Shenzhou lag ursprünglich in der Gegend von Jing'an.[4] Da der Boden hier sehr salzig ist, gedeiht kein Getreide, und selbst das Brunnenwasser ist bitter. In den Jahren der Regierungsära Jingde [1004–1007] erörterte man die Verlegung der Bezirksstadt. Damals bat die Familie des Generals Fu Qian, die in Liyan lebte,[5] in einer Eingabe an den Kaiser, die Bezirksstadt nach Liyan zu verlegen. Dies ist die heutige Bezirksstadt Shenzhou. Da im Boden nichts gedeiht, trat keine Verbesserung gegenüber dem alten Standort Shenzhous ein. Weil die Erde fast zur Hälfte aus Salz besteht, fiel die Stadtmauer, besserte man sie morgens aus, schon am Abend wieder ein. Selbst bei Brennholz und Grünfutter war man auf Lieferungen aus anderen Kreisen angewiesen. Einzig das Wasser des Hulu-Flusses[6] konnte von der Bevölkerung benutzt werden, aber da seine Quelle außerhalb der Stadt lag, war dies für sie als Grenzstadt nachteilig.
Nördlich der alten Bezirksstadt liegen die beiden Kreise Anping und Raoyang,[7] die fruchtbare Felder besitzen, und die Gegend ist reich an Menschen und Ressourcen. An der Flußmündung bei Xucun gehen die beiden Gegenden Qizhou und Yongning[8] wie Hundezähne ineinander über, so daß sie sich gut gegenseitig beschützen können. Die Bezirksstadt hätte nicht verlegt werden dürfen. Daß sie vielmehr wegen eines persönlichen Vorteils hastig nach Liyan verlegt wurde, ist wahrlich ein Verbrechen von Fu Qian.

Der Kampfunterstand – eine provisorische Befestigungsanlage des Altertums (200)

In den Städten an der Grenze gibt es Kampfunterstände, die aus langen Hölzern auf der Brustwehr der Stadtmauer gebaut sind. Im großen und ganzen ähneln sie Wachtürmen, bloß daß sie sich zerlegen und wieder errichten lassen. Im Handumdrehen kann man sie aufbauen. So trägt man Vorsorge, wenn unerwartet ein Wachturm zerstört wurde oder eine Stelle ohne Turm angegriffen

wird. In diesen Fällen errichtet man schleunigst als Ersatz einen Kampfunterstand.
Als Jing, der Fürst von Liang,[9] das Palastviertel Taicheng[10] angriff, näherte er sich mit fahrbaren Türmen der Stadtmauer, doch auf der Stadtmauer errichtete man ebenfalls Türme, um ihn abzuwehren. So kreuzten die Kämpfer auf den Türmen ihre Lanzen, was den beschriebenen Kampfunterständen nahekommt. Auf andere Weise ist es nicht möglich, sich gegen einen feindlichen Überraschungsangriff zu wappnen.
In den letzten Jahren griff unter den für die Verteidigung der Grenze verantwortlichen Beamten die Meinung um sich, man könne auf die Kampfunterstände verzichten, wenn man feste Wachtürme auf der Grenzmauer besitzt. Ich fürchte allerdings, daß ihre Ansicht nicht durchdacht ist.

Herkunft des Gesetzes über die Unbefangenheit eines Anklägers (202)

Zhao Jian, ein Mann aus Caozhou, war einst ein kleiner Beamter. Indem er Gerichtsverfahren niederschlug oder bloß Privatangelegenheiten der Leute registrierte, beherrschte er viele Dörfer, so daß es niemand wagte, sich seinem Willen zu widersetzen. Die Leute fürchteten ihn viel mehr als Räuber und Diebe. Die übrige Beamtenschaft vermochte er im Zaum zu halten, so daß sie ihm gefügig war. Als Xie Tao,[11] ein Abteilungsleiter im Kriegsministerium, Präfekt von Caozhou wurde, kam er bald hinter dessen üble Machenschaften, so daß er ihn und die korrumpierten Beamten verhaften und ins Gefängnis werfen ließ. Dann führte er die Übeltaten dieser Staatsschädlinge in einem Bericht an den Thron auf. Das Zensorat, das die Verbrecher nochmals verhörte, bestätigte ihre Schurkerei. Daraufhin befahl ein kaiserlicher Erlaß, sie öffentlich hinzurichten. Die Einwohner von Caozhou beglückwünschten sich zu dieser Wendung. Schließlich wurde in einem kaiserlichen Erlaß das Gesetz über die Unbefangenheit eines Anklägers verkündet.

Postverkehr (203)

Der Postverkehr weist seit alters drei Stufen auf, die Boten-, Pferde- und eiliger Botentransport heißen. Der eilige Botentransport ist am schnellsten; dabei wird die Post täglich 400 Li [221 km] befördert, aber man bedient sich dieser Möglichkeit nur im Falle des Ausbruchs kriegerischer Handlungen. In den Jahren der Regierungsära Xining [1068–1077] wurde außerdem der eilige Botentransport mit Goldschrifttafel eingeführt, der den brandeiligen, mit Federn versehenen Briefen des Altertums entspricht. Diese Boten führen eine hölzerne Tafel mit sich, die goldene Schriftzeichen auf tiefrotem Grund trägt. Die Tafel blendet die Augen, und der Bote jagt wie ein fliegender Blitz dahin, so daß ihm ein jeder, der ihn erblickt, den Weg freigibt. Derartige Boten legen täglich mehr als 500 Li

[276 km] zurück. Wenn an der Front eilig ein Befehl auszuführen ist, dann erteilt ihn der Kaiser mit einem derartigen Boten, während sich der Staatsrat und der Oberste Kriegsrat dieser Boten nicht bedienen dürfen.

Fan Zhongyan organisiert eine Hungerhilfe (204)

Im zweiten Jahr der Regierungsära Huangyou [1050] brach in Wu eine schwere Hungersnot aus, bei der an den Straßenrändern überall die Verhungerten lagen. Damals teilte Fan Zhongyan[12] als Präfekt von West-Zhejiang Getreide aus und sammelte Geldspenden für das Volk, was er meisterhaft zu organisieren verstand. Weil die Menschen in Wu das Wettrudern liebten und dem Dienst an Buddha zugetan waren, förderte Fan Zhongyan Ruderwettbewerbe im Volk. In seiner Eigenschaft als Präfekt erschien er schon bei Sonnenaufgang am Westsee. Vom Frühling bis zum Sommer zogen die Einwohner aus den Gassen ins Freie. Außerdem rief er die Äbte der buddhistischen Tempel mit folgendem Erlaß zur Hilfe auf: »Da in einem Hungerjahr der Arbeitslohn sehr niedrig ist, sollte man viele Bauarbeiten durch Fronarbeiter ausführen lassen.« So wurden in allen Tempeln zahlreiche Vorhaben in Angriff genommen. Außerdem wurden für die Rekonstruktion der Getreidespeicher und der Häuser der Beamten täglich an tausend Fronarbeiter beschäftigt.

Ein Provinzinspektor jedoch beschuldigte Fan in einem Bericht an den Thron, daß man sich in Hangzhou nicht um die Notlage des Volkes kümmere, vielmehr sich maßlos verlustiere, und daß die Beamten überall privat für sich bauen ließen und so die Kräfte des Volkes mißbrauchten.

Fan Zhongyan berichtete daraufhin der Reihe nach, daß er an den See fahre und die Bautätigkeit fördere, weil er wünsche, daß zusätzliche Werte geschaffen werden, um die Notleidenden unterstützen zu können. Die fliegenden Händler mit Speisen und Getränken, die Arbeiter und Handwerker und jene, die aus öffentlichen und privaten Mitteln Essen erhalten, zählten täglich regelmäßig nach Zehntausenden. Andernfalls könnten die Maßnahmen zur Bekämpfung der Not nicht so umfangreich sein. Wenn es in diesem Jahr allein in Hangzhou als Teil der Provinz Liangzhe friedlich geblieben und das Volk nicht zum Vagabundieren gezwungen worden war, sei das alles sein, Fan Zhongyans, Verdienst.

In den letzten Jahren habe er in Erlassen befohlen, in Zeiten der Mißernte staatliches Getreide auszuteilen, Spenden für das Volk zu sammeln und gemeinnützige Arbeiten zu fördern, weil gerade dadurch der Hungersnot gesteuert werde. Wenn man auf diese Weise das Wohl des Volkes sichere, werde somit die Tugend der früheren Könige offenbar.

Zur Frage der Getreidetransporte für ein ins Feld marschierendes Heer (205)

Im allgemeinen nimmt sich ein im Feld befindliches Heer das für die Verpflegung benötigte Getreide vom Feind. Das ist eine besonders ernste Angelegenheit, weil der Getreidetransport nicht nur hohe Kosten verursacht, sondern auch über schwieriges Gelände und weite Entfernungen durchgeführt werden muß. Ich habe einmal berechnet: Ein dienstverpflichteter Träger kann sechs Dou Reis [39,8 l] tragen, und ein Soldat führt 1 Dou an Proviant für 5 Tage [1 Dou = 6,6 l] mit sich. Wenn ein Träger einen Soldaten ernährt, können sie zusammen 18 Tage marschieren. (Wenn der Träger 6 Dou [und der Soldat 1 Dou] mitführen und beide täglich je 2 Sheng [1,3 l] verzehren, so ergibt das maximal 18 Tage.) Plant man einen Hin- und Rückmarsch, so kann man nur neun Tage vorrücken. Wenn zwei Träger einen Soldaten ernähren, können sie insgesamt 26 Tage marschieren. (Es stehen 1 Dan 2 Dou zur Verfügung [108,1 l], und drei Männer verzehren täglich zusammen 6 Sheng [4 l]. Wenn nach acht Tagen das Getreide eines Trägers verbraucht ist, wird er mit Proviant für sechs Tage zurückgeschickt. In den folgenden 18 Tagen verzehren zwei Männer zusammen täglich 4 Sheng [2,7 l].) Plant man einen Hin- und Rückmarsch, kann man nur 13 Tage lang vorrücken. (In den ersten 8 Tagen verzehren sie täglich 6 Sheng [4 l]. In den nächsten 5 Tagen und auf dem Rückmarsch verzehren sie täglich zusammen 4 Sheng [2,7 l].) Wenn 3 Träger einen Soldaten ernähren, kann man 31 Tage lang marschieren. (Es stehen 1 Dan 8 Dou [148 l] zur Verfügung. In den ersten $6^1/_2$ Tagen verzehren 4 Männer täglich 8 Sheng [5,3 l]. Von ihnen ist dann ein Träger abzuziehen, dem man Proviant für 4 Tage Rückmarsch mitgibt. In den darauffolgenden 7 Tagen verzehren drei Männer täglich 6 Sheng [4 l]. Wieder wird ein Träger zurückgeschickt, der Proviant für 9 Tage erhält. In den letzten 18 Tagen verzehren 2 Männer täglich zusammen 4 Sheng [2,7 l]). Plant man einen Hin- und Rückmarsch, kann man nur 16 Tage lang vorrücken. (In den ersten $6^1/_2$ Tagen werden täglich 8 Sheng [5,3 l], in den darauffolgenden 7 Tagen täglich 6 Sheng [4 l] und in den letzten $2^1/_2$ Tagen und auf dem Rückmarsch täglich zusammen 4 Sheng [2,7 l] Getreide verbraucht.) Daß drei Träger einen Soldaten ernähren, stellt das Maximum dar. Wenn man ein Heer von 100 000 Soldaten aufstellt und ein Drittel davon für den Troß vorsieht, so verbleiben nur 70 000 Soldaten für Stationierung und Gefechte. Für sie benötigt man dann bereits 300 000 Träger für die Provianttransporte, eine Zahl, die sich kaum weiter vergrößern läßt. (Wenn man Transportmannschaften zurücklassen will, benötigt man Hilfstruppen. Durch Tote und Kranke auf dem Transportmarsch verringert sich die Zahl der Menschen. Mit der dadurch eingesparten Lebensmittelmenge kann man die Hilfstruppen unterhalten.)

Bei der Planung von Provianttransporten sind 6 Dou pro Träger [39,8 l] ein durchschnittlicher Schätzwert für die Berechnung. Unter ihnen tragen die Kommandeure keinen Proviant und die Brennholz- und Wasserträger nur die Hälfte. Ihre Anteile müssen auf die Gruppe der Träger aufgeteilt werden. Weiterhin gibt es Tote und Kranke, deren Reislasten ebenfalls aufzuteilen sind. Daraus folgt, daß ein Träger in der Regel nicht nur 6 Dou zu befördern hat. Deshalb kann im Heer ein über der Norm liegender Verzehr von Lebensmitteln nicht zugelassen werden. Wenn ein Mann über der Norm Lebensmittel verbraucht, so müssen ihn 2 bis 3 Männer ernähren, was manchmal noch nicht ausreicht. Transportiert man den Proviant mit Tieren, so tragen Kamele 3 Dan [284,6 l], Pferde und Maultiere 1 Dan 5 Dou [128,1 l] und Esel 1 Dan [94,9 l]. Verglichen mit dem Transport durch Menschen sind zwar die Lasten größer und die Kosten geringer, aber wenn man die Tiere nicht rechtzeitig füttert oder weidet, sterben viele Tiere an Erschöpfung. Wenn ein Tier stirbt, muß man die von ihm getragene Last aufgeben. Gegenüber dem Transport durch Menschen ist der Vorteil deshalb nur halb so groß.

Gao Chao schließt das Drachentor (207)

Der in den Jahren der Regierungsära Qingli [1041–1048] aufgetretene Dammdurchbruch des Gelben Flusses bei Shanghu[13] nahe der nördlichen Hauptstadt konnte lange Zeit nicht geschlossen werden. Guo Shenxi,[14] der für die Staatsausgaben verantwortliche Vizefinanzkommissar, begab sich persönlich an diesen Ort, um die Arbeiten am Deich zu leiten. Generell wird ein Durchbruch eines Flußdeiches geschlossen, indem in ihn eine Faschine eingebracht wird, was man »das Drachentor schließen« nennt. Das Gelingen der Arbeit hängt ganz von dieser Prozedur ab. Damals versuchte man mehrmals vergeblich, den Durchbruch zu schließen. Als seinerzeit die Faschinen vor dem Durchbruch 60 Bu [92 m]

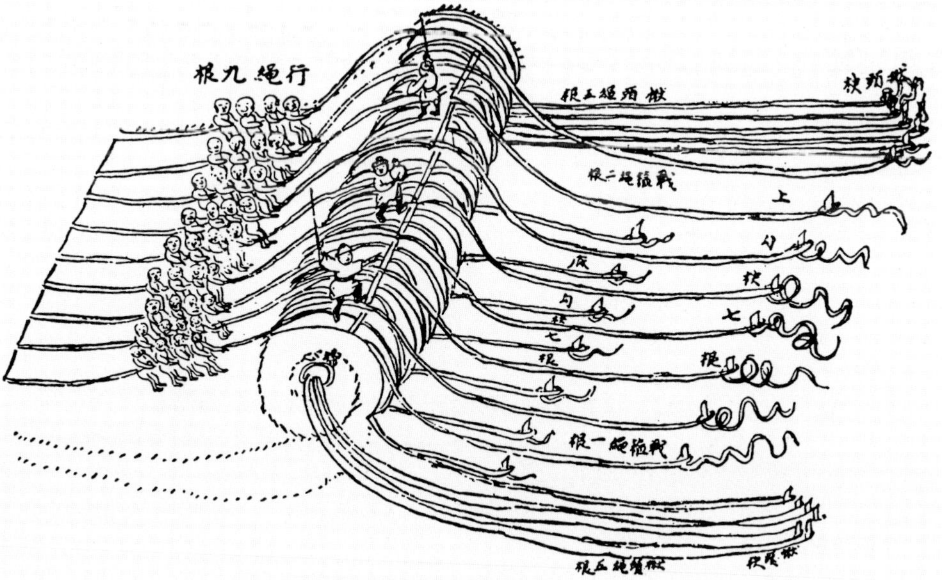

Absenken von Faschinen in einen Dammbruch.
(Aus: Xiu fang suo zhi, ca. 1775)

lang waren, meinte ein Wasserbauingenieur namens Gao Chao, sie seien zu lang, weil man die Faschinen mit Menschenkraft nicht herablassen könnte, so daß sie nicht bis auf den Grund des Wassers sinken würden. Deshalb würde die Flußströmung nicht unterbrochen, und die Seile zur Befestigung der Faschinen würden immer wieder reißen. Nun schlug Gao Chao vor, man müßte die 60 Bu in drei Abschnitte unterteilen, so daß jeder Faschinenabschnitt nur 20 Bu [30,7 m] lang sei. Mit Bambusseilen sollte man die mittlere Faschine an den beiden anderen befestigen. Nachdem man die erste Faschine abgesenkt und gewartet hatte, bis sie den Grund des Wassers erreicht, kann man danach die zweite und die dritte Faschine herunterlassen.
Ein alter Ingenieur stritt, daß das nicht möglich sei: »Eine 20 Bu lange Faschine kann den Durchfluß nicht unterbrechen. Wir werden die drei Faschinen umsonst vorbereiten, die Kosten werden das Doppelte betragen, doch der Durchbruch wird zuletzt immer noch nicht geschlossen sein.«
Gao Chao aber hielt dagegen: »Mit der ersten Faschine wird das Wasser tatsächlich noch nicht gestoppt sein, aber die Durchflußmenge wird sich schon auf die Hälfte verringern. Wenn wir die zweite Faschine herunterlassen, benötigen wir bereits nur die halbe Kraft. Das Wasser wird noch hindurchströmen, ohne unterbrochen worden zu sein, aber es wird nur noch eine geringere Wassermenge durchfließen. Wenn wir mit der dritten Faschine die Arbeiten zu Ende führen, wird hierfür die normale menschliche Kraft ausreichen. Sind die drei Faschinen befestigt, wird sich in den ersten beiden Faschinenabschnitten Schlamm ansammeln, so daß sie nicht mit Menschenkraft festgehalten werden müssen.«
Guo Shenxi, der die erste Meinung favorisierte, verwarf Gao Chaos Vorschlag. Damals war Jia Changchao[15] der höchste Beamte in der nördlichen Hauptstadt, der als einziger dafürhielt, daß man Gao Chaos Idee folgen sollte. Insgeheim schickte er mehrere tausend Arbeiter zum Unterlauf, um die mitgerissenen Faschinen zu bergen. Als man die Faschinen nach der alten Methode herabgelassen hatte, wurden sie tatsächlich von der Strömung losgerissen, so daß sich die Durchbruchstelle weiter vergrößerte. Guo Shenxi wurde deswegen strafversetzt. Erst als man schließlich Gao Chaos Plan aufgriff, gelang es, den Durchbruch bei Shanghu zu schließen.

Salz (208)

Es gibt zahlreiche Sorten von Salz. In früheren Chroniken ist verzeichnet, daß es allein in den Gebieten der Völkerschaften Yi und Di mehr als zehn Sorten gebe, während man in China wohl mehrere Dutzend Sorten Salz herstellen würde. Heutzutage werden auf staatlicher und privater Ebene allgemein vier Salzsorten produziert.
Die erste Sorte ist Pulversalz, d. h. Meeressalz. Es wird in den elf Provinzen Hebei, Jingdong, Huainan, Liangzhe, Jiangnandong, Jiangnanxi, Jinghunan, Jinghubei, Fujian, Guangnandong und Guangnanxi verzehrt.[16]

Darstellung der Gewinnung der vier Salzsorten
1. Brunnensalz (oben links), 2. Meeressalz (oben rechts), 3. Felsensalz (unten links),
4. Teichsalz (unten rechts).
(Aus: Ben cao gang mu, 1596)

Die zweite Sorte ist körniges Salz, das aus den Salzteichen von Xiezhou und in den Bezirken Jin, Jiang, Lu und Ze[17] gefördert wird. Es wird in der Hauptstadt und ihrer Umgebung, in der südlichen Hauptstadt, in Jingxi, Shaanxi, Hedong, Bao und Jian[18] verzehrt.
Die dritte Sorte ist Brunnensalz, das aus Brunnen gefördert wird. Es wird in den vier Gegenden Yi, Zi, Li und Kui[19] verzehrt.
Die vierte Sorte ist Felsensalz, das aus Felsspalten gewonnen wird. Es wird in den Bezirken Jie, Cheng und Feng[20] verzehrt.
Allein auf das körnige Salz aus dem Gebiet von Shaanxi wird eine feste Steuer erhoben, die sich jährlich auf 2,3 Millionen Tausendkäschschnüre beläuft. In den übrigen Gebieten ist die Steuer nicht einheitlich, liefert jährlich aber ungefähr mehr als 20 Millionen Tausendkäschschnüre. Allein auf Pulversalz werden jährlich 3 Millionen Tausendkäschschnüre Steuern erhoben, wofür Getreide zur Lieferung in die Regionen nördlich des Gelben Flusses gekauft wird. Die übrigen Salzsteuereinnahmen werden in den jeweiligen Gebieten ausgegeben. Für den Bedarf des Hofes werden von den Grenzprovinzen an das Finanzministerium vor allem geliefert: Meeres- bzw. Pulversalz aus den Regionen nördlich des Gelben Flusses, körniges Salz aus Hedong und Shaanxi sowie Tee aus Shu.[21] Der Transport von Salz kostet je hundert Li in der Regel auf dem Landwege 4 Käsch pro 1 Jin und bei Schiffstransport 1 Käsch pro 1 Jin.

Untersuchung einer Leiche mit rotem Licht (209)

Als Li Chuhou, ein Gelehrter im kaiserlichen Ahnentempel, Vorsteher im Kreis Shenxian des Bezirks Luzhou[22] war, gab es einen Fall von Totschlag. Chuhou untersuchte die Verletzungen des Toten, indem er die Leiche mit einer Art Brühe aus in Wein eingelegten Fleischstücken und Kalk bestrich, doch es waren keine Spuren einer Verletzung zu sehen. Da meldete sich ein ergrauter Mann zu Wort: »Ein alter Schreiber im Kreis kennt eine Methode, wie man Verletzungen leicht sichtbar machen kann, die mit bloßem Auge nicht zu erkennen sind. Wenn man über der Leiche einen Schirm, der frisch mit rotem Öl getränkt ist, gegen die Sonne hält und die Leiche mit Wasser begießt, werden die Verletzungen mit Sicherheit sichtbar.«
Chuhou folgte seinem Rat, und tatsächlich traten die Verletzungen zutage.[23] Seitdem bedienten sich die Richter im Gebiet zwischen Yangzi- und Huai-Fluß häufig dieser Methode.

Die Buhnenpfähle am Damm des Qiantang-Stroms (210)

Am Qiantang-Strom[24] ist zur Zeit des Herrschers Qian[25] ein Damm aus Steinen gebaut worden, und vor dem Damm pflanzte man mehr als zehn Reihen Bäume, die »Buhnenpfähle« genannt wurden. In den Jahren der Regierungsären Baoyuan [1038–1040] und Kangding [1040–1041] gab es Leute, die vorschlugen,

Wasserbauarbeiten an einem Fluß.
(Aus: Qin ding shu jing tu shuo, 1905)

die Buhnenpfähle auszugraben, weil sich auf diese Weise gutes Baumaterial im Wert von mehreren hunderttausend Käsch gewinnen ließe. Nachdem der Militärkommandant von Hangzhou zugestimmt hatte, wurde das alte Holz aus dem Wasser geholt, doch es war völlig verfault, so daß es sich nicht mehr verwenden ließ. Aber sowie die Buhnenpfähle fehlten, griffen die Flutwellen den Steindamm an, so daß der Damm Jahr für Jahr brach. In früherer Zeit wurden die Pfähle eben eingegraben, um die Gewalt der Wellen zu brechen und dem Wasser keinen Angriffspunkt zu bieten, so daß die Wogen des Stroms keinen Schaden anrichten konnten.

Als Du Weichang[26] Finanzkommissar war, schlug ihm jemand vor, den Damm östlich des Salzsteueramtes am Fluß um mehrere Li in Form eines Mondsichelbogens zurückzunehmen, um der Gewalt des Wassers auszuweichen. Die Mehrzahl der Wasserbauingenieure befürwortete den Vorschlag. Lediglich ein alter Ingenieur, der damit nicht einverstanden war, redete insgeheim auf seine Gefährten ein: »Wovon wollt ihr euer Leben bestreiten, wenn man den Damm verlegt und nicht mehr regelmäßig eine Flutkatastrophe eintritt?« Von diesem Vorteil geleitet, stimmte die Menge ihm schließlich zu. Du Weichang, der ihr Motiv nicht durchschaute, gab eine Unmenge Geld aus, doch der Damm des Qiantang-Stroms wurde alljährlich beschädigt. Erst als man in den letzten Jahren den Vorteil eines mondsichelförmigen Damms wieder erörterte und diese Idee verwirklichte, nahm der Schaden durch die Fluten ab. Aber diese Maßnahme reichte nicht an den Nutzen der Buhnenpfähle heran. Obwohl man sehr viel Geld anderweitig ausgab, wurden keine neuen gesetzt.

Fan Xiang führt ein »Salzgeldverfahren« ein (211)

In alter Zeit hatten die Beamten das körnige Salz von Shaanxi in eigener Regie transportiert, doch später wurden spezielle Einrichtungen geschaffen, um das Salzmonopol zu sichern. Fan Xiang,[27] ein Gehilfe eines Direktors aus dem Kriegsministerium, hatte hierbei zuerst die Verwendung von Geldscheinen eingeführt.

So befahl er den Kaufleuten, die in die Grenzdistrikte zogen, für jeweils vier Geldschnüre und 800 Käsch einen Geldschein einzutauschen. Dafür konnten sie an den Salzteichen 200 Jin [127 kg] Salz erwerben, das sie dann frei verkaufen durften, und sie erhielten Geld, wenn sie das Salz an die Salzlager entlang der Grenze lieferten. Dadurch wurde der Aufwand für den Salztransport in mehreren Dutzend Bezirken eingespart.

Früher zählten die Büffel und Esel, die alljährlich beim Transport der Salzkarren verendeten, nach Zehntausenden, und diejenigen, die ungeachtet des Verbots Salz schmuggelten und dafür bestraft wurden, waren schier unzählig. Das alles hörte mit dem neuen System auf. Nachdem dieses Verfahren längere Zeit eingeführt war, kletterten und fielen die Salzpreise abwechselnd. Daraufhin wurde in der Hauptstadt ein hauptstädtischer Salzhof eingerichtet, und das Finanzkommissariat von Shaanxi entsandte dorthin Beamte, die den Salzhandel beaufsichtigten. Wenn der Salzpreis in der Hauptstadt unter 35 Käsch für ein Jin fiel, wurde Salz zurückgehalten und nicht mehr verkauft. Wenn der Salzpreis auf mehr als 40 Käsch stieg, wurden große Mengen Salz aus den Speichern auf den Markt gebracht, um den Gewinn der Kaufleute zu begrenzen. Dadurch hielt man den Salzpreis stabil, und das Salzgeld besaß einen festen Wert. Dieses Verfahren, das schon mehrere Dutzend Jahre angewendet wird, hat sich bis auf den heutigen Tag als vorteilhaft erwiesen.

Die Doppeltorschleuse von Zhenzhou (213)

Es ist nicht bekannt, wann man im Gebiet von Huainan[28] begann, für den Transport von Tributreis auf dem Wasserweg Wehre zu bauen, um das Wasser aufzustauen. Aus alter Zeit wird überliefert, daß das Wehr des Grafen Zhao von Xie An[29] errichtet wurde. Doch nach dem Werk »Chronik einer Reise nach dem Süden« (»Lai nan lu«) von Li Ao[30] besaß dieser Wasserweg in der Tang-Zeit eine starke Strömung, so daß Xie An das Wehr nicht gebaut haben konnte.
In den Jahren der Regierungsära Tiansheng [1023–1032] schlug Tao Jian, ursprünglich ein Leibwächter zur Rechten, in seiner Eigenschaft als Stromaufseher von Zhenzhou,[31] zuerst vor, eine Doppeltorschleuse zu bauen, um Wasser und Arbeit beim Ziehen der Schiffe über ein Wehr zu sparen. Damals wurden Fang Zhongxun, ein Direktor im Ministerium für öffentliche Arbeiten, und

Dschunke für den Getreidetransport.
(Aus: Tian gong kai wu, 1637)

Zhang Lun, ein Beamter zur Versorgung des Hofes mit Kunsthandwerk, zum Kommissar für Wassertransport bzw. zu dessen Stellvertreter ernannt. Aufgrund einer Eingabe an den Thron errichteten sie zuerst die Schleuse von Zhenzhou. Durch dieses Bauwerk sparte man jährlich die Arbeit von 500 Menschen und sonstige Kosten in Höhe von 1 250 000 Käsch. Nach der alten Methode des Schleppens von Schiffen über ein Wehr konnten Reisschiffe bis höchstens 300 Dan [23 t] Ladung befördert werden. Nach der Fertigstellung der Schleuse bediente man anfangs Schiffe mit 400 Dan [30 t]. Danach ließ man allmählich immer größere Ladungen zu, so daß heutzutage die Regierungsschiffe bis zu 700 Dan [53 t] erreichen und private Schiffe mehr als 800 Sack Reis mit 2 Dan pro Sack laden [insgesamt 122 t].

Seitdem wurden die Wehre von Beishen, Zhaobo, Longzhou und Zhuyu nacheinander zu Schleusen umgebaut, die sich bis auf den heutigen Tag als nutzbringend erweisen.

Als ich in den Jahren der Regierungsära Fengyuan [1078–1085] einmal nach Zhenzhou kam, habe ich im Schlamm hinter einem Pavillon am Strom eine umgestürzte Steinstele entdeckt, auf der die »Inschrift über die Schleuse« von Hu Wuping[32] eingraviert war. Ohne allzu viele Einzelheiten zu erwähnen, beschrieb sie die Geschichte dieser Schleuse.

Zhang Gaoqing entlarvt mit Weisheit eine Ehebrecherin (214)

In der Zeit, als Kanzler Zhang Gaoqing[33] Präfekt von Runzhou war, gab es eine Frau, deren Mann für mehrere Tage auf eine Reise ging, von der er nicht zurückkehrte. Als plötzlich jemand meldete, im Brunnen des Gemüsegartens liege ein Toter, eilte die Frau erschrocken dorthin, um nachzusehen. Laut weinend erklärte sie, das sei ihr Mann. Danach erfuhr der Präfekt von dem Vorfall. Er befahl seinen Untergebenen, die Nachbarn am Brunnen zu versammeln, damit sie überprüften, ob es sich um den Ehemann handele. Aber alle fanden, daß sie ihn nicht erkennen könnten, weil der Brunnen zu tief sei. Deshalb baten sie, erst den Leichnam hochzuholen, ehe sie ihn identifizieren. »Wenn die Leute ihn nicht erkennen konnten, woher wußte dann die Frau, daß der Tote ihr Mann sei?« wunderte sich da der Präfekt. Nachdem er alle Verhöre durch seine Untergebenen ausgewertet hatte, fand er tatsächlich heraus, daß ein Nebenbuhler den Ehemann ermordet und die Frau von dem Plan gewußt hatte.

Fan Zhongyan unterdrückt die Kaufleute zugunsten der Bauern (215)

In den Jahren der Regierungsära Qingli [1041–1048] diskutierte man den Vorschlag, das Verbot des privaten Handels mit Tee und Salz aufzuheben und die Besteuerung der Kaufleute zu reduzieren. Fan Zhongyan lehnte diese Idee mit dem Argument ab, daß die Einnahmen aus der Besteuerung des Handels mit Tee und Salz nur teilweise den Gewinn der Kaufleute schmälerten. Erhebe man von den Kaufleuten eine Steuer, so wirke sie sich für diese nicht allzu schädlich aus. Da derzeit die Staatsausgaben noch nicht gesichert seien, könne man von den Jahreseinnahmen keine Abstriche machen. Wenn man die Einnahmen nicht von den Schätzen der Natur in den Bergen und Marschen und von den Kaufleuten gewinne, müßte man sie von den Bauern einziehen. Ehe man den Bauern schade, ist es da nicht besser, die Einnahmen von den Kaufleuten zu erheben? Heutzutage gäbe es keinen besseren Plan, als zuerst bei den Staatsausgaben zu sparen. Wenn bei den Staatsausgaben Überschüsse vorhanden seien, sollte man vor allem die Bodensteuer und den Frondienst reduzieren und erst dann für die Kaufleute Nachlässe schaffen. Das Verbot des privaten Handels mit Tee und Salz aufzuheben, zähle jedenfalls nicht zu den vordringlich zu lösenden Aufgaben. Daraufhin wurde dieser Vorschlag fallengelassen.

Wang Qinruos Karriereerfolg (216)

Als Kaiser Zhenzong noch als Prinz in Kaifeng residierte, wurden einmal 17 von einer Dürre heimgesuchte Kreise der hauptstädtischen Präfektur von der Steuer befreit. Da kam dem Kaiser das Gerücht zu Ohren, daß die Gier der Beamten nach Steuern dem Reich Schaden zufüge. Kaiser Taizong war darüber sehr ungehalten. Nachdem der Zensor die Absichten des Kaisers ausgeforscht hatte, richtete er eine Klageschrift an den Thron, in der es hieß, daß die Befreiung der Präfektur Kaifeng von der Steuer überzogen sei. Der Kaiser erließ daraufhin einen Befehl, in den beiden Provinzen östlich und westlich der Hauptstadt Beamte auszuwählen, um die Situation nochmals zu überprüfen. Besonders sollte innerhalb des Bezirks Bozhou in den beiden Kreisen Taikang und Xianping eine Untersuchung durchgeführt werden. Damals war Zeng Hui[34] Präfekt von Bozhou und Wang Qinruo[35] zählte zu seinen Vertrauten. Zeng, der seinen Weitblick schätzte, stützte sich stets auf ihn. So entsandte er Wang Qinruo zur Inspektion in die beiden Kreise und gab ihm folgende Warnung auf den Weg: »Weil der Gegenstand dieser Inspektion nicht leicht wiegt, muß man sorgfältig zwischen oben und unten unterscheiden.« In den beiden Kreisen angelangt, führte Wang Qinruo eine sehr tiefgehende Inspektion durch. Während alle anderen einwendeten, daß der Erlaß der Steuern übertrieben sei und nur darauf versessen waren, die Steuern einzutreiben, setzte sich Qinruo als einziger dafür ein, die Steuern gänzlich zu erlassen, was alle seine Kollegen für gefährlich hielten.
Als Zhenzong im nächsten Jahr [997] den Thron bestieg, ernannte er als erstes Wang Qinruo zum Politischen Ermahner zur Rechten und begründete dies seinen Ministern mit folgenden Worten: »Seinerzeit hielten Wir Wang Qinruos Meinung selbst für bedenklich. Aber er allein wagte es als kleiner Beamter, sich für das Volk einzusetzen. Das betrachten Wir als Tugend eines hohen Beamten.« Seitdem nahm er eine steile Karriere und brachte es schließlich bis zum Kanzler.

Die Bezahlung der Amtsdiener (218)

Die Amtsdiener des Reiches erhielten ursprünglich keine festen Bezüge, so daß sie auf Bestechungsgelder angewiesen waren und dadurch oft zu Reichtum gelangten. Erst im 3. Jahr der Regierungsära Xining [1070] wurde ein System der Gehälter für die Amtsdiener des Reiches eingeführt; zugleich wurden schwere Strafen angedroht, um das Laster der Protektion zu unterbinden. In jenem Jahr wurden an die Amtsdiener aller Ämter in der Hauptstadt Gehälter in Höhe von 3 834 Tausendkäschschnüren und 254 Käsch gezahlt. Diese Summe nahm mit jedem Jahr zu, so daß die Gehaltskosten bis zum 8. Jahr der Regierungsära Xining [1075] auf 371533 Tausendkäschschnüre und 178 Käsch stiegen. Danach stiegen und fielen die Gehaltskosten, ohne aber diesen Wert zu übertreffen. In dieser Zahl sind aber nicht die Gehälter jener Amtsdiener in der Hauptstadt und den Provinzen enthalten, die schon vordem gezahlt worden waren.

Das Teegesetz (220)

Das Teegesetz dieser Dynastie hat viele Änderungen erfahren: Im 2. Jahr der Regierungsära Qiande [964] wurde erstmals festgelegt, jeweils in der Hauptstadt, in Jianzhou, Hankou und Qikou Ämter für den Handel mit monopolisierten Waren einzurichten. Im 5. Jahr derselben Regierungsära [967] wurde zuerst der private Teehandel verboten, und wer das Verbot verletzte, wurde streng bestraft. Im 2. Jahr der Regierungsära Taiping Xingguo [977] wurden das Verbotsgesetz und die zugehörigen Bestimmungen endgültig festgelegt und man begann, auf ihrer Grundlage nach gegebenen Abstufungen Gesetzesverletzungen zu ahnden. Im 2. Jahr der Regierungsära Chunhua [991] wurde befohlen, daß die Kaufleute an die Behörden eine Steuer zu zahlen hätten, wenn sie Tee von den Teeproduzenten kauften. So begann das Teesteuergesetz zu wirken. Als im 4. Jahr der Regierungsära Chunhua [993] erstmals Anweisungen zum Einkauf von Lebensmitteln für das Heer ausgegeben wurden, hob man das Teesteuergesetz wieder auf. Bei der Lieferung von Kolbenhirse in die Grenzregionen des Nordwestens wurde mit diesen Anweisungen bezahlt, was der Versorgung des Heeres zugute kam. Nachdem im selben Jahr alle Ämter für den Handel mit monopolisierten Waren aufgelöst worden waren, kehrte man zum vorhergehenden System zurück. Im 1. Jahr der Regierungsära Xianping (998) belief sich der Gewinn aus dem Teehandel auf eine Summe von 1 392 119 Tausendkäschschnüre und 319 Käsch. Bis zum 3. Jahr der Regierungsära Jiayou [1058], d. h. 61 Jahre lang wurde diese Summe der Steuer zugrunde gelegt. Darin sind verschiedene Verwaltungsausgaben enthalten, wobei diese Summe zeitweise bald zu- und bald abnahm, so daß die jährlichen Einnahmen schwankten. Im 5. Jahr der Regierungsära Xianping [1002] hatte der Finanzkommissar Wang Sizong erstmalig das Gesetz der drei Teile aufgestellt, das bedeutete, daß von 10/10 des Teepreises 4/10 mit Weihrauch und Heilkräutern, 3/10 mit Rhinozeroshorn und Elfenbein und 3/10 mit Anweisungen für Tee bezahlt werden. Im 6. Jahr [1003] wurde dann das Gesetz der

drei Teile in 6/10 für Weihrauch, Heilkräuter, Rhinozeroshorn und Elfenbein und 4/10 für die Teeanweisungen abgeändert. Im 2. Jahr der Regierungsära Jingde [1005] erlaubte man schließlich den Kaufleuten, in den Amtssitzen der Behörden den Tee mit Geld, Seide, Gold und Silber zu bezahlen. Das nannte man die drei Regelungen. Bis zum 9. Jahr der Regierungsära Xiangfu [1016] wurden die Teeanweisungen immer wertloser. Cao Wei,[36] der Präfekt von Qinzhou, schlug vor, in Yongxing und Fengxiang auf Amtskosten derartige Anweisungen aufzukaufen, um ihren Wert zu stützen. Die Ursache für diese Entwicklung bestand darin, daß die Preisaufschläge im Kornhandel früher mehrfach zugenommen hatten.
Im 2. Jahr der Regierungsära Tianxi [1018] zahlte das Heer zur Bewachung der Grenze auf den Preis eines Dou [6,6 l] Gerste einen Aufschlag, so daß sich der Preis auf 1254 Käsch belief. Im 1. Jahr der Regierungsära Qianxing [1022] wurde das Gesetz der drei Teile wie folgt abgeändert: Der ursprüngliche Anteil für die Teeanweisungen von 30 % wurde im Südosten auf 25 % Bargeld gesenkt, dafür wurde der Anteil von Weihrauch und Heilkräutern auf 45 % erhöht. Im 1. Jahr der Regierungsära Tiansheng [1023] wurde wieder das alte Teesteuergesetz eingeführt. Nachdem es drei Jahre galt, floß sämtlicher Gewinn aus dem Teehandel in die Hände der reichen Kaufleute, während die Beamten nur minderwertigen, spät gepflückten Tee bekamen. Daraufhin schlug Sun Shi[37] in einer Eingabe an den Thron vor, dieses Teesteuergesetz abzuschaffen. Im nächsten Jahr verurteilte man die Provinzbeamten, Rechnungsbeamten und die mit der Beförderung von Tribut befaßten Beamten, die den ursprünglichen Vorschlag eingebracht hatten, zur Verbannung auf die Insel Shamendao. Zhang Denggong, der Vizekommissar im militärischen Oberkommando, der Vizekanzler Lü Xugong und Lu Sujian[38] erhielten jeweils eine Geldstrafe von einem Monatsgehalt. Der Vizepräsident des Zensorats Liu Jun,[39] der stellvertretende Vorsteher der Eunuchen in den kaiserlichen Gemächern Zhou Wenzhi, der Kommisssar für Kondolenzzeremonien Xie Zhaokuo und ein Vizekommissar der drei Finanzbehörden wurden dazu verurteilt, jeweils 20 Jin [12,7 kg] Kupfer zu zahlen, und der frühere Finanzkommissar Li Zi[40] wurde zum assistierenden Gelehrten im Militärischen Oberkommando degradiert, wonach er wieder als Präfekt von Hongzhou amtierte.
Seit dem 3. Jahr der Regierungsära Huangyou [1051] wurde im Teehandel wie einstmals ausschließlich Bargeld verwendet. Am 5. Tag des 2. Monats im 4. Jahr der Regierungsära Jiayou [1059] hob schließlich ein kaiserlicher Erlaß das Verbot des privaten Teehandels auf.[41]

Der Salzbrunnen von Lingzhou (224)

Der Salzbrunnen von Lingzhou[42] verläuft mehr als 500 Chi [154 m] tief in den Felsgrund hinab. Während er oben und unten breit ist, verjüngt er sich etwas in der Mitte, so daß seine Gestalt einer Trommeltaille ähnelt. Seit alters wurden die Brunnenwände von der Sohle aus mit Zypressenstämmen verkleidet. Oben ragen sie aus der Brunnenöffnung. Von den Baumstämmen hängen Seile, an denen man sich herablassen kann, um die Salzsole zu erreichen. Neben dem Brunnen sind große Räder installiert, auf die die Seile gewickelt werden. Wenn die Stämme im Brunnen nach vielen Jahren verrottet sind, möchte man sie erneuern. Aber Grubengase[43] greifen den Menschen an, so daß jemand, der sich hinabläßt, plötzlich erstickt. Deshalb kann man unten nicht arbeiten. Einzig wenn man wartet, bis Regen in den Brunnen fällt, werden die Grubengase durch den Regen nach unten gezogen,[44] so daß man dann eine Weile auf der Sohle arbeiten kann. Wenn es nach einem Regen aufklart, muß man die Arbeiten aber wieder einstellen. Später hat jemand eine hölzerne Kiste gebaut,[45] mit Wasser gefüllt und in den Boden der Kiste kleine Löcher gebohrt, so daß das Wasser aus ihr wie Regen heraustropft. Diese »Regenkiste« genannte Einrichtung stellte er auf die Öffnung des Brunnens, worauf das Wasser den ganzen Tag ohne Unterbrechung hinuntertropfte. So wurden die Stämme im Brunnen mit Hilfe dieser Einrichtung im Verlaufe von mehreren Monaten erneuert. Dadurch konnte der Brunnen von Lingzhou wie vordem genutzt werden.

Eine Stimmpfeife (225)

Aus verschiedenen Materialien wie Bambus, Holz, Elfenbein und Knochen lassen sich Pfeifen anfertigen. Wenn man eine solche Pfeife in den Kehlkopf plaziert und hindurchbläst, kann man menschliche Stimme erzeugen. Das nennt man eine »Kehlkopfpfeife«.
Es gab einmal einen Mann, der an Stummheit erkrankte. Da die Mitmenschen ihn drangsalierten, mußte er darunter leiden, ohne sich beklagen zu können. Der Richter, der diesen Fall untersuchte, nahm versuchsweise eine Pfeife und setzte sie ihm in den Kehlkopf ein. Sie erzeugte eine Stimme ähnlich einer Marionette. Dadurch konnte man in groben Zügen den Sinn seiner Rede verstehen. So vermochte er, das erlittene Unrecht mitzuteilen, und der Richter war auch in der Lage, seine Aussage aufzuzeichnen.

Zähmung einer Berg-Frankoline[46] (226)

Im Buch Zhuang Zi heißt es: »Wer einen Tiger füttert, gibt ihm nicht ganze oder lebende Tiere zu fressen.« Daran ist etwas Wahres. Es gab einmal einen Mann, der sich darauf verstand, Berg-Frankoline so abzurichten, daß sie gegeneinander kämpften, und es zeigte sich, daß andere Tiere ihnen nicht gewachsen waren. Jemand, der sich die Kunst dieses Mannes abgeguckt hatte, wickelte bei jeder Fütterung das Fleisch in die Haut von Berg-Frankolinen ein und gab es ihnen zu fressen. Wenn die Tiere nach längerer Zeit eine richtige Frankoline sahen, wollten sie mit ihr kämpfen und sie auffressen. So wurde ihr Charakter durch die Fütterung verändert.

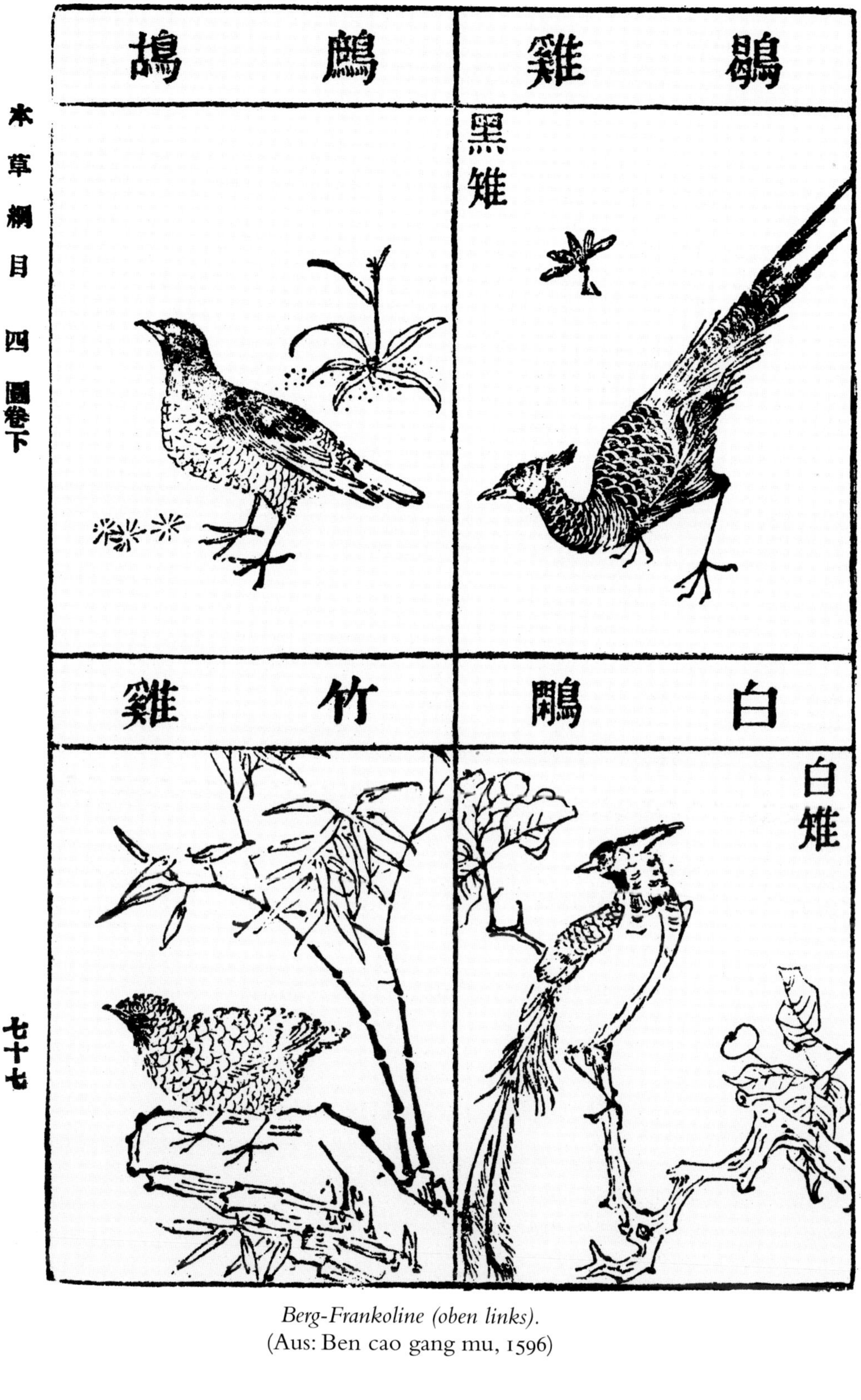

Berg-Frankoline (oben links).
(Aus: Ben cao gang mu, 1596)

Di Qing entsendet außergewöhnliche Truppen (227)

In den Jahren der Regierungsära Baoyuan [1038–1040] drang die Völkerschaft der Dangxiang[47] in die Befestigungen an der Nordgrenze ein. Damals wurde ein neues Heer angeworben, das »Heer der zehntausend Siege« hieß. In den Schlachtordnungen noch ungeübt, stieß es im Norden oft auf die Eindringlinge. Eines Tages übergab ihr General Di Qing alle Banner des »Heeres der zehntausend Siege« an die Tigerflügelarmee und schickte diese in den Kampf. Als die Barbaren die Banner sahen, glaubten sie, leichtes Spiel zu haben, so daß ihre Armee geradewegs vorrückte. Sie wurde von den »Tigerflügeln« so vernichtend geschlagen, daß fast kein Soldat der Dangxiang überlebte.
Ein anderes Mal stieß Di Qing in der Gegend von Jing und Yuan, wo er ein kleines Heer befehligte, auf eine Überzahl von Feinden. Es war seine Regel, den Sieg mit ungewöhnlichen Methoden zu erringen. In seinem Heer gab er bekannt, daß man gänzlich auf Bogen und Armbrust verzichten und nur kurze Stichwaffen mitführen werde. Weiter befahl er, wenn der Kesselgong einmal ertönte, anzuhalten, wenn er nochmals ertönte, einen disziplinierten Rückzug vorzutäuschen, und wenn der Kesselgong verstummte, mit lautem Geschrei vorwärtszustürmen. Die Offiziere und Soldaten zogen erst gegen den Feind, nachdem sie seine Anweisungen eingeübt hatten. Sie hatten den Kampf noch nicht begonnen, da ertönte plötzlich der Kesselgong, und die Offiziere und Soldaten blieben stehen. Als er nochmals ertönte, zogen sie sich zurück.
Sich vor Lachen biegend, riefen die Barbaren: »Wer behauptet, Di Qing sei ein kühner himmlischer Gesandter?« Damals wurde Di Qing nämlich von den Barbaren »himmlischer Gesandter« genannt.
Als nun der Kesselgong verstummte, stürmte das Heer unvermittelt vorwärts, worauf bei den Truppen der Barbaren Panik ausbrach. Enorm war die Zahl derjenigen, die sich gegenseitig zu Tode trampelten.

Di Qing erobert mit List den Kunlun-Paß (228)

Als Di Qing stellvertretender Kommissar des militärischen Oberkommandos war, stellte er Ruhe und Ordnung in der Provinz Guangnanxilu[48] wieder her. Damals hatte Yi Zhigao bei einem Putsch den Kunlun-Paß besetzt.[49] Als das Heer von Di Qing in Binzhou eintraf – man beging gerade das Laternenfest –, befahl er, überall Laternen und Kerzen anzuzünden, um in der ersten Nacht ein Gelage für seine Generäle, in der zweiten Nacht ein Gelage für die hohen Offiziere zu veranstalten und in der dritten Nacht die niederen Offiziere zu bewirten. In der ersten Nacht tönten der Lärm des Gelages und Musik bis zum Morgengrauen. In der zweiten Nachtwache [21–23 Uhr] der zweiten Nacht ließ Di Qing plötzlich vermelden, daß er sich krank fühle. Daraufhin stand er gleich auf, um sich in sein Zelt zurückzuziehen. Nach längerer Zeit schickte er jemanden zu Sun Yuangui,[50] dem Befriedungskommissar der Provinz, und hieß, vorübergehend für ihn den Vorsitz der Tafel zu führen. Nachdem er selbst ein wenig

Medizin eingenommen hatte, ging er hinaus und schickte mehrmals Adjutanten, die die Gäste zum Trinken animierten. Als der Morgen dämmerte, wagte es noch niemand, sich von der Tafel zurückzuziehen, doch plötzlich meldete ein berittener Bote, daß Di Qing in der dritten Nachtwache [23–1 Uhr] den Kunlun-Paß bereits eingenommen hätte.

Cao Weis Kunst der Kriegführung (229)

Als seinerzeit Cao Wei[51] die Militärpräfektur von Zhenrong unterstand, errang er einmal bei einem Feldzug einen kleinen Sieg, so daß sich der Feind zurückzog. Nachdem Cao Weis Späher festgestellt hatten, daß der Feind bereits weit entfernt war, ließ er die erbeuteten Kühe, Schafe und den Troß abführen. Doch wegen des langsamen Marschtempos verlor sein Heer an Ordnung. Cao Weis Offiziere, die sich deswegen sorgten, schlugen ihm vor: »Die Kühe und Schafe bringen uns keinen Nutzen und halten das Heer nur unnötig auf. Besser wäre es, wir lassen sie zurück und kehren zügig zurück.«

Cao Wei erwiderte nichts darauf, sondern schickte wieder Späher aus. Als das feindliche Heer, das nur wenige Dutzend Li entfernt war, erfuhr, daß Cao Wei auf die Kühe und Schafe versessen sei und seine Truppen ungeordnet dahinzögen, machte es plötzlich kehrt, um ihn zu überfallen. Cao Wei, der sich immer mehr Zeit nahm, strebte einem strategisch günstigen Ort zu, wo er anhielt und den Feind erwartete. Als das feindliche Heer in der Nähe eintraf, schickte er einen Boten, der folgendes ausrichtete: »Da das Heer der Vasallen von weit her gekommen ist, muß es gewiß sehr müde sein. Weil wir nicht die Erschöpfung der Soldaten ausnutzen wollen, bitten wir darum, daß sich die Fußsoldaten und Reiter erst ausruhen mögen, um nach einer Weile einen Entscheidungskampf zu führen.« Da der Feind wirklich gerade sehr ermattet war, wurde der Vorschlag erfreut aufgenommen, und das Heer ruhte im Alarmzustand eine ganze Weile aus. Dann schickte Cao Wei wieder einen Boten, der vermeldete: »Die Ruhepause ist vorbei, laßt uns vorrücken!« Daraufhin setzten sich die Truppen unter Trommelwirbeln in Marsch. Bei der sich anschließenden Schlacht wurde das Heer des Feindes vernichtend geschlagen. Dann trat Cao Wei, der die Kühe und Schafe zurückließ, den Rückmarsch an. Bedächtig erklärte er seinen Offizieren: »Ich wußte, daß der Feind schon ermüdet war. Deshalb hatte ich ihn bewußt mit der Beute angelockt. Als wir auf seine Rückkehr warteten, war er schon fast hundert Li marschiert. Wenn wir uns mit dem Feind in eine Schlacht eingelassen hätten, als sein Kampfeswille noch überschäumte, wären Sieg oder Niederlage nicht sicher gewesen. Aber wenn Soldaten, die lange marschiert sind, ein wenig ausruhen, haben sie lahme Füße und ihr Kampfgeist ist verraucht. Deshalb konnten wir diesen Sieg erringen.«

Ein Situationskünstler (230)

Einer meiner Freunde war ein vorzüglicher Situationskünstler. Als er einst Polizeioffizier in der Kreisstadt Linzhen des Bezirks Yanzhou war, ging er einmal mit seiner Familie zum westlich gelegenen Yiqiu-Tor hinaus. Weil damals das Verbot des privaten Teehandels sehr streng gehandhabt wurde, sorgten sich seine Familienangehörigen, weil sie mehrere Jin Tee aus Yue mitführten. Als in der dichtgedrängten Menschenmenge ein Pferd scheute, fiel plötzlich der Tee zu Boden. Da drehte sich mein Freund mit gespieltem Erschrecken um und wies mit der Peitsche auf den Schwanz einer Eule auf dem Stadttor. Während die Marktleute ahnungslos in die Richtung schauten, in die er mit der Peitsche wies, war das Teesäckchen von den Pferdewagen schon im Straßenstaub zur Unkenntlichkeit zerrissen worden.

Einst beauftragte der Provinzkommissar meinen Freund, einen Rechtsstreit um ein Stück Land zu klären. Da das fragliche Land in den Bergen lag und so steil war, daß man den Hang weder besteigen noch ausmessen konnte, wurden die Beamten oft von den streitenden Parteien mit der Angabe der Fläche übertölpelt. Da rief mein Freund den Kläger zu sich und sagte ihm: »Weil ich es nicht übers Herz bringe, dein Land auszumessen, will ich dir großzügig die Hälfte lassen, indem ich von zwei Mu Land nur ein Mu anrechnen werde. Aber hüte dich, mich zu betrügen, andernfalls werde ich dein Land vollständig anrechnen!«

Im Glauben, daß der Beamte das Land ohnehin nicht ausmessen könne, gab der Besitzer die Hälfte der Größe seines Landes an. Daraufhin überprüfte mein Freund, der es nun darauf anlegte, einen Fehler zu finden, nochmals die Berechnung des Besitzers und tadelte ihn: »Ich habe dich gewarnt, mich nicht zu betrügen. Weshalb hast du mich trotzdem hintergangen? Deshalb werde ich dir jetzt dein Land ganz anrechnen!« Daraufhin berechnete mein Freund ein Mu Land, das der Besitzer angegeben hatte, als zwei Mu, wobei ihm nicht das geringste Fleckchen, und sei es so klein wie eine Pflugschar, entging.

Oft bediente er sich solcher Kniffe. Mein Freund, der zugleich hartnäckig und weitherzig war, gehörte zu den hervorragenden Talenten seiner Zeit.

Wang Yuanze unterscheidet ein Wasserreh von einem Hirsch (231)

Als Wang Yuanze[52] nur ein paar Jahre alt war, zeigte ihm ein Gast in einem Käfig ein Wasserreh und einen Hirsch und fragte: »Welches ist das Wasserreh und welches der Hirsch?«

Wang Yuanze konnte sie noch nicht unterscheiden, antwortete aber, nachdem er eine Weile überlegt hatte: »Neben dem Wasserreh steht der Hirsch und neben dem Hirsch das Wasserreh.«

Der Gast war von seiner Antwort verblüfft.

Kunst der Täuschung (232)

Im Kreis Dingyuan des Bezirks Haozhou[53] gab es einen Bogenschützen, der auch eine Lanze hervorragend beherrschte, so daß nah und fern ihm keiner gleichkam.
Ein Räuber, der sich ebenso gut auf Stichwaffen verstand, verachtete stets die Soldaten des Heeres, aber weil er sich einzig nicht dem Bogenschützen beugte, erklärte er einmal, mit jenem einen Entscheidungskampf führen zu müssen.
Als der Bogenschütze eines Tages in ein Dorf kam, trank der Räuber gerade auf dem Marktplatz Wein. Da es unmöglich war, dem Räuber auszuweichen, ging er mit der Lanze auf ihn los. Wie eine Mauer umringten Zuschauer die beiden Rivalen. Nach längerer Zeit konnte keiner mehr einen Schritt tun. Da sagte der Bogenschütze plötzlich zum Räuber: »Ein Offizier ist gekommen. Wagst du es, da wir beide gleich stark sind, vor dem Offizier zu Pferde einen Entscheidungskampf mit mir zu führen?«
»Einverstanden«, entgegnete der Räuber, und während der Räuber noch sprach, stach der Bogenschütze zu, so daß sein Gegner tot zusammensank. So hatte der Bogenschütze diese Ablenkung ausgenutzt.
Ferner gab es einmal einen Mann, der von einem Banditen in einen Kampf verwickelt worden war. Sie gingen mit Lanze und Langdolch aufeinander los. Der Bandit hatte vorher den Mund voller Wasser genommen und spritzte es ihm plötzlich ins Gesicht, so daß der Mann erschrak und der Bandit ihm im selben Moment den Dolch in die Brust stieß.
Als später erneut ein Kämpe auf den Banditen stieß, wußte er bereits, daß sein Gegenüber mit Wasser spritzt. Als der Bandit wieder seinen Trick benutzte und das Wasser gerade ausspie, fuhr dem Banditen schon eine Lanze durch den Hals, und er fiel um wie Gras, das gemäht wird. Obwohl sein Trick bekanntgeworden war, ließ er es siegesgewohnt an Vorsicht missen, so daß er dieses Unheil selbst auf sich zog.

Lei Jianfu versetzt einen großen Fels (233)

In der Provinz Shaanxi ist einmal bei einer Überschwemmung von den Bergen ein großer Felsen losgerissen worden und versperrte ein Bergtal, so daß das Wasser hernach nicht ungehindert abfließen konnte und Schaden verursachte. Der Felsen, so groß wie ein Haus, ließ sich nicht mit Menschenkraft beseitigen, weshalb er in den umliegenden Bezirken und Kreisen eine Überschwemmung anrichtete. Lei Jianfu[1], der in dieser Gegend Kreisvorsteher war, hieß die Leute talwärts neben dem Felsen eine Höhle graben, die so groß wie der Felsen war, und ihn in die Höhle ziehen. Dadurch wurde die Überschwemmung gebannt.

Gelehrte und Erfinder

Die Landkarten der koreanischen Gesandten (234)

In den Jahren der Regierungsära Xining [1068–1077] kamen Gesandte aus Korea mit Tribut nach China. In jedem Bezirk und Kreis, den sie passierten, baten sie um örtliche Karten, die man für sie auch anfertigte und ihnen übergab. Berge und Flüsse, Straßen und Wege, steile Anhöhen und Hohlwege, nichts war auf ihnen weggelassen. Als sie nach Yangzhou und Diezhou kamen, baten sie wie üblich um Landkarten. Doch der Minister Chen Shengzhi[1], der damals Präfekt von Yangzhou war, täuschte sie, indem er erklärte, er möchte gern die ihnen übergebenen Karten der Provinz Liangzhe sehen, um nach dieser Vorlage die von ihnen gewünschte Karte anfertigen zu lassen. Aber nachdem er sie erhalten hatte, ließ er die Karten verbrennen und schickte dem Kaiser einen ausführlichen Bericht über den Vorfall.

Aufgestautes Wasser als Grenzhindernis (236)

Das Gebiet nördlich des Passes Waqiaoguan[2] grenzt an das Reich Liao.[3] Seit jeher gab es hier keinen Paßfluß als Hindernis. Als He Chengju, der früher Kommissar des Prinzenpalais war, zum Kommandanten des Passes Waqiaoguan ernannt wurde, schlug er zuerst vor, in den Niederungen Wasser als Schutzhindernis anzustauen. Er wollte die Gegend selbst in Augenschein nehmen, weil er fürchtete, der Plan könnte sonst verraten werden. Deshalb fuhr er jeden Tag mit den Amtsgehilfen Boot, trank Wein und bewunderte den blühenden Knöterich. Dabei verfaßte er mehrere Dutzend »Gesänge über den blühenden Knöterich«. Zuweilen lud er Gäste ein und schmiedete mit ihnen Gedichte nach klassischen Vorlagen. Von all dem malte er Bilder und schickte sie in die Hauptstadt, doch anfänglich begriff niemand ihren Sinn. Seitdem begann man, die flachen Teiche aufzustauen.
In den Jahren der Regierungsära Qingli [1041–1048] begleitete ihn der Hofeunuch Yang Huaimin. In den Jahren der Regierungsära Xining [1068–1077] wurden die Seen von Xucun, Liuzhuang und andere aufgestaut, die von den Flüssen Xu, Bao, Sha und Tang[4] und den Quellen Jiaohou (Schreiender Affe), Jiju (Hahnensporn) und Wuyan (Fünf Augen) gespeist werden. Im Osten vereinigen sie sich mit den Flüssen Hutuo, Zhang, Qi, Yi und Lai[5], die Nebenflüsse des Gelben Flusses sind und dann den nordwestlich von Baozhou[6] gelegenen Shenyuan-See bilden. Im Osten erstreckt er sich bis zur Meeresbucht von Nigu im Bezirk Cangzhou.[7] So wurde über fast 800 Li [etwa 442 km] Wasser ange-

staut, das an den breiten Stellen 60 Li [etwa 33 km] erreicht und bis auf den heutigen Tag eine Barriere bildet.
Manchmal wird behauptet, die Erosion der Felder in den Grenzregionen verringere den Ertrag der Hirseernte, doch das trifft nicht in besonderem Maße zu. Die von den Flüssen Shen, Ji, Cang, Ying, Wei, Hutuo und Zhang überstauten Felder sind von guter Qualität, während die vom Flußschlamm nicht erreichten Flächen sämtlich unfruchtbaren Salzboden darstellen, auf denen keine landwirtschaftlichen Kulturen gedeihen. Früher haben sich hier nur Vagabunden angesiedelt, die das Salz aus der Erde kratzten und anschließend auskochten. Da sie meist gegen das Verbot des privaten Salzhandels verstießen, gingen sie oft unter die Räuber und Diebe. Seitdem in dieser Gegend Seen angestaut wurden, nahm der illegale Salzhandel ab, und die Menschen verlegten sich mehr auf den Nutzen, den sie aus Fischen, Krabben, Wasserreis und Schilf ziehen können.

Der konfuzianische General Li Jilong (238)

Als Li Jipeng[8] in den Jahren der Regierungsära Chunhua [990–994] Militärgouverneur des Dingnan-Heeres war, zettelte er insgeheim mit seinem jüngeren Bruder Li Jiqian eine Verschwörung an. Damals entsandte der Kaiserhof Li Jilong[9] mit einem Heer zu einer Strafexpedition gegen die Aufrührer. Li Jilong zog in Eilmärschen nach Kehu, setzte über den Gelben Fluß und bewegte sich durch den Kreis Yanfuxian. Von der Poststation Tieqieyi marschierte er nachts in den Kreis Suizhou mit dem Bestreben, die Stellung der Aufrührer auszukundschaften.
Li Jilong beabsichtigte, die Stadt Xiazhou direkt anzugreifen, aber jemand wandte ein, daß das Heer der Banditen Xiazhou halte und da die Zahl der eigenen Soldaten gering sei, fürchte er, daß die Banditen nicht besiegt werden könnten. Deshalb fand jener es als das beste, erst von einer festen Burg aus die Stellungen der Banditen aufzuspüren. Li Jilong lehnte das ab: »Da unsere Truppe nun einmal zahlenmäßig klein ist, werden wir die Banditen am meisten überraschen, wenn wir direkt auf Xiazhou marschieren. Die Banditen können ja nicht ahnen, wie viele wir sind. Besetzen wir aber erst eine Burg, wird unsere geringe Zahl offenbar. Wie könnten wir dann noch angreifen?« Daraufhin zog er, unbemerkt von Li Jipeng, schleunigst nach Funing und griff ihn in Xiazhou an. In heilloser Verwirrung kam Li Jipeng ihm entgegen, so daß der Aufrührer schließlich gefangengenommen wurde.
Der Kreis Funing gehörte früher zu einer Verwaltungseinheit am Fluß Wudinghe. Da diese Gegend mehrmals von den Barbaren bedrängt wurde, verlegte Li Jilong die Kreisstadt nach Zhaishuiya (Klippe des tropfenden Wassers). Dieser Ort liegt mehr als zehn Li nördlich der früheren Kreisstadt. Hier stehen am Ufer des Flusses Dingshui viele mehr als zehn Zhang hoch ragende Felsklippen. Der Ort heißt heute Luowacheng. Als in den Jahren der Regierungsära Xining [1068–1077] der Verwaltungssitz in der Stadt Funing eingerichtet wurde, handelte es sich um die alte Stadt Funing. In den Karten und Urkunden der Provinz

ist dieser Ort nicht verzeichnet. Lediglich Li Jilong hat ihn in seinen »Aufzeichnungen über den Feldzug nach Westen« (»Xi zheng ji«) ausführlich beschrieben.

Der lange Damm – ein Landweg im Land des Wassers (240)

Von Suzhou bis zum Kreis Kunshan erstreckte sich etwa 60 Li [34 km] weit flaches Wasser, ohne daß es einen Landweg gab. Da die Menschen den Transport über das Wasser sehr unbequem fanden, wünschten sie sich lange einen Erddamm, aber weil das Gebiet um Suzhou Marschland darstellt, konnte man nirgendwo die für den Damm notwendige Erde gewinnen.
In den Jahren der Regierungsära Jiayou [1056–1063] unterbreitete jemand den Vorschlag, im Wasser aus zwei Reihen Schilfmatten und Gras einen Wall zu bilden, die drei Chi [93 cm] voneinander entfernt sind. Im Abstand von sechs Zhang [18 m] von ihm wird ein zweiter ebensolcher Wall angelegt. Der Raum zwischen den Schilfmatten wird mit Schlamm angefüllt. Dann wartet man, bis der Schlamm trocknet, und drainiert das Wasser zwischen den beiden Wällen mit Wasserrädern. Von den sechs Zhang Erde zwischen den beiden Wällen dient die eine Hälfte als Sohle eines Damms, und die andere Hälfte wird zu einem Graben ausgehoben und auf die Dammsohle geschüttet. Aller drei, vier Li wurde eine Brücke gebaut, um eine Verbindung des Wassers nördlich und südlich des Damms zu ermöglichen.

Der Ursprung der Mauer am nördlichen Stadttor von Xiongzhou (241)

Als Li Yunze Präfekt von Xiongzhou[10] war, lebten viele Menschen vor dem nördlichen Stadttor. Da die Stadt zu wenig Platz bot, wollte man die Stadtmauer nach Norden verlegen. Im Wunsch, mit dem Liao-Reich freundschaftliche Beziehungen zu unterhalten, fürchtete man jedoch, daß ein solches Bauvorhaben Mißtrauen erregen könnte.
Vor dem Stadttor befand sich aus alter Zeit der kaiserliche Reisepalast des heiligen Ostbergs. Li Yunze ließ einen großen silbernen Weihrauchkessel anfertigen, der im Tempel des Reisepalasts aufgestellt wurde. Bewußt ließ er keine Schutzmaßnahmen treffen. Als der silberne Kessel eines Tages von Dieben gestohlen worden war, setzte er eine hohe Belohnung zur dringlichen Ergreifung der Banditen aus, die er überall mit Anschlägen bekanntgeben ließ.
Nachdem die Diebe lange Zeit nicht gefaßt werden konnten, ließ er verkünden, im Tempel hätten mehrfach Räuber ihr Unwesen getrieben. Deshalb befahl er zum Arbeitsdienst verpflichteten Männern, um den Tempel eine Mauer zu errichten, die sich in Wirklichkeit als eine nach Norden verlegte Stadtmauer erwies. In weniger als zehn Tagen war der Bau vollendet, ohne daß die Barbaren darüber verwundert waren. Sie gehört heute zum nördlichen Stadttor von Xiongzhou.

Die Schachzüge der Truppen in den großen Städten stellten nicht unbedingt erstaunliche Strategien dar, aber gelegentlich gelang es damals, durch Überlistung des Feindes bemerkenswerte Ergebnisse zu erzielen. Ein Spruch aus dieser Zeit lautete: »Solange wir Schläue gebrauchen, ruht der Feind, wenn nicht, ereilt uns Schande.« Wie wahr sind diese Worte!

Mit List einen Räuber überführen (242)

Zu jener Zeit, als Chen Xiang,[11] ein assistierender Gelehrter im militärischen Oberkommando, Vorsteher des Kreises Pucheng im Bezirk Jianzhou[12] war, wurden aus einem Haus verschiedene Gegenstände gestohlen. Daraufhin wurden mehrere Verdächtige verhaftet, aber man wußte nicht, wer der Täter sei. Da sprach Chen Xiang zu den Verdächtigen: »In einem gewissen Tempel gibt es eine große Glocke, die mit höchster Sicherheit einen Räuber erkennt.« Er beauftragte einen Diener, die Glocke herbeizuschaffen und im hinteren Turm seines Amtsgebäudes für ein Opfer aufzustellen. Dann ließ er die Gruppe Häftlinge vor der Glocke Aufstellung nehmen und erklärte ihnen, wer kein Räuber sei, bei dem erklinge die Glocke nicht, wenn er sie berührt, aber wer ein Räuber sei, bei dem erklinge die Glocke, wenn er sie berührt. Daraufhin führte Chen Xiang die Beamten des Kreisamtes an, um vor der Glocke ein würdevolles Gebet zu verrichten. Nach dieser Opferzeremonie verhüllte er die Glocke, die er insgeheim zuvor mit Tusche hatte bestreichen lassen, mit einem Tuch. Nach geraumer Zeit führte er die Häftlinge einen nach dem anderen und hieß sie, mit ausgestreckter Hand die Glocke zu berühren. Nachdem sie den Raum verlassen hatten, prüfte er ihre Finger. Bei allen waren die Finger von der Tusche geschwärzt, nur ein einziger Häftling hatte saubere Finger. Im Verlaufe eines Verhörs gestand er dann, der Räuber gewesen zu sein. Denn weil er gefürchtet hatte, die Glocke würde erklingen, hatte er nicht gewagt, sie zu berühren. Das ist eine alte Methode der Überführung, die Geschichtenerzähler überlieferten.

Hou Shuxian repariert den Damm am Bian-Fluß (243)

In den Jahren der Regierungsära Xining [1068–1077] brach einmal der Damm des Bian-Flusses an der Grenze des Kreises Suiyang,[13] wodurch die umliegenden Felder überschwemmt wurden. Die sich plötzlich ausbreitende Flutwelle des Bian-Flusses spülte seine Dämme weg, so daß mit Menschenkraft nichts mehr auszurichten war.

Als Hou Shuxian,[14] der Aufsichtsbeamte der Wasserbauten, damals sein Amt antrat, stellte er fest, daß mehrere Dutzend Li oberhalb dieser Stelle eine verlassene Stadt lag, bei der der Damm des Bian-Flusses ebenfalls geborsten war, so daß sich sein Wasser in die Stadt ergoß. Dadurch trocknete das Flußbett am Unterlauf aus. Deshalb schickte er schleunigst Leute zur Reparatur des Dammbruchs am Unterlauf. Nachdem die verlassene Stadt am nächsten Tag ganz unter Was-

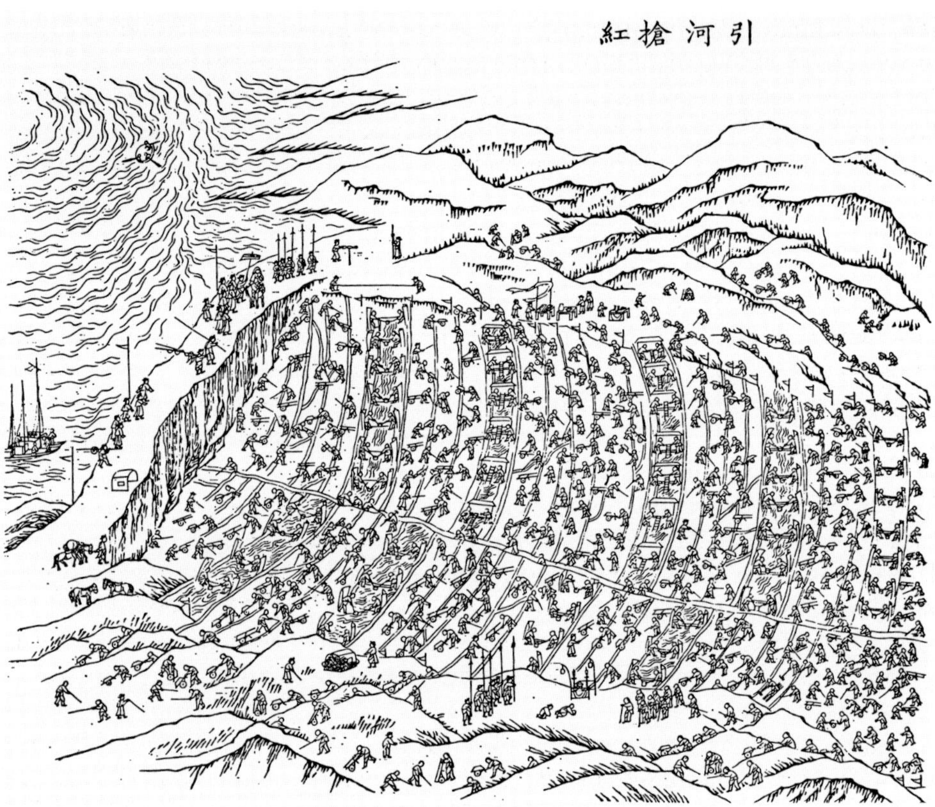

Dammbau an einem Fluß.
(Aus: Hong sue yin yuan tu ji, 1849)

ser stand, begann der Bian-Fluß wieder zu fließen. Währenddessen war der Dammbruch am Unterlauf schon repariert. Allmählich wurde dann der Durchbruch bei der verlassenen Stadt geschlossen. Dabei stand das Wasser inner- und außerhalb des Damms auf gleicher Höhe, so daß der Durchbruch ohne große Schwierigkeiten ausgefüllt werden konnte, weil keine Strömung existierte. Das Volk bewunderte Hou Shuxians Findigkeit und Scharfsinn.

Zhong Shiheng sendet Spione aus (244)

Als in den Jahren der Regierungsära Baoyuan [1038–1040] das Volk der Dangxiang-Tanguten die nördliche Grenze angriff, zeigte sich der Führer des Stammes der Mingzhu[15] besonders tapfer und ungestüm, so daß er viel Unheil verursachte. Zhong Shiheng,[16] der für diesen Grenzabschnitt verantwortliche General, wollte ihn mit einer List gefangennehmen. Da er hörte, daß dieser Stammesführer gern die Trommel rührte, ließ er ein Pferd rüsten, das eine Kampftrommel trug. Die Trommel war mit prächtig gleißendem Silber beschlagen. So schickte Zhong Shiheng Spione, die vorgaben, die Trommel verkaufen zu wollen, in das Lager der Mingzhu. Dann wählte er mehrere hundert mutige Soldaten aus und schärfte ihnen ein: »Wenn ihr einen Mann mit einer silbernen Trommel seht, dann setzt ihm nach und nehmt ihn gefangen.« Als der Tangutenführer eines Tages mit der Trommel ausritt, geriet er tatsächlich in die Hände von Zhong Shihengs Soldaten.

Weiter geschah es, daß Yeli, ein Untertan des tangutischen Stammesführers Yuan Hao,[17] ständig Verschwörungen anzettelte. Da er Präfekt von Tiandushan war, nannte er sich Großkönig von Tiandu. Einmal geriet er mit Bailao, der Amme von Yuan Hao, in Streit. Am vorletzten Tag des Jahres führte Yeli einen Trupp Soldaten zu einer Patrouille längs der Grenze an, wobei er mehrere Tage tief in chinesisches Territorium eindrang. Damals nutzte die Amme Bailao die Gelegenheit, um ihn als Meuterer zu verleumden, doch Yuan Hao schenkte ihren Worten keinen Glauben.

Als Zhong Shiheng einmal Su Chinang, den Sohn eines Führers eines Vasallenstamms, empfing, bewirtete er ihn großzügig. Von ihm erfuhr Zhong Shiheng, daß Yuan Hao dem Yeli ein kostbares Schwert geschenkt hätte und Su Chinangs Vater in Yelis Gunst stünde. Daraufhin entsandte Zhong Shiheng den Su Chinang, daß er Yelis Schwert stehle, und versprach ihm zum Lohn einen Beamtenposten an der Grenze, ein baumwollenes Gewand und einen Gürtel aus echtem Gold.

Nachdem Su Chinang ihm das Schwert übergeben hatte, ließ Zhong Shiheng das Gerücht verbreiten, Yeli sei aufgrund der Verleumdung durch die Amme Bailao bereits zum Tode verurteilt worden. Dann veranstaltete er an der Grenze eine Trauerfeier und hielt für Yeli eine Trauerrede, in der er seiner Freude über die Begegnung mit Yeli am vorletzten Tag des Jahres Ausdruck verlieh. Beim Anbruch der Nacht verbrannte er Papiergeld als Opfer für Yeli, so daß der Grenzfluß hell erleuchtet war. Als die Barbaren den Feuerschein sahen, näherten sie sich mit Reitern der Grenze, um das Geschehen auszukundschaften. Da täuschte Zhong Shiheng vor, die Opfergefäße im Stich zu lassen. So ließ er Silbergefäße mit einem Gewicht von insgesamt tausend Liang [37,3 kg] zurück. Als sich die Barbaren der Gefäße bemächtigten, fiel ihnen auch das von Yuan Hao verliehene Schwert in die Hände. Obwohl sie sahen, daß der Text der Trauerrede im Weihrauchkessel fast völlig verbrannt war, war dennoch ein Rest mit ein paar Dutzend Schriftzeichen erhalten geblieben. Nachdem Yuan Hao dieses Schriftstück erhalten und festgestellt hatte, daß das Schwert das von ihm verliehene war, verurteilte er Yeli zum Tode. Weil Yeli sich große Verdienste um das Reich Xixia erworben hatte, gestand er bis zur Hinrichtung keine Schuld ein. Deshalb herrschte seitdem zwischen Herrscher und Diener Mißtrauen, so daß das Heer von Xixia seine Macht nicht entfalten konnte.

Bei der Befriedung des Reiches Xixia hatte sich Zhong Shiheng zahlreicher Listen bedient. Doch zu seinen Lebzeiten wurde darüber wenig bekannt. Erst nach Zhong Shihengs Tod wurden seine Verdienste aufgezeichnet, und postum erhielt er den Titel eines Überwachungskommissars.

Literatur

Phonoideogramme mit rechtsseitigem Bedeutungsträger (253)

Als Wang Shengmei[1] die Struktur der Schriftzeichen untersuchte, leitete er eine Lehre von den Phonoideogrammen mit rechtsseitigem Bedeutungsträger ab. In den alten Büchern über die Schriftzeichen ist stets die Rede von Phonoideogrammen mit linksseitigem Bedeutungsträger.[2] Generell steht bei den Schriftzeichen mit rechtsseitigem Bedeutungsträger die Komponente, die die Bedeutungskategorie bezeichnet, auf der linken Seite, während die Komponente, die die konkrete Bedeutung bezeichnet, rechts steht. So befindet sich bei Schriftzeichen, die Bäume darstellen, auf der linken Seite der Bedeutungsträger 木 (Baum).

Ein Beispiel für Schriftzeichen mit rechtsseitigem Bedeutungsträger ist 戔, das »klein« bedeutet. So heißt ein kleines Wasser 淺 (flach), ein kleines Metall 錢 (Münze), ein kleiner, vom Fleisch abgelöster Knochen 殘 (übrigbleiben), eine kleine Muschel 賤 (billig).[3] In allen diesen Schriftzeichen liefert die Komponente 戔 die Bedeutung.

Wang Shengmei studiert das Werk »Meng Zi« (254)

Als Wang Shengmei ein noch unbekannter Kreispräfekt war, besuchte er einmal einen einflußreichen Beamten. Der Beamte, der sich gerade mit einem anderen Gast über das Werk »Meng Zi« unterhielt, beachtete Shengmei überhaupt nicht, während dieser insgeheim über seine Erörterungen lächelte. Der Beamte, der Shengmei erst nach längerer Zeit plötzlich bemerkte, fragte ihn: »Haben Sie schon einmal ›Meng Zi‹ gelesen?« Shengmei gab zur Antwort: »Mein Leben lang habe ich es mit Vorliebe studiert, allerdings ohne seine Bedeutung zu verstehen.«

»Was haben Sie denn nicht verstanden?« wollte der Hausherr wissen.

»Ich habe es von Anfang an nicht verstanden«, meinte Shengmei.

»Warum haben Sie es von Anfang an nicht verstanden? Geben Sie uns doch ein Beispiel«, versetzte der Hausherr.

»Zum Beispiel schon die Stelle ›Meng Zi suchte den Fürsten Hui von Liang auf‹ habe ich nicht verstanden«, erwiderte Shengmei.

Der Beamte zeigte sich höchst erstaunt: »Was soll denn an dieser Stelle Unergründliches sein?«

»Wenn einerseits bekannt ist, daß Meng Zi nicht von den Fürsten empfangen worden sein soll[4]«, setzte Shengmei auseinander, »wie kann er dann den Fürsten Hui von Liang gesehen haben?«
Da verstummte der Hausherr.

Die Verbreitung der Gedichte über das Singmädchen Hong'er (255)

Yang Danian[5] wurde einmal bei einer Berichterstattung an den Thron nach den Gedichten über das Singmädchen Hong'er befragt. Weil Yang Danian sie nicht kannte, erregte er den heftigen Unmut des Kaisers. Daraufhin forschte Yang Danian überall nach den Gedichten über das Singmädchen Hong'er, jedoch ohne ihrer habhaft zu werden. Plötzlich erblickte er bei einem Antiquar ein schmales Heft, und bei näherem Hinsehen enthielt es die fraglichen Gedichte. Seit dieser Zeit fanden sie in der Beamtenschaft weite Verbreitung.
Ich merke dazu an, daß die Sammlungen »Aufgelesene Worte« (»Zhi yan«) und »Gedichte über das Singmädchen Hong'er« (»Bi Hong'er shi«) von Luo Qiu[6] stammen. Sie umfassen insgesamt 100 Gedichte. Vielleicht waren damals nur die Gedichte im Schwange, ohne daß man den Verfasser kannte. Sicher hatte Yang Danian vergessen, von wem die »Aufgelesenen Worte« stammten.

Ein zusammengesetztes Gedicht von Wang Anshi (260)

Zu einem Vers aus einem alten Gedicht:
»Als der Wind sich legte, rieselten immer noch die Blütenblätter«
hieß es, daß niemand dazu eine passende Entsprechung dichten könne. Wang Anshi wählte als Entsprechung den Vers:[7]
»Wenn die Vögel singen, wirken die Berge noch einsamer.«
Dieser Vers stammte aus einem Gedicht von Wang Ji[8] aus der Zeit der Liu-Song-Dynastie. Die ursprünglich zusammengehörigen Verse lauteten:
»Wenn die Zikaden zirpen, versinken die Wälder in Stille,
wenn die Vögel singen, wirken die Berge noch einsamer.«
Aber beide Verse drücken denselben Sinn aus.
Sagt man jedoch:
»Als der Wind sich legte, rieselten immer noch die Blütenblätter,
wenn die Vögel singen, wirken die Berge noch einsamer«,
dann entspringt im ersten Vers aus der Stille Bewegung und im zweiten Vers aus der Bewegung – Stille.
Wang Anshi war der erste, der Gedichte aus den Versen anderer Dichter zusammensetzte. Die längsten Gedichte, die bis zu hundert Verse zählten, waren ganz aus den Versen anderer Dichter zusammengesetzt. Sie ergaben oft einen innigeren Sinn als die ursprünglichen Gedichte. Nach ihm folgten allmählich immer mehr Menschen seinem Beispiel.

Dattel 棗 und Jujube 棘 (270)

Dattel und Jujube[9] ähneln einander, weil beide Dornen haben. Die Dattel wächst alleinstehend, ist hoch und hat wenig waagerechte Äste. Dagegen wächst die Jujube in Gruppen, ist niedrig und bildet Wälder. Darin unterscheiden sie sich. Die Schriftzeichen beider Gewächse enthalten das Zeichen Dorn 朿, das »*ci*« gesprochen wird, womit die Dornen auf der Rinde der Bäume gemeint sind. Wenn die Dornen 朿 übereinander wachsen, handelt es sich um den Dattelbaum 棗. Wenn die Dornen horizontal nebeneinander wachsen, handelt es sich um die Jujube 棘. Erst kannte ich die beiden Gewächse nicht, aber wenn man die Schriftzeichen sieht, wird ihr Unterschied augenfällig.

Kalligraphien aus der Zeit der Jin- und der Liu-Song-Dynastie (271)

Die Kalligraphien aus der Zeit der Jin- und der Liu-Song-Dynastie [265–479] beinhalten größtenteils Kondolenzschreiben und Briefe an Erkrankte. In den Jahren der Regierungsära Zhenguan der Tang-Dynastie [627–649] interessierte man sich sehr für den Handel mit alten Kalligraphien, doch befanden sich darunter keine Kondolenzschreiben und Krankenbriefe, weil diese sämtlich im Kaiserhof gesammelt wurden. Die in notablen Familien verwahrten Kalligraphien sind alles Stücke, die damals dem Kaiserhof nicht zufielen, weshalb sie bis heute kursieren.

Ein nächtlicher Regen beseitigte unheilvolle Dämpfe (272)

Im sechsten Jahr der Regierungsära Xining [1073] verkündete das Astronomische Amt, daß am Ersten des vierten Mondmonats eine Sonnenfinsternis eintreten würde. Infolgedessen beschloß Seine Majestät zu fasten und den Hauptpalast zu meiden.

Nachdem es die ganze Nacht hindurch nieselte, war am nächsten Tag keine Sonnenfinsternis zu beobachten. Daraufhin fand sich die ganze Beamtenschaft ein, weil der Geburtstag des Thronfolgers zu feiern war.

Cai Zizheng,[10] der Vizekommissar im militärischen Oberkommando, widmete dem Kaiser ein Gedicht, dessen erste Verse lauteten:

> »Gestern nacht wehte warmer Wind im Schloß,
> in dem einst schon Shuns Musik erklang.
> Die Audienz setzte ab der Herrscher.
> So erhielt der Glanz der Sonne
> den Beistand des kommenden Sterns.[11]
> Nächtiger Regen nahm alle unheilvollen Dämpfe auf.«

In diesen wenigen Versen hat er die Unterbrechung der Regierungsgeschäfte am Ersten des vierten Mondmonats, die Geburtstagsfeier des Thronfolgers und die Tatsache, daß die Sonnenfinsternis wegen bedeckten Himmels nicht zu sehen war, verarbeitet. Niemand übertraf damals sein Talent.

Fischfang mit Kormoranen (274)

– 1 –

Der Gelehrte Liu Ke hatte zahlreiche außergewöhnliche Bücher studiert. In einem Gedicht von Du Fu[12] heißt es: »Jede Familie hält sich schwarze Teufel und füttert sie stets mit Gelbfischen.« Zeitgenossen, die das Gedicht erklärten, meinten, daß bis auf den heutigen Tag in der Gegend zwischen Kuizhou und Xiazhou[13] als Teufelssippen bezeichnete Barbaren lebten, deren Herrscher Herr der Teufel heiße. Mir ist aber nicht bekannt, was mit schwarzen Teufeln gemeint sein könnte. Die Bezeichnung Teufelssippen stammt von den Barbaren, aber es trifft nicht zu, daß sie sich Vögel hielten. Liu Ke hat nun im »Illustrierten Führer durch den Bezirk Kuizhou« (»Kuizhou tu jing«)[14] folgenden Hinweis gefunden: »In der Gegend von Xiazhou werden die Kormorane schwarze Teufel genannt.« Alle Leute, die in Shu am Wasser leben, halten sich Kormorane. Sie binden ihnen eine Schnur um den Hals und lassen sie Fische fangen. Wenn ein Kormoran einen Fisch geschnappt hat, wird er dem Kormoran weggenommen. Bis heute betreibt man diese Art Fischfang.
Bei meinem Aufenthalt in Shu[15] hatte ich gesehen, daß sich die Leute zum Fischfang Kormorane hielten. Das ist wahr, ich wußte nur nicht, daß diese Vögel auch schwarze Teufel heißen.

– 2 –

Wie erwähnt, schrieb Du Fu in einem Gedicht den Vers: »Jede Familie hält sich schwarze Teufel und füttert sie stets mit Gelbfischen.« In den jüngsten Kommentaren zu Du Fus Gedichten wird der »Illustrierte Führer durch den Bezirk Kuizhou« zitiert: »In der Gegend von Xiazhou werden die Kormorane schwarze Teufel genannt.« Alle Leute in Shu, die am Wasser leben, halten sich Kormorane. Sie binden ihnen eine Schnur um den Hals und lassen sie Fische fangen. Wenn ein Kormoran einen Fisch geschnappt hat, wird er ihm weggenommen. Bis heute treibt man diese Art Fischfang.
Weiter gab es einmal einen Eunuchen, der mit einer Botschaft in die Bezirke Kuizhou und Xiazhou geschickt wurde. Da sah er, daß die Einheimischen in einer Prozession von Dutzenden und Hunderten Opferwein auf die Felder trugen. Dazu vollführten sie Übungen mit Stichwaffen und brachten unter lauten Rufen das Opfer dar. Das nannten sie »den Teufel nähren«. Man erzählt sich, daß, wenn die schwarzen Barbaren[16] in einem Krieg Tote zu beklagen hatten, sie oft grausame Ausschreitungen begingen. Alljährlich beteten sie dann nach diesem

Ritual, um Unheil abzuwenden. Ich bin mir nicht sicher, ob damit »den schwarzen Teufel nähren« gemeint ist.

He Ning übertrug die Autorschaft seiner Liebesgedichte auf Han Wo (275)

He Ning,[17] der Herzog von Lu, hatte eine Sammlung von Liebesgedichten geschrieben, die den Titel »Schatz des Schmuckkästchens« trug. He Nings Gattin Gui übertrug jedoch die Autorschaft der Sammlung auf Han Wo,[18] so daß bis auf den heutigen Tag ein »Schatz des Schmuckkästchens« von Han Wo überliefert ist, der aber von He Ning stammt.
He Ning hatte zu seinen Lebzeiten sechs Sammlungen verfaßt, die »Wandlung des Seidenfadens« (»Yan lun«), »Kunst des Wanderns« (»You ji«), »Achtung vor Älteren« (»Xiao ti«), »Zweifel im Kerker« (»Yi yu«), »Das Schmuckkästchen« (»Xiang lian«) und »Ein Korb voll Gold« (»Ying jin«) heißen. Er selbst schrieb im Vorwort zur Sammlung »Kunst des Wanderns«: »Ich habe die beiden Sammlungen ›Das Schmuckkästchen‹ und ›Ein Korb voll Gold‹ nicht veröffentlicht.« Da He Ning ein Regierungsamt bekleidete, wollte er Gerede über sein Werk vermeiden und hat daher seinen Namen verschwiegen. Weil er andererseits wünschte, daß sein Werk der Nachwelt bekanntwerde, hat er seine Autorschaft im Vorwort zur Sammlung »Kunst des Wanderns« offenbart. Anscheinend war das He Nings Absicht.
Als ich in Xiuzhou war, bewahrte die Familie des Urenkels He Dun alle seine Werke auf. Sie stammten sämtlich von He Ning, dem Herzog von Lu, trugen keine Stempel und waren völlig unversehrt.

Wei Ye und die »Ungehobelte Achte Zhang« (276)

Wei Ye,[19] ein Mann aus Shu, zog ein zurückgezogenes Leben dem Beamtendienst vor. Durch sein dichterisches Können erlangte er Ruhm. Nachdem er sich seinen Wohnsitz vor dem Osttor von Shanzhou[20] erwählt hatte, hielt er in dem Gedicht »Im Kreis Pinglu von Shanzhou« fest:

»Erste Blumen sprießen im Hof
zum Fest der kalten Speisen.[21]
Am Doppelneunfest[22]
wollen wir Chrysanthemen preisen.
Durchdringend ertönt
vom Ufer ein Ruderblatt.
Ein Boot entschwindet
hinter den Bergen der Stadt.«

Eindrucksvolle Verse! Seine Behausung vermittelte einen ganz schlichten, natürlichen Eindruck. Viele einflußreiche Zeitgenossen verkehrten mit ihm, und

Kou Zhun schätzte ihn sehr. Einst schrieb er in einem Kou Zhun gewidmeten Gedicht:

»Entsagst gern Reichtum und Würden,
um zum Himmel aufzusteigen,
doch steigst du auf die Erde herab,
wirst du dich als Heiliger zeigen.«

Als Kou Zhun später in der Nördlichen Hauptstadt regierte, lud er Wei Ye ein, Gast in seinem Gefolge zu sein.
In der Nördlichen Hauptstadt gab es ein sehr schönes Singmädchen, die durch ihr derbes, unverblümtes Wesen auffiel, so daß Kenner sie die »Ungehobelte Achte Zhang« nannten. Kou Zhun hieß einmal die Ungehobelte Achte Zhang, Wei Ye um ein Gedicht zu bitten. Darauf widmete ihr Wei Ye, der sich selbst dritter Wei nannte, die folgenden Verse:

»Dir, Ungehobelte Achte Zhang,
gilt die Nordstraße als Heimatort.
Im Viertel des Westens
ist der Dritte Wei ergraut.
Vor den Honoratioren
hab ich nicht zu scherzen getraut.
Halb ungehobelt, halb intim,
versagt mir das rechte Wort.«

Wu Zhengxian schrieb in seinem Gedicht »In Erinnerung an die Vorstadt von Shanzhou«:

»Am Südtor begrüß ich des Himmels Gesandten
und such in der Oststadt einen Eremiten auf.«

Mit dem Eremiten war Wei Ye gemeint.

Als Wei Ye starb, ließ er seinen Sohn Xian zurück, der ebenfalls angesehen noch heute in Shanzhou lebt.

Kalligraphie und Malerei

Entscheidung nach dem Ohr (277)

Viele Sammler von Kalligraphien und Gemälden urteilen nur nach dem Namen. Die Käufer reißen sich um Werke, die angeblich aus der Hand von Zhong You, Wang Xizhi, Gu Kaizhi oder Lu Tanwei[1] stammen sollen. Das nennt man »Entscheidung nach dem Ohr«. Aber es gibt auch Leute, die ein Gemälde betrachten und es mit den Fingern befühlen. Sie meinen, ein Gemälde sei dann gut, wenn man mit den Fingern keine Ungleichmäßigkeiten der Farben spürt. Diese Herangehensweise ist der Methode unterlegen, nach dem Ohr zu entscheiden, und heißt »durch Abtasten der Knochen und Hören auf die Stimme über den Charakter befinden«.

Wu Yus Gemäldekenntnis (278)

Ouyang Xiu erhielt einmal ein altes Gemälde geschenkt, das einen Päonienstrauch mit einer darunter befindlichen Katze darstellte. Da zunächst noch nichts über die Qualität des Gemäldes bekannt war, erklärte Minister Wu Yu,[2] der in Ouyang Xius Familie eingeheiratet hatte, nachdem er einen Blick auf das Bild geworfen hatte: »Das sind ›Mittagspäonien‹. Woran man das erkennt? Die Blüten sind geöffnet, ihre Farbe wirkt ausgedörrt. So sehen die Blüten am Mittag aus. Die Augen der Katze sind schwarz und ihre Pupillen schmal wie ein Faden. So sehen die Augen einer Katze am Mittag aus. Liegt etwas Tau auf den Blüten, so sind sie noch geschlossen, und ihre Farben glänzen. Morgens und abends haben Katzen runde Pupillen, aber je mehr die Sonne im Zenit steht, um so länger und schmaler werden sie, so daß sie mittags einem Faden gleichen.« Wu Yu hatte die Beobachtung des Malers wirklich klar erfaßt.

Die Schönheit von Kalligraphien und Gemälden besteht in ihrem Sinn (280)

Die Schönheit einer Kalligraphie oder eines Gemäldes muß man von ihrer Geisteskraft her verstehen; es ist kaum möglich, sie nach der äußeren Form zu beurteilen.

Viele Leute, die heutzutage Gemälde betrachten, begnügen sich damit, kleinere Fehler der bildlichen Darstellung, der Anordnung oder der Farben zu kritisieren, aber selten begegnet man Menschen, die den innewohnenden Gesetzen und Gedanken auf den Grund gehen. So urteilt zum Beispiel Yan Yuan in seinem Werk »Kritik der Malerei« (»Hua ping«): »Die Gemälde von Wang Wei[3] geben oft keine Klarheit über die Jahreszeit, die sie darstellen, beispielsweise zeigen seine Bilder von Blüten, ob es sich nun um Pfirsich, Aprikose, Hibiskus oder Lotos handelt, alle dieselbe Szene.«

In meiner Familie bewahren wir ein Gemälde von Wang Wei mit dem Titel »Yuan An im Schnee liegend« auf. Es stellt eine Bananenstaude im Schnee dar.[4] Das Bild ist sehr flüssig gemalt, und sein Sinn offenbart sich sofort. Deshalb fanden die Gesetzmäßigkeiten der Schöpfung Eingang in den Geistesgehalt des Bildes, so daß es gar zu den Fernen des himmlischen Willens vordringt. Profane Leute sind kaum fähig, einen solchen Hintersinn zu erfassen.

Xie He sagte einmal: »Obwohl die Bilder von Wei Xie[5] nicht die höchste Formvollendung verkörpern, ist ihnen doch eine Stimmung eigen, die die Kunst vieler Meister weit überragt und über lange Zeiten unübertroffen ist.«

Ferner hat Ouyang Xiu in seinem Gedicht »Auf das Bild eines Transportkarrens«[6] geschrieben: »In den Bildern des Altertums malte man einen Sinn, nicht aber eine Form. So wie Mei[7] Gegenstände besang, ohne sein Gefühl zu verbergen. Nur wenige Kenner vergessen die Form, um dafür den Hintersinn aufzuspüren. Was für die Dichtung gilt, trifft ebenso auf die Malerei zu.« Darin zeigt sich wahre Kenntnis der Malerei.

Auflösung und Perspektive in der Malerei (283)

Beim Malen von Büffeln und Tigern werden stets die Haare des Fells gemalt, nicht aber bei Pferden. Als ich einmal einen Maler deswegen befragte, gab er zur Antwort: »Bei einem Pferd sind die Haare so fein, daß man sie nicht malen kann.« Ich ließ jedoch nicht locker: »Aber weshalb malt man bei einer Maus Haare, die doch noch feiner sind?« Darauf wußte der Maler nichts zu erwidern. Im allgemeinen ist ein Pferd, wenn man es auf den Malgrund bannt, nicht viel größer als ein Chi. Derart verkleinert, werden seine Haare so fein, daß sie sich nicht malen lassen. Malt man dagegen eine Maus in ihrer natürlichen Größe, lassen sich durchaus ihre Haare malen. Büffel und Tiger hingegen werden auch verkleinert gemalt, weshalb ihre Haare eigentlich nicht erkennbar sind. Aber Büffel und Tiger haben lange Haare, Pferde hingegen kurze Haare. Wegen dieser natürlichen Unterschiede malt man je nach Art und Alter zum Beispiel bei jungen Büffeln und Tigern nur ein paar Haare. Strebt man nach detailgetreuer Darstellung, wirken solche Einzelheiten leicht überflüssig. Deutet man das Fell aber nur an, erlangt das Bild eine besonders beeindruckende Lebendigkeit, über die es sich mit einem vulgären Publikum kaum zu debattieren lohnt. Wird ein Pferd so groß wie ein Büffel oder Tiger gemalt, muß man nach den Gesetzen der Natur ihre Haare malen. Vielleicht beobachtete man, daß Fohlen keine Haare haben, deshalb hat man sie beim Studium früherer Meister auch nicht kopiert. Das ist ein von den Mittelmäßigen ausgetretener Weg, der sich aber nicht durch Gesetzmäßigkeiten begründen läßt.

Ferner hat Li Cheng[8] Pavillons und Hallen auf Bergen sowie mehrstöckige Gebäude und Türme stets mit dem Blick von unten gemalt, so daß die Dachtraufen emporzufliegen scheinen. Nach seiner Lehre meinte er, daß der Blick von unten nach oben der Betrachtung eines Turms oder einer Dachtraufe von der Erde aus entspräche, so daß man in diesem Fall die Dachsparren sieht. Dieser Lehre kann man aber nicht zustimmen. Meist beinhaltet die Methode der Landschaftsmalerei, das Kleine im Großen zu betrachten, so als sieht man auf einen künstlichen Felsen. Wenn man mit der Methode der Darstellung natürlicher Berge von unten nach oben schaut, ist nur ein Berg auf einmal zu sehen. Wie wäre es da möglich, gleichzeitig mehrere hintereinander liegende Berge zu betrachten? Und man könnte auch nicht die Szene eines in einem Tal fließenden Baches wahrnehmen. Bei Häusern könnte man dann auch nicht den mittleren Hof und das Geschehen in der rückwärtigen Gasse erfassen. Steht der Betrachter im Osten, wird ein Berg im Westen zum Hintergrund. Steht der Betrachter im Westen, wird ein Berg im Osten zum Hintergrund. Wie könnte auf diese Art ein Bild entstehen? Wahrscheinlich kannte Herr Li nicht die Malmethode »Das Kleine im Großen betrachten«.
Wie hervorragend ist diese Gesetzmäßigkeit, mit der man hoch und tief, fern und nah behandeln kann, gar nicht zu vergleichen mit der Methode, mit der eine Dachtraufe hochgezogen wird!

Das Geheimnis um den täglichen Fortschritt des Malstils (286)

Song Di,[9] ein Gehilfe im Finanzministerium, malte gern flache, weite Landschaften. Besondere Befriedigung verschafften ihm solche Themen wie »Wildgänse lassen sich auf einem Sandufer nieder«, »Heimkehrende Segelboote an einem fernen Ufer«, »Aufklarender Nebel über einer Stadt in den Bergen«, »Abendlicher Schneefall am Strom«, »Nächtlicher Regen am Xiaoxiang-Fluß«, »Abendläuten im dunstbedeckten Tempel« und »Abendschein über dem Fischerdorf«, die er die »Acht Landschaften« nannte. Viele gute Werke sind von ihm erhalten.
In früheren Jahren verlegte sich Chen Yongzhi[10] aus dem Dorf Xiaoyaocun auf das Malen. Als Song Di einmal sah, wie er Landschaften malte, bemerkte er zu Chen: »Sie sind wirklich sehr geschickt im Malen, aber es fehlt Ihnen an natürlicher Eingebung.« Chen Yongzhi, der seinem Urteil tiefen Respekt zollte, erwiderte: »Eben aus diesem Grunde litt ich früher darunter, die alten Meister nicht zu erreichen.«
Song Di riet ihm: »Es ist aber nicht schwer, dahin zu gelangen. Sie sollten zunächst eine verfallene Mauer studieren. Breiten Sie ein Stück Seidenstoff über eine verfallene Mauer und beobachten Sie sie von morgens bis abends. Nach einer genügend langen Zeit sehen Sie durch den Stoff auf der verfallenenen Mauer Erhebungen, Ebenen, Kurven und Biegungen, die zusammen das Bild einer Landschaft ergeben. Vor Ihrem geistigen Auge werden die Erhebungen zu Bergen, die Niederungen zu Flüssen, die Vertiefungen zu Tälern und die Einschnit-

te zu Gebirgsbächen. Das Deutliche ist nah und das Undeutliche fern. Kraft der Vorstellungsgabe sieht man auf einmal das Bild von Menschen und Vögeln, die sich hin- und herbewegen oder fliegen, sowie von Gräsern und Bäumen. Sieht man es klar vor Augen, dann führt einem der Sinn des Bildes den Pinsel. Stillschweigend versteht man im Geiste, die Natur ist vom Himmel vollendet, nicht aber vom Menschen gemacht. Das nennt man einen lebendigen Pinsel.« Seitdem machte Chen Yongzhis Malstil täglich Fortschritte.

Die Bilder von Huang Quan und Xu Xi (293)

Zu Beginn der Song-Dynastie waren Xu Xi,[11] ein Mann aus dem Volk, der aus den Provinzen südlich des Yangzi stammte, und Huang Quan,[12] ein Redakteur der Hanlin-Akademie, der während der Dynastie Spätere Shu [933–960] lebte, für ihre vorzüglichen Gemälde berühmt. Beide taten sich besonders durch Malereien von Blumen und Bambus hervor.

Als das Reich Spätere Shu unter den Schlägen der Song-Dynastie fiel, wurden Huang Quan und seine Söhne Jubao, Jucai und Jushi sowie sein jüngerer Bruder Weiliang in die Malereiakademie aufgenommen, an der sie hohes Ansehen genossen.

Nachdem bald darauf die Provinzen südlich des Yangzi erobert waren, kam Xu Xi in die Hauptstadt. Er legte seine Bilder der Malereiakademie vor, um die Qualität seiner Gemälde beurteilen zu lassen. Huangs Blumenbilder zeichneten sich besonders durch ihre Farbgebung aus, und auch seine Pinselführung war ungewöhnlich fein, so daß man nur einen Hauch von Tusche sah. So wirkten seine Bilder mit Szenen der Natur durch die zarte Schattierung der Tusche äußerst leicht. Demgegenüber waren Xu Xis Bilder besonders schwungvoll gemalt. Wenn er beispielsweise nur ein wenig Rot auftrug, ging von diesem Tupfen gleich eine magische Wirkung aus, die dem Bild Leben einflößte.

Aus Furcht, selbst verdrängt zu werden, lehnte Huang Quan Xu Xis Bilder mit dem Urteil ab, daß sie in ihrer Grobschlächtigkeit nicht dem Standard der Malereiakademie entsprächen. Xu Xis Söhne aber ahmten später Huang Quans Stil nach. Diesen Stil nannten sie »knochenlose Bilder«. In ihrer handwerklichen Fertigkeit standen sie der ihres Vaters nicht nach, der sie auch nicht gut wegen angeblicher Mängel tadeln konnte. So wurden ihre Bilder für würdig befunden, von der Malereiakademie anerkannt zu werden. Jedoch erreichten sie bei weitem nicht den Grad von Stimmung und Ausstrahlung wie in Xu Xis Gemälden.

Bevor man den Pinsel ansetzt, muß man das Schriftzeichen vor sich sehen (294)

Mein Neffe Shen Liao,[13] selbst ein Freund des Studierens, erklärte mir einmal: »Auch wenn man die Ausdruckskraft und Wirkung von Büchern verinnerlicht, muß man sich doch die Gesetzmäßigkeiten und Regeln aneignen und erlernen.

Zahlreiche Menschen meinen, beim Schreiben der Schriftzeichen, das vielen Schwierigkeiten bereitet, gäbe es keine Regeln für ihren Aufbau und ihre Proportionen. Allgemein besteht ein Schriftzeichen aus zwei, drei oder vier Komponenten, in die sich das Zeichen zerlegen läßt. Wenn die Anzahl der Striche der Komponenten einander nahekommt, muß auch die Größe der Komponenten einander proportional sein. Bei Schriftzeichen mit fast gleicher Strichzahl der Komponenten, z. B. beim Schriftzeichen 殺 (töten), das aus vier Komponenten besteht, nämlich 乂, 朩, 几, 又, ist die Größe dieser Komponenten gleich. Beim Schriftzeichen 卡 (Hülsenfrüchte), das sich aus zwei Komponenten, und zwar aus 上 und 小 zusammensetzt, sind ihre Größenverhältnisse gleich. Wenn die Anzahl der Striche mehr differiert, kann man den Komponenten nicht den gleichen Ort zuweisen. Steht die Komponente mit der geringeren Strichzahl links, rückt sie etwas nach oben. Steht sie rechts, rückt sie etwas nach unten. Beispielsweise haben die beiden Komponenten 口 und 金 eine ungleiche Strichzahl. Im Schriftzeichen 唫 (summen) rückt die Komponente 口 etwas nach oben, dagegen im Schriftzeichen 釦 (Knopf) rückt 口 etwas nach unten. Bildet man aus 卡 und 又 sowie aus 口 und 胃 Schriftzeichen, bei denen die beiden Komponenten eine unterschiedliche Strichzahl aufweisen, so rückt die Komponente 又 in 叔 (Onkel) etwas nach unten, während 口 in 喟 (seufzen) etwas nach oben rückt. Aufbau und Proportionen derartiger Schriftzeichen stehen eindeutig fest.«

Weiter sagte er: »Bevor man den Pinsel ansetzt, muß man das Schriftzeichen vor sich sehen.« Das ist eine hervorragende Regel der Alten.

Zur Geschichte des Textes »Über Le Yi« (295)

Von Wang Xizhis[14] Werken wird seit alters überliefert, daß nur der Text »Über Le Yi«[15] von ihm selbst auf Stein geschrieben sei, während alle anderen Schriften in Papierform weitergegeben wurden.

Der Tang-Kaiser Taizong besaß in seiner Sammlung zwei mit Tusche geschriebene Kalligraphien von Wang Xizhi und nur den Text »Über Le Yi« als Steinrelief. Später wurden die Kalligraphien in Taizongs Grab Zhaoling gelegt. Nachdem Zhu Wen die Spätere Liang-Dynastie [907–923] gegründet hatte, ließ der Vorsteher des Kreises Yaozhou Taizongs Grab öffnen und barg die Kalligraphien, so daß sie wieder von Generation zu Generation weitergegeben wurden.

Jemand behauptete, eine Prinzessin hätte die Kalligraphien gegen Fälschungen ausgetauscht, so daß in dem Grab von Anfang an keine Originale lagen. In dieser Dynastie gelangten sie in den Besitz der Familie des Gelehrten Gao Shen. In den Jahren der Regierungsära Huangyou [1049–1053] befand sich die Kalligraphie des Textes »Über Le Yi« in der Familie von Gao Shens Sohn Gao Anshi, der Archivar in Qiantang war. Dort hatte ich sie einmal gesehen. Damals war die Steintafel schon beschädigt, so daß Teile des Textes fehlten und in der letzten Zeile nur das Zeichen 海 (Meer) stand. Als Gao Anshi mehr als zehn Jahre später mit seiner Familie in Suzhou lebte, war die Steintafel bereits in mehrere Teile

zersprungen, und Gao hatte die Bruchstücke mit einem Eisenband umspannen lassen. Nachdem Gao Anshi gestorben war, verlor sich die Spur der Steintafel. Jemand berichtete, eine reiche Familie in Suzhou hätte sie erworben, aber ich bekam sie nicht wieder zu Gesicht.
Heute erzählt man sich, die Kalligraphien des Werkes »Über Le Yi« seien Kopien gewesen, weil der Schreibstil nicht die Reinheit und Kraft der Originale von Wang Xizhi besitze. Auf den Tafeln findet man auch fast keine Schriftzeichen in kleiner Normalschrift. Kalligraphien wie diejenige des »Kanons der überlieferten Erziehung« (»Yi jiao jing«) lassen sich mit diesem Werk nicht vergleichen.

Wang Hongs Mord an 18 Malern (296)

Als Wang Hong Shanzhou besetzte,[16] rief er die besten Maler des ganzen Landes zusammen, um die Wände des Tempels des heiligen Langen Lebens bemalen zu lassen. Ihr Werk war seinerzeit unübertroffen. Die Maler, 18 an der Zahl, ließ er alle umbringen und in einer Grube am Westflügel des Tempels begraben. Denn er wollte nicht, daß die Welt noch einmal eine solche Schöpfung erhält. Derart war sein Ungeist! Bis auf den heutigen Tag sind noch mehr als zehn Wandgemälde erhalten. Darunter sind die Gemälde »Empfang von Buddhas Asche« in der Westgalerie und »Buddhas Mutter« im Osthof die hervorragendsten. Die Haltung der dargestellten Personen ist so göttlich, daß sie zu fliegen scheinen. Die beiden Wandgemälde »Die Mutter des Dämons« und »Der magere Buddha« stehen den beiden erstgenannten Bildern etwas nach. Die übrigen Wandgemälde ragen nicht sonderlich hervor.

Betrachtung von Gemälden (297)

In der Zeit der zweiten Herrschergeneration der Südlichen Tang-Dynastie[17] war Dong Yuan,[18] der Inspektor der kaiserlichen Gärten, für seine Malerei berühmt. Besonders gut traf er Gebirgsnebel im Herbst und weite Landschaften. Oft malte er nach der Natur Berge im Gebiet südlich des Yangzi, ohne auf bizarr-steile Gebirge versessen zu sein. Später setzte der Buddhamönch Juran[19] in Jianye Dong Yuans Stil fort, den er zu wahrer Meisterschaft führte. Generell eignet sich der Malstil von Dong Yuan und Juran besonders für weite Landschaften. Ihre Pinselführung ist sehr schwungvoll, so daß man dicht vor dem Bild stehend keine Gegenstände erkennt, während die Landschaft mit etwas Abstand deutlich hervortritt. Die Bilder enthalten verborgene Gefühle und Hintersinn, so als schaue man auf eine andere Welt. Beispielsweise ist auf Dong Yuans Gemälde »Dorf im Abendschein« in der Nähe nichts zu erkennen, aber von weitem betrachtet, entdeckt man einen Weiler, der sich in der Ferne verliert. Es handelt sich um eine Abendlandschaft, denn die Gipfel der fernliegenden Berge leuchten noch in der untergehenden Sonne auf. So hat er eine zauberhafte Landschaft festgehalten.

Handwerk

Yu Haos »Klassiker des Holzbaus« (299)

Die Regeln für den Hausbau sind im »Klassiker des Holzbaus« (»Mu jing«) dargelegt, als dessen Verfasser Yu Hao[1] angegeben wird. Nach diesem Buch wird ein Haus in drei grundlegende Proportionseinheiten unterteilt: Der Bereich oberhalb der Querbalken zählt als Oberbau, der Bereich über dem Fußboden als Mittelbau und Fundament einschließlich Stufen als Unterbau.

Die Länge der Querbalken bestimmt natürlich proportional die Firsthöhe. Wenn die Querbalken zum Beispiel 8 Chi [243 cm] lang sind, beträgt die Firsthöhe 3 Chi 5 Cun [106 cm]. Diese Proportion [1:2,29] wird bei kleinen und großen Hallen eingehalten.[2] Das gilt für den Oberbau.

In gleicher Weise müssen die Maße des Fundaments zu den Maßen der verwendeten Säulen passen. Zum Beispiel erfordert eine 1 Zhang 1 Chi [3,34 m] hohe Säule ein etwa 4 Chi 5 Cun [1,36 m] hohes Fundament [Verhältnis 2,44 : 1]. Ebenso folgen das Konsolensystem und die Dachsparren festen Proportionen. Das sind Regeln für den Mittelbau.

Die zum Hausfundament hinaufführenden Treppenstufen können steil, flach oder mäßig steil gestaltet werden. In kaiserlichen Palästen werden diese Anstiege nach Einheiten bestimmt, die sich von den Abmessungen einer kaiserlichen Sänfte ableiten. Bei steilen Treppen müssen die beiden vorderen Träger die Sänfte mit ganz nach unten ausgestreckten Armen und die hinteren Träger die Sänfte mit bis zur Schulter hochgestemmten Armen tragen [Anstieg 1 : 2]. (Eine kaiserliche Sänfte wird von 12 Personen getragen. Die beiden vorderen Träger nennt man auch die vorderen Bambusstangen, die nächsten beiden Träger heißen die vorderen Zweige, die beiden darauffolgenden die vorderen Achseln. Hinten tragen die beiden hinteren Achseln, gefolgt von den hinteren Zweigen und am Ende hinten von den beiden hinteren Bambusstangen. Vor der Sänfte schreitet der Kolonnenführer, der auch Rufer heißt, während man den hinten Gehenden Darbringer des Dankopfers nennt.) Wenn die beiden vordersten Träger die Sänfte auf den Ellbogen und die beiden hintersten die Sänfte auf den Schultern tragen, so handelt es sich um eine flache Treppe [Anstieg 1 : 7,9]. Wenn die beiden vordersten Träger die Sänfte mit ausgestreckten Armen und die beiden hintersten Träger auf den Schultern tragen, so handelt es sich um eine mäßig steile Treppe [Anstieg 1 : 4]. Das sind Regeln für den Unterbau.

Yu Haos Buch gliedert sich in drei Kapitel. In jüngster Zeit sind die Bauhandwerker immer präziser und geschickter geworden. So ist der alte »Klassiker des Holzbaus« seit einiger Zeit außer Gebrauch gekommen. Aber unglücklicher-

Bau einer Stadt.
(Aus: Qin ding shu jing tu shuo, 1905)

weise gibt es niemanden, der in der Lage wäre, ein neues Buch zu schreiben. Das wäre eine Aufgabe eines Baumeisters würdig![3]

Die Kunst des rechtwinkligen Dreiecks und die Kunst der Verknüpfung (300)

Das Bestimmen von Richtungen und der Gestalt der Erde und das Messen von Höhe und Tiefe sowie nahen und fernen Gegenständen nennen die Mathematiker die »Kunst des rechtwinkligen Dreiecks« (*wei shu* [eigentlich: Kunst der Radnabe]). Das Schriftzeichen »*wei*« 軎 versinnbildlicht eine Radnabe, die für diese Richtung der Mathematik die gleiche Funktion hat wie die Tusche für die Schlagschnur, mit der die Zimmerleute das Holz anreißen. Die Ermittlung des Laufs der Gestirne sowie der Änderung der Zeitpunkte der Solarperioden und der Mondmonate nennt man »Kunst der Verknüpfung« *(zhui shu)*. Diese Berechnungen lassen sich nicht mit konkreten Körperformen darstellen, aber man kann die Bahnen mathematisch zusammensetzen. Aus der Zeit der Nördlichen Qi-Dynastie [550–577] stammt das Werk »Kunst der Verknüpfung« von Zu Geng[4] in zwei Kapiteln.

Die Berechnung des Spaltvolumens und der Bogenlänge (301)

Die Mathematik verfügt seit langem über Methoden zur Berechnung des Volumens verschiedener Körper, wie rechteckiger Keil, rechteckiger Pyramidenstumpf, quadratischer Pyramidenstumpf, andere Pyramidenstümpfe, gleichschenkliges Dreikantprisma, tetrahedrischer Keil, Kreiskegel, vierseitige Pyramide, allein es existierte noch keine Berechnungsmethode für das Spaltvolumen. In den alten Mathematikbüchern wird die Berechnung des Volumens von Körpern allgemein abgehandelt. So ist der Würfel ein Körper mit sechs quadratischen Flächen, und man erhält sein Volumen, indem man die Kantenlänge dreimal mit sich selbst multipliziert. Das gleichschenklige Dreikantprisma gleicht einem Erdwall mit abschüssiger Vorderseite und rechtwinkligen Seitenflächen. Seine Querschnittsfläche erhält man, indem man die Summe der Breiten oben und unten halbiert und mit der senkrechten Höhe multipliziert. Wenn die senkrechte Höhe die eine Kathete und die andere Kathete als halbe Differenz zwischen oberer und unterer Breite berechnet wird, so kann man aus den beiden Katheten die Hypothenuse ermitteln, die die Länge der abschüssigen Fläche darstellt. Ein quadratischer Pyramidenstumpf kommt beispielsweise bei einem umgedrehten quadratischen Schöpflöffel vor, dessen vier Flächen schräg verlaufen. Sein Volumen erhält man, indem man zur zweifachen oberen Länge die untere Länge addiert und die Summe mit der oberen Breite multipliziert. Das ergibt das erste Glied. Dann addiert man zur zweifachen unteren Länge die obere Länge und multipliziert die Summe mit der unteren Breite. Das ergibt das

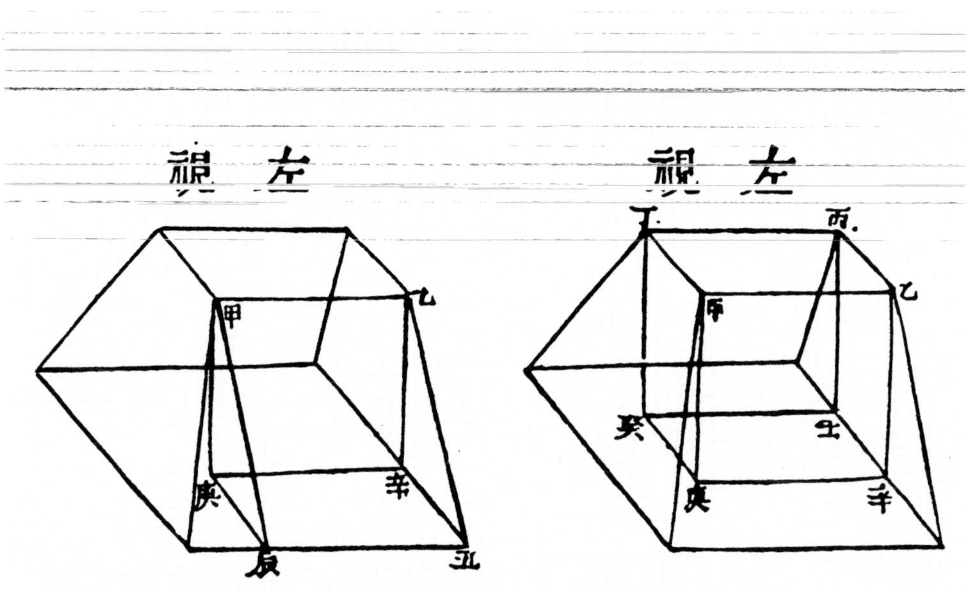

Schema für die Berechnung des Volumens von Pyramidenstümpfen.
(Aus: Jiu zhang suan shu, 1. Jh. n. Chr.)

zweite Glied. Die Summe der beiden Glieder wird dann mit der Höhe multipliziert und durch 6 dividiert.[5]
Mit dem Begriff Spaltvolumen ist gemeint, daß zwischen mehreren Volumina Zwischenräume vorhanden sind wie zum Beispiel bei übereinandergeschichteten Schachfiguren, gestapelten Ziegelsteinen für Terrassen oder übereinanderliegenden Fässern bei einem Weinhändler. Obwohl die Figur einem umgekehrten quadratischen Schöpflöffel mit vier abgeschrägten Flächen ähnelt, fehlt doch etwas an der Kantenlänge, und zwischen den Körpern gibt es Hohlräume. Deshalb ergibt sich, wenn man die Berechnungsmethode einer vierseitigen Pyramide benutzt, gegenüber dem tatsächlichen Volumen ein zu kleiner Wert. Nachdem ich darüber nachgedacht hatte, gelangte ich zu folgendem Ergebnis: Zunächst wird das Volumen nach der Berechnungsmethode für einen vierseitigen Pyramidenstumpf berechnet. Danach wird ein Glied addiert, bei dem von der unteren Breite die obere Breite subtrahiert, die Differenz mit der Höhe multipliziert und das Resultat durch 6 dividiert wird.[6]
Wenn man sich gestapelte Fässer vorstellt, und in der obersten Lage sollen in zwei Reihen jeweils 2 Fässer und in der untersten Lage 12 Fässer liegen, so nimmt die Zahl der Fässer von Lage zu Lage längs und quer um je 1 Faß ab. Wenn man in der obersten Lage 2 Reihen hat und gelangt bis zur 12. Lage, so findet man hier 11 Reihen vor. Berechnet man das Volumen nach der Methode des vierseitigen Pyramidenstumpfs, so erhält man für die zweifache Länge der obersten Reihe 4 [Fässer], addiert man dazu die untere Länge, ergibt sich 16. Dies mit der oberen Breite multipliziert, liefert 32. Die zweifache untere Rei-

henlänge ergibt 24, dazu addiert man die obere Länge, was 26 ergibt. Dies mit der unteren Breite multipliziert, liefert 312. Die Summe der beiden Glieder 32 und 312 beträgt 344. Wenn man weiterhin von der unteren Breite 12 die obere Breite subtrahiert, so ergibt die Differenz 10. Diese mit der Höhe multipliziert, liefert 110. Wenn man hierzu die obige Summe addiert, so erhält man 3894. Dieses Ergebnis durch 6 dividiert, ergibt 649, was die Zahl der gestapelten Fässer darstellt. Mit der Methode des vierseitigen Pyramidenstumpfs wird das Volumen der Körper berechnet, und anschließend bestimmt man mit Hilfe der Methode des Spaltvolumens das zusätzliche Volumen im Kanten- und Eckenbereich.

Zur Bestimmung der Fläche von Feldern gibt es, ob sie nun rechteckig oder rund, gewunden oder gerade sind, entsprechende Berechnungsverfahren, aber es existiert noch kein Verfahren, um die Bogenlänge eines Kreisabschnitts aus Kreisdurchmesser und Pfeilhöhe zu ermitteln. Wenn man ein rundes Feld gleichmäßig unterteilen kann, läßt es sich wieder zu einem ganzen Kreis zusammensetzen. In alter Zeit gab es nur das Verfahren, einen Kreis [mit Sehnen] gleichmäßig zu unterteilen, doch konnte der Fehler beim Zusammensetzen der Kreisbögen das Dreifache der einzelnen Bögen erreichen. Ich habe ein anderes Verfahren zur Unterteilung eines Kreisumfangs entwickelt. Vom Durchmesser eines Kreisabschnitts nehme man dessen Radius als Hypotenuse eines rechtwinkligen Dreiecks. Die Differenz, wenn vom Radius die Pfeilhöhe subtrahiert wird, sei die Ankathete dieses Dreiecks. Dann quadriert man beide Seiten, subtrahiert das Kathetenquadrat vom Hypotenusenquadrat und zieht die Wurzel aus dieser Differenz, woraus man die Gegenkathete erhält.[7] Das Doppelte der Gegenkathete ergibt die Sehne des Kreisabschnitts. Dann quadriert man die Pfeilhöhe, multipliziert das Quadrat mit 2 und dividiert durch den Durchmesser. Addiert man zu diesem Ergebnis die Sehne, so erhält man die Bogenlänge des Kreisabschnitts.[8] Wenn man den Kreisabschnitt noch einmal unterteilt, so verfährt man genauso. Subtrahiert man die Bogenlänge des abgetrennten Kreisabschnitts, so erhält man die übrigbleibende Bogenlänge.

Gesetzt, man habe ein Feld in Form eines Kreisabschnitts, dessen Durchmesser 10 Bu [15,16 m] und dessen Pfeilhöhe 2 Bu [3,03 m] beträgt. Dann ist der Radius von 5 Bu [7,58 m] die Hypotenuse, und für deren Quadrat erhält man 25. Weiter subtrahiert man vom Radius die Pfeilhöhe 2 Bu, was eine Ankathete von 3 Bu [4,55 m] ergibt. Deren Quadrat liefert 9. Subtrahiert man diesen Wert vom Hypotenusenquadrat, so erhält man 16, und hieraus die Wurzel gezogen, ergibt 4 Bu [6,06 m] für die Gegenkathete. Das Doppelte dieses Werts stellt die Sekantenlänge dar. Das Quadrat der Pfeilhöhe von 2 Bu ist 4 und das Doppelte hiervon 8. Dann dividiert man durch den Durchmesser. Da der Kreisdurchmesser 10 beträgt, braucht man nur um eine Stelle zu verschieben. Darum muß man nicht dividieren, sondern verschiebt um eine Stelle, um den Quotienten zu erhalten, der 4 Chi [0,8 Bu = 1,21 m] beträgt. Dann muß man nur noch zu diesem Wert die Sekantenlänge addieren und erhält für die Bogenlänge des Kreisabschnitts 8 Bu 4 Chi [13,34 m]. Ermittelt man für einen Kreisdurchmesser von 20 Bu [30,32 m] die Bogenlänge, so ergibt sich, wenn man durch den Kreisdurchmesser dividiert, die Hälfte.

Da man diese beiden recht genauen Berechnungsverfahren in den alten Mathematikwerken nicht findet, habe ich sie hier festgehalten.

Herstellung von Bögen (303)

Mein älterer Bruder,[9] der ein guter Bogenschütze ist, kann selbst Bögen herstellen. Seine Bögen weisen sechs gute Eigenschaften auf: Erstens sind sie leicht und stark, zweitens lassen sie sich leicht spannen und haben eine große Elastizität, drittens bleibt die Schußkraft lange erhalten, viertens ist die Kraft bei Kälte und Hitze gleich groß, fünftens ist der Ton der Bogensaite hell, und sechstens verwindet sich der gespannte Bogen nicht.
Im allgemeinen ist ein leichter Bogen leicht zu spannen, und er besitzt eine lange Lebensdauer, aber man muß befürchten, daß er nicht stark genug ist. Wünscht man einen starken Bogen, hängt viel von der Herstellung der Sehne ab. Im allgemeinen schrumpft eine 1 Chi lange Sehne beim Trocknen um die Hälfte zusammen. Streicht man aber die Sehne mittels eines Kamms mit Fischleim[10] ein, so dehnt sie sich wieder auf 1 Chi aus. Wenn man sie danach benutzt, hat die Zugkraft der Sehne bereits den Höchstwert erreicht und kann nicht bei weiterem Dehnen erschlaffen. Das Bogenmaterial wird entgegen der Spannrichtung gebogen, danach leimt man auf die Innenseite des Bogens Rinderhorn und eine Sehne, um den Bogenkörper zu verstärken. Diese beiden Bearbeitungsgänge sind wesentlich für die richtige Behandlung der Sehne.
Im allgemeinen ist der Griffbereich des Bogens kurz, so daß er gut anzufassen ist und keine Spannung ausübt. (Mit spannungslos ist gemeint, daß der Schütze die Sehne beim Spannen bis zum Mund ziehen kann.) Je länger der Griffbereich ist, um so starrer wird der Bogen. (Mit starr ist gemeint, daß sich das Bogenholz nicht weiter biegen läßt. Als Griff benutzt man ein zusätzliches Holzstück von einem Ast. Je länger es ist, um so starrer wird der Bogen. Ist es dagegen kurz, dann übt es keine Spannung auf den Bogen aus.) Wenn der Griff in der Mitte ein Loch erhält, ist er gut anzufassen, und der Bogen behält seine Kraft. Das Schnellen der Sehne klingt dann hell.
In der Regel ist ein frischer Bogen bei kaltem Wetter besonders stark und schwer zu spannen. Hat man lange mit ihm geschossen, wird er bei heißem Wetter schlaff, so daß man nicht mehr weit schießen kann. Die Ursache liegt dann in einer falschen Verarbeitung des Leims. Allgemein soll der Leim dünn aufgetragen werden, um eine maximale Zugkraft der Sehne zu erzielen. Allerdings hängt die Stärke von der Sehne, nicht aber vom Leim ab. So gelingt es, daß die Bogenkraft lange erhalten bleibt und bei Kälte und Hitze immer gleich ist.
Es hängt vom Material ab, daß sich der Bogen nicht verwindet. Bei der Auswahl des Materials prüft man seine Maserung. Die Maserung darf nicht krumm, sondern muß gerade verlaufen. Wenn man die Sehne auf den Bogen spannt, darf er sich nicht verwinden. Das alles muß ein Bogenhersteller beachten.

Über die Zahl der Stellungen beim Schachspiel (304)

Von einem Geschichtenerzähler erfuhr ich, daß Yixing, ein Buddhamönch aus der Zeit der Tang-Dynastie, einst die Gesamtzahl der möglichen Stellungen beim Schachspiel[11] berechnet hätte. Nachdem ich über dieses Problem nachgedacht hatte, wurde mir klar, daß die Lösung recht einfach ist. Aber die dabei auftretenden Zahlen lassen sich nicht mehr mit den gebräuchlichen Zahlennamen bezeichnen.

Ich möchte nur kurz die dabei vorkommenden großen Zahlen anführen: Bei 2 Reihen im Quadrat und 4 Steinen gibt es 81 mögliche Stellungen.[12] Bei 3 Reihen im Quadrat und 9 Steinen gibt es 19 683 mögliche Stellungen, bei 4 Reihen im Quadrat und 16 Steinen 43 046 721 mögliche Stellungen und bei 5 Reihen im Quadrat und 25 Steinen beträgt die Zahl der möglichen Stellungen 847 288 609 443. (Nach dem alten Zahlensystem sind 10 wan = 1 yi [10^8], 10 yi [10^9] = 1 zhao, 10.000 zhao [10^{13}] = 1 ti. Jedoch die Mathematiker setzen wan wan [10^4x10^4] = 1 yi, wan wan yi [10^{16}] = 1 zhao und wan wan zhao [10^{24}] = 1 gai. Heutzutage zählt man aber nur nach der Art und Weise der Mathematiker.) Bei sechs Reihen im Quadrat und 36 Steinen gibt es 150 094 635 283 031 926 mögliche Stellungen. Bei mehr als 7 Reihen im Quadrat sind die Zahlen so groß, daß sie sich nicht mehr bezeichnen lassen. Wenn alle 361 Felder betrachtet werden, kommt man auf eine so große Zahl, daß man 43mal die Zahl wan [10^4] mit sich selbst multiplizieren müßte.[13] (43mal das Zeichen wan bedeutet, daß das letzte wan 10^4 mögliche Stellungen verkörpert, das 2. wan 10^8, das 3. wan 10^{12} [wan yi], das 4. wan 10^{16} [1 zhao], das 5. wan 10^{20} [wan zhao], das 6. wan 10^{24} [wan wan zhao] mögliche Stellungen verkörpert, das auch 1 gai genannt wird, das 7. wan 10^{28}, das 8. wan 10^{32} [wan wan gai] und das 9. wan 10^{36} [wan yi wan wan gai] mögliche Stellungen verkörpert. Darüber hinaus gibt es keine Zahlennamen mehr, um die Zahl zu bezeichnen. Aber die Gesamtzahl ergibt sich, wenn man die Zahl wan [10^4] 43mal mit sich selbst multipliziert, die ich im einzelnen nicht angebe.)

Die Methode ist folgende: In der ersten Reihe gibt es drei Möglichkeiten: ein weißer Stein, ein schwarzer Stein, oder das Feld bleibt unbesetzt. Wenn man sich danach nicht im rechten Winkel zur Reihe bewegt, sondern einen Stein hinzufügt, ergibt sich die Zahl der möglichen Stellungen, indem man mit 3 multipliziert. Wenn man also auf 361 erhöht und jedesmal mit 3 multipliziert, erhält man die Gesamtzahl der möglichen Stellungen. Eine andere Methode besteht darin, daß man zuerst die auf den 19 Feldern einer Reihe des Schachbretts existierenden möglichen Stellungen berechnet. (Bei 19 Feldern erhält man 1 162 261 467 [= 3^{19}] mögliche Stellungen.) Fügt man nun eine Reihe hinzu, muß man immer mit dieser Zahl der möglichen Stellungen multiplizieren, bis man, bei 19 Reihen angelangt, wieder die oben genannte Zahl erhält.[14] Eine andere Methode besteht darin, die Zahl der möglichen Stellungen einer Reihe mit sich selbst zu multiplizieren.[15] (Man erhält 1 350 851 717 448 287 334 mögliche Stellungen.[16] Dieser Wert gilt für 2 Reihen und enthält die Zahl der möglichen Stellungen für 38 Felder.) Dann macht man das Produkt zum Multiplikator und multipliziert ihn mit dem vorhergehenden Multiplikator [$3^{38} \times 3^{19} = 3^{57}$], worauf man das Produkt mit sich selbst multipliziert [$3^{57} \times 3^{57} = 3^{114}$]. Dieses Produkt macht man wieder zum Multiplikator und multipliziert ihn mit dem vorhergehenden Multiplikator [$3^{114} \times 3^{57} = 3^{171}$]. Dann multipliziert man dieses Produkt mit sich selbst [$3^{171} \times 3^{171} = 3^{342}$] und multipliziert es noch einmal mit dem Ausgangsmultiplikator [$3^{342} \times 3^{19} = 3^{361}$], woraufhin man wieder das Endergebnis erhält. So gibt es mehrere Methoden, um zum Ergebnis zu gelangen, allein die letzte ist die eleganteste. (Mit nur fünf Multiplikationen erhält man alle möglichen Stellungen für 361 Felder.) Wie viele Methoden man auch benutzt, keine übertrifft diese Zahl, so daß sie die Gesamtzahl der möglichen Stellungen beim Schachspiel darstellt.

Das Erweiterungsverfahren (306)

In der Mathematik gibt es viele Verfahren, wie zum Beispiel das »Verfahren der Ermittlung der Eins«,[17] das »Verfahren der Vorhut«,[18] das »Verfahren der Faktorzerlegung«[19] und das »Verfahren der Faktorkürzung«, die alle nicht ohne Multiplikation und Division auskommen. Lediglich das Erweiterungsverfahren weicht etwas von ihnen ab, denn es verlangt keine Multiplikation und Division, sondern man ergänzt einen fehlenden Teil. Wenn zum Beispiel im Dividend an einer beliebigen Stelle eine 1 vorkommt und man möchte durch 9 dividieren, muß man nur bei der nächstfolgenden Stelle 1 addieren.[20] Möchte man durch 8 dividieren, muß man entsprechend 2 addieren. Diese Prozedur muß man für jede Stelle ausführen. Bei einer kleinen Anzahl von Stellen ist das Verfahren besonders einfach und schnell. Je größer die Anzahl der Stellen ist, umso umständlicher wird es, so daß es den festen Regeln der Multiplikation und Division dann nicht ebenbürtig ist. Aber bei der Mathematik darf man nicht vor ausführlichem Studium zurückschrecken. Man muß zu Methoden greifen, die sich einfach anwenden lassen. Aber wenn sie zu umständlich sind, muß man sie verbessern. Man darf sich nicht sklavisch an eine bestimmte Methode klammern. Das ist eine grundlegende Richtschnur.

Druck mit beweglichen Typen (307)

Das Drucken von Büchern mit geschnitzten Holzplatten war während der Tang-Dynastie [618–907] noch nicht sehr verbreitet. Zu Lebzeiten von Feng Dao[21] begann man, die fünf Klassiker[22] zu drucken. Seitdem erschienen die klassischen und andere Bücher als Holzschnittdrucke.

In den Jahren der Regierungsära Qingli [1041–1048] hatte Bi Sheng,[23] ein Mann aus dem einfachen Volk, die beweglichen Typen erfunden. Seine Methode besteht darin, die Schriftzeichen in feuchten Ton mit Strichen, die so dünn wie der Rand einer Kupfermünze sind, einzuritzen. Jedes Schriftzeichen befindet sich dabei auf einem getrennten Stempel, und dann werden die Stempel in Feuer fest

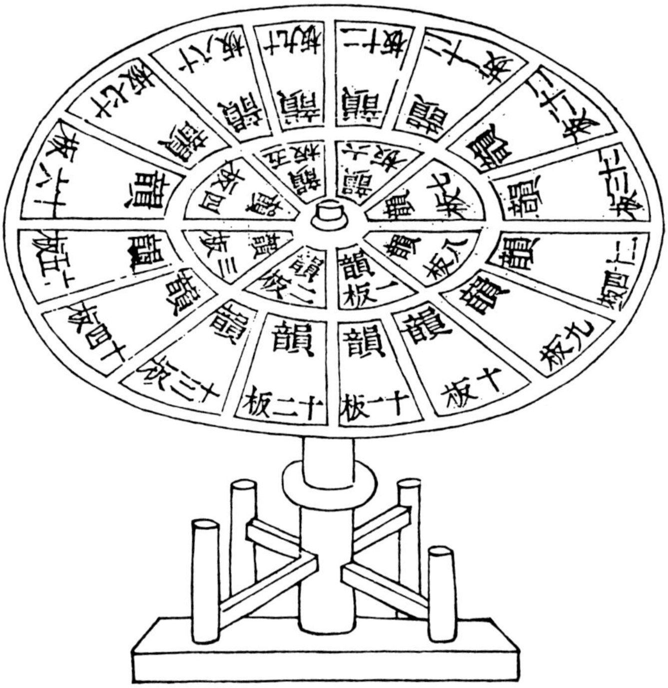

Radförmiger, nach Reimen geordneter Behälter für Drucktypen.
(Aus: Nong shu, 1313)

gebrannt. Zuvor hatte er eine Eisenplatte vorbereitet, deren Oberfläche mit einer Mischung aus Kiefernharz, Wachs und Papierasche bedeckt wird. Möchte man etwas drucken, so legt man einen eisernen Rahmen auf die Eisenplatte. Dann ordnet man die Schriftzeichenstempel in dem Rahmen lückenlos an. Ein voller Eisenrahmen bildet eine Druckplatte, die über einem Feuer erhitzt wird. Wenn die Klebmasse zu schmelzen anfängt, preßt man ein ebenes Brett auf die Oberfläche, damit die Schriftzeichen in einer Ebene so glatt wie ein Wetzstein liegen.

Wenn man nur drei oder zwei Exemplare drucken will, führt dieses Verfahren noch zu keiner Vereinfachung. Aber wenn man mehrere zehn, hundert oder tausend Bücher zu drucken hat, ist das Verfahren märchenhaft schnell. Generell fertigt man zwei eiserne Druckplatten an. Mit der einen wird gedruckt, und auf der anderen sind die Schriftzeichen nochmals angeordnet. Wenn die eine Platte abgenutzt ist, liegt die zweite schon bereit. So tauscht man sie aus und kann das Drucken unverzüglich fortsetzen.

Von jedem Schriftzeichen besitzt man mehrere Stempel. Von sehr häufigen Schriftzeichen, wie *zhi* [Genitivpartikel] und *ye* [Finalpartikel], braucht man mehr als zwanzig Stempel, weil sie sich auf einer Platte oft wiederholen. Wenn die Stempel nicht benutzt werden, kennzeichnet man sie mit Papierstreifen. Die Stempel werden nach Reimen angeordnet in einem gitterförmigen Holzregal aufbewahrt. Stößt man auf ein seltenes Schriftzeichen, für das man zuvor keinen

Stempel angefertigt hat, so wird es gleich in Ton geritzt und in einem Strohfeuer gebrannt, so daß der Stempel im Nu fertig ist.
Der Grund, warum man für die Stempel nicht Holz verwendet, ist der, daß die Holzfasern unterschiedlich dicht sind, und würde man Holzstempel mit Wasser befeuchten, so blieben ihre Höhen nicht gleich. Außerdem ließen sie sich nicht ablösen, wenn man sie aufgeklebt hat. Anders bei den gebrannten Tonstempeln, die nach dem Gebrauch ins Feuer gelegt werden, um den Kleber zum Schmelzen zu bringen. Dann lassen sie sich mit der Hand abnehmen, ohne daß ein einziger Stempel beschmutzt wäre.
Nach dem Tod von Bi Sheng hat einer meiner Neffen seine Stempel erworben, die er bis heute wie einen Schatz aufbewahrt.

Wei Pos Meisterschaft in der Kalenderkunst (308)

Wei Po,[24] ein Mann aus Huainan, beherrschte die Kalenderkunst, daß er Yixing darin ebenbürtig war. Von den 36 Sonnenfinsternissen, die in der Chronik »Frühling und Herbst« (»Chunqiu«)[25] verzeichnet sind, hatte man bei der Überprüfung der Qualität der alten Kalender bestenfalls 26 oder 27 nachvollziehen können. Lediglich Yixing kam auf 29 Sonnenfinsternisse, Wei Po aber auf 35. Nur die eine Sonnenfinsternis im 18. Jahr der Regierung des Fürsten Zhuang von Lu [676 v. Chr.] läßt sich nach neuen und älteren Berechnungen entsprechend den Gesetzen einer Sonnenfinsternis nicht nachweisen, so daß man sich im Zweifel ist, ob hier ein Fehler des Chronisten vorliegt.[26] In den 3201 Jahr vom 5. Jahr des Herrschers Zhongkang der Xia-Dynastie, einem Jahr *Guisi* [2128 v. Chr.], bis zum 6. Jahr der Regierungsära Xining, einem Jahr *Guichou* [1073], hat es nach den schriftlichen Aufzeichnungen insgesamt 475 Sonnenfinsternisse gegeben.[27] Aufgrund der Überprüfung aller Kalender führte Wei Pos Kalender, obwohl die übrigen ihre jeweiligen Vor- und Nachteile aufwiesen, die meisten Sonnenfinsternisse auf. Wei Po benötigte zur Berechnung der Sonnen- und Mondfinsternisse in Vergangenheit und Gegenwart keine Rechenkerbhölzer, sondern vermochte, alles im Kopf zu multiplizieren und zu dividieren, ohne einen einzigen Rechenfehler zu begehen. Allgemein ließ er jemanden die berechneten Werte eines großen Kalenders vorlesen. Dann wußte er ihn gleich auswendig. Die Volkskalender konnte er vorwärts und rückwärts aufsagen. Einmal ließ er jemanden einen Kalender aufschreiben, und nachdem er damit fertig war, ließ er ihn vorlesen. Kam jener beim Vorlesen an eine Stelle mit einer falschen Zahl, dann unterbrach Wei Po den Mann mit den Worten: »Dieses Schriftzeichen ist falsch.« Derart war seine Meisterschaft. Bei der Multiplikation und Division großer Zahlen hatte er keine Probleme mit der Stellenzahl, und wenn er die Rechenkerbhölzer hin- und herschob, schienen sie zu fliegen, daß man ihnen mit den Augen kaum noch folgen konnte. Als jemand einmal absichtlich ein Rechenkerbholz wegschob, tastete er die Hölzer mit den Händen ab und schob dann das eine Holz wieder an die richtige Stelle. In den Jahren der Regierungsära Xining [1068–1077] verfaßte er den Fengyuan-Kalender. Da er keine

Ein Lehrer erörtert mit seinen Schülern am Abakus ein mathematisches Problem.
(Aus: Suan fa tong zong, 1593)

ausreichenden astronomischen Beobachtungsergebnisse erhielt, konnte er seine Fähigkeiten nicht voll entfalten. Selbst bekannte er, nur sechs, sieben Zehntel des Möglichen erreicht zu haben. Dennoch übertraf er die anderen Kalender an Genauigkeit.

Erklärung des Begriffs »zhuang« (309)

In der medizinischen Moxibustion nennt man das Abbrennen eines Beifußkegels »eine kräftige Gabe« (*zhuang*), denn man nimmt einen kräftigen Mann (*zhuang ren*) als Norm. Wenn man von soundsoviel kräftigen Gaben spricht, ist die Zahlenangabe für einen kräftigen Mann geeignet. Bei Alten, Jungen und schwächlichen Menschen wird die Dosis entsprechend ihren Kräften vermindert.

Spielstrategie beim Belagerungsschach für vier Personen (310)

Wenn vier Personen in getrennten Parteien zusammen Belagerungsschach spielen, gibt es eine Strategie, mit der man gewinnen muß. Die Steine meiner Partei, die nicht siegen können, werden im Bestreben, den Gegner zu provozieren, oberhalb der Steine der gegnerischen Partei gestellt, die siegen können. Wenn man zuerst angreift, muß der Gegner darauf reagieren, so daß seine Möglichkeiten dadurch eingeschränkt werden und es ihm verwehrt wird, sich um die Gesamtsituation zu kümmern. Dann sind stets die aktiven Steine meiner Partei mit den passiven des Gegners konfrontiert. Das war auch das Wesen der Strategie beim Pferderennen des Kanzlers Yu.[28]

Der hölzerne Turm im Kloster des Brahmahimmels (312)

Nachdem Qian Liu das Gebiet von Liangzhe besetzt hatte,[29] ließ er im Kloster des Brahmahimmels (*Fan tian si*) von Hangzhou einen hölzernen Turm bauen,[30] der zwei mal drei Stockwerke hatte. Während der Turm noch im Bau war, bestieg ihn Marschall Qian,[31] der es dabei mit der Angst zu tun bekam, weil der Turm schwankte. Doch der Zimmermann beruhigte ihn: »Der Turm kann schwanken, weil wir auf seinem Dach noch keine Ziegel gedeckt haben, so daß er oben sehr leicht ist.« Doch nachdem Ziegel auf sein Dach gedeckt worden waren, schwankte er wie zuvor. Da sich der Meister keinen Rat wußte, schickte er insgeheim seine Frau zur Gattin des Architekten Yu Hao[32] mit einem Geschenk goldener Haarnadeln, damit sie ihren Mann nach der Ursache für das Schwanken des Turms fragte. Lachend gab Yu Hao zur Antwort: »Das ist eine einfache Sache. Wenn ihr die einzelnen Stockwerke mit Brettern verstrebt und diese fest annagelt, wird der Turm nicht mehr schwanken.«

Bau eines Turms.
(Aus: Lu ban jing, Entstehungszeit unbekannt)

Der Zimmermann folgte seinem Rat, und der Turm stand nun fest. Durch die aufgenagelten Bretter wurden oben und unten und alle Seiten wie bei einem Kasten fest miteinander verbunden. Obwohl Leute auf den Brettern entlanggingen, stützten sich alle Seiten gegenseitig, so daß sich der Turm von allein nicht bewegen konnte. Ein jeder bewunderte Yu Haos Können.

Über Bart- und Augenbrauenhaare (313)

Wenn die Ärzte die Eigenschaften von Bart-, Kopf- und Augenbrauenhaaren erörtern, gehen sie davon aus, daß sie sich aufgrund der fünf Organe,[33] von denen sie beherrscht werden, unterscheiden. Daher geschieht es, daß das Barthaar im Alter weiß wird, während die Augenbrauen nicht weiß werden. Oder das Kopfhaar wird weiß, während Bart- und Augenbrauenhaare nicht weiß werden. Das bedeutet, daß die Organe nicht gleichmäßig wirken. Weil das Kopfhaar generell mit dem Herzen zusammenhängt, empfängt es den Einfluß des Elements Feuer und wächst deshalb nach oben. Weil das Barthaar mit den Nieren zusammenhängt, empfängt es den Einfluß des Elements Wasser und wächst deshalb nach unten. Weil die Augenbrauen mit der Leber zusammenhängen, wachsen sie seitwärts. Die Funktion der Nieren ist beim Mann nach außen gerichtet, denn oben wächst ihm ein Bart, und unten besitzt er seine Geschlechtsorgane. Deshalb wächst Frauen und Eunuchen, die kein männliches Geschlechtsorgan besitzen, auch kein Bart, während Augenbrauen und Kopfhaar keinen Unterschied zu dem des Mannes zeigen. Daran erkennt man, daß sie nicht mit den Nieren zusammenhängen.

Die Praxis der Medizin darf sich nicht allein auf Bücher stützen (314)

Wenn die Kunst der Medizin sich nicht auf den gesunden Menschenverstand, sondern allein auf Bücher verläßt, kann sie keinen hohen Stand erreichen. Beispielsweise vermag der Wurzelstock von *Atractylodes macrocephala* einen Stalaktiten zu verändern. Im Buch »Erörterung über Stalaktiten« (»Ru shi lun«) heißt es: »Wenn man Stalaktiten als Arznei einnimmt, sollte man sein Leben lang Arznei aus *Atractylodes macrocephala* meiden.« Arzneipulver aus den fünf Mineralien[34] werden hauptsächlich unter Verwendung von Stalaktiten zubereitet und enthalten auch *Atractylodes macrocephala*. Es ist unbekannt, warum die Rezepte in so krassem Gegensatz zur Theorie stehen. Ich hatte alte, erfahrene Ärzte darüber befragt, doch keiner konnte mir das begründen. Im Buch »Erörterung über Stalaktiten« steht: »Obwohl Mineralien die Eigenschaft haben, Wärme zu speichern und schwer zu sein, muß man auf die Wechselwirkung ihrer Bestandteile durch Verdampfen und Verdünnen warten, ehe sie ihre Arzneiwirkung zeitigen.« Wenn man somit in einer Arznei viel Mineralien einnimmt, müssen sie selbst in eine Wechselwirkung treten können, und wenn man sie außerdem noch mit Heilpflanzen anregt, muß die Wirkung sehr stark werden. Mischt man also Pulver

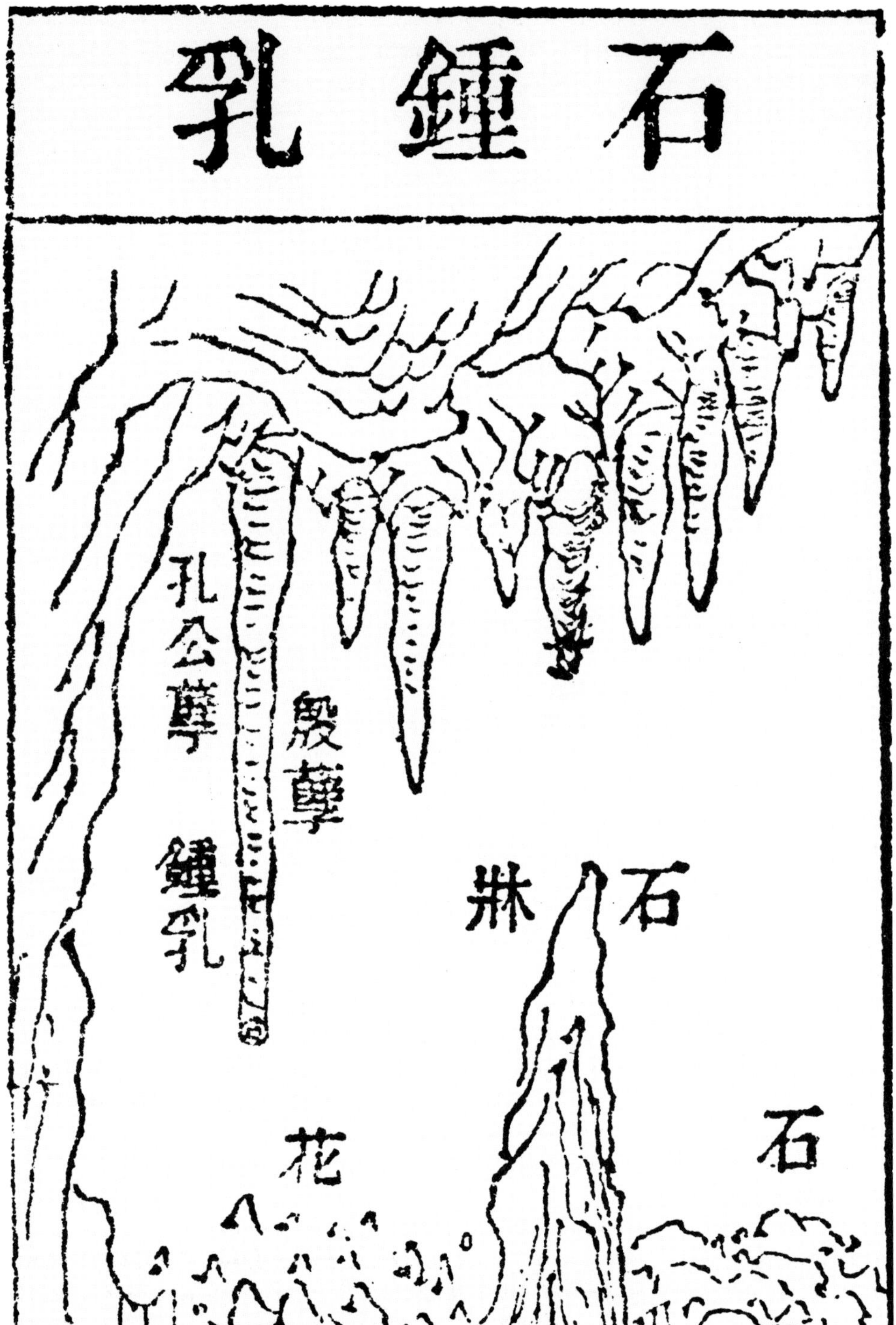

Karsthöhle mit Stalaktiten und Stalagmiten sowie Kristallabscheidungen.
(Aus: Ben cao gang mu, 1596)

der fünf Mineralien mit verschiedenen Heilpflanzen, nimmt man äußerst wenig Mineralpulver, denn man muß die Wirkung nur mit geringen Beimengungen hervorrufen. Liegt somit wenig Element Feuer vor, muß man die Wirkung durch das Element Wind anregen. Herrscht das Element Feuer vor und regt man es außerdem noch an, wird es im Gegenteil nur schaden. Das ist ein Gesetz der Natur. Deshalb hat Sun Simiao[35] einmal gesagt: »Da die fünf Mineralien eine starke Giftwirkung besitzen, sollte man lieber Giftsumach (*Rhus toxidendron*) oder Kopou-Bohne (*Pueraria*), aber nicht die fünf Mineralien einnehmen. Bei einem solchen Rezept muß man die Arznei rösten, damit sie dem Körper nicht schadet.« Weiter heißt es: »Wenn ein Mensch keine Mineralien einnimmt, wird er sich bei allen Dingen nicht gut fühlen. Befinden sich aber die Mineralien im Körper, üben sie eine beruhigende Wirkung aus. Man darf nur nicht die fünf Mineralien in Pulverform einnehmen.« Der Grund ist, daß die Mineralpulver die üblen Eigenschaften der Heilpflanzen auslösen. Werden sie konzentriert eingenommen, zeigen sie eine heftige Wirkung. Im großen und ganzen verhält es sich so mit allen Rezepten der Alten. Ihre Bücher liefern keine erschöpfenden Angaben. Umso mehr, als in den Rezeptbüchern nach wie vor viele falsche Rezepturen anzutreffen sind, wie zum Beispiel in der »Pharmakologie des göttlichen Acherbauers« (»Shen nong ben cao«),[36] das das älteste dieser Bücher ist. Es enthält besonders viele Fehler, derer sich ein Arzt bewußt sein muß.

Mutterwurz und Schnurbaum (315)

Einer meiner Verwandten mußte einmal längere Zeit Mutterwurz[37] als Arznei einnehmen. Als der Arzt Zheng Shuxiong das Rezept sah, meinte er dazu: »Mutterwurz darf man nicht lange einnehmen, denn er verursacht bei vielen Menschen einen plötzlichen Tod.« Später ist mein Verwandter tatsächlich ohne Krankheit verschieden. Ferner bekam die Frau von Zhang Zitong, einem angeheirateten Verwandten, der Beamter in der Hauptstadt war, Kopfschmerzen und nahm daraufhin sehr lange Zeit Mutterwurz ein. Auch sie starb eines Tages urplötzlich. Diese Fälle hatte ich mit eigenen Augen erlebt.

Selbst litt ich einmal unter Hüftbeschwerden. Wenn ich bei einer unbequemen Reise lange gesessen war, konnte ich erst nach mehr als zehn Schritten wieder richtig gehen. Ein Adjutant eines Generals, der mich so sah, sprach mich daraufhin an: »Reinigen Sie sich die Zähne etwa mit Schnurbaumextrakt?«[38] Ich hatte damals wegen meiner kranken Zähne schon mehrere Jahre einen Extrakt aus Schnurbaumwurzeln eingenommen. Da entgegnete er: »Dann rühren Ihre Beschwerden daher. Wenn Schnurbaumextrakt in die Zähne gelangt, greift er die Nieren an, so daß man schließlich Hüftbeschwerden bekommen kann.« Weiter kannte ich Shu Shaoliang, den Zeremonienmeister im kaiserlichen Ahnentempel, der sich immer mit Schnurbaumextrakt die Zähne putzte. Nach vielen Jahren erkrankte auch er an der Hüfte. Später erfuhr ich, daß, seitdem er den Schnurbaumextrakt abgesetzt hatte, sich seine Hüftbeschwerden besserten. Diese Nebenwirkungen sind in den alten Arzneibüchern nicht verzeichnet.

Eine Behandlung der Leber unterstützt die Milz (318)

Der buddhistische Mönch Fengzhen[39] aus Siming ist ein ausgezeichneter Arzt. Nachdem Xu Yuan,[40] ein Berater der kaiserlichen Bibliothek in der Halle des Himmelssiegels, Transportkommissar im Gebiet von Jianghuai[41] geworden war, hatte er für den Hof einen zusammenfassenden Bericht über die Steuersituation geschrieben. Er wollte gerade zur Audienz in die Hauptstadt aufbrechen, als sein Sohn schwer erkrankte. Mit geschlossenen Augen lag er da und nahm nichts zu sich. Eine ganze Nacht dämmerte er, dem Tode nah, vor sich hin. Als Xu Yuan dem Mönch Fengzhen den Kranken zeigte, erklärte der Mönch: »Da die Milz nicht mehr arbeitet, kann er nicht mehr geheilt werden. Ihr Sohn wird morgen sterben.«

»Nachdem Sie den Status seiner Krankheit untersucht haben, wissen Sie mit Bestimmtheit, daß man ihm nicht mehr helfen kann. Läßt sich aber nicht sein Leben um ein paar Tage verlängern, da ich jetzt gerade zur Audienz beim Kaiser erscheinen muß?«

»Das wird vielleicht möglich sein«, meinte Fengzhen. »Obwohl alle Organe ihre Funktion einstellen, arbeitet einzig die Leber übermäßig stark. Da die Milz von der Leber beherrscht wird,[42] brach ihre Funktion zuerst zusammen, und wenn ein Organ nicht mehr arbeitet, muß man sterben. Wenn man schnellstmöglich die Energie der Leber ableitet, wird die Leber geschwächt, so daß sich die Milz ein wenig erholt. So ist es möglich, sein Leben um drei Tage zu verlängern. Mehr vermag meine Kunst aber nicht auszurichten.«

Danach verabreichte er dem Kranken eine Arznei, woraufhin der Sohn bis zum Abend die Augen öffnen und ein klein wenig Breisuppe trinken konnte, so daß er am nächsten Tage allmählich wieder zu sich kam und etwas essen konnte. Xu Yuan freute sich sehr über diese Wendung, doch Fengzhen dämpfte lächelnd sein Hochgefühl: »Seine Lage gibt leider keinen Anlaß zur Freude, denn die Energie der Leber läßt sich nur vorübergehend auflösen. Mehr vermag ich nicht zu erreichen.« Tatsächlich starb der Sohn drei Tage später.

Gebrauchsgegenstände

Gefäße des Typs Lei (320)

Im »Buch der Riten« (»Li ji«) steht geschrieben, daß die Gefäße des Typs Lei[1] mit Ornamenten aus Wolken und Donnern verziert sind, aber niemand weiß, welche Form ein Donner hat. Wenn man heute auf einem Opfergefäß einen Donner darstellt, so malt man Dämonen und Götter, die Trommeln schlagen, aber diese Symbolik hat keinen alten Ursprung.

Ich bekam einmal ein altes bronzenes Gefäß des Typs Lei, dessen Bauch ringsum mit Bildern geschmückt war, die Abbildungen an Dachbalken zur Abwehr böser Einflüsse glichen. Sah man genauer hin, so waren es Muster, die aus Wolken und Donnern bestanden, wie das Ornament ᘏ, das ein archaisches Schriftzeichen für »Wolke« darstellt und der Form einer Wolke gleicht. Ferner trat das Ornament ◎ auf, das Schriftzeichen für »Donner«. In archaischen Texten bedeutet ◎ Donner oder Widerhall. Die Ornamente auf dem bronzenen Gefäß Lei bildeten eine Abfolge von ᘏ und ◎, das heißt Darstellungen von Wolken und Donner.

In der Chronik »Han shu« wurde das Schriftzeichen für das Gefäß Lei 罍 zu [illegible] abgewandelt, vielleicht weil die Alten diese Gefäße mit Donnern verzierten, und es scheint, als sei diese Kenntnis in späteren Generationen verlorengegangen.

Ein Hohlraum kann Schall empfangen (322)

Nach einer Tradition des Altertums werden Pfeilkocher aus Rindsleder hergestellt, und wenn man sich hinlegt, kann der Köcher als Kissen dienen. Legt man den Köcher mit seinen Hohlräumen zwischen den Pfeilen als Kissen auf die Erde, so kann man die Geräusche von Menschen und Pferden im Umkreis von mehreren Li hören. Das ist darauf zurückzuführen, daß ein Hohlraum Schall empfangen kann.[2]

Eine Abzugsvorrichtung mit Inschrift (323)

In Yunzhou hatte jemand eine große bronzene Abzugsvorrichtung einer Armbrust ausgegraben, die meisterhaft gearbeitet war. Auf der seitlichen Gehäusewand waren folgende Worte eingraviert: »Der Stock ist von Yu Shi und der Bogen von Zhang Rou gefertigt.« Aber die Biographien in den Geschichtschroniken führen diese Namen unter den erblichen Handwerksmeistern nicht auf. Wir konnten nicht herausfinden, welcher Dynastie dieses Stück zuzuschreiben ist.

Der Götterarm-Bogen (324)

In den Jahren der Regierungsära Xining [1068–1077] überreichte Li Ding dem Kaiser eine Repetierarmbrust mit Fußspannung. Die Waffe ähnelte einem Bogen, besaß aber einen Schacht für die Pfeile und einen Ring für das Spannen mit dem Fuß. Indem man den Ring mit dem Fuß nach unten zog, wurde der Bogen gespannt. Wenn man mit diesem Bogen 300 Bu (461 m) weit schoß, durchschlug der Pfeil mehrere hintereinander gestellte Panzer. Deshalb wurde diese äußerst starke Waffe »Götterarm-Bogen« genannt. Li Ding war ursprünglich ein Häuptling der Dangxiang-Tanguten, der sich unserer Dynastie ergab. Er starb in China, nachdem er als Beamter bis zum Grenz- und Milizkommandanten aufgestiegen war. Auch seine Söhne machten sich an der Westgrenze durch ihre Tapferkeit einen Namen.

Die alten Schwerter »Zhanlu« und »Yuchang« (325)

Im Altertum gab es kostbare Schwerter, die die Namen *»Zhanlu«* (tief schwarz) und *»Yuchang«* (Fischdarm) trugen. Zhanlu bezeichnet die dunkel leuchtende, schwarze Farbe des Schwerts. Die Alten verwendeten einen harten, spröden Stahl für die Schneide und Schmiedeeisen für den Rücken der Klinge. Andernfalls sind die Schwerter oft zerbrochen. Stahlschwerter haben an der Klinge häufig Scharten. Das ist ein Merkmal der Schwerter mit dem Namen *»Juque«* (Riesenscharte). Deshalb kann man nicht ausschließlich gehärteten Stahl verwenden. *»Yuchang«*-Schwerter entsprechen den heutigen gekrümmten Stahlschwertern, die nach ihrer Zeichnung auch Kiefernrinde heißen. Wenn man einen Fisch gar röstet und die Gräte herausnimmt, kommt sein Darm zum Vorschein, der dem Muster der heutigen gekrümmten Stahlschwerter ähnelt.

Entdeckung eines alten Grabs (326)

Im Kreis Jinxiangxian des Bezirks Jizhou wurde ein altes Grab entdeckt, das sich als die Ruhestätte von Zhu Wei,[3] einem Vorsteher des Amts für Aufklärung in der Han-Dynastie, herausstellte. In die steinernen Wände waren Figuren, Opfergefäße, Glockenständer und ähnliches graviert. Die Kleidungsstücke und Kopfbedeckungen der Menschen zeigten viele Formen. Letztere ähnelten den heutigen kopftuchartigen Kopfbedeckungen für Männer. Sie waren quadratisch, wie sie heutzutage vorgeschrieben sind, besaßen aber keine seitlichen Bänder. Die Frauen trugen Hüte mit »hängenden Schultern«, wie sie auch heute üblich sind. Sie erinnerten an die Hüte der daoistischen Mönche, die in den letzten

Jahren Verbreitung fanden. Die Hüte haben zwei Flügel, die das Gesicht umschließen und bis auf die Schultern reichen. Zwischen diesen beiden Arten von Hüten kann man nicht den geringsten Unterschied entdecken. Aus der Tatsache, daß die Menschen vor mehr als tausend Jahren bereits ähnliche Kopfbedeckungen und Kleider trugen, läßt sich folgern, daß sich ihre Sinnesart nicht sehr verändert haben kann. Auch erinnerten einzelne Opfergefäße an heutige Eßgeschirre.

Konvexe Spiegel (327)

Wenn man im Altertum gegossene Bronzespiegel herstellte,[4] waren die großen Spiegel eben und die kleineren konvex. Allgemein wird das Gesicht des Menschen bei konkaven Spiegeln vergrößert und bei konvexen Spiegeln verkleinert. Da kleine, ebene Spiegel nicht das ganze Gesicht des Menschen erfassen können, macht man sie ein wenig konvex. Wenn das Gesicht verkleinert wird, kann auch ein kleiner Spiegel das Gesicht ganz erfassen. Wenn man die Größe eines Spiegels und seine Krümmung richtig wählt, erreicht man, daß das Gesicht mit der Größe des Spiegels ungefähr übereinstimmt. Die Kunstfertigkeit und Weisheit dieses Handwerks ist in späteren Generationen verlorengegangen. Wenn jemand einmal einen alten Spiegel in die Hände bekommt, läßt er ihn eben schleifen. Das ist der gleiche Jammer, den der Musikmeister Kuang[5] zu der Klage veranlaßte, es gäbe zu wenig Menschen, die etwas von Musik verstünden!

Der Lungenstein der Tang-Dynastie (328)

Vor dem Wachtturm des alten Kaiserpalastes in Chang'an steht noch ein Lungenstein aus der Tang-Dynastie.[6] Seine Funktion ähnelt einem Echostein, den man in buddhistischen Tempeln anschlagen kann, ist aber viel größer. Er hat eine Abmessung von acht, neun Chi (2,46 bis 2,76 m), seine Gestalt gleicht einem hängenden Lungenflügel, und er trägt auch eine Aufschrift, die aber durch Verwitterung unleserlich ist. Im Kapitel »Der Herbstbeamte« des Werkes »Riten der Zhou« (»Zhou li«)[7] steht geschrieben: »Der Vorsteher des Amts zur Bekämpfung des Räuberunwesens wendet sich mit dem Lungenstein an die Armen.« Geht man seiner Bedeutung auf den Grund, so konnten zu Unrecht Beschuldigte ihn anschlagen und sich unter ihn stellen, woraufhin die Würdenträger seine Klage anhörten. So erfüllt der Lungenstein die gleiche Aufgabe wie heutzutage die Beschwerdetrommel vor dem Kaiserpalast. Der Stein erhält die Gestalt eines Lungenflügels, weil sie passend ist, wenn man ihn aufhängt. Außerdem beherrscht die Lunge die Stimme, und mittels der Stimme kann man ein Unrecht vortragen.

»Lichtdurchlässige« Spiegel (330)

Es gibt sogenannte lichtdurchlässige Bronzespiegel,[8] die auf ihrer Rückseite eine Inschrift von etwa zwanzig Schriftzeichen in einem alten Schriftstil tragen, den niemand entziffern kann. Hält man den Spiegel in die Sonne, dringen die Schriftzeichen, obwohl sie sich auf der Rückseite befinden, zur Vorderseite durch und werden deutlich erkennbar an die Wand reflektiert.
Leute, die den Grund für diese Erscheinung erörterten, meinten, daß sich beim Gießen die dünneren Stellen zuerst abkühlten, während die erhabenen Partien der Inschrift später abkühlten, wobei sich die Bronze stärker zusammenzieht. Obwohl sich die Inschrift auf der Rückseite befindet, zeigen sich doch auf der Spiegelseite verborgene Spuren von ihr, die dann im Licht zutage treten. Als ich mir einen solchen Spiegel besah, fand ich, daß es sich tatsächlich so verhält.
Meine Familie besitzt drei derartige Spiegel, und ich habe auch in anderen Familien solche Spiegel gesehen. Bei allen zeigte sich die gleiche Erscheinung. Inschrift und Muster sind sehr ähnlich, und ihre Form und Herstellung deuten auf ein hohes Alter. Alle sind sie »lichtdurchlässig«. Aber ich kann mir nicht erklären, warum andere Spiegel, obwohl sie sehr dünn sind, das Licht nicht »durchlassen«. Die Alten müssen hierfür eine besondere Technik besessen haben.

Der Abzugsmechanismus einer Armbrust (331)

Als ich in den letzten Jahren einmal in Haizhou war, grub jemand einen Abzugsmechanismus einer Armbrust aus der Erde. Dieser Mechanismus stach durch seine sehr lange Visiereinrichtung hervor. Die Seitenfläche der Kimme trug eine kleine Skale, die den Fen- und Cun-Strichen eines Chi-Maßes[9] vergleichbar ist. Ergründet man den Sinn dieser Skale, so kann man durch Ablesen der Teilstriche an der Visiereinrichtung den Anstiegswinkel des Pfeils bestimmen, wobei die Gesetzmäßigkeiten der Mathematiker für das rechtwinklige Dreieck benutzt werden.[10] Im Kapitel Taijia des Buches »Shang shu«[11] steht geschrieben: »Früher gab man den Pfeil frei, nachdem man das Pfeilende über die Skale beobachtet hatte.« Ich bin mir nicht sicher, ob diese Skale mit derjenigen des ausgegrabenen Abzugsmechnismus identisch ist. Prinz Liu Chong der Han-Dynastie und zugleich König von Chen war ein Meister im Armbrustschießen. Bei zehn Schüssen erzielte er zehn Treffer alle an derselben Stelle. Seine Methode charakterisierte er so: »Der Himmel bedeckt und die Erde trägt alles. Auf wunderbare Weise wird die Drei miteinander verknüpft, die aus drei winzigen und drei kleinen Einheiten besteht. Die drei winzigen Einheiten bilden die Vertikale und die drei kleinen Einheiten die Horizontale, der Abzug aber stellt den Schlüssel zum Ganzen dar.« Diese Beschreibung ist dunkel und schwer zu verstehen. Der Sinn der Worte »Der Himmel bedeckt und die Erde trägt alles« zielt wahrscheinlich nur auf die Haltung der Hände vor und nach dem Abschuß. Die Worte »Auf wunderbare Weise wird die Drei miteinander verknüpft« meinen, daß man die Pfeilspitze über die Skale und das Ziel über die Pfeilspitze anvisiert. Diese drei sollen wie ein Waagbalken fluchten, und man bedient sich hier genau der Methode zur Berechnung von Höhen und Tiefen mit Hilfe rechtwinkliger Dreiecke. Drei Teilstriche in der Vertikalen und in der Horizontalen bedeutet lediglich die ungefähre Höhenausrichtung des Pfeils auf das Ziel. Als ich einmal eine Armbrust auf drei Teilstriche in der Vertikalen und in der Horizontalen eingestellt und über die Pfeilspitze das Ziel anvisierte, erzielte ich bei zehn Schüssen sieben, acht Treffer. Die Genauigkeit einer Armbrust wird bestimmt erhöht, wenn sie eine derartige Skale besitzt.

Kaltgeschmiedete Schilde (333)

Die Tanguten von Qingtang[12] verstehen sich darauf, Brustpanzer zu schmieden, deren Eisen blauschwarz ist und die so glänzen, daß sich ein Haar darauf spiegelt. Aus dem Leder von Moschushirschen schneiden sie Riemen, um die Panzerplättchen miteinander zu verbinden. Ein solcher Panzer ist anschmiegsam, dünn und dennoch fest. Das Heer zur Bewachung der Grenze verfügt auch über eiserne Brustpanzer, die in Truhen aufbewahrt werden. Nach der Überlieferung werden sie als wunderkräftige Schutzwaffe angesehen. Als Han Qi[13] Heerführer in Jingyuan war, erprobte er einmal einen Brustpanzer, indem er im Abstand von 50 Bu (ca. 77 m) mit einer starken Armbrust auf den Panzer schoß, doch der Pfeil konnte ihn nicht durchbohren. Als tatsächlich einmal ein Pfeil ein Panzerplättchen durchdrang, war er auf eine Bohrung zum Verbinden der Plättchen getroffen. Der Pfeil wurde von der Bohrungswand zerschabt und seine eiserne Spitze verbogen. Das zeigt, wie fest das Material ist.
Allgemein besteht das Verfahren, einen Brustpanzer zu schmieden, darin, daß man von einem anfangs sehr dicken Materialblock ausgeht, der ohne Feuer kalt geschmiedet wird. Dabei wird die ursprüngliche Materialdicke auf 2/3 reduziert. An einem Ende läßt man einen Buckel von der Größe einer Eßstäbchenspitze zurück, den man nicht schmieden darf und der wie eine verborgene Warze aussieht. Er dient dazu, die Dicke des Werkstücks vor und nach dem Schmieden zu überprüfen. Das ist den Markierungspfählen zu vergleichen, die beim Ausgraben eines Flußlaufs in die Erde gerammt werden. Darum nennt man die Schmiedestücke auch »Warzen-Brustpanzer«.
Heutzutage trägt man oft auf die Rückseite der Brustpanzerplättchen falsche Warzen auf. Obwohl somit Warzen vorhanden sind, handelt es sich aber nicht um sorgfältig ausgeschmiedeten Stahl. Oder das Werkstück wird im Feuer geschmiedet, aber dieses Verfahren liefert keinen Nutzen für den Gebrauch, denn es dient lediglich der äußerlichen Verzierung.

Der große kaiserliche Jade-Prunkwagen (337)

Ein großer kaiserlicher Jade-Prunkwagen, der zur Zeit des Tang-Kaisers Gaozong[14] angefertigt wurde, wird bis heute vom Kaiser benutzt. Seit der Tang-Dynastie [618–907] bis heute ist man in diesem Wagen dreimal auf den Berg Taishan gefahren.[15] Die Anzahl anderer kaiserlicher Inspektionsreisen ist nicht vermerkt worden, aber bis heute ist der Wagen unversehrt und stabil. Der Wagen fährt so ruhig, als wäre er unerschütterlich wie ein heiliger Berg. Stellt man eine Schale Wasser in den Wagen, wird es nicht verschüttet. In den Jahren der Regierungsära Qingli [1041–1048] wurde von den besten Handwerkern des Reiches ein zweiter Jade-Prunkwagen gebaut. Doch als man ihn erprobte, schwankte er unruhig, so daß man ihn nicht benutzte und zuletzt abschaffte. In den Jahren der Regierungsära Yuanfeng [1078–1085] wurde wiederum von den geschicktesten Handwerkern ein Prunkwagen gebaut. Noch nicht in den Dienst des Kaisers gestellt, hatte man den Wagen gerade in den großen Kaiserhof gestellt, als die Wagenkabine plötzlich auseinanderfiel und der Wagen unter dem Druck zerbrach. So fährt man nur in dem Prunkwagen aus der Tang-Dynastie. Über Generationen konnte man nicht das Geheimnis lüften, warum er so ruhig, fest und dauerhaft ist. Nach der Überlieferung soll er von einem göttlichen Wesen beschützt werden. Denn wenn es dem Prunkwagen folgt, vernimmt man einen undeutlichen Laut.

Übernatürliches

Der Aalbrunnen (339)

Im Tempel der Himmelsantwort in Yuezhou[1] gibt es einen Aalbrunnen. Er befindet sich auf einem großen Felsblock von mehreren Zhang Höhe und weist eine quadratische Brunnenöffnung von nur wenigen Cun Länge auf. Über die Tiefe des Brunnens ist nichts bekannt. Xu Hao[2] aus der Tang-Zeit hatte in einem Gedicht geschrieben: »An tiefer Quelle ein Aalbrunnen entspringt.« Hiermit ist ebendieser Brunnen gemeint, dessen Wasser von weit herkommen muß. Schwimmen die Aale hier heraus, kann man sie leicht fangen, und wenn man sie an der Brust oder im Ärmel hält, zeigen sie weder Angst noch Argwohn. Diese Art von Aalen hat Schuppen und zwei sehr große Ohren, und ihr Schwanz zieht eine Spur wie von einem Messer hinter sich her. Nach der Überlieferung soll sie Huang Chao[3] einst mit seinem Schwert erlegt haben. Allgemein tritt, wenn die Aale herausschwimmen, in Yue bestimmt eine Katastrophe wie Überschwemmung, Dürre oder Seuche auf, weshalb die Landleute immer auf die Aale achtgeben.

Auf dem Berg Hugongshan bei Puyang[4] liegt am Fuß einer Felsschroffe eine Krabbenquelle, deren Öffnung so groß ist, daß man mit einem Arm hineinlangen kann. Meist fließt die Quelle nicht, so daß sie nicht einmal ein paar Tropfen Wasser abgibt. Wenn jedoch in der Präfektur eine Dürre auftritt, wird ein Bediensteter des Präfekten zur Quelle entsandt, um zu fasten und rituelle Waschungen vorzunehmen. Er stellt ein sauberes Gefäß vor die Quelle und sammelt ihr Wasser mit einem Schilfrohr auf. Das aus der Quelle tropfende Wasser füllt dann langsam das Gefäß. Kommt eine schöne rote Krabbe so groß wie eine Kupfermünze zum Vorschein, kriecht sie über das Schilfrohr in das Gefäß und schwimmt darin umher, bis sie plötzlich verschwindet. Wenn die Krabbe das Gefäß verläßt, wird es bestimmt reichlich regnen. Das ist ein ähnliches Phänomen wie beim Aalbrunnen am Tempel der Himmelsantwort.

Ein Meteorit (340)

Im ersten Jahr der Regierungsära Zhiping [1064] war in Changzhou[5] an einem Tag kurz vor Mittag am Himmel ein donnergleicher Lärm zu hören. Darauf erschien im Südosten ein Stern, fast so groß wie der Mond. Wenig später vernahm man wieder einen Donner, während der Stern nach Südwesten flog, und dann stürzte er mit einem weiteren Donnerschlag in den Garten eines Herrn Xu im Kreis Yixing.[6] Nah und fern sah man, wie Feuerschein den Himmel erhellte.

Tatsächlich war der Zaun um Herrn Xus Garten niedergebrannt. Nachdem das Feuer gelöscht war, sah man in der Erde ein Loch mit einer Öffnung so groß wie ein Teller. In der Tiefe entdeckte man darin den noch glühenden Meteoriten. Als nach langer Zeit allmählich seine Glut erlosch, war er noch so heiß, daß man sich ihm nicht nähern konnte. Wieder nach längerer Zeit grub man das Loch auf, das mehr als drei Chi [ca. 1 m] tief war. Aus ihm wurde ein runder Stein so groß wie eine Faust geborgen, der immer noch heiß war. Eine Seite des Steins zeigte eine schwache Kante. In Farbe und Gewicht glich er Eisen. Der Präfekt Zheng Shen, der den Meteoriten erhielt, übergab ihn dem Tempel des Goldenen Bergs (*Jin shan si*) in Runzhou,[7] wo er bis heute in einem Kästchen aufbewahrt und Besuchern gezeigt wird. Wang Wujiu[8] hatte über diesen Meteoriten einen ausführlichen Bericht verfaßt.

Gemüsekrankheiten (345)

Wenn Gemüsesorten wie Wasserrüben, Chinakohl und Sarepta-Senf von einer Dürre betroffen werden, bilden sich an den Blattspitzen degenerierte Blüten, die wie Lotosblüten aussehen, oder die Blätter nehmen eine schlangen- oder drachenartige Gestalt an.[9] Das ist etwas Gewöhnliches, worüber man sich nicht wundern muß. Als Li Jizhi, ein Beamter aus dem Stab des Kronprinzen, während der Jahre der Regierungsära Xining [1068–1077] Präfekt von Runzhou war, zeigten die Blüten aller Gemüse in seinem Garten derartige krankhafte Veränderungen, so daß sie an Lotosblüten oder gar an Buddhas erinnerten, die in Blumen sitzen. Die zahllosen Buddhas schienen geschnitzt zu sein. Nach dem Trocknen des Gemüses blieb ihre krankhafte Form erhalten. Da meinte jemand: »Herrn Lis Familie verehrt Buddha so aufrichtig, daß sich etwas derart Sonderbares zeigt.«

Ein heftiger Blitzschlag (347)

Das Haus des Eunuchen Li Shunju ist einmal von einem heftigen Donner getroffen worden.[10] Der blendend helle Donnerfunke [der Blitz] trat dann durch das Fenster des westlichen Zimmers in der Haupthalle ins Freie und verschwand mit einem gewaltigen Knall über die Dachtraufe. Da die Angehörigen glaubten, das Haus brenne, rannten sie hinaus, um sich in Sicherheit zu bringen. Doch nachdem der Blitzschlag vorüber war, zeigte sich das Anwesen ganz unversehrt, nur die Wände und die mit Papier bespannten Fenster waren geschwärzt. In einem hölzernen Regal hatte man verschiedene Gefäße aufbewahrt, wobei das Silber der mit Silber eingelegten Lackgefäße geschmolzen und auf die Erde herabgetropft war, während die Lackgefäße nicht einmal angebrannt waren. Herr Li besaß auch ein kostbares Schwert, das aus sehr festem Stahl hergestellt war. Das Schwert war in der Scheide zu einem Klumpen zusammengeschmolzen, die Scheide dagegen unbeschädigt geblieben. Die Menschen meinen, daß das Feuer zuerst Gras und Holz entflammt und erst danach Metall und Stein zum Schmelzen bringt. Wenn jetzt Metall und Stein gänzlich schmolzen, aber nicht eine Faser Gras und Holz verbrannte, so widerspricht das der landläufigen Vermutung. In den Büchern der Buddhisten heißt es: »Wenn das Feuer der Drachen auf Wasser trifft, wird es noch heftiger; wenn das Feuer der Menschen auf Wasser trifft, wird es ausgelöscht.« Dieses Prinzip ist glaubwürdig. Die Menschen wissen nur über die Dinge in der Menschenwelt Bescheid. Wie schwierig ist es wohl, wenn man mit dem beschränkten Wissen unserer Welt die tiefste Wahrheit ergründen will, welche Grenzen den Dingen außerhalb der Menschenwelt gesetzt sind!

Die Dinge sind nicht vorbestimmt (350)

Es gibt Menschen, die behaupten, Dinge, die erst nach mehreren dutzend, hundert oder tausend Jahren eintreten, vorhersagen zu können. Auch wird behauptet, daß alle Dinge, die man aus Träumen erfährt, sämtlich vorbestimmt seien. Ich teile diese Meinung nicht. Die Dinge sind nicht vorbestimmt. Man weiß erst etwas über eine Sache, wenn sie geschieht. Selbst wenn einer vorgibt, etwas vorherzusagen, das erst Jahre später eintritt, weiß man es erst, wenn es wirklich geschieht, so daß man grundsätzlich nicht im voraus etwas über Künftiges erfährt. Dieses Prinzip ist eindeutig zu begreifen, wenn man es gründlich überprüft. Jemand meinte: »Wenn man von etwas Ungünstigem im voraus erfährt, kann man ihm ausweichen.« Auch diese Meinung vertrete ich nicht. Denn wenn man einer Sache ausweichen kann und sie schon vorher weiß, dann sieht man bereits die Sache, der man ausgewichen ist. Wenn man aber die Sache, der man ausgewichen ist, nicht sieht, dann weiß man nicht vorher von ihr.

Herstellung von Gold (356)

In den Jahren der Regierungsära Dazhong Xiangfu [1008–1016] gab es einen Alchimisten Wang Jie,[11] der Gold herstellen konnte. Ursprünglich war er ein auf die Insel Shamendao verbannter Sträfling. Bi Sheng,[12] ein alter Handwerker, hatte im Kaiserpalast für Jie gearbeitet, wo sie Gold durch Gießen herstellten. Sheng erzählte: »Seine Methode war so, daß er den Blasebalg in einem an den Schmelzofen angrenzenden Raum aufstellte, denn er wollte nicht, daß die Arbeiter, die jenen betätigten, ihn beim Öffnen und Schließen des Schmelztiegels beobachten konnten. Sein Gold wurde aus Eisen hergestellt.[13] Wenn es aus dem Ofen kam, war es noch schwarz. Im allgemeinen stellte er Barren mit einem Gewicht von mehr als 100 Liang [3,96 kg] her, die jeweils wie die Speichen eines Rades in acht Teile zerteilt wurden. Das nannte man ›Krähenschnabelgold‹.« Noch heute gibt es Leute, die dieses Gold aufbewahren. Der Kaiser befahl, daß die kaiserlichen Werkstätten daraus goldene Schildkröten und Medaillen gießen, jeweils mehrere hundert Stück. Zuerst verschenkte er die Schildkröten an die ihm am nächsten stehenden Würdenträger, von denen jeder eine erhielt. Dann überreichte er sie außer der kaiserlichen Familie noch an 17 weitere Persönlichkeiten am Hofe. Die übrigen wurden unter den Fundamenten der Paläste der Jadereinheit und des klaren Echos sowie der Halle des kostbaren Amuletts als Schutzinsignien vergraben. Von den goldenen Medaillen erhielt jeder Vorsteher der Präfekturen, Bezirke und Militärkreise im ganzen Reich je eine. Sie hießen »Kostbare Goldmedaille«. In der Familie von Li Jianfu in Hongzhou wird eine solche Schildkröte aufbewahrt, weil sein Großonkel Li Xuji zu den erwähnten 17 Persönlichkeiten gehörte. Sie behaupten, die Schildkröte wandere nachts umher und sende einen Lichtschimmer aus. Doch wenn man sie berührt, ist nichts Besonderes zu bemerken. Jedenfalls bewahrt seine Familie sie bis auf den heutigen Tag wie einen Schatz.

Erstaunliches

Ein Regenbogen (357)

Man erzählt sich, ein Regenbogen könne in einen Gebirgsbach eintauchen und aus ihm Wasser trinken, und das trifft wahrhaftig zu. Als ich in den Jahren der Regierungsära Xining [1068–1077] als Gesandter zu den Qidan reiste,[1] schlug ich einmal am Fuße des Yong'anshan-Gebirges an der weit im Norden gelegenen Grenze beim Fluß Heishui[2] mein Zelt auf. Damals klarte es gerade nach einem Regen auf, und ich sah, wie der Regenbogen in den Fluß vor dem Zelt hinabführte. Zusammen mit meinem Begleiter ging ich zum Fluß, um die Erscheinung zu betrachten. Beide Hälften des Regenbogens verliefen in den Fluß hinab. Daraufhin schickte ich meinen Begleiter auf die andere Seite des Flusses, so daß wir uns zu beiden Seiten des Regenbogens gegenüberstanden. Mehrere Zhang [mehrere 10 m] voneinander entfernt, schien zwischen uns ein Stück Rohseidengaze gespannt zu sein. Wenn ich von Westen nach Osten blickte, sah ich den Regenbogen. Es handelte sich also um einen abendlichen Regenbogen.[3] Mein Begleiter auf der anderen Seite des Flusses, der von Osten nach Westen schaute, konnte, von der Sonne geblendet, keinen Regenbogen sehen. Allmählich wanderte der Regenbogen nach Osten, überquerte einen Berg und verschwand. Als wir am nächsten Tag unsere Reise fortsetzten, sahen wir diese Erscheinung wieder. Sun Yanxian[4] sagte dazu: »Ein Regenbogen ist der Schatten der Sonne im Regen. Er tritt auf, wenn die Sonne auf die Regentropfen strahlt.«

Ein doppelwandiger Spiegel (360)

In Qiaobo[5] erwarb ich einmal einen alten Spiegel. Als ich ihn befühlte, gab er in der Mitte einen knackenden Ton, als zerspränge ein Schildkrötenpanzer, wenn man ihn erhitzt. Jemand sagte mir, das sei ein doppelwandiger Spiegel. Aber da er sich doppelwandig nicht gießen läßt, muß er aus zwei Teilen zusammengefügt sein. Obwohl der Spiegel sehr dünn war, sah man kaum eine Spur vom Löten, so daß ich zweifelte, ob er zusammengesetzt sein könnte. Denn hätte man ihn gelötet, wäre sein Ton dumpf wie beim Anschlagen einer Glocke. Aber wenn ich gegen ihn klopfe, gibt er einen klaren, lang anhaltenden Ton. Er klingt schon, wenn man ihn drückt. Spröde Bronze würde jedoch brechen, und reines Kupfer wäre nicht so glänzend. Obwohl ich mehrere Spiegelhersteller aufsuchte, konnte mir keiner die Herstellung doppelwandiger Spiegel erläutern.

Kaltes Licht (364)

Als Lu Zhongfu[6] einmal in seinem in Wuzhong[7] gelegenen Haus vor Sonnenaufgang aufstand, bemerkte er am Fuß einer Mauer bei einer Säule ein helles Licht. Als er näher hinsah, schien es sich wie Wasser zu bewegen, weshalb er das Ding rasch mit einem Fächer aus Ölpapier aufzunehmen suchte. Daraufhin glitt es wie ein Quecksilbertropfen auf dem Fächer hin und her, wobei das Licht langsam erlosch. Doch als er das Ding mit einer Kerze anleuchtete, war nichts mehr zu sehen. Auch im Haus der Prinzessin des Reichs Wei[8] ist eine derartige Erscheinung beobachtet worden. Als der Milizkommissar Li Ping mir einmal davon erzählte, stellte ich kaum einen Unterschied zu Lu Zhongfus Beobachtung fest, aber ich kenne nicht die Ursache dieses Lichts.
Ich hatte früher einmal in Haizhou eines Nachts Enteneier in Salzwasser gekocht, und ein Ei darunter leuchtete durchscheinend wie Jade. Sein schwacher Schein war im Zimmer zu sehen. Nachdem ich es mehr als zehn Tage in einem Gefäß aufbewahrt hatte, leuchtete es immer heller, je mehr das Ei faulte. Als im Haus von Qian Sengru[9] in Suzhou einmal ein Entenei gekocht wurde, geschah dasselbe. Da diese Erscheinungen einander sehr ähneln, müssen sie sich auf ein und dieselbe Ursache zurückführen lassen.[10]

Untersuchung über Goldmünzen (366)

Am Hang des Bergs der acht Herzöge (Bagongshan) im Bezirk Shouzhou[11] und an den dort fließenden Bächen findet man oft kleine goldene Fladen, auf denen in Siegelschrift die Zeichen »Liu zhu« (Herrscher Liu) stehen. Die Überlieferung berichtet, es handele sich um »Arzneigold des Königs von Huainan«[12]. Viele Leute haben dort Münzen gefunden, die im Reich »Stempel-Goldmünzen«[13] heißen. Aber diese Münzen tragen nicht mehr als einen Stempel, und die schwersten wiegen nicht mehr als ein halbes Liang [ca. 19 g], selten gibt es größere. Ich habe einmal einen derartigen Goldfladen von einem Fischer aus Shouchun erworben, der wiederum erzählte, er habe ihn im Huai-Fluß gefunden. Dieser Fladen ist über 7 Liang [ca. 261 g] schwer. Auf seiner Oberseite trägt er mehr als 20 Stempel, während auf der Unterseite in klaren Linien die Abdrücke von fünf Fingern und einem Handteller zu erkennen sind. Nach der Überlieferung soll dieses Gold durch Umwandlung aus Ton entstanden sein, und die Spuren der Hand sollen vom Kneten des Tons stammen. In der Gegend von Xiang und Sui, die früher Chongling (Grab von Chong) und Baishui (Weißwasser-Fluß) hieß, werden oft aus der Erde Goldbarren mit dem Abdruck eines Einhorn- oder Pferdehufs zutage gefördert[14]. Die Goldbarren mit dem Abdruck eines Einhornhufs sind in der Mitte hohl und tragen auf den vier Seitenflächen Schriftzüge, die sehr kunstvoll eingegraben sind. Die Goldbarren mit dem Abdruck eines Pferdehufs haben die Form eines Kloßes. Auf dem Umfang sind keine Spuren einer Gießform zu erkennen, so als hätte man das flüssige Gold auf eine ebene Platte gegossen. Weil seine Form einer getrockneten Kakipflaume ähnelt, nennen die Einheimischen es »Kakigold«. In der »Inoffiziellen Biographie von Zhao Feiyan« (»Zhao Feiyan wai zhuan«)[15] heißt es: »Wenn der Kaiser die Erste Konkubine Zhao beim Bade beobachten wollte, führte er im Ärmel seines Gewands immer Goldfladen mit sich, um sie den Dienern und Palastmädchen zu schenken.« Wahrscheinlich handelte es sich hier um derartige Goldfladen. Diese Fladen hatten ein Gewicht von mehr als vier Liang [ca. 150 g], was einem Jin des Altertums entspricht.[16] Dieses leuchtend purpurne Gold läßt sich nicht mit anderem Gold vergleichen. Wenn man es mit einem Messer schneidet, erweist es sich weicher als Blei. Selbst große Fladen lassen sich mit einem Messer schneiden, und die Schnittfläche ist porös. Schleift man das Gold mit einem Stein, so entstehen viele feine Späne. Die Geschichtenerzähler behaupten, die Goldbarren mit dem Abdruck eines Einhorn- oder Pferdehufs seien das von Lou Jing[17] so genannte Arzneigold, weshalb die Alchimisten es als »Lou-Gold« bezeichnen, aus dem sie die beste Medizin bereiten. In einem Kommentar zur Chronik der Han-Dynastie »Han shu« heißt es: »Dieses Gold unterscheidet sich von anderen Goldsorten.« In jenem Jahr [1085], als ich mich im Gebiet östlich des Han-Flusses aufhielt, erfuhr ich von mehreren Familien, daß sie derartige Goldbarren besäßen. Als man dort in einem Grab mehrere Dutzend Goldbarren fand, erwarb auch ich einen solchen Fladen.

Merkwürdige Krankheiten (368)

Auf der Welt treten höchst merkwürdige Krankheiten auf. Als Lü Jinshu[18], der Bewahrer der kaiserlichen Erlasse, Präfekt von Yingzhou[19] war, traf ihn plötzlich eine Krankheit, durch die er immer kleiner wurde, so daß er vor seinem Tode die Größe eines Kleinkinds hatte. Im Altertum war eine derartige Krankheit unbekannt. Jiang Yu, der Präfekt von Songzi, litt an keiner Krankheit, bis er plötzlich kein Schriftzeichen mehr kannte. Erst nach mehreren Jahren erlangte er allmählich sein Gedächtnis zurück. Dann gab es in einer Familie eine Konkubine, die gerade Gegenstände krumm sah, so daß ihr Bogensaiten oder Lineale krumm wie ein Haken erschienen. Der Arzt und buddhistische Mönch Fengzhen hatte sie mit eigenen Augen gesehen. Eine alte Frau in einer Herberge in der Gegend südlich des Yangzi konnte unaufhörlich essen, ohne je satt zu werden. Als Xu Dezhan an der Herberge vorbeikam, klagte die alte Frau, sie sei hungrig. Daraufhin gab ihr der Sohn beschämt gedämpfte Plinsen zu essen. Nachdem sie einen ganzen Bambuskorb mit etwa hundert Plinsen vertilgt hatte, beteuerte sie, immer noch hungrig zu sein. Täglich verzehrte sie ein Dan [71,6 kg] Reis. Wenn sie sich dann entleerte, war sie wieder hungrig wie zuvor. Mein Freund Cai Sheng, der im Kreis Liquan des Bezirks Jingzhao[20] Rechnungsführer war, litt ebenfalls an dieser Hungerkrankheit. Er mußte immer sofort etwas essen, wenn er hungrig war, denn falls er nur ein wenig wartete, wurde er ohnmächtig. Unter dem Kragen seines Gewands hielt er immer etwas Gebäck bereit. Selbst in Gegenwart eines Vorgesetzten mußte er gleich etwas essen, wenn ihn der Hunger befiel. Cai Sheng war für sein gesittetes Benehmen, seine Gelehrsamkeit und Kultur berühmt. Welches Unglück, daß er so enden mußte! Niemand kannte sich mit seiner Krankheit aus, aber jeder war durch sein Schicksal schmerzlich berührt.

Die Riesenperle von Yangzhou (369)

In den Jahren der Regierungsära Jiayou [1056–1063] wurde abends in der Gegend von Yangzhou[21] oft eine überaus große Perle gesichtet. Zuerst tauchte sie in einem See im Kreis Changxian auf, später wandte sie sich zum Pishe- und schließlich zum Xinkai-See. Mehr als zehn Jahre lang haben Ansässige und Wanderer sie oft beobachtet. Einer meiner Freunde, der an diesem See eine Studierstube besaß, hatte die Perle eines Nachts ganz aus der Nähe gesehen. Als sie zuerst ein wenig ihr Gehäuse öffnete, drang aus den Muschelhälften Licht, das einem waagerecht verlaufenden goldenen Faden glich. Plötzlich öffnete die Muschel ihre Schale ganz, die so groß wie eine halbe Sitzmatte war. Aus der Schale drang weiß-silbernes Licht, und darin lag eine Perle groß wie eine Faust. Sie gleißte dermaßen, daß man sie nicht direkt ansehen konnte. Über mehr als zehn Li warf sie Schatten auf die umliegenden Wälder, als schiene die aufgehende Sonne. Von ferne sah man nur den geröteten Himmel, als wäre ein Brand entflammt. Unvermittelt flog die Perle mit großer Geschwindigkeit über den Wellen davon und verschwand in der Ferne wie eine Sonne. In alter Zeit gab es schon sogenannte Vollmondperlen, aber das Licht dieser Perle glich nicht dem Mondlicht, vielmehr gleißte es wie ein Flammenstrahl, fast wie Sonnenlicht. Cui Boyi[22] verfaßte über dieses Ereignis die »Ode an die leuchtende Perle«. Cui Boyi aus Gaoyou hatte sie einst gesehen. In den letzten Jahren ist sie nicht wieder aufgetaucht, und niemand weiß, wohin sie verschwunden ist. In Panliangzhen[23], wo die Perle einst hin- und herflog, begaben sich Wanderer an den See und warteten mehrere Nächte in einem festgemachten Boot auf ihr Erscheinen. Ein Pavillon an dieser Stelle erhielt den Namen »Perlenzeitvertreib«.

Das Erdbeben von Dengzhou (370)

Die Ausläufer des Bergs Juyushan bei Dengzhou[24], die sich bis zum Meer erstrecken, erbeben zuweilen. Dabei sind einmal große Felsen dieses Bergs ins Meer gestürzt. Das passiert hier schon mehr als fünfzig Jahre, und die Einheimischen betrachten es als etwas Normales, doch niemand weiß hierfür eine Ursache zu nennen.

Eine eisvogelgrüne Tropfenperle (371)

Die Familie des Gelehrten Song Shu besaß eine Perle so groß wie ein Hühnerei und mit einer opak-blauvioletten Färbung. Wenn man sie in der Hand gegen das Licht besah, nahm das untere Ende eine etwas eisvogelgrüne Farbe an, während sie an der Oberseite blasser wurde. Drehte man die Perle um, dann wanderte die eisvogelgrüne Seite wieder nach unten. Da man nicht wußte, woraus sie besteht, nannte sie jemand »eisvogelgrüne Tropfenperle«.[25] In den buddhistischen Schriften heißt es: »In den Ländern des Westens gibt es Glasperlen, die man, ins Wasser geworfen, selbst in der Tiefe noch so deutlich erkennen kann, als ob man zum Mond am Himmelszelt aufschaut.« Ich bezweifle aber, ob diese Perle etwas damit zu tun hat.

Eine Fata Morgana (372)

Wenn über dem Meer bei Dengzhou Wolken hängen, kann man klar und deutlich Hallen, Häuser, Terrassen und Tempel, die Zinnen der Stadtmauer und Menschen sowie Prozessionen von Beamten in überdachten Wagen erkennen. Diese Erscheinung wird »Stadt im Meer« (Fata Morgana) genannt. Jemand meinte, der Atem der Meeresdrachen und Riesenmuscheln erzeuge diese Bilder. Ich bezweifle aber, daß dem so ist. Als Ouyang Xiu einmal in die Gebiete nördlich des Gelben Flusses entsandt wurde und den Kreis Gaotangxian[26] durchquerte, sind ihm nachts bei einer Poststation Dämonen und Geister durch die Luft entgegengeflogen. Dabei konnte er die Geräusche von Pferden und Wagen, Menschen und Tieren deutlich unterscheiden. Was er darüber ausführlich berichtet hatte, kann ich hier nicht vollständig aufzeichnen. Als ich mich bei einem alten Mann aus dieser Gegend danach erkundigte, berichtete er mir: »Vor zwanzig Jahren war ich einmal tagsüber im Kreis unterwegs gewesen. Dabei hatte ich auch klar und deutlich Menschengestalten gesehen.« Die Einheimischen bezeichnen das ebenfalls als »Stadt im Meer«. Wahrscheinlich ähnelt diese Erscheinung der in Dengzhou beobachteten.

Die versteinerten Bambussprossen von Yanzhou (373)

Vor wenigen Jahren stürzte ein Berg nahe des Yongning-Passes bei Yanzhou[27] am Gelben Fluß zusammen. Dabei fand man mehrere zehn Chi [etwa 3 bis über 10 m] tief in der Erde einen Wald von Bambussprossen[28], insgesamt mehrere hundert Pflanzen, deren Wurzeln und Stämme miteinander verflochten und sämtlich versteinert waren. Ein Würdenträger aus der Hauptstadt, der dort zufällig vorbeikam, nahm sich auch mehrere Stämme mit und erklärte, sie dem Kaiser als Geschenk darbringen zu wollen.

Im Bezirk Yanzhou gab es seit jeher keinen Bambus, doch obwohl sich diese Pflanzen mehrere zehn Chi in der Erde befanden, ist mir nicht bekannt, aus welcher Zeit sie stammen. Ob die Erde hier vor grauen Zeiten flach und das Klima feucht gewesen war, so daß Bambus gedeihen konnte? Auf dem Berg Jinhuashan in Wuzhou[29] gibt es versteinerte Kiefern sowie Pfirsichkerne, Schilfstengel, Fische und Krabben, die sämtlich versteinert sind. Aber das sind alles

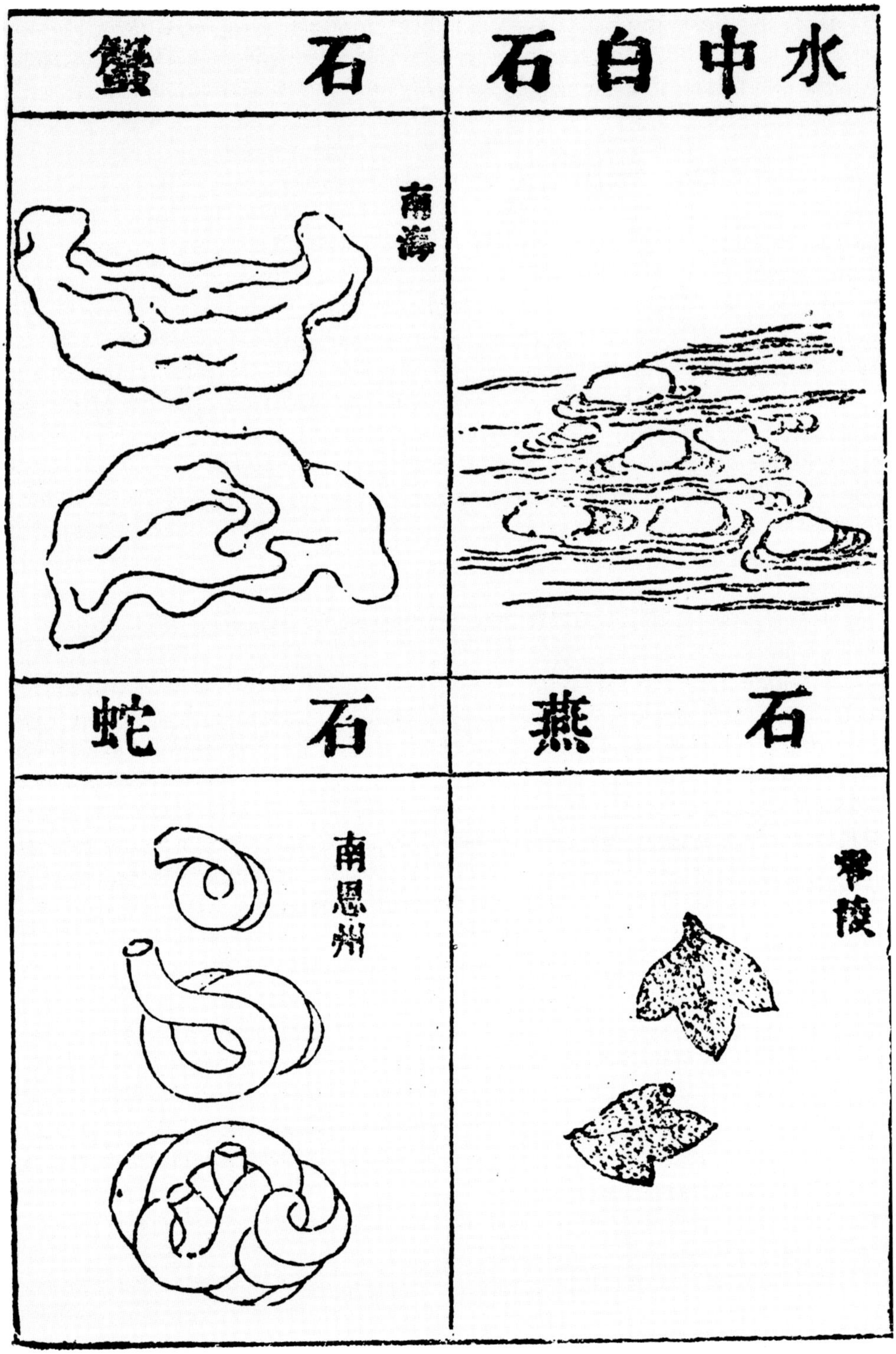

Abbildung von Fossilien.
(Aus: Ben cao gang mu, 1596)

Pflanzen und Tiere, die in dieser Gegend leben, so daß dies nicht allzusehr verwundern muß. Aber wenn tief aus der Erde Pflanzen zutage gefördert werden, die hier eigentlich nicht heimisch sind, so ist das schon außergewöhnlich!

Die Versteinerungen von Zezhou (374)

Als in den Jahren der Regierungsära Zhiping [1064–1067] eine Familie in Zezhou[30] einen Brunnen aushob, fand sie in der Erde einen Gegenstand, der gewunden wie ein Drache oder eine Schlange war[31], so daß sie ihn aus Furcht nicht zu berühren wagte. Nachdem die Leute nach langem Hinsehen merkten, daß er sich nicht bewegte, versuchten sie ihn anzuschlagen und fanden, daß es sich um einen Stein handelte. In ihrer Unkenntnis zerschlugen die Dorfleute den Stein. Cheng Bochun, damals Kreisvorsteher von Jincheng, erbat sich davon ein Bruchstück. Es zeigte Schuppen wie bei einem Lebewesen. Vielleicht handelte es sich um die Versteinerung einer Schlange, einer Riesenmuschel oder einer Krabbe.

Das Volk von Jiaozhi bringt ein seltenes Tier dar (377)

In den Jahren der Regierungsära Zhihe [1054–1055] brachte das Volk von Jiaozhi dem Kaiser als Tribut ein Einhorn dar[32]. Es ähnelt einem Rind, ist aber größer, sein ganzer Körper ist mit Schuppen bedeckt, und auf dem Kopf hat es ein Horn. Aber wenn man es mit den Beschreibungen in alten Aufzeichnungen vergleicht, ähnelt es dem Einhorn nicht, vielmehr nannte man ein solches Tier Berg-Nashorn, nur von Nashörnern wurde nie berichtet, daß sie Schuppen hätten. Da man nicht wußte, wie man dieses Tier nennen sollte, wollte man ihm im Dankedikt des Kaisers den Namen »Einhorn« geben. Aber weil man bedachte, das Volk der Yilao aus Jiaozhi könnte dadurch gekränkt werden, nannte man das Tier nicht »Einhorn«, und weil es nicht möglich war, Nachforschungen anzustellen, titulierte man es einfach vorsichtshalber »seltenes Tier«.
Wenn ich es mir jetzt betrachte, entspricht es fast dem Tianlu[33]. In der Chronik der Späteren Han-Dynastie (Hou Han shu) heißt es: »Im dritten Jahre der Regierungsära Zhongping des Kaisers Lingdi [186 n. Chr.] wurde der Abguß eines Tianlu und einer Kröte vor dem Pingmen-Tor[34] aufgestellt.« Dazu wird angemerkt: »Tianlu ist der Name eines Tiers. Im Regierungsbezirk Nanyang der Präfektur Dengzhou stehen neben der Stele für Zongzi, den Vorsteher der Palastwache, zwei Tierskulpturen, eine stellt ein Tianlu und die andere ein Bixie[35] dar.«
Als ich in den Jahren der Regierungsära Yuanfeng [1078–1085] durch Dengzhou kam, hörte ich, daß diese Tierskulpturen noch existieren. Daraufhin beauftragte ich einen Gehilfen, einen Tuscheabdruck von den eingravierten Schriftzeichen »Tianlu« und »Bixie« anzufertigen. Der Stil der Schriftzeichen gehört halb der Siegel- und halb der Kanzleischrift[36] an. Die Tiere hatten Hörner, eine Mähne

und handtellergroße Schuppen. Zeng Fu aus Nanfeng, der Präfekt von Nanyang, hatte auf der Rückseite der Stele von Zong Zi eine Inschrift eingravieren lassen, die lautete: »Die Pranken der beiden Tiere sind einzigartig modelliert. Diese erlesenen Skulpturen sind sieben, acht Chi [2,1 bis 2,4 m] hoch und Schwanz und Mähne mit Schuppen bedeckt. Niemand weiß, wem sie ähneln und wie sie heißen.« Da mir jetzt ihre Gestalt bekannt ist und sie dem vom Volk Jiaozhi dargebrachten seltenen Tier sehr ähnelt, bin ich mir sicher, daß es sich um ein Tianlu handeln muß.

Das Schwert von Shuqu (378)

In Qiantang lebte ein gewisser Wen Renshao, der einst ein kostbares Schwert besaß. Einmal schlug er zehn große Eisennägel zur Hälfte in einen Pfahl, und dann hieb er mit dem Schwert an dem Pfahl entlang, wobei er alle zehn Nägel so schnurgerade wie ein Waagbalken durchtrennte. Die Schwertschneide hingegen zeigte keinerlei Beschädigung. Wenn man auf das Schwert drückte, bog es sich wie ein Haken. Ließ man es losschnellen, sirrte es und war danach wieder gerade wie eine Bogensaite. Zhong E aus Guanzhong[37] nannte ebenfalls ein Schwert sein eigen, das man in eine gebogene Scheide stecken konnte, und wenn man es herauszog, war es wieder gerade. Zhang Jingyang[38] hatte in seinem Werk »Sieben Schicksale« (»Qi ming«) über Schwerter bemerkt: »Wenn ein Schwert so geschmeidig und kostbar ist, kann man es beliebig oft biegen und losschnellen lassen.« Wahrscheinlich gab es schon im Altertum derartige Schwerter, aber man kann sie nicht aus gewöhnlichem Eisen herstellen[39].

Alligatoren (381)

In dem Werk »Aufzeichnungen über außergewöhnliche Dinge südlich des Qinling-Gebirges« (»Ling yi biao wu zhi«)[40] sind Alligatoren ausführlich beschrieben. Als ich in meiner Kindheit einmal nach Min kam[41], fing Wang Juzhi, damals Präfekt von Chaozhou[42], einmal einen Alligator, der so groß wie ein Boot war. Er malte von ihm ein Bild und fügte darunter eine Beschreibung dieses Tiers an. Im großen und ganzen ähnelte er dem Yangzi-Alligator, nur war sein Maul so lang wie der übrige Körper, und seine Zähne glichen einer Säge. Die Tiere haben eine gelbliche oder grünblaue Färbung, zuweilen sind sie auch weiß. Der Schwanz besitzt drei Widerhaken, die sehr spitz und scharf sind. Wenn er einem Hirsch oder Schwein begegnet, streckt er sie mit seinem Schwanz nieder, um sie dann aufzufressen. Er legt sehr viele Eier, aus denen teils Fische, teils Yangzi-Alligatoren, teils Meeresschildkröten, aber nicht mehr als ein oder zwei Alligatoren schlüpfen.[43] Die Einheimischen bohren einen Haken in den Leib eines großen Schweins und lassen es auf einem Bambusfloß im Wasser schwimmen. Wenn ein Alligator es dann mit seinem Schwanz erlegt und auffrißt, stirbt er schließlich an dem Haken.

Herstellung von Waffen in den kaiserlichen Werkstätten.
(Aus: Qin ding shu jing tu shuo, 1905)

Ein Barbaren-Seelöwe (382)

In den Jahren der Regierungsära Jiayou [1056–1063] fing ein Fischer aus Haizhou ein Tier, das den Leib eines Fisches und den Kopf eines Tigers hatte. Sein Körper war wie ein Tiger gezeichnet. An der Schulter hatte es zwei kurze Füße, deren Zehen und Krallen wie bei einem Tiger beschaffen waren. Das Tier war acht, neun Chi [2,4 bis 2,7 m] lang. Im Angesicht von Menschen flossen ihm sofort die Tränen.[44] Die Leute trugen das Tier in die Präfekturstadt, doch nach mehreren Tagen war es verendet. Ein alter Mann meinte: »Vor Jahren hatte ich schon einmal ein solches Tier gesehen, man nennt es ›*Hai man shi*‹ (Barbaren-Seelöwe).« In Büchern und anderen Schriften hatte man darüber jedoch noch nie etwas geschrieben.

Ein Tornado (385)

Im neunten Jahr der Regierungsära Xining [1076][45] trat im Kreis Wuchengxian des Bezirks Enzhou[46] ein Wirbelwind auf, der von Südosten kam. Wenn man den Wirbel beobachtete, so schien er sich wie das Horn eines Hammels in den Himmel zu bohren, und er riß große Bäume aus, die er im Handumdrehen bis zu den Wolken hochschleuderte. Danach näherte er sich allmählich der Kreisstadt, wo er das Anwesen des Beamten und die Häuser der anderen Einwohner völlig zerstörte, indem er sie bis in die Wolken hinauf hochriß. Die Söhne und Töchter und die Diener des Kreisvorstehers wurden auch hochgerissen und fielen wieder auf die Erde, wobei mehrere Personen getötet oder verletzt wurden. Die Zahl der Toten, Verletzten und Vermißten unter den Einwohnern läßt sich nicht angeben. Da die ganze Kreisstadt in ein Trümmerfeld verwandelt wurde, verlegte man sie zu ihrem heutigen Standort.

Eisblumen (386)

Song Cidao schrieb in seinem Buch »Aufzeichnungen nach dem Rückzug vom Hofe« (»Chun ming tui chao lu«)[47]: »In den Jahren der Regierungsära Tiansheng [1023–1031] schlug sich der Reif während eines strengen Winters in Qingzhou[48] auf den Ziegeln der Häuser in Form von vielfältigen Blumen nieder.« Eine derartige Erscheinung trat schon während der Fünf Dynastien [907–960] auf. Auch ich hatte so etwas schon zweimal beobachtet. In den Jahren der Regierungsära Qingli [1041–1048] hatte in der Hauptstadt[49] an einem Kanal beim Tempel des versammelten Glücks (Jixiguan) das Eis Muster von Blumen, Früchten und Bäumen ausgebildet. Gegen Ende der Regierungsära Yuanfeng [1078–1085] sah ich, als ich einmal nach Xiuzhou kam, daß das Eis auf den Ziegeln der Häuser Blumenmuster zeigte. Auf jedem Ziegel war ein Blumenzweig zu sehen, was wie ein Gemälde nach dem Malstil der abgebrochenen Zweige wirkte. Es waren große Blumen wie Päonien und Pfingstrosen anzutreffen, aber auch kleine

Blüten wie vom Holzapfelbaum oder Taglilien. Alle hatten Zweige und Blätter, und es fehlte nicht das geringste Detail. Der geschickteste Pinsel könnte nicht diese Lebendigkeit der Atmosphäre nachahmen. Würde man versuchen, die Bilder auf Papier abzudrücken, könnte man keinen Unterschied zu einer Steingravierung entdecken.

Irrtümer

Kann ein Baum fünf Düfte haben? (391)

Duan Chengshi hat in seinem Buch »Miszellen aus Youyang« (»Youyang za zu«) viel Absurdes aufgeschrieben. Besonders was er über seltsame Pflanzen berichtet, ist oft falsch und töricht. Er berichtet im wesentlichen über Dinge aus fremden Ländern, die sich nicht überprüfen lassen. So erzählt er von einem »Baum mit fünf Düften: »Die Wurzeln dufteten nach Sandelholz, die Knoten nach Aloe, die Blüten nach Nelken, die Blätter nach Patschuli und das Harz nach Mastix.« Das ist besonders abwegig. Der Sandel- und der Aloebaum sind zwei Bäume ganz unterschiedlicher Herkunft. Nelken nennt man heutzutage *dingxiang* (Nagelduft), und sie werden jetzt oft für Arzneien benutzt. Sie haben nichts mit Patschuli zu tun, einer Blattpflanze, die man häufig im Süden antrifft. Mastix ist ein kleiner Baum mit großen Blättern. Auf der Insel Hainan gibt es auch Mastixbäume, und ihr Harz nennt man heutzutage *ru tou xiang* (Brustduft). Diese fünf Pflanzen sind so grundverschieden, daß sie nichts Gemeinsames haben.

Die Kunst des Wahrsagens (394)

Die Wahrsager in der Hauptstadt verdienen das meiste Geld an den Teilnehmern der Beamtenprüfungen, die wissen wollen, ob ihnen das Prüfungsglück hold ist. Es gibt verschiedene Methoden, damit Geld zu verdienen. Die Wahrsager, die nach schnellem Gewinn trachten, beteuern, wenn jemand sie nach dem Ausgang der Prüfungen fragt, er werde bestimmt bestehen. Da die Prüfungskandidaten gern das Gewünschte hören, fragen sie einen Wahrsager. Die Wahrsager aber, die nach künftigem Gewinn streben, antworten, wenn sie gefragt werden, er werde durchfallen. Da gewöhnlich mehr als sieben von zehn Teilnehmern die Prüfung nicht bestehen, meinen sie dann alle, der Wahrsager verstehe es, die Zukunft vorauszusagen und rede offen. So kann ein Wahrsager, wenn ein Durchgefallener sich das nächste Mal an der Prüfung beteiligt, nochmals an ihm verdienen. Und wenn jemand aufgrund einer Wahrsagung berühmt wird, wird sich der Wahrsager ein Leben lang der Gunst des erfolgreichen Prüfungskandidaten erfreuen.

Bao Zheng durchkreuzt die Ränke eines treulosen Beamten (395)

Als Bao Zheng[1] Präfekt der Hauptstadt war, nannte man ihn den erleuchteten Richter. Als einmal ein in das Bevölkerungsregister eingetragener einfacher Mann wegen eines Vergehens mit einer Bastonade auf den Rücken bestraft werden sollte, nahm einer der Gehilfen von ihm ein Bestechungsgeschenk an und vereinbarte mit ihm: »Wenn du heute den Richter siehst, mußt du meine Schuldurkunde bezahlen. Flehe um Gnade und bezichtige dich selbst. Dann werde ich mit dir die Strafe teilen, das heißt, sowohl du als auch ich werden zu einer Prügelstrafe verurteilt.« Danach ließ Richter Bao den Gefangenen hereinrufen, und nachdem er ihn verhört hatte, zahlte der Mann tatsächlich die Summe der Schuldurkunde des Gehilfen. Wie ihm der Gehilfe eingeschärft hatte, bezichtigte er sich ohne Unterlaß seiner Schuld. Da schalt ihn der Gehilfe mit lauter Stimme: »Hinaus mit dir, daß du die verdiente Prügel bekommst! Spar dir deine Worte!« Da der Richter fand, daß der Gehilfe sich eine ihm nicht zustehende Macht anmaßte, ließ er den Gehilfen im Hof fesseln und ihm siebzehn Schläge mit dem Bambusprügel verabreichen. Dem Gefangenen aber erließ er die Strafe und verbot, um den Machenschaften des Gehilfen Einhalt zu gebieten, daß der Gefangene gemeinsam mit jenem eine Prügelstrafe erhalte. Da Richter Bao nicht wußte, daß der Gehilfe eine Bestechung angenommen hatte, hatte der Gefangene dennoch die Schuldurkunde des Gehilfen bezahlen müssen. So war es selbst für Richter Bao schwierig, die Machenschaften der gemeinen Leute zu unterbinden.

Bao Zheng war von Natur aus sehr streng. Niemals erhellte ein Lächeln sein Gesicht. Die Leute sagten, eher klare das Wasser des Gelben Flusses auf, als daß sich auf Richter Baos Gesicht ein Lächeln zeige.

Bestechliche Beamte (396)

Wenn Li Pu[2] in seiner Zeit als Transportkommissar von Jianghuai alljährlich dem Kaiser Rechenschaft ablegte und den Tribut lieferte, schickte er immer ein großes Schiff, das mit unzähligen Schätzen aus dem Südosten beladen war, um sich ungeniert bei den mächtigen Hofbeamten einzuschmeicheln. Bei einem dieser Berichte an den Thron hörte die Kaiserinmutter Zhangxian,[3] die, durch einen Vorhang getrennt, der Audienz beiwohnte, wie Li Pu überschwenglich die Köstlichkeit des Tees aus Zhejiang pries: »Seit jeher wird der zu Ziegeln gepreßte Tee aus Jianzhou dem Kaiser als Tribut gesandt, während Tee aus Zhejiang noch nie an den Hof gelangte. Deshalb hat der Inhaber dieses Amts aus Steuerüberschüssen mehrere tausend Jin Tee gekauft,[4] die ich bitte, Seiner Majestät überreichen zu dürfen.« Durch das Reichstor der Hauptstadt wurde ein Schiff gezogen, das den Namen »Tributtee-Großtransport« trug. Keiner der Aufsicht führenden Beamten wagte etwas einzuwenden. Sämtliche Überschüsse der Tributlieferungen fielen in private Hände. Als Li Pus Bestechungen in seinen

Altersjahren ans Licht kamen, wurde er degradiert und nach Haizhou verbannt. Aber nichtsdestotrotz pflegte man seitdem die Regel, daß der Transportkommissar Tribute aus Steuerüberschüssen zu liefern hatte. Jedesmal, wenn der Transportkommissar zur Berichterstattung in die Hauptstadt kam, verdeckten die Schiffsbesatzungen vom Bug bis zum Heck die Sicht über den Strom. Von Sizhou am südlichen Ende des Bian-Kanals benötigte man mit dem Schiff sieben Tage bis in die Hauptstadt. Als ich einmal nach Huainan entsandt wurde[5] und schwer beladene Schiffe nach Bianliang fahren sah, ließ ich die Transportlisten überprüfen. Unter den Schiffen befanden sich allein drei, die mit feinstem Papier aus der Provinz Liangzhe beladen waren, wobei die Papierbögen wie Vorhänge aufgehängt waren, von den anderen Waren ganz zu schweigen.

Die Riesenmuschel (399)

Im Meer lebt die Riesenmuschel (*che qu*), die zu den Austern gehört. Die großen erreichen das Ausmaß einer Kehrichtschaufel, und ihre Außenseite ist wie bei einer Archenmuschel von tiefen Rinnen überzogen. Die im Südmeer lebende Muschel, die man als Gefäß benutzen kann, ist erlesen wie weiße Jade. Im Großen Kommentar Dazhuan zur Chronik Shang shu[6] heißt es: »Als König Wen einst vom Herrscher Zhou der Shang-Dynastie in Youli eingesperrt wurde, erhielt San Yisheng eine Muschel, die so groß wie eine Riesenmuschel (*che qu*) war, daß er sie Zhou als Geschenk überbringe.«[7] Zheng Kangcheng[8] setzte folgende Erläuterung hinzu: »*Qu* bedeutet Wagenrad.« Wahrscheinlich kannte Zheng Kangcheng die Riesenmuschel nicht, so daß er sich deshalb irrte.

Ironisches

Krankheiten der Literatur (402)

Sima Xiangru[1] schreibt in seiner »Ode von Shanglin« über die Flüsse: »Danshui, Ziyuan, Ba, Chan, Jing und Wei[2] gehören zu den acht Nebenflüssen des Gelben Flusses, die entgegengesetzt fließen und sich unterschiedlich verhalten. Ihre unüberschaubar weiten Wassermassen ergießen sich im Osten in den See Taihu.«[3] Li Shan vermerkt in einem Kommentar hierzu: »Der See Taihu ist die sogenannte Marsch Zhenze.« Ich frage, wenn die acht Ströme in den Gelben Fluß fließen, wie können sie sich dann im Osten in die Marsch Zhenze ergießen?
Ferner schrieb Bai Juyi in seinem »Lied von der unsterblichen Liebe und Sehnsucht«[4]: »Am Berg Emeishan[5] ziehen die Soldaten auf wenig begangenen Wegen. In der fahlen Sonne flattern glanzlos ihre Fahnen und Wimpel.« Der Berg Emei liegt im Bezirk Jiazhou, der überhaupt keine Verbindung zu den Straßen von Shu hat.
Du Fu erwähnt in seinem Gedicht »Die Zypresse am Tempel Wuhouci«[6]: »Vom Frost gebleicht, vom Regen verwaschen, mißt vierzig Spannen der Stamm. Das schwarze Grün reckt sich zweitausend Chi zum Himmel hinauf.« Vierzig Spannen bedeutet aber einen Durchmesser von sieben Chi [2,12 m], der wohl etwas zu schlank für einen so hohen Baum wäre. Der Körper des Gottes Windschützers soll nach der Überlieferung neun Mu breit und drei Zhang [9,10 m] hoch gewesen sein. Während der Zhou-Dynastie besaß das Flächenmaß Mu eine Kantenlänge von sechs Chi [1,82 m], so daß sich bei neun Mu eine Kantenlänge von 5 Zhang 4 Chi [16,37 m] ergeben würde. So gesehen, hätte der Körper des Gottes Windschützer die Proportionen einer Plinse gehabt. Auch das sind Krankheiten des literarischen Stils.

Ein Studierter tritt dem Prüfungsaufsatz wie einem Feind entgegen (407)

Ein Studierter tritt dem Prüfungsaufsatz wie einem Feind entgegen. In vielen Fällen schreibt er Aussprüche von anderen ab, die nicht im mindesten eigene Erkenntnisse bilden. Ein Zeitgenosse hat das so formuliert: »Stellt man ein praktisches Problem, versteht er es nicht. Er kann nur Dogmen mechanisch anwenden.«

Bremsen (409)

In der Gegend von Xin'an, Cang und Jing[7] gibt es viele Bremsen. Wenn man die Rinder und Pferde in den Sommermonaten nicht mit Lehm einschmiert, werden sie oft von Bremsen zu Tode gestochen. Bei Fahrten aufs Land wagt man dann nicht, ein Pferd zu reiten, weil es von Bremsen vergiftet werden könnte und durchgeht, so daß es nicht mehr zu zügeln ist. Reisende benutzen hier einrädrige Schubkarren oder verhüllen die Pferde mit großen Satteln, die wegen dieser Verkleidung »Holzpferde« heißen. Die Kärrner tragen Lederhosen. In den Wintermonaten benutzt man kleine Schlitten zum Sitzen, die man auf dem Eis hinter sich herzieht. Solche Schlitten heißen »Eisbett« (*lingchuang*). Als ich das Gebiet nördlich des Gelben Flusses inspizierte,[8] sah ich, daß die Leute, die die Schlitten ziehen, sich aneinandergebunden hatten. Auf meine Frage, für wen sie das täten, antworteten sie: »Das ist das Eisbett des Transportkommissars«, »Das ist das Eisbett des Justizkommissars.« Jeder, der es hörte, fing zu lachen an, wobei er sich die Hand vor den Mund hielt.[3]

Vermischtes

Durch die Prüfung gefallen (413)

Als Shi Manqing die erste Gelehrtenprüfung bestanden hatte, focht jemand die Prüfungsergebnisse an. Daraufhin wurden die Aufsätze nochmals durchgesehen, und man ließ mehrere Kandidaten durchfallen, unter denen sich auch Shi Manqing befand. Damals hatten sich die Kandidaten gerade im Tempel dei Reichsblüte zusammengefunden. Als der Abgesandte des Kaisers mit dem endgültigen Prüfungsergebnis eintraf, stürzten sie sich auf das Dokument und hielten den Abgesandten an Stiefeln und Kleidern fest. Während mehrere Kandidaten ihn schluchzend umringten, öffnete Manqing seine Stiefel und sein Obergewand und setzte sich mit entblößtem Oberkörper, aber den Kopf bedeckt, wieder hin. Plaudernd und lachend nahm er den bescheidensten Platz der Runde ein und ging schließlich. Am nächsten Tage erhielten die Durchgefallenen das Amt eines Unterpalastaufsehers zur Probe. Darauf schrieb Manqing folgenden Vierzeiler:[1]

> »Obwohl talentlos, wurde ich Unterpalastaufseher zur Probe,
> Ich bitt' um Gehalt und Kampfbefehl wie ein Militärinspektor.
> Nun wieg ich nicht mehr den Provinztribut für den Kaiser ab,
> sondern durchreite das Land in Ost und West und Süd.«

Der Gelehrte aus Wuzhong (417)

Ein Gelehrter aus Wuzhong, der eine vom Finanzkommissariat abgehaltene Sonderprüfung auf Bezirksebene als Erster bestanden hatte und sich deshalb für einzigartig hielt, prahlte viel mit seinen Beziehungen zu den Notablen. Damals amtierte Li Zhi, seines Zeichens Zensor für allgemeine Angelegenheiten am Hofe, als Präfekt von Changzhou, und Pang Ji, der spätere Kanzler Herzog Zhuang Min, war Präfekt von Huzhou.
Als der Gelehrte einmal einen Ausflug nach Changzhou unternahm, um mit seinen Schülern in einem Bordell Wein zu trinken, trug er einem Amtsdiener auf: »Mach dich auf den Weg zum zweiten Li und sage ihm, daß ich hier trinken will. Er soll schleunigst einen Amtsmann mit Wein und einem Imbiß herschicken!« Der zweite Li war kein Geringerer als Zensor Li. Wenig später trafen aus der Yamen-Küche reichlich Getränke und Speisen ein.
Zufällig hielt sich in dem Etablissement ein Geburtshelfer auf, der das miterlebte. Als er später den Zensor aufsuchte, erzählte er ihm diese Geschichte. Über den Vorfall höchst erstaunt, ließ Herr Li den Amtsdiener holen. Da stellte sich

heraus, daß der Gelehrte sich den Amtsdiener vom Militäryamen ausgeliehen und mit ihm vereinbart hatte, in einem Lokal Wein und Speisen einzukaufen, und seine großspurige Rede nur dazu diente, seine Gäste zu beeindrucken. Daraufhin ließ Li dem Amtsdiener eine Bastonade verabreichen und befahl der Polizei des Stadtviertels, den Gelehrten aus der Stadt zu weisen. Beamte des Bezirks, die mit dem Gelehrten bekannt waren und ihn aus der Stadt geleiteten, fragten ihn tröstend: »Wohin willst du nur gehen, wenn du so überstürzt aufbrechen mußt?«
Da versetzte der Gelehrte: »Ich werde mich nach Huzhou begeben und mich an den Neunten Pang[2] halten.« Alle, die das hörten, brachen in schallendes Gelächter aus.

Sprichwörter (419)

Die Leute in Wu nennen die Winterpflaume oft Herzog Cao,[3] weil er einst seinen Durst löschte, indem er sie betrachtete. Auch sagen sie zu einer Gans »General des rechten Flügels«, weil Wang Xizhi,[4] der diesen Rang bekleidete, selbst gern Gänse aufzog. Einmal hatte ein Gelehrter jemandem in Essig eingelegte Pflaumen und weichgekochte Gans übersendet und dazu folgende Zeilen geschrieben: »Ich schicke Ihnen Herzog Cao in einem Tonkrug in Essig eingelegt und zwei zu einer Suppe weichgekochte Generäle des rechten Flügels. Mögen sie Ihnen wohl munden!«

Erdöl (421)

Im Gebiet von Fuyan gibt es Erdöl. Deshalb heißt es in alten Schriften:[5] »Im Kreis Gaonuxian entspringt der Erde fettiges Wasser.« Damit ist Erdöl gemeint. Es entsteht an der Grenze zum Grundwasser und quillt, mit Sand, Steinen und Quellwasser vermischt, langsam aus der Erde. Die Einheimischen tunken Fasanenfedern in Erdöl und stecken sie in ein bauchiges Tongefäß. Das Erdöl ähnelt reinem Lack. Sie benutzen die Fasanenfedern zum Feueranmachen wie anderswo Hanfstengel, aber der Rauch ist sehr dick, so daß zum Beispiel ein Zelt davon ganz schwarz wird. Da ich mir nicht sicher war, ob sich der Ruß verwenden läßt, hatte ich ihn einmal zusammengekratzt, um zu prüfen, ob er sich als Tusche verwenden lasse. Der Ruß glänzte schwarz wie Lack, während Kiefernholzruß diese Qualität nicht erreichte, so daß Erdölruß danach in großem Umfang für Tusche genutzt wurde. Das ist die unter Gelehrten bekannte Tusche »Steinwasser aus Yanzhou«. Dieser Stoff wird künftig bestimmt einmal in großen Mengen verwendet werden. Seitdem ich zuerst die Tusche herstellte, hat sich dieses Verfahren vielleicht deshalb so verbreitet, weil es sehr viel Erdöl gibt, das in der Erde in unerschöpflicher Menge entsteht – im Gegensatz zu den Kiefern, die eines Tages abgeholzt sein werden. Jetzt sind die Kiefernwälder in Qi und Lu[6] schon kahlgeschlagen, so daß man allmählich ins Taihangshan-Gebirge, nach

Jingxi und Jiangnan vorstößt,[7] um Kiefern zu fällen, denn die früher mit Kiefern bestandenen Gebirge sind größtenteils schon kahl. Die Leute, die Tusche herstellen, wissen wahrscheinlich noch nichts über die Vorzüge von Erdölruß. Auch der Rauch von Steinkohle ist dick und schwärzt die Kleidung. In einem »Gedicht auf Yanzhou« spielte ich darauf an:

»Am Fuß der Erlang-Berge wirbelt Schnee.
Von der Jurte an der Großen Mauer schau ich den Hirten zu.
Erdöl hat mein Zelt so warm geheizt,
daß ich im Winter nur Unterkleidung trag.
Der Erdölruß gleicht dem Lößstaub von Luoyang.«

Der südliche Salzwind (422)

Im Süden der Salzmarschen von Xiezhou wehen an der Wende vom Sommer zum Herbst oft starke Stürme, die »südlicher Salzwind« heißen. Ihre Gewalt ist so groß, daß sie Dächer abdecken und Bäume entwurzeln, so daß man schier glaubt, die Erde bebe. Aber der Sturm ist im Osten und Süden schwächer als im Zentrum, im Westen nimmt er nur die Breite einer Sitzmatte ein, und im Norden pfeift er nur, so daß sich seine Aktivität auf ein Gebiet von lediglich einigen zehn Li in Nord-Süd- und Ost-West-Richtung beschränkt. Aber ohne diesen Wind würde das Salz von Xiezhou nicht auskristallisieren, was vielleicht eine Reaktion des Pneumas der Salzkörner mit dem Wind darstellt, doch niemand weiß, ob es sich so verhält.
Auch in Runan[8] treten oft Stürme auf, und obwohl sie nicht so heftig sind wie der südliche Salzwind, sind sie doch stärker als anderswo, aber was ist ihr Grund? Jemand meinte, der Wind trete aus dem Fengxueshan-Gebirge [Windlochgebirge] nördlich der Stadt Linrucheng. Aber heutzutage sind die »Windlöcher« genannten Höhlen längst eingefallen, so daß in Runan keine besonderen Einflüsse wirken, und man weiß eindeutig, daß es keine Windlöcher gibt. Ein lokales Sprichwort lautet: »Weht in Ruzhou Wind, wächst in Xuzhou der Lauch.« Sein Ursprung ist sehr alt.

Die Residenz des Zhao Pu (425)

Als sich Zhao Pu[9] eine Residenz erbaute, gab er mehr als 1200 Geldschnüre für die Bewehrung der Mauern mit Hanf aus. Die übrigen Kosten entsprachen dem Üblichen. Die Häuser wurden mit Brettern anstelle von grob geflochtenen Bambusmatten gedeckt. Darauf wurden rechteckige Ziegel gemauert und darauf wieder die Dachziegel verlegt. Bis auf den heutigen Tag ist diese Konstruktion unversehrt und fest. (Anmerkung: Die Wände wurden mit Hanf tapeziert, worauf Lehm geputzt wurde. Daraufhin nannte man mit Hanf tapezierte Wände »Hanfbewurf«.)

Eine Springmaus (426)

An der Nordgrenze des Qidan-Reiches leben Springmäuse. Sie haben die Gestalt eines Hasen, nur daß die Vorderläufe etwa ein Cun [3 cm] und die Hinterläufe fast ein Chi [30,3 cm] lang sind. Beim Laufen springen sie mit den Hinterläufen jedesmal mehrere Chi weit. Wenn sie stehenbleiben, fallen sie plötzlich auf die Erde. Sie bewohnen die große Wüste in der Präfektur Qingzhou des Qidan-Reiches. Als ich zu den Qidan entsandt wurde, fing ich mehrere Springmäuse und brachte sie mit nach Hause. Vielleicht handelt es sich um den Jue-Hasen, den das Wörterbuch »Er ya«[10] erwähnt und der auch »Hasenmaus« (*qiong qiong ju xu*) genannt wird.

Der Reifbote (428)

Im Norden gibt es eine weiße Wildgans,[11] die kleiner als die gewöhnliche Wildgans und weiß ist. Im Spätherbst trifft sie hier ein. Weil nach der Ankunft der weißen Wildgans Reif fällt, nennen die Leute nördlich des Gelben Flusses sie »Reifbote«. Wenn es in einem Gedicht von Du Fu[12] heißt: »In der Heimat trifft vor dem ersten Reif die weiße Wildgans ein«, so ist dieser Vogel gemeint.

Ein Gesetz betreffend das Überstauen von Feldern (429)

In den Jahren der Regierungsära Xining [1068–1077] wurde zuerst das Gesetz zum Überstauen von Feldern eingeführt.[13] Zur Begründung bezog man sich auf ein Zitat aus den »Historischen Aufzeichnungen«,[14] in dem es heißt: »Ein Hu Wasser [34,25 l] aus dem Jing-Fluß enthält mehrere Dou [1 Dou = 1,981 l] Schlamm, der sowohl zum Düngen als auch zum Bewässern dient, auf daß mein Korn gedeihe.« Mit »Düngen« ist eben das »Überstauen« gemeint. Als ich einmal nach Suzhou entsandt wurde,[15] sah ich dort eine Steinstele, auf der verzeichnet war, daß man während der Tang-Dynastie sechs Schleusen baute, mit denen das Wasser des Bian-Kanals freigegeben wurde, um die tiefer liegenden Marschen zu überstauen. Weil das Volk davon profitierte, wurde diese Stele errichtet, um das Verdienst des Kreisvorstehers zu preisen. Daraus läßt sich ersehen, daß der Ursprung des Gesetzes zum Überstauen von Feldern offensichtlich sehr alt ist.

Wandel von Meer und Festland (430)

Als ich einmal nach Hebei entsandt wurde,[16] reiste ich entlang des Taihangshan-Gebirges[17] nach Norden. An den Felswänden der Berge, die bandförmige Schichten aufwiesen, fand ich oft Schalen von Schnecken und Muscheln sowie Steine, die wie Vogeleier aussahen. Hier lag vor Zeiten die Küste des Meeres, das heute fast tausend Li [546 km] östlicher liegt. Die Tieflandsebene, die sich bis zum Meer erstreckt, ist durch den Schlamm der Flüsse aufgefüllt worden. Kaiser Yao soll den Minister Gun am Feder-Berg (Yushan) ermordet haben,[18] der sich nach der Überlieferung am Ostmeer erhob, aber heute in der Tieflandsebene befindet. Der Gelbe Fluß und die Flüsse Zhang, Hutuo, Zhuo und Sanggan[19] führen alle viel Schlamm. Im Westen der Ebene von Guanzhong und der Provinz Shaanxi haben sich die Flüsse oft nicht weniger als hundert Chi [30 m] tief in die Berge gegraben und tragen ihren Schlamm Jahr für Jahr nach Osten. So ist es gesetzmäßig, wenn die Erde der Tieflandsebene aus diesem Schlamm entstanden ist.

Der alte Lauf des Huai-Flusses (431)

Li Ao aus der Tang-Zeit schrieb in seinem Werk »Aufzeichnungen über eine Reise nach Süden« (»Lai nan lu«): »Der Huai-Fluß fließt bis Gaoyou und erreicht dann stromaufwärts den Yangzi-Strom.«[20] Wenn es im Buch »Meng Zi« heißt: »Yu reinigte den Lauf der Flüsse Ru und Han, öffnete den Lauf der Flüsse Huai und Si und leitete sie in den Yangzi-Strom«[21], so folgt daraus, daß die Flüsse Huai und Si einst in den Yangzi mündeten. Hier liegt das Gebiet, in dem Yu vormals die Flüsse regulierte. In den Jahren der Regierungsära Xining [1068–1077] wurden Beamte beauftragt, Karten über den Verlauf des Huai-Flusses anzufertigen. Der ursprüngliche Verlauf des Huai-Flusses wurde rekonstruiert, aber Yangzi-Strom und Huai-Fluß waren so weit voneinander entfernt, daß es unmöglich erschien, daß der Lauf des Huai-Flusses wieder Gaoyou erreicht.

Raffinieren von Zinnober (432)

Mein Neffe Li Shansheng hatte einmal mit mehreren Altersgenossen mehr als ein Jahr lang Zinnobersand[22] [Quecksilbersulfid] zu Zinnober raffiniert. Beim Waschen des Erzsandes,[23] der daraufhin wieder in den Schmelzofen zum Raffinieren getan wurde, fiel versehentlich ein Stück der Substanz daneben, die sein Schüler zu einer Pille formte und einnahm. Daraufhin verlor er das Bewußtsein und starb noch am selben Abend. Zinnobersand ist eigentlich eine vorzügliche Arznei, die sogar Säuglinge einnehmen können. Doch wenn die Arzneiwirkung durch die Kraft des Feuers verändert wurde, kann er einen Menschen töten. Wenn man die Wirkungen anhand der Veränderung einander gegenüberstellt, kann Zinnobersand in umgewandelter Form zu einem starken Gift werden und andererseits ohne Umwandlung großen Nutzen bewirken. Wenn es also in umgewandelter Form einen Menschen töten kann, dann sollte ihm auch eine für den Menschen lebenserhaltende Kraft innewohnen. Nur ist die Technik der entsprechenden Zubereitung noch nicht bekannt. Daraus läßt sich folgern, daß man die Möglichkeit, ein Unsterblicher zu werden und zum Himmel aufzusteigen, nicht negieren kann. Andererseits kann man aber nicht umhin, vor dem Gebrauch von Zinnober zu warnen!

Mahlen von Zinnober.
(Aus: Tian gong kai wu, 1637)

Das Yandangshan-Gebirge (433)

Das Yandangshan-Gebirge bei Wenzhou[24] gehört zu den landschaftlich reizvollen Flecken des Reiches, obwohl alte Karten und Bücher es nicht erwähnen. Als in den Jahren der Regierungsära Xiangfu [1008–1016] der Palast der Jadereinheit erweitert wurde, gelangten erstmals Menschen in dieses Gebirge, um Holz zu schlagen, doch damals war diese Gegend noch unbekannt. Wie in buddhistischen Schriften aus dem Westen verzeichnet ist, soll der Luohan Nuo Juluo[25] beim Drachental-Wasserfall am Eibischgipfel in dem am südostchinesischen Meer gelegenen Yandangshan-Gebirge gelebt haben. Guan Xiu,[26] ein Buddha-Mönch aus der Tang-Zeit, schrieb in seinem »Lobgedicht auf Nuo Juluo« die Verse:

> »Im Yandangshan-Gebirge durchquert er endlos die Wolken
> und meditiert am Drachental-Wasserfall in sprühendem Regen.«

Im Süden dieses Gebirges liegt der Eibisch-Gipfel und unterhalb des Gipfels die Eibisch-Poststation, von der aus man hinunter auf das weite Meer schaut. Doch niemand wußte, wo sich das Yandangshan-Gebirge und der Drachental-Wasserfall befanden. Erst mit den Holzfällern wurde dieses Gebirge bekannt. Auf dem Plateau des Gebirges befindet sich ein großer See, der, wie die Überlieferung sagt, Yandang (Wildgans-See) heißt. Darunter liegen zwei Teiche, die zum Drachental-Wasserfall gehören. Außerdem gibt es noch die Flecken Wanderer-schlucht und Gipfel der Meditation, die in jüngerer Zeit nach dem Gedicht von Guan Xiu benannt wurden. Als Xie Lingyun Präfekt von Yongjia[27] war, hatte er fast die gesamte Gegend von Yongjia durchstreift, aber nie dieses Gebirge erwähnt, sicher weil es damals noch nicht Yandangshan-Gebirge hieß.

Ich betrachtete die Gipfel des Yandangshan-Gebirges, die steil und schroff tausend Chi [303 m] aufragen. Die hohen Klippen und die tiefen Täler unterscheiden sich von anderen Bergen. Sie liegen in einem großen Talkessel. Wenn man von der Kette der Berge nach außerhalb schaut, ist fast nichts zu sehen. Aber wenn man in den Talkessel hinabsteigt, so sieht man, wie sich die Berge bis zu den Wolken erheben. Als ich darüber nachdachte, wie dieses Gebirge entstanden sein könnte, fand ich, daß der Talkessel bestimmt durch Wasser ausgespült worden sei, welches Sand und Erde mit sich genommen und einzig die gewaltigen, majestätisch sich erhebenden Felsklippen übriggelassen hat. Der große und der kleine Drachental-Wasserfall, der Wasservorhang und das Neumondtal sind alles vom Wasser ausgespülte Höhlen. Deshalb sieht man von unten so viele steile Felswände, und schaut man oben über die Gipfel, so scheinen sie alle in einer Ebene zu liegen, sogar tiefer als die sie umgebenden Bergketten. Alle Schluchten der Welt sind ähnlich wie dieses Gebirge durch Wasser ausgewaschen worden und weisen abschüssige Erdlöcher und Felsen mit grubenförmigen Vertiefungen auf. In den großen Schluchten von Chenggao und Shaanxi[28] gehen die Erdlöcher oft überaus steil hundert Chi [30 m] in die Tiefe. Darin ähneln sie dem Yandangshan-Gebirge, aber sie sind verhältnismäßig kleiner, außerdem sind jene aus dem Löß, diese aber aus dem Felsen ausgewaschen. Das Yandangshan-Gebirge erhebt sich nicht steil aus der Ebene, weil es in einem tiefen Talkessel mit dichten Wäldern verborgen liegt. Verwundert es da, daß die Menschen in alter Zeit es nicht entdeckt haben und Xie Lingyun nicht bis hierher vorgedrungen war?!

Über das Meer gekommene Gäste (435)

In den Jahren der Regierungsära Jiayou [1056–1063] trieb ein Schiff mit gebrochenem Mast bei einem Sturm an die Küste des Kreises Kunshan des Bezirks Suzhou.[29] Auf dem Schiff waren mehr als 30 Menschen, die nach Kleidung und Kopfbedeckung wie Leute aus der Tang-Zeit aussahen. Um die Hüften hatten sie rote Ledergürtel geschlungen, und im übrigen trugen sie kurze, schwarze Leinenhemden. Im Angesicht ihrer Retter weinten sie bitterlich, doch niemand verstand ihre Sprache. Als man sie probeweise aufforderte, etwas zu schreiben, stellte sich heraus, daß sie auch keine Schriftzeichen lesen konnten. Sie gingen immer wie Gänse hintereinander. Nach längerer Zeit zeigten sie ihren Rettern eine Schrift, die sie mitgebracht hatten. Es handelte sich um einen Erlaß aus der Regierungsära Tianyou [904–906] der Tang-Zeit über die Verleihung des Titels eines stellvertretenden Intendanten des Grenzheeres an den Häuptling der Insel Tuoluo. Außerdem wiesen sie eine Schrift vor, die eine Urkunde des Königs von Gaoli[30] darstellte und auch die Tuoluo-Insel erwähnte. Beide Dokumente waren mit chinesischen Schriftzeichen geschrieben. Vielleicht handelte es sich um eine östliche, dem Reich Gaoli untertane Völkerschaft. Im Schiff hatten sie Seidenkrepp geladen. Außerdem führten sie Hanfsamen mit, der so groß wie Lotossamen war. Als die Leute von Suzhou ihn aussäten, waren die Pflanzen auch so üppig wie Lotos, aber im darauffolgenden Jahr wurden sie allmählich kleiner, und nach mehreren Jahren waren die Pflanzen nicht größer als chinesischer Hanf. Damals pries man die Hilfe des Würdenträgers Han Zhengyan[31] für die Schiffbrüchigen im Kreis Kunshan. Er lud sie ein und bewirtete sie mit Wein und Speisen. Zum Abschluß des Essens hielten sie einer nach dem anderen lachend mit beiden Händen seinen Kopf, womit sie ihrer Freude Ausdruck verleihen wollten. Han Zhengyan teilte ihnen Leute zu, um den Mast zu reparieren. Der alte Mast war unbeweglich im Schiffskörper befestigt. Die Arbeiter fertigten für sie einen umlegbaren Mast an und unterwiesen sie darin, wie man ihn aufzurichten und umzulegen hätte. In ihrer Freude hielten die Seeleute den Arbeitern wieder mit beiden Händen lachend den Kopf.

Der Kompaß (437)

Wenn die Magier die Spitze einer Nadel mit einem Magneteisenstein schleifen, vermag sie, nach Süden zu zeigen.[32] Jedoch weicht die Nadel immer ein wenig nach Osten ab,[33] so daß sie nicht genau nach Süden weist. Wenn man die Nadel auf Wasser schwimmen läßt, schwankt sie leicht. Man kann die Nadel auch auf einen Fingernagel oder den Rand einer Schale legen, wo sie sich leicht drehen

Ein Geomant legt mit einem Kompaß die Richtung für ein zu bauendes Haus fest.
(Aus: Qin ding shu jing tu shuo, 1905)

kann, doch je nachdem, wie hart oder glatt die Unterlage ist, kann sie leicht herunterfallen. Deshalb ist es am besten, sie an einem Faden aufzuhängen, wobei man einen einzelnen Faden eines Kokons von neuer Seide wählt. Der Faden wird mit einem Stück Wachs von der Größe eines Senfkorns in der Mitte der Nadel befestigt, und wenn man sie dann an einer windgeschützten Stelle aufhängt, wird sie stets nach Süden zeigen.
Es gibt aber auch Nadeln, die nach dem Schleifen nordwärts zeigen. In meiner Familie besitzen wir sowohl nach Süden als auch nach Norden zeigende Nadeln. Die Eigenschaft des Magneteisensteins, nach Süden zu zeigen, gleicht der Besonderheit der Zypressenbäume, nach Westen zu zeigen,[34] jedoch niemand vermag den Grund hierfür zu erklären.

Die Gedichte über den Sklaven Lu (439)

In der Herberge von Shanxi im Bezirk Xinzhou[35] hatte einmal eine Frau ein mehrere hundert Worte langes Gedicht an die Wand geschrieben. Darin schilderte sie, daß sie einer alten Gelehrtenfamilie entstammte und ihre Eltern sie mit dem Sohn des Unterpalastaufsehers Lu Sheng verheiratet hatten. Drei Tage nachdem sie ein Kind geboren hatte, wurde sie von ihrem Mann, der einzig auf das Beamtengehalt versessen war, gezwungen, ihm auf einer Reise zu folgen. So geschah es, daß sie in Shanxi starb. Kurz vor ihrem Tode schrieb sie dort dieses Gedicht an die Wand. Ausführlich kleidete sie die Bitternis über ihre Zwangslage und ihren Schmerz in Worte, daß Vater und Mutter so weit entfernt von ihr seien und es für sie keinen Ort gebe, um Klage zu führen. Ihre Worte waren so von Trauer durchdrungen und zugleich so treffend gewählt, daß jeder, der ihr Gedicht las, schmerzlich betroffen war. Nachdem sie gestorben war, wurde sie am Fuße eines Berges hinter der Herberge verscharrt. Viele Menschen, die hier vorbeikamen, zeigten sich über das schlimme, ihr widerfahrene Schicksal aufs äußerste empört. So entstanden mehr als hundert Gedichte, die dem Mitleid mit dieser Frau gewidmet waren. Jemand, der diese Gedichte sammelte, gab ihnen den Namen »Gedichte über den Sklaven Lu«. Darunter befinden sich auch einige ganz vorzügliche Verse. Aus Abscheu über Lu Shengs Gewinnsucht, der ursprünglich ein Haussklave von Xia Song[36] war, gaben ihm die Zeitgenossen den Schimpfnamen »Sklave Lu«.

Aufstieg und Niedergang der Beamtenfamilien (440)

Beamtenfamilien werden ebenso gerühmt wie Adelsgeschlechter. Doch obwohl es heißt, Beamtenfamilien gebe es schon seit dem Altertum, sind sie in Wirklichkeit noch nicht sehr lange verbreitet. Seit der Wei Dynastie [220–265] haben mächtige Sippen Beamte ausgewählt. Aber auch wenn man die berühmten Familien hochschätzte, war Beamtenschaft nicht an Familienreputation gebunden. Einzig bei den vier fremdländischen Völkern galt ausnahmslos die Regel, daß die

Sippen in adlig und niedrig unterteilt waren. So zählen in Indien die beiden Kasten Chali (*Ksatriya*) und Poluomen (*Brahmana*)[37] zum Adel, während die übrigen sämtlich Kasten des einfachen Volks darstellen wie die Pishe (*Vaisya*) und Shoutuo (*Sudra*).[38] Unter dieser existieren noch die vier Kasten der Armen, die *Gong*, *Qiao*, *Chun* und *Tuo* heißen. In den übrigen Ländern verhält es sich ebenso. Die hohen Beamten eines Landesherrschers gehören Kasten an, und wenn diese nicht dem Adel entstammten, hätte sich die Bevölkerung ihnen nicht unterworfen. Auch wenn die Familien des einfachen Volks ihre Verdienste und Fähigkeiten aufweisen, geben sie sich bis auf den heutigen Tag damit zufrieden, den mächtigen Familien untertan zu sein.

Nachdem die Dynastie Spätere Wei[39] [386–556] die Ebene des Gelben Flusses annektiert hatte, breiteten sich diese Verhältnisse in China aus, weshalb man von 8 Familien und 10 Sippen des Tuoba-Clans sowie 36 Clans und 92 Familien der mit den Tuoba verbündeten Stämme spricht. Allgemein wurden die Minister der nördlichen Wei-Dynastie, die dem höchsten chinesischen Adelsclan entstammten, *Gao-liang*, d. h. »fettes Fleisch und feines Korn«, genannt. Die Kanzler und Kriegsminister, die dem zweithöchsten Adelsclan entstammten, wurden *Hua-yu*, d. h. »prächtige Gewänder und frugale Kost«, genannt. Die Würdenträger oberhalb des Ministerkabinetts und der Kommandanten der Palastgarde hießen »erste Familien«, die neun Hofbeamten und die Vorsteher der Bezirke und Kreise – »zweite Familien«, das Gefolge des Kaisers und die Zeremonialbeamten – »dritte Familien«, und die für die Ernennung und Absetzung der Beamten zuständigen Würdenträger – »vierte Familien«. Alle diese Beamten nannte man die »vier Familien«.

Als sich später die Verhältnisse änderten, stritten sich die mächtigen Sippen um die Vorherrschaft, doch niemand vermochte ihnen einen Rang zuzuweisen. Danach legte man anhand der Registraturen der Beamten die Sippen Cui aus Boling, Lu aus Fanyang, Li aus Longxi und Zheng aus Xingyang als »erste Familien« fest.[40] Zur Zeit des Kaisers Gaozong der Tang-Dynastie erweiterte man sie um die Sippe Wang aus Taiyuan, Cui aus Qinghe und Li aus Zhaojun zu den »sieben Sippen«.[41] Aber da ihre Stellung untereinander fast ebenbürtig war, suchten sie sich in ständigen Fehden gegenseitig zu verdrängen. Über die Geschichte von mehreren Dutzend Familien wurden zahlreiche Bücher verfaßt, bis der Kaiserhof eigens Beamte einsetzte, die ihre Chronik aufzuzeichnen hatten. Jedoch nach der überlieferten Gewohnheit nahmen die Kämpfe zwischen den Sippen ihren Fortgang, und selbst die Macht des Kaisers konnte ihren Einfluß nicht brechen. Im großen und ganzen gab es hundert Beamtenfamilien, die sich in fünf Ränge unterteilten. Alle anderen Sippen gehörten dem einfachen Volk an, die es, was Heirat und Ämter angeht, nicht gewagt hätten, sich mit den Beamtenfamilien zu vergleichen. Daran, daß die Sippe Li aus Longxi die Sippe der Kaiser der Tang-Dynastie war, damals aber erst an dritter Stelle rangierte, läßt sich der Einfluß der Adelssippen ermessen. Unter den Sippen des ersten Rangs zählten die Sippe Lu aus Gangtou, Li aus Zedi, Cui aus Tumen und Yang aus Jinggong als die angesehensten. Diese Verhältnisse währten bis zum Ende der Tang-Dynastie und zerfielen erst danach allmählich.[42]

Teestrauchtriebe (441)

In früherer Zeit nannte man die Triebe des Teestrauchs Sperlingszungen oder Weizenkörner, um ihre außerordentliche Zartheit auszudrücken. Heute beruhen die guten Teesorten auf einer hohen Qualität der Teesträucher und auf der Güte des Bodens, in dem sie wachsen. Die frisch getriebenen Knospen sind mehr als ein Cun lang und fein wie Nadeln. Nur die langen Triebe gelten als beste Ware, die sich auf die Qualität der Sträucher und die Kraft der Erde gründen. Demgegenüber verkörpern Sperlingszungen und Weizenkörner nur eine mindere Ware. Aber da die Menschen im Norden diese Unterschiede nicht kennen, preisen sie sie fälschlich als besondere Qualität. Nachdem ich mich aus dem Beamtendienst zurückgezogen hatte, las ich einmal in dem Buch »Abhandlung über den Tee«[43] (»Cha lun«) ein »Gedicht über das Teekosten«, in dem es hieß: »Wer nennt zart duftenden Tee Sperlingszungen? Gewiß haben die Nordländer ihn noch nicht gekostet. Sie wissen nicht, wie himmelweit verschieden wirklich guter Tee ist, der im lauen Wind über Nacht mehr als ein Cun wächst.«

Züchtung von Litschi-Pflaumen mit kleinen Kernen (442)

In Min gibt es Litschi-Pflaumen,[44] deren Kerne so klein wie Fliederblüten sind. Sie sind sehr fleischig und süß. Die Einheimischen vermehren sie in folgender Weise: Man gräbt einen Litschi-Baum aus und trennt seine Hauptwurzel ab.[45] Die Schnittstelle wird über Feuer geröstet und angesengt. Dann wird der Baum wieder eingepflanzt, wobei man unter die Schnittstelle der Hauptwurzel einen großen Stein legt, um ihr Wachstum zu behindern. Wenn dann nur die seitlichen Wurzeln wachsen, werden die Fruchtkerne klein. Ein solcher Baum bildet aber nur wenig Triebe. Das läßt sich mit kastriertem Vieh vergleichen, das viel Fleisch ansetzt, aber keine Jungen mehr zeugen kann.

Wintersaateulen (443)

In den Jahren der Regierungsära Yuanfeng [1078–1085] traten an der Grenze des Bezirks Qingzhou massenhaft Wintersaateulen[46] auf. Während sie die Herbstfelder verwüsteten, erschien plötzlich ein anderes Insekt, das einer in der Erde lebenden Maulwurfsgrille[47] glich. Sein Maul hat Zangen, und das Insekt versteckt sich in der Erde. Stößt es jedoch auf eine Wintersaateule, dann greift es sie mit seinen Zangen an und zerbeißt sie in zwei Stücke. Binnen zehn Tagen waren alle Wintersaateulen vernichtet, und im nächsten Jahr wuchs eine reiche Ernte. Dieses schon seit langem bekannte Insekt wird von den Einheimischen »*Pang bu ken*« (duldet nichts neben sich) genannt.

Selbstrettung einer Spinne (445)

Der Gelehrte Liu Yi, der zurückgezogen im Wangwushan-Gebirge lebte, sah einmal in seinem Studierzimmer eine große Biene in einem Spinnennetz hängen. Als die Spinne die Biene angriff, wurde die Spinne von ihr gestochen, so daß sie zu Boden fiel. Im Nu schwoll der Leib der Spinne derart an, daß er zu platzen drohte. Darauf kroch sie langsam ins Gras und biß hier einen Tarostengel[48] in kleine Stücke. Dann rieb sie sich die Wunde mit den abgebissenen Stücken ein. Nach einer ganzen Weile verschwand die Schwellung, und die Spinne war wieder quicklebendig wie zuvor. Wenn Liu Yi seitdem einmal von einer Biene gestochen wurde, rieb er die Stelle immer mit Tarostengeln ein und legte sie auf die Einstichstelle, worauf die Schwellung wieder verheilte.

Bräuche aus dem Norden (446)

Kaiser Ming der Liu-Song-Dynastie[49] aß gern in Honig eingelegtes Fischdarmpüree, wovon er jedesmal mehrere Sheng verzehrte. Fischdarmpüree ist das, was heutzutage Tintenfischdarm heißt, doch weshalb ißt man es in Honig eingelegt? In den Jahren der Regierungsära Daye [605–618] schickte der Regierungsbezirk Wu zweitausend in Honig eingelegte Krabben und vier große Tonkrüge mit in Honig eingelegten Strandkrabben. Ferner ist über He Yin bekannt, daß er leidenschaftlich gern mit Zucker gesüßte Krabben aß. Allgemein bevorzugen die Leute im Süden Salziges, die Leute im Norden aber Süßes. Wenn man Fisch und Krabben mit Zucker oder Honig zubereitet, entspricht dies den Bräuchen im Norden. Die Nordländer von heute braten gern mit Sesamöl. Ganz gleich, was es ist, braten sie es in Öl.

In den Jahren der Regierungsära Qingli [1041–1048] versammelten sich einmal viele Akademiker in der Jadehalle. Nachdem ein Bediensteter ihnen einen Korb mit frischen Trogmuscheln vorgesetzt hatte, befahlen sie dem Koch, die Muscheln in Öl zu braten. Als die Muscheln nach einer ganzen Weile immer noch nicht fertig waren, schickten sie einen Diener, um nachzusehen. Zurückgekehrt, berichtete er: »Die Muscheln sind schon ganz schwarz gebraten, aber immer noch nicht weich.« Es gab wohl niemanden unter den Gästen, der nicht in Lachen ausgebrochen wäre.

Einmal war ich bei Verwandten zu einem Essen eingeladen, und es gab in Öl gebratenen Fisch, bei dem sich die Schuppen zusammengerollt hatten, so daß man den Fisch nicht mit den Eßstäbchen greifen konnte. Daraufhin nahm der Hausherr den Fisch in beide Hände und biß sich ein Stück heraus, allein, er konnte den Fisch nicht zerkauen.

Aus dem »kleinen Meer« wurden Reisfelder (402)

Wenn es heißt, die Blüte der Gartenkunst von Zhenyang[50] stehe an der Spitze aller Bezirke des Landes, meint man die Gärten des »kleinen Meers« aus der Zeit von Wang Rong.[51] Wang Rong beherbergte hier einst Li Zhengwei.[52] Die noch erhaltenen Pavillons und Hallen wirken prächtig. Die Einheimischen, die gern große Worte in den Mund nehmen, nennen die Teiche prahlerisch »Weihergärten«. Vielleicht wissen sie gar nicht, daß die Teiche früher »kleines Meer« hießen. Die Leute von Zhongshan,[53] die mit den Bewohnern von Zhenyang immer gern um den Vorrang streiten, haben in einem Garten nördlich von Zhenyang ebenfalls einen großen Teich angelegt, den sie »kleines Meer« nannten, um dem Weihergarten von Zhenyang den Rang abzulaufen.
Als ich in den Jahren der Regierungsära Xining [1068–1077] als Inspektor nach Zhenyang und Dingzhou entsandt wurde, war Xie Shizheng[54] damals Truppenkommandant von Dingzhou. Als wir auch über den Ursprung dieser Gärten diskutierten, fanden wir heraus, daß die Gräber des Königs von Zhongshan[55] direkt an das »kleine Meer« stoßen. Die Gegend besteht jetzt nur aus Reisfeldern, und man hat das Wasser des Xinhe-Flusses in Kanäle geleitet, um die Felder zu bewässern. Über mehrere Li erstrecken sich die klaren Wellen des Wassers, so daß man sich in die Gegend südlich des Yangzi versetzt fühlt.

Zweiköpfige Schlangen (450)

Im Kreis Ningguo des Bezirks Xuanzhou[56] gibt es viele zweiköpfige Schlangen,[57] die reichlich ein Chi lang sind und schwarze Schuppen sowie weiße Flecken haben. Die beiden Köpfe weisen gleiche Zeichnung und Farbe auf, nur befindet sich der zweite Kopf am Schwanz. In Höfen und unter Türschwellen haben sie ihre Höhlen, in denen immer mehrere Dutzend leben. Sie ähneln etwas einem Regenwurm.

Die Himmelsschlange (451)

Als Guan Qi, der Untersekretär des Kronprinzen im linken Sekretariat, einst die staatlichen Getreidespeicher in der Provinz Guangnanxi[58] beaufsichtigte und eine Kontrolle im Bezirk Yongzhou[59] vornahm, wurde einer seiner Beamten von einem Insekt gebissen, worauf er am ganzen Körper eitrige Geschwüre bekam. Ein Arzt, der behauptete, derartige Fälle heilen zu können, rief den Mann zu sich und untersuchte ihn. »Er ist von einer Himmelsschlange gebissen worden«, diagnostizierte er. »Aber weil die Krankheit schon sehr tief sitzt, kann man sie nicht mehr auskurieren.« Daraufhin bestrich er die Wunde mit einer Salbe, und die geschwollenen Stellen entfernte er in mehr als zehn schlangenartigen Streifen mit einer Zange. So führte die Krankheit nicht zum Tode.

Ferner lebte in Xixi bei Qiantang[60] nahe der Grabstätte meines Großvaters einmal ein Bauer, der plötzlich an Lepra erkrankte. Am ganzen Körper war er von Eitergeschwülsten übersät. Er schrie vor Schmerzen, daß er nicht mehr weiterleben könne. Ein Buddhamönch aus dem Tempel von Xixi, der ihn kannte, meinte dazu: »Das ist das Gift der Himmelsschlange, aber keine Lepra.« Er nahm etwas Baumrinde und kochte aus ihr einen Sud. Er gab ihm etwa ein Dou davon zu trinken und hieß ihn, so viel wie möglich zu trinken. Am nächsten Tag war die Krankheit schon zur Hälfte zurückgegangen, und nach zwei, drei Tagen war er plötzlich wieder genesen. Als man die Rinde untersuchte, handelte es sich um Wachsbaumrinde.[61] Aber niemand weiß, was für ein Wesen eine Himmelsschlange ist. Jemand fand: »Das ist die Trichterspinne,[62] die im Gras lebt. Wenn jemand von ihr gebissen und vom Tau benetzt wird, kann man dieses Leiden bekommen.« Das sollte eine Warnung für jene sein, die durch den Tau gehen.

Der Tee von Jianxi (454)

Wenn man früher von Tee sprach, führte man immer die in Yangxian, Guzhu, Tianzhu und Mengding[63] angebauten Sorten im Munde, doch nie wurde der Tee von Jianxi[64] erwähnt. Aber wenn man während der Tang-Zeit in schwarze Teeblätter eingehüllten Kuchen aus grünen Teeblättern schätzte, der ein Loch zum Auffädeln besaß, so kommt dies schon dem Teekuchen von Jianxi nahe. Die in Jianxi angebauten Teepflanzen sind alles richtige Bäume, während der in Wu, Shu und Huainan[65] wachsende Tee lediglich zu dichten Sträuchern wächst, deren Qualität jener der Teebäume nachsteht. Der berühmte Jianxi-Tee wächst in der Gegend von Haoyuan und Zengkeng[66], und die besten Sorten stammen hier wiederum aus den Orten Chagen (Wurzelgabel) und Shanding (Berggipfel). Als die Sippe Li auf dem Thron der Südlichen Tang-Dynastie [923–936] herrschte, hieß dieses Teeanbaugebiet Beiyuan (Nordgarten), und sie setzte eigens einen Beamten zu seiner Verwaltung ein.

Raffination von Kupfer (455)

Im Kreis Yanshan des Bezirks Xinzhou[67] gibt es eine Quelle, die bitteres Wasser zutage fördert. Wo sie als Gebirgsbach dahinfließt, schöpft man sein Wasser und siedet es, wobei sich Gallenalaun (Kupfersulfat) bildet, und kocht man die Kupfersulfatlösung weiter, entsteht Kupfer. Denn wenn man Kupfersulfatlösung in einem eisernen Kessel kocht, verwandelt sie sich nach längerer Zeit in Kupfer.[68] Daß sich Wasser in Kupfer verwandeln kann, ist eine ungewöhnliche, kaum vorstellbare Verwandlung der Materie. Im Werk »Schlichte Fragen des Gelben Kaisers«[69] (»Huang di su wen«) steht geschrieben: »Von den fünf Wandlungsphasen des Himmels und den fünf Wandlungsphasen der Erde bildet das Pneuma der Erde im Himmel Feuchtigkeit, und wenn aus Erde Metall und Stein entstehen kann, kann auch aus Feuchtigkeit Metall und Stein entstehen.« Die Herstellung von Kupfer aus Quellwasser bestätigt diese Aussage. Ebenso bildet in Höhlen herabtropfendes Wasser Stalaktiten und Stalagmiten.[70] Wenn man zur Tagundnachtgleiche im Frühling und im Herbst Wasser aus einem Brunnen schöpft, scheiden sich Steinblumen ab.[71] Unter einer Salzsole entsteht Gips.[72] Alle diese Stoffe bilden sich aus Feuchtigkeit. In gleicher Weise entsteht aus dem Pneuma von Holz im Himmel der Wind, und aus Holz kann ebenso wie aus Wind Feuer entstehen. Das ist wohl eine Eigenschaft der fünf Wandlungsphasen.

Eine Vermessung der Gestalt der Erde (457)

Für das Entschlammen des Bian-Kanals wurden zum Beginn der Dynastie jedes Jahr aus der Hauptstadtpräfektur und mehr als dreißig Kreisen der umliegenden Bezirke Männer rekrutiert. In den Jahren der Regierungsära Xiangfu [1008–1016] leitete der Audienzzeremonienmeister Xie Dequan[73] die Arbeiten an den Kanälen und Wasserläufen in der Hauptstadtpräfektur. Mit Hilfe der zum Entschlammen des Bian-Kanals eingeteilten Männer befahl er den Beamten und dem Volk der Hauptstadtpräfektur als ständige Pflicht, einmal alle drei Jahre die Kanäle und Flußläufe instand zu setzen. Doch im Laufe der Zeit wurden die Arbeiten an den Kanälen immer mehr vernachlässigt, so daß die Kreisbeamten ihre Pflicht versäumten. So wurde der Bian-Kanal zwanzig Jahre lang nicht entschlammt, in deren Verlauf er mit jedem Jahr immer mehr versandete. Früher wurde das Wasser der Gräben und Wasserläufe in der Hauptstadt sämtlich in den Bian-Kanal eingeleitet. Im alten Kanzleramt stand an der Mauer der Amtshalle geschrieben: »Reguliere die acht Wasserläufe und leite sie nach Süden in den Bian-Kanal ab.« Genau das war gemeint. Seitdem der Bian-Kanal versandet war, lag der Grund des Kanals, wenn er vom östlichen Wassertor der Hauptstadt aus Yongqiu und Xiangyi erreichte,[74] außerhalb der Deiche mehr als ein Zhang und zwei Chi [ca. 3,64 m] höher als die umliegende Ebene. Wenn man von den Deichen des Bian-Kanals hinunter auf die Dörfer schaute, schienen sie wie in einem tiefen Tal zu liegen.
In den Jahren der Regierungsära Xining [1068–1077] erörterte man den Plan, das Wasser des Luo-Flusses in den Bian-Kanal umzuleiten.[75] In diesem Zusammenhang wurde ich zum Bian-Kanal entsandt[76] und habe ihn vom Tor der erhabenen Güte in der Hauptstadt bis zur Mündung in den Huai-Fluß bei Sizhou[77] vermessen. Die Länge dieser Strecke beträgt insgesamt 841 Li 130 Bu [459,181 km]. Im Hinblick auf die Gestalt der Erde ist die Hauptstadt insgesamt 19 Zhang 4 Chi 8 Cun 6 Fen [59,081 m] höher als Sizhou. Als man mehrere Li östlich der Hauptstadt am Kanal einen Brunnen grub, erreichte man erst nach drei Zhang [9,10 m] die alte Kanalsohle. Zur Vermessung der Gestalt der Erde wurden eine Wasserwaage, ein Visierbrett und eine Maßstablatte verwendet. Um kleine Fehler einhalten zu können, befahl ich, die jenseits der Kanaldeiche befindlichen alten Gräben, aus denen die Erde für die Deiche gewonnen wurde, miteinander zu verbinden und in Abständen ihr Wasser mit einem Damm aufzustauen. Dann wartete ich, bis die Wasseroberfläche eben war. Wenn das Wasser

Geodätische Meßgeräte: links: Meßlatte mit Visierbrett;
rechts: Wasserwaage mit drei schwimmenden Visierstücken.
(Aus: Wu jing zong yao, 1044)

im höhergelegenen Grabenabschnitt ausgetrocknet war, ließ ich darunter den nächsten Damm anlegen, wobei die Dämme in ihrer Gesamtheit eine Treppe bildeten. Dann wurden die Höhen der Wasserspiegel aufeinanderfolgender Dämme gemessen. Die Summe der einzelnen Höhen ergab den wahren Wert der Höhendifferenz des Kanals.

Vorsorge vor Sturmkatastrophen (461)

Bei Reisen auf Flüssen und Seen fürchtet man vor allem Stürme. Wenn der Wind in den Wintermonaten allmählich anschwillt, läßt sich, wenn man mit dem Schiff unterwegs ist, Vorsorge treffen. Wenn jedoch im Hochsommer ein

Sturm schlagartig losbricht, gerät man oft in Not. Einst hörte ich, daß sich die Kaufleute im Yangzi-Gebiet einer Regel bedienen, mit der sie sich vor diesem Unheil schützen. Allgemein treten im Sommer Stürme meist am Nachmittag auf. Wer eine Schiffsreise antreten will, muß in der fünften Nachtwache [4 bis 5 Uhr] aufstehen. Wenn er Mond und Sterne klar erkennt und am ganzen Himmel bis zum Horizont keine Wolken sieht, kann er aufbrechen, sollte aber bis zur Doppelstunde Si [9–11 Uhr] die Reise beenden. Wenn man sich daran hält, kann einen kein schwerer Sturm überraschen. Li Yuangui, ein Gelehrter der kaiserlichen Akademie, sagte einmal: »Ich bin mein Leben lang auf Flüssen und Seen gereist und noch nie in einen Sturm geraten, weil ich diese Regel befolgte.«

Wie die Gegend Ji ihren Namen bekam (462)

Als ich zu den Qidan entsandt wurde und die alte Grenze des Qidan-Reiches[78] erreichte, sah ich Disteln,[79] deren Wurzelgeflecht ein Wagenverdeck einnimmt, wie sie in China in dieser Größe unbekannt sind. Die Gegend heißt Ji (Distel), und ich meine, sie ist danach benannt. So wie in Yangzhou (Weidengebiet) Weiden[80] und in Jingzhou (Mönchspfeffergebiet) Gewächse wie Mönchspfeffer gedeihen. Die Gegend von Jing wird zuweilen auch Chu (Hanfblättriger Mönchspfeffer) genannt, weil es sich um eine andere Bezeichnung dieser Pflanze handelt.

Kann man mit einer Krabbe Malaria vertreiben? (467)

In der Gegend von Guanzhong[81] gibt es keine Krabben. Als ich in den Jahren der Regierungsära Yuanfeng [1078–1085] in Shaanxi war, hörte ich einmal, eine Familie in Qinzhou[82] hätte eine getrocknete Krabbe erworben. Aus Furcht vor ihrer Gestalt hielten die Einheimischen sie für ein Gespenst. Alle Familien, in denen jemand an Malaria erkrankte, borgten sie sich daraufhin aus, um sie über der Haustür aufzuhängen, und oft wandte sich die Krankheit zum Besseren. Aber wenn die Menschen die Krabben nicht kennen, können die Dämonen sie auch nicht kennen.

Berichterstattung (471)

Während der schweren Überschwemmung in Hebei in den Jahren der Regierungsära Qingli [1041–1048] zeigte sich Kaiser Renzong[83] sehr besorgt. Als einmal ein Kommissar für Proviantransport einen Kurier an den Kaiserhof entsandte, empfing der Kaiser ihn gleich in Audienz und erkundigte sich: »Wie steht es um das Hochwasser in Hebei?« Der Kurier gab zur Antwort: »Es hat die Berge eingeschlossen und die Gräber ertränkt.« »Und wie steht es um das Volk?«

fragte der Kaiser weiter. »Es ist so traurig, als seien die Eltern gestorben.« Seine Majestät schwieg dazu. Doch nachdem sich der Kurier entfernt hatte, wies er gleich den Zeremonienmeister an: »Wenn künftig ein militärischer oder ziviler Beamter im Palast zur Berichterstattung erscheint, hat er geradeheraus zu reden. Gedrechselte Rede ist nicht erlaubt!«
Bis auf den heutigen Tag besitzt das Zeremonienamt dieses Edikt, und wenn sich jemand mit einer Eingabe an den Thron wenden will, wird es ihm zuvor zur Kenntnis gegeben.

Eine Reliefkarte (472)

Als ich zur Inspektion an die Grenze entsandt wurde,[84] fertigte ich zuerst eine Landkarte aus Holz an, auf der ich die Berge, Flüsse und Straßen modellierte. Zu Beginn erkundete ich zu Fuß die Berge und Flüsse und modellierte dann mit Holzspänen, die ich mit Leim verrührte, die Oberflächengestalt auf einer Holzplatte. Als es nicht lange danach kalt wurde und meine Modelliermasse fror, fand ich Holzspäne ungeeignet, weshalb ich die Formen aus geschmolzenem Wachs anfertigte. Dabei bestand der Wunsch, daß die Karte leicht und bequem zu transportieren sei. Nachdem ich zu meinem Amtssitz in der Hauptstadt zurückgekehrt war, ließ ich die Karte in Holz schnitzen und brachte sie dem Kaiserhof dar. Seine Majestät hieß daraufhin alle Würdenträger, sie sich anzusehen, und erließ ein Edikt, daß in allen Grenzbezirken derartige Landkarten aus Holz anzufertigen und im kaiserlichen Archiv aufzubewahren seien.

Der Aufstand von Li Shun (473)

Der schreckliche Bandit Li Shun[85] hatte in Shu die Gebiete von Jiannan und Liangchuan sowie von Guanyou[86] mit einem Aufstand erschüttert, den auch das Kaiserhaus beunruhigte. Später schlug das königliche Heer die Banditen, und Li Shuns abgeschlagener Kopf wurde den Massen zur Warnung auf einer Stange aufgespießt. Nachdem das Gebiet von Liangchuan zurückerobert worden war, zeichnete man die Verdienste auf und verlieh Belohnungen, wobei weder Zweifel noch abweichende Meinungen laut wurden.
In den Jahren der Regierungsära Jingyou [1034–1037] zeigte jedoch jemand an, daß Li Shun noch in Guangzhou lebe. Darauf verhaftete der Truppenaufseher Chen Wenlian den Banditen, der sich – schon über siebzigjährig – als der wahre Li Shun erwies. Im Verhör geständig, wurde er als Gefangener zum Kaiserhof verbracht. Hier verhörte man ihn nochmals, und sein Geständnis erwies sich als wahr. Der Kaiserhof hielt dafür, daß die Verdienste und Auszeichnungen der an der Befriedung von Shu beteiligten Offiziere und Soldaten offiziell verkündet worden seien, und wünschte nicht, daß dieser Fall ruchbar werde. Deshalb wurde Li Shun nur hingerichtet und Chen Wenlian um zwei Beamtengrade, nämlich zum Zeremonienmeister, befördert.

Chen Wenlian, der aus Quanzhou stammte, reichte im Jahr der Regierungsära Kangding [1040] altershalber seinen Abschied ein und kehrte nach Quanzhou zurück, wo ich ihn noch kennenlernte. Chen Wenlian besaß in seinem Haus die »Akte Li Shun« (Li Shun an kuan), die den Fall von der Wurzel bis zum Wipfel ausführlich beschrieb. Li Shun war ursprünglich der jüngere Bruder der Frau von Wang Xiaobo aus Weijiang. Da sich Wang Xiaobo, der anfangs in Shu rebellierte, nicht gegenüber seinen Gefolgsleuten durchsetzen konnte,[87] erhoben sie Li Shun zu ihrem Führer. Zu Beginn des Aufstands rief Li Shun immer die Reichen und Notablen auf dem Lande zusammen und befahl ihnen, ihren Besitz und ihr Korn anzugeben. Außer dem Anteil, den sie zum Leben benötigten, wurde alles verteilt. So unterstützten sie in großem Umfang die Armen und Bedürftigen. Sie stellten Begabte und Fähige für die Verwaltung ein, predigten Güte und Barmherzigkeit, erließen klare, strenge Befehle und nirgends, wohin sie gelangten, wurde das Recht verletzt. Damals herrschte in beiden Provinzen von Shu eine schwere Hungersnot. Innerhalb von zehn Tagen schlossen sich den Aufständischen mehrere zehntausend Menschen an. Alle Bezirks- und Kreisstädte, wohin sie sich in Marsch setzten, öffneten die Tore zu ihrem Empfang. Wohin ihre Proklamationen gelangten, nirgends wagte man mehr Widerstand zu leisten. Als die Aufständischen schon geschlagen waren, fühlte die Bevölkerung immer noch mit ihnen. Deshalb gelang es Li Shun zu entkommen, so daß er erst nach über dreißig Jahren hingerichtet wurde.

Kaiser Taizu der Song leitet das Heer (475)

Kaiser Taizu[88] hatte immer verboten, daß die Kleidung der Soldaten länger als bis zum Knie herabreiche, und er ließ alle diejenigen bestrafen, die Fisch und Fleisch oder Wein kauften und in ein Heerlager bringen wollten. Ferner führte er das Gesetz der regelmäßigen Ablösung der Grenztruppen ein, denn er wollte seine Soldaten durch angestrengte Arbeit in den unwirtlichen Bergregionen abhärten und ihnen die Sehnsucht nach Weib und Kind und Heimat fernhalten. Er achtete darauf, daß die Soldaten möglichst viel Zeit draußen an der Grenze und möglichst wenig im Heerlager verbrachten. Außerdem sollte ein jeder wenig Kinder haben, damit Kleidung und Essen ausreichten. Seine Leibtruppe mußte immer als erste ins Feld ausrücken. Wenn die hauptstädtische Leibgarde Getreide faßte, wurde der im Osten der Stadt stationierten Truppe befohlen, zum Speicher in der Weststadt zu marschieren, und der im Westen der Stadt stationierten Truppe wurde befohlen, zum Speicher in der Oststadt zu marschieren, und es war den Soldaten auch nicht erlaubt, hierfür Wagen oder Träger zu mieten; sie mußten alles selbst tragen. Es ist bekannt, daß er persönlich die Galerie des Rechten Schutztores[89] bestieg, um seine Soldaten zu beobachten. Dadurch beflügelte er ihre Anstrengung und nahm Einfluß auf ihren Stolz, aber auch auf ihre Schluderei. Deshalb kannten die Offiziere und Soldaten bei Kleidung und Essen keine Extravaganzen, fanden Befriedigung in der Mühsal und waren leicht zu lenken.

Zhuge Liang bediente sich außergewöhnlicher Menschen (477)

Fan Zhongyan sagte immer: »Die Chroniken rühmen, daß sich Zhuge Liang[90] außergewöhnlicher Menschen zu bedienen wußte. Jeder, der Menschen anstellt, möchte stets die Talente des ganzen Reiches einbeziehen und ist immer darum besorgt, daß Schmeichler Übles wollen, ohne daß er es erkennt. Wenn man sich außergewöhnlicher Menschen zu bedienen vermag, ist man auch in der Lage, die großen Probleme des Reiches umfassend zu lösen.«

Medizin

Die inneren Organe (480)

In einem alten Rezept heißt es: »Wenn man Glimmer in Reinform einnimmt, klebt er, ohne ihn entfernen zu können, an der Leber und der Lunge des Patienten fest.« Ebenso heißt es von den Blättern des Pipa-Baums[1] und der Cibotium-Wurzel[2], man könne sie nicht einnehmen, weil sie in Leber und Lunge eindringen. Wiewohl man derartige Aussagen oft hört, sind sie alle falsch. Auch wird behauptet, der Mensch hätte eine Kehle für Wasser, eine für Speisen und eine für Luft, doch das ist ebenso falsch. Es wird überliefert, auf dem »Wahren Bild der fünf Organe von Ou Xifan«[3] seien ebenfalls drei Kehlen dargestellt, aber wahrscheinlich hat man den Sachverhalt bei der Sektion des Mannes nur nicht sorgfältig festgestellt.

Wenn Wasser und Speisen gemeinsam heruntergeschluckt werden, wie können sie sich dann im Mund auf zwei Kehlen aufteilen? Der Mensch hat nur eine Speise- und eine Luftröhre. Die Speiseröhre nimmt Getränke und Speisen auf, und die Luftröhre leitet die Luft. Von der Speiseröhre gelangen sie in die obere und dann in die untere Magenhöhle. Vom Magen wird die Nahrung in den Mastdarm und dann in den Dick- und Dünndarm geleitet.[4] Die Luftröhre hingegen ist nach unten mit den fünf Organen verbunden und dient dem Ein- und Ausatmen. Das Ausstoßen und Einsaugen der Luft durch die fünf Organe gleicht der Funktion des Blasebalgs beim Metallgießer. Wenn der Mensch eine Medizin trinkt oder ißt, gelangt sie über die Speiseröhre nur in Magen und Darm. Wie könnte sie die fünf Organe erreichen? Obwohl im menschlichen Körper Muskeln und Knochen, die fünf Organe sowie Darm und Magen jeweils voneinander getrennt sind, kann sich doch von den in den Darm gelangenden Stoffen eine Essenz überallhin verbreiten, während nur die Rückstände den Dünn- und den Dickdarm passieren. Generell entsteht, wenn Getränke und Speisen ebenso wie die eingenommenen Medizinen in den Darm gelangen, durch die Wirkung der vitalen Energie die Essenz. Ferner kann der Extrakt aus mineralischer Arznei, wie z. B. fein zerstoßener Schwefel, Zinnober, Kalk von Stalaktiten, verdunsten und schmelzen und sich daraufhin mittels der vitalen Energie bis zu den Muskeln und Knochen verbreiten. Das ist dem Pneuma von Himmel und Erde vergleichbar, das Metall, Stein, Erde und Holz zu durchdringen vermag, ohne auf das geringste Hindernis zu stoßen. Von den Resten der mineralischen und pflanzlichen Arzneien breitet sich nur die Essenz aus. Wenn die wirksame Essenz völlig aufgenommen ist, gelangen die festen Rückstände in den Dickdarm, während die flüssigen in den Dünndarm eindringen. Diese Abfälle können nicht weiter umgewandelt, sondern nur noch ausgeschieden werden. Wenn davon die Rede ist, irgendein Stoff gelange in die Leber oder in die Nieren, dann erreicht ihre Essenz die Organe, denn wie könnte der Stoff an sich dorthin gelangen? Das müssen die Ärzte unbedingt berücksichtigen.

Hühnerzungenduft (481)

Als ich die »Rezepte des Wundergartens«[5] (»Ling yuan fang«) zusammentrug, habe ich bei der Erörterung der Pflanze *Ji she xiang* (Hühnerzungenduft) die Meinung vertreten, daß es sich um den Gewürznelkenbaum handelt, und mich dabei auf Chen Zangqis Pharmakologie »Aufgelesene Wurzeln und Kräuter« (»Ben cao shi yi«) gestützt. Nachdem ich die Pflanze noch eingehender untersucht hatte, fand ich, daß sie heute nicht mehr unter diesem Namen vorkommt. In dem Werk »Wesentliche Techniken für die Wohlfahrt des Volkes«[6] (»Qi min yao shu«) heißt es: »Weil die Blüten des ›Hühnerzungendufts‹ Nägeln ähneln, heißt er auch Nagelduft.« Das ist die Pflanze, die heutzutage Gewürznelke genannt wird. Im Buch »Pharmakologie des Meisters Ri Hua«[7] (»Ri hua zi«) ist verzeichnet: »Hühnerzungenduft verbessert Mundgeruch.« Deshalb kauten die Beamten der drei höchsten Gremien des Staates während der Amtsgeschäfte immer Gewürznelken, denn sie wollten, wenn sie dem Kaiser bei ihren Berichten an den Thron Rede und Antwort stehen mußten, Wohlgeruch verbreiten. Die Feststellung, daß Gewürznelken den Mundgeruch verbessern, enthalten auch die modernen Rezeptbücher. Ferner steht in alten Rezepten, daß die Fünf-Düfte-Forsythien-Suppe mit »Hühnerzungenduft« zubereitet wird. In den »Rezepten der tausend Goldstücke« (»Qian jin fang«)[8] wird jedoch im Zusammenhang mit dieser Suppe nicht »Hühnerzungenduft«, sondern Gewürznelke erwähnt, was besonders bemerkenswert ist. Die »Neu ergänzte Pharmakologie«[9] (»Xin bu ben cao«) führt einen separaten Artikel über die Gewürznelke auf, vielleicht weil man sie früher nicht besonders tiefgründig untersucht hatte. Den heutzutage verwendeten »Hühnerzungenduft« gewinnt man aus Brustduft.[10] Von diesem schneidet man die Früchte, die so groß wie Kornelkirschen sind, ab, während mittlere so groß wie Kakipflaumenkerne kaum Duft für eine heilende Wirkung besitzen. Hier werden besonders krasse Fehler begangen.

Herrscher, Minister, Adjutant und Diener in Arzneien (482)

In alten medizinischen Werken wird die Theorie vertreten, »die Ingredienzen einer Arznei bestehen aus einem Herrscher, zwei Ministern, drei Adjutanten und fünf Dienern.«[11] Das soll bedeuten, obwohl es viele Arzneiwirkstoffe gibt, wird eine Krankheit doch hauptsächlich durch eine Ingredienz beeinflußt, während die übrigen eine nachgeordnete Wirkung ausüben. Allgemein sollte es so sein, daß sie sich gegenseitig aktivieren und bedingen, doch das muß nicht ausnahmslos gelten. Der sogenannte Herrscher, der in einem bestimmten Rezept dominiert, muß nicht unbedingt eine einzelne Substanz sein. In dem Werk

»Über die Eigenschaften von Arzneien«[12] (»Yao xing lun«) heißt es, daß sich ein Herrscher durch viele Arzneiwirkstoffe mit einer milden Wirkung und einem kräftigen Geschmack auszeichnet, dann folgen die Minister und die Adjutanten, während die Diener oft giftige Substanzen darstellen.
Aber das ist eine Irrlehre. Gesetzt den Fall, man möchte eine hartnäckige Verstopfung behandeln, warum sollte dann Kroton-Samen[13] nicht als Herrscher benutzt werden können?

Die glatte Rose (483)

Die Früchte der glatten Rose[14] können Ausfluß und Durchfall stoppen, indem sie Hitze und herben Geschmack entziehen. Wenn man heutzutage aus der glatten Rose eine Arznei bereitet, wartet man, bis die Früchte rot sind, trennt den Saft ab und kocht sie zu einer Paste, die dann verabreicht wird. Doch dieses Verfahren ist falsch. Wenn die Früchte rot sind, schmecken sie süß. Haben sie aber völlig den herben Geschmack eingebüßt, ist ihre ursprüngliche Eigenschaft verlorengegangen. Vielmehr muß man die noch halb gelben Früchte pflücken, trocknen und zerstoßen und das so gewonnene Pulver einnehmen.

Arzneien in Form von Absuden, Pulvern und Pillen (484)

Absude, Pulver und Pillen haben jeweils ihre Berechtigung. In alten Rezepten werden am meisten Absude verwendet, während Pillen und Pulver außerordentlich selten vorkommen. In alten Rezepten wurden aufgekochte Pulver gar nicht eingesetzt, denn sie fanden erst in jüngerer Zeit Verbreitung. Als Regel gilt, daß es nichts Besseres als Absud gibt, will man die fünf Organe und die vier Gliedmaßen erreichen, daß es nichts Besseres als Pulver gibt, will man das Zwerchfell und den Magen erreichen, und daß es nichts Besseres als Pillen gibt, will man eine langzeitige Heilwirkung erzielen. Für ungiftige Arzneien eignen sich am besten Absude, für schwach giftige Arzneien am besten Pulver und für stark giftige Arzneien am besten Pillen. Will man weiterhin eine schnelle Wirkung erzielen, benutzt man Absude, bei langsamer Wirkung Pulver und bei sehr langsamer Wirkung Pillen. Das sind die grundlegenden Regeln. In jüngster Zeit benutzt man sehr selten Absude, denn an ihrer Stelle greift man zu aufgekochten Pulvern. Im großen und ganzen ist die Arzneiwirkung von Absuden recht stark und umfassend, sie beträgt ein Mehrfaches derjenigen von Pillen und Pulvern. Demgegenüber kostet ein Schluck aufgekochtes Pulver höchstens drei oder fünf Käsch, doch wie könnte man seine medizinische Wirkung mit derjenigen von Absud vergleichen? Aber wenn die Wirkung von Absud so groß ist, darf man beim Dosieren keinen Fehler begehen. Sein richtiger Gebrauch hängt vollkommen von der Erfahrung des Arztes ab, der sich keinesfalls an starre Dogmen klammern darf.

Sammeln von Heilkräutern (485)

Eine alte Regel besagt, daß man Heilkräuter am häufigsten im zweiten und achten Monat sammelt, doch das trifft durchaus nicht zu. Denn im zweiten Monat fangen die Kräuter schon zu treiben an, und im achten Monat sind die Stengel noch nicht abgetrocknet. Wie die Kräutersammler sehr wohl wissen, sind diese Monate nicht die günstigsten, um Heilkräuter zu gewinnen. Als Regel gilt, daß man Heilwurzeln, wenn es sich um eine mehrjährige Pflanze handelt, dann sammeln muß, wenn sie weder Stengel noch Blätter getrieben hat, denn dann stecken die Nährstoffe der Pflanze ganz in der Wurzel. Will man sich hiervon überzeugen, dann grabe man nur eine Rübe oder die Wurzel der klebrigen Rehmannia[15] aus und betrachte sie. Solange die Pflanze keinen Stengel getrieben hat, ist die Wurzel fest und schwer, doch hat sie schon getrieben, wird sie hohl und leicht. Bei Heilwurzeln von einjährigen Pflanzen warte man mit dem Ausgraben, bis sich ein Stengel gebildet hat, die Pflanze aber noch nicht blüht. Dann ist die Wurzel schon hinreichend vital, ohne im Verfall begriffen zu sein. Wenn man beispielsweise Steinsamenkraut[16] vor dem Aufblühen sammelt, ist die Wurzel frisch und prall; gräbt man die Wurzel aber nach der Blüte aus, ist die Wurzel dunkel, was diese Regel bestätigt. Wo Blätter als Arznei benutzt werden, sammelt man sie, wenn sie sich gerade voll ausgebildet haben. Verwendet man Keime als Arznei, verfährt man nach der alten Regel, sie im zweiten Monat zu sammeln. Verwendet man Blüten als Arznei, sammelt man sie, wenn sie sich eben öffnen. Verwendet man Früchte als Arznei, sammelt man sie zur Reifezeit. Für alle diese Fälle läßt sich kein einheitlicher Zeitpunkt nennen. Weil Temperatur und Feuchte des Bodens ein Früher oder Später kennen, ändert sich auch die Witterung. Wenn es zum Beispiel in der Ebene im dritten Monat blüht, setzt die Blüte tief in den Bergen erst im vierten Monat ein. Bai Juyi[17] schrieb in seinem »Gedicht von einer Wanderung zum Tempel des großen Waldes«:

»Wenn in der Welt der Menschen im vierten Mond überall die Blüten duften,
fangen die Pfirsiche am Bergtempel erst zu blühen an.«

Das ist offensichtlich ein festes Gesetz, das auf der Vielfalt der Gestalt der Erde und ihrer Höhe beruht. Zum Beispiel gibt es Bambus der Art Gui, deren Sprossen im zweiten Monat wachsen, bei anderen Arten dieses Bambus wachsen die Sprossen im dritten und vierten Monat, und bei einer Art, die später Gui-Bambus heißt, wachsen sie erst im fünften Monat. Ebenso gibt es beim Reis Arten, die im siebten Monat reifen, andere Arten reifen im achten oder neunten Monat, während die Spätreis genannte Art im zehnten Monat reift. Wenn eine Art auf ein und demselben Feld oder Beet früher oder später wächst, liegt das an den unterschiedlichen Eigenschaften dieser Art. Die Kräuter im Gebiet der Provinzen Guangdong und Guangxi welken auch bei strengem Frost nicht, während die Blätter der Bäume in den Bezirken Bingzhou und Fenzhou[18] schon zum Herbstanfang fallen. Im südlichen Zhuyue[19] setzen die Pfirsiche und Pflaumen im Winter Früchte an, aber im nördlichen Shuomo[20] blühen sie im Sommer. Das liegt am unterschiedlichen lokalen Klima. Das Getreide auf einem Feld wird früher keimen, wenn es gedüngt und bewässert wird, während das Korn auf einem Hügel, je später es gesät wird, desto später reifen wird. Das liegt an der unterschiedlichen Mühe der Menschen. Wie könnte man angesichts dieser vielfältigen Bedingungen einen bestimmten Monat für die Entwicklung der Pflanzen angeben?

Geweihbast vom Davidshirsch und vom Hirsch (487)

Im Kapitel »Monatsanweisungen« des Buches der Riten (Li ji)[21] heißt es: »Zur Wintersonnenwende stößt der Davidshirsch das Geweih ab und zur Sommersonnenwende der Hirsch.« So sind Yin und Yang einander entgegengesetzt. Heutzutage benutzt man den Geweihbast von Davidshirschen und Hirschen, um daraus eine Arznei zu mischen, doch geschieht das wahrscheinlich ohne Bedacht. Auch nimmt man das Blut dieser Tiere als Ersatz für den Geweihbast. Und bei der Wolkenbast genannten Substanz handelt es sich auch lediglich um Blut, was man nicht verwechseln darf.
Wenn ich die Ansichten des Altertums hierzu untersuche, so wächst von den Blut enthaltenden Substanzen Fleisch am leichtesten, Muskeln wachsen schwerer, und Knochen schließlich am schwersten. Wenn sich ein Mensch vom Embryo zum Erwachsenen entwickelt, ist sein Skelett deshalb erst mit zwanzig Jahren fest. Einzig das Geweih des Davidshirsches benötigt kaum zwei Monate, bis es fest geworden ist. Dabei wiegen große Geweihe mehr als zwanzig Jin [12,7 kg] und sind fest wie Stein. Wenn man rechnet, daß das Geweih täglich mehrere Liang zunimmt, wird dieses wunderbar rasche Knochenwachstum von keiner anderen Substanz übertroffen, so daß sogar schnellwüchsige Kräuter und Bäume eine derartige Geschwindigkeit nicht erreichen können. Wegen dieser Eigenschaft von Hirschgeweihen und Hirschblut vermögen sie Knochen und Blut zu stärken, die Yang-Kanäle[22] zu festigen sowie die Bildung von Samenessenz und Knochenmark zu unterstützen. Wie könnte man ein Geweih, das aus dem Konzentrat aller Yang-Funktionen im Kopf entsteht, mit gewöhnlichem Blut vergleichen!?
Während der Geweihbast des Davidshirsches die Yang-Funktionen kräftigt, kräftigt der Geweihbast des Hirsches die Yin-Funktionen. Wenn man Geweihbast verwendet, darf man nicht nach zu zarter Substanz streben. Letztere nennt man gemeinhin »Eierfrucht-Geweihbast«. Obwohl wegen seiner Seltenheit hochgeschätzt, ist ihre medizinische Wirkung eher gering. Feste Geweihe wiederum sind zu alt. Wenn man erst wenige Cun gewachsene Geweihe aufbricht, hat das darin befindliche Mark eine Beschaffenheit wie verfaultes Holz. Geweihbastspitzen, die rotgefleckt wie Achat aussehen, zählen als beste Ware. Auch bei den Volksstämmen Rong und Di im Norden kommen Davidshirsche, Sambar-Hirsche,[23] Zhu-Hirsche[24] und Elche vor. Unter ihnen ist der Zhu-Hirsch der größte und hat eine bläuliche Färbung. Sein Hinterteil ist braun und fleckenlos, und er gehört ebenfalls zur Art der Hirsche. Sein Geweih ist groß und gemustert, fest und durchscheinend wie Jade. Auch sein Geweihbast läßt sich als Arznei verwenden.

Ningxia-Bocksdorn (488)

Die Art des Ningxia-Bocksdorns,[25] die an der äußersten Grenze von Shaanxi wächst, wird mehr als ein Zhang hoch. Die großen Exemplare entwickeln einen Stamm, und die Blätter werden mehrere Cun lang. Er hat keine Dornen, und in bezug auf Wurzeln und Rinde gleicht er der Gebräuchlichen Magnolie. Der Wohlgeschmack der Früchte sticht gegenüber den Früchten der gleichen Pflanze an anderen Orten hervor. In der »Ergänzung zu den Tausend-Goldstücke-Rezepten« (»Qian jin yi fang«)[26] heißt es: »Der echte Bocksdorn von Ganzhou[27] ist an seinen dicken, großen Blättern zu erkennen.« Gemeinhin gedeiht er in allen Kreisen westlich des Gelben Flusses. Außerdem wächst er an Flüssen und Seen sowie auf Dämmen und Feldrainen. Die wie Kirschen runden Früchte haben sehr wenig Kerne. Getrocknet kann man aus ihnen ein klebriges Mus bereiten.

Woran Haselwurz zu erkennen ist (490)

Die im Osten und Süden vorkommende Haselwurz-Art heißt auch Pferdehuf-Duft (*ma ti xiang*). Die gelblich-weiße Pflanze mit einem gekrümmten Stengel ähnelt einer knienden Person. Bereitet man aus der getrockneten Pflanze Kugeln, so stellt man fest, daß es sich nicht um echten Haselwurz[28] handelt. Haselwurz wächst am Berg Huashan.[29] Die feingliedrige Pflanze wächst gerade, hat eine dunkelviolette Farbe und schmeckt sehr scharf. Wenn man sie kaut, bekommt man einen scharfen Atem wie von Gelbholz, doch ist sie schärfer als Pfeffer. Deshalb heißt es in der »Pharmakologie der Regierungsära Kaibao«:[30] »Taucht man Haselwurz in Wasser, wird er gerade. Daran kann man ihn vom Pferdehuf-Duft unterscheiden. In der Gegend von Xiangzhou und Hanshui[31] gibt es eine weitere Haselwurz-Art, die sehr feingliedrig und gerade ist und eine gelblich-weiße Farbe hat. Diese Pflanze heißt *Gui du you*,[32] hat aber nichts mit Haselwurz zu tun.

Sesam (492)

Wie ich bereits in dem Buch »Rezepte des Wundergartens« (»Ling yuan fang«) erwähnte, ist *Hu ma* (Barbaren-Hanf) zweifellos mit der heutzutage als Sesam (*you ma* = Ölhanf) bezeichneten Pflanze identisch. Es gibt Sorten, deren Körner sechs bzw. acht Kanten haben. Der in China beheimatete Hanf wird jetzt *Da ma* (großer Hanf) genannt. Die Körner ansetzenden weiblichen Hanfpflanzen heißen *Ju ma* und die männlichen Hanfpflanzen *Xi ma* bzw. *Mu ma*. Zhang Qian hatte zuerst Sesamsamen aus Dayuan mitgebracht,[33] der auch *Ma* (Hanf) genannt wurde. Um Verwechslungen zu vermeiden, erhielt er den Namen *Hu ma* (Barbaren-Hanf), während der chinesische Hanf *Da ma* (großer Hanf) bezeichnet wird.

Himmelshanf (493)

Die Orchideenart *Chi jian* (Rotpfeil) wird heutzutage *Tian ma* (Himmelshanf) genannt.[34] Weil *Tian ma* in jüngeren Heilpflanzenbüchern fälschlich einen eigenen Artikel erhielt, glaubte man, Rotpfeil sei eine andere Pflanze. Da man Rotpfeil nicht verwendete, nahm man notgedrungen die Triebe von *Tian ma*, um aus ihnen eine Arznei zu bereiten, doch das erweist sich als weiterer Irrtum. Die »Pharmakologie der Regierungsära Kaibao« sagt eindeutig: »Man sammelt ihre Wurzel, um trockenes Yin zu behandeln.« Wie lassen sich dann die Triebe für die Arzneigewinnung benutzen? Unter den hochwertigen Heilkräutern rangiert Rotpfeil nach den fünf Arten von Wunderpilzen des Schichtporlings an vorderster Stelle.[35] Er stellt eine wertvolle, wunderbare Arznei mit stärkender und pflegender Wirkung dar. Da die Menschen Zweifel an der Beschreibung von *Tian ma* hegten, benutzte man diese Arznei nicht mehr, um durch Wind verursachte Krankheiten[36] zu behandeln, was wirklich sehr bedauerlich ist. Manchmal hört man auch die Meinung, die Pflanze heiße Rotpfeil, weil der Stengel wie ein Pfeil aussieht und daß man deshalb den Stengel zu Arznei verarbeiten solle. Aber das trifft gleich gar nicht zu. Obwohl bei Schwertlilien (*Yuan wei* = Milanschwänze) und Achyranthes[37] (*Niu xi* = Ochsenknie) die Stengel und Blätter den Namen gaben, verwendet man trotzdem nur ihre Wurzeln für Arzneien. Sollte man sich deshalb in die Irre führen lassen?

Gips (496)

Gips bildet sich in der Sole des Salzteiches von Xiezhou, wo er auf dem Boden von Gräben gewonnen wird. Große Gipskristalle sind so groß wie ein Aprikosenblatt, kleine so groß wie eine Fischschuppe, aber stets sechseckig.[38] Die Stirnflächen der Kristalle sind gerade, als wären sie mit einem Messer geschnitten, und ähneln einem Schildkrötenpanzer. Die Ränder dieses Schildkrötenpanzers sind schmal und langgestreckt, und die Oberfläche der Stirnfläche ist dachartig in eine ansteigende und eine abfallende Fläche unterteilt. Die Stirnfläche gleicht exakt den übereinanderliegenden Schuppenplatten des Ohrschuppentiers. Die Kristalle sind grünlich durchscheinend.[39] Wenn man auf ein Kristall schlägt, spaltet es sich glatt entlang der Musterung. Die abgespaltenen Kristalle glänzen wie ein Spiegel, sind dünn wie ein Weidenblatt, Plättchen für Plättchen weiß wie Reif oder Schnee und wunderbar eben und sauber. Weil Gips durch die Aufnahme der Emanation von angereichertem Yin erstarrt, bekommt er sechs Ecken. Der Gips, der heutzutage im Reich verwendet wird, ist vor allem ein purpurrotes Gestein, das aus den Bergen von Jiangzhou stammt,[40] aber kein reiner Gips. Ferner gibt es in der Erde unter dem alten Salzspeicher bei der Stadt Yancheng im Kreis Chuzhou[41] eine Substanz, die Glaubersalz ähnelt. Sie ist rein und durchscheinend wie Bergkristall und wunderbar feuchtglänzend. Dort wird diese Substanz auch Gips genannt, aber sie zieht gern Feuchtigkeit an und löst sich dann auf. Darin gleicht sie bestimmten Salzen wie Magnesiumchlorid. Echt ist nur der aus Xiezhou stammende Gips.

Seeaustern (503)

Die Schmuckauster[42], die die Leute in Wu essen, entspricht der Buntauster. Die Archenmuschel[43] heißt auch *Che'ao* (Radkrabbe). Die heutzutage unbekannten Seeaustern kann man, solange sie jung sind, an schlammigen Stellen entlang der Meeresküste fangen. Große Exemplare sind so groß wie eine Schachfigur, kleine dagegen nur so groß wie ein Hirsekorn. Gelblich-weiße und rote Austern kommen zusammen vor, gehören aber vielleicht nicht ein und derselben Art an. Außerdem fangen die Schalen aller Austern erst dann zu schimmern an, wenn sie unter dem Einfluß der Meeresbrandung geschliffen werden, so daß sie dann nicht mehr das ursprüngliche Aussehen besitzen. Austern treten in zahlreichen Arten auf. Alle Austern mit festen, schimmernden Schalen sind für die Herstellung von Arzneien brauchbar, so daß man sich nicht auf eine bestimmte Art beschränkt und sie gemeinhin Seeaustern nennt.

Eine Yamswurzel-Art (505)

Die in der Pharmakologie »Ming yi bie lu«[44] (Aufzeichnungen über die Klassifizierung von Heilpflanzen durch berühmte Ärzte) erwähnte Pflanze *Zhekui* (rote Knolle) ist noch nicht eingehend untersucht worden. Heutzutage trifft man diese roten Knollen am häufigsten im Süden an. Sie haben eine dunkle Haut und rotes Fleisch und ähneln einer Knöterich-Art.[45] Zerschneidet oder bricht man die Knollen auseinander, so sind sie innen rot und weiß. Die Maserung ähnelt der einer Betelnuß, und der Saft ist rot. Die Leute im Süden benutzen ihn, um Leder für Stiefel zu färben. In Min und Ling wird diese Knolle auch »*Yuliang*«[46] genannt.

Die in der Pharmakologie »Ming yi bie lu« in einer Anmerkung aufgeführte Pflanze »*Yuyuliang*« ist ebenfalls mit der Yamswurzel identisch.

Ergänzung der Pinselunterhaltungen Historisches

Sima Qians Hintersinn (524)

Ban Gu schrieb einmal über Sima Qians »Historische Aufzeichnungen« (Shi ji)[1]: »Beim Abwägen von Wahrheit und Unwahrheit hat er dem Weisen Konfuzius einseitig Unrecht angetan. Denn als er das große Dao erörterte, ging er zuerst auf den Gelben Kaiser und Laozi[2] und dann auf die sechs kanonischen Bücher der Konfuzianer[3] ein. In der Einleitung zum Kapitel über »Fahrende Ritter«[4] setzte er die Beamten, die sich vom Dienst zurückgezogen hatten, herab und hob schurkische Emporkömmlinge heraus. In den Biographien der Kaufleute schätzte er ihr Streben nach Macht und Geld hoch ein, dachte aber gering über die in Armut und Demütigung Lebenden. Darin zeigte er keine klare Sicht der Dinge.«
Als ich mich damit beschäftigte, fand ich ein Zitat von Wang Yun[5] aus der Späteren Han-Dynastie: »Kaiser Wudi ließ Sima Qian nicht hinrichten[6], weil er wollte, daß Sima Qian eine Chronik schreibe, in der bestimmte Leute verleumdet werden und daß sich dieses Urteil in der Nachwelt verbreite.« Ban Gus Betrachtung bezieht sich eben auf diese Verleumdungen. Genau das war Sima Qians Hintersinn. Allgemein ist in den aufeinanderfolgenden Einleitungen und Kommentaren der »Historischen Aufzeichnungen« diese Tendenz zu erkennen, die nicht aufs Geratewohl so niedergeschrieben wurde. Wenn Ban Gu beklagt, »beim Abwägen von Wahrheit und Unwahrheit hat er den Heiligen und Weisen einseitig Unrecht getan«, so ist dieses Urteil ganz verfehlt.

Mängel der Methode zur Beschreibung der Aussprache eines Schriftzeichens mittels zwei Schriftzeichen (529)

Xiong Ansheng,[7] der ein Schriftzeichenlexikon für die kanonischen Bücher verfaßt hatte, stammte aus der Gegend nördlich des Gelben Flusses. Deshalb spiegelt seine Beschreibung der Aussprache eines Schriftzeichens mittels zwei Schriftzeichen[8] gewöhnlich die nordchinesiche Aussprache wider. Andererseits stammt Lu Deming, der Autor des Schriftzeichenlexikons »Erklärung der Schriftzeichen der kanonischen Bücher« (»Jing dian shi wen«), aus Wu,[9] so daß er regelmäßig der Aussprache der Leute aus Wu folgt. Und Zheng Kangcheng, ein Mann aus Qi,[10] folgt meistens der ostchinesichen Aussprache. Wenn z. B. in dem Ausdruck *bi you rou hao* (die Jadeschmuckscheibe ist durchbohrt) die Aussprache von »*ròu*« (Fleisch) mit *róu* (kneten) gleichgesetzt wird, so stimmt das mit der nordchinesischen Aussprache überein. Und wenn in dem Zitat aus dem »Buch der Urkunden« (»Shu jing«): *Jin zuo shu xing* (Jin kaufte sich von der Hinrichtung frei) die

Aussprache von *shú* (sich freikaufen) mit *shù* (Baum) gleichgesetzt wird, so ist das ebenfalls mit der nordchinesischen Aussprache zu erklären. Denn bis auf den heutigen Tag sprechen die Leute nördlich des Gelben Flusses *ròu* (Fleisch) wie *róu* (kneten) und *shú* (sich freikaufen) wie *shù* (Baum) aus.
Wenn das Schriftzeichen *da* (schlagen) in *d(ing)* und *(g)eng* und das Schriftzeichen *ba* (aufhören) in *b(u)* und *(m)ai* zerlegt wird, so stimmt das mit der Aussprache in Wu überein. In dem Werk »Riten der Zhou« heißt es *yang yi zhu yao gua sha zhi qi* (der Arzt entfernte das Geschwür, indem er zugleich betete und Heilkräuter anwendete). Die Aussprache des darin vorkommenden Schriftzeichens *zhu* (beten) wurde aber mit *zhou* angegeben, die Zheng Kangcheng in seinem Schriftzeichenlexikon zu *zhu* (gießen) abänderte.[11] Das entspricht der Aussprache in Qi und Lu,[12] wo man bis heute *zhu* (gießen) wie *zhou* (beschwören) ausspricht. Der Beamtentitel *shangshu* (Kanzler) wurde in der Qin-Dynastie [221–207 v. Chr.] geprägt. Die Aussprache des darin vorkommenden Schriftzeichens *shang* (achten) wird mit *shang* (oben) gleichgesetzt. Doch die Leute in Qin[13] sprechen das Schriftzeichen *shang* in *shangshu* bis heute wie *chang* aus.

Sinn und Wohlklang liegen jenseits der Töne (530)

In den Jahren der Regierungsära Xingguo [976–983] verstand der Hofmusikant Zhu Wenji die Griffbrettzither *Qin* am besten im ganzen Land zu spielen. Der Buddhamönch Huiri in der Hauptstadt, der auch unter dem Namen Großmeister Yizhong bekannt ist, erlernte seine Kunst, der sie wiederum an Yihai, einen Buddhamönch aus Yue, weitergab. Dann trat Yihai in Yuezhou der Fahua-Schule[14] bei und vertiefte sich in das Spiel der Griffbrettzither, daß er darüber sogar den Besuch von Freunden höflich ausschlug. Indem er mehr als zehn Jahre nicht von dem Berg, auf dem sein Kloster lag, herabstieg und Tag und Nacht nicht von den Saiten ließ, vervollkommnete er sich im Spiel der Griffbrettzither. Schüler im ganzen Land orientierten sich nach Yihai wie die Speichen nach der Radnabe, ohne jedoch das Geheimnis seines Spiels ergründen zu können Yihai, der jetzt alt geworden ist, erläutert seine Kunst und verabschiedet dann den Besucher. Weil Yihai Bücher liest und auch Essays schreiben kann, suchen die Gelehrten den Umgang mit ihm, aber eigentlich ist er für seine Meisterschaft im Zitherspiel berühmt. Yihais Kunst liegt nicht so sehr in den Tönen, denn seine Stimmung drückt Einsamkeit und Wehmut aus. Sie liegt jenseits der Töne und wird deshalb auch von der Menge nicht erreicht.

Die 28 Tonarten der Festmusik (531)

Jeder Ton der Zwölftonleiter hat einen eigenen Namen.[15] Die Tonarten *Zhenggong*, *Dashidiao* und *Banshediao* weisen jeweils 7 Töne auf: *Gong*, *Yu*, *Shang*, *Jiao*, *Zhi*, *Biangong* und *Bianzhi*. Die 28 Tonarten der heutigen Palastmusik werden nach den Tönen unterschieden.

Die Tonarten *Zhenggong*, *Dashidiao* und *Banshediao* haben jeweils 9 Töne:[16] *Gaowu*, *Gaofan*, *Gaogong*, *Chi*, *Shang*, *Gaoyi*, *Gaosi*, *Gou* und *He*. Die Tonart *Dashijiao* ist ebenso aufgebaut, nur daß sie durch den zusätzlichen Ton *Xiawu* insgesamt 10 Töne enthält.
Die Tonarten *Zhonglügong*, *Shuangdiao* und *Zhonglüdiao* haben jeweils 9 Töne: *Jinwu*, *Xiafan*, *Gaogong*, *Chi*, *Shang*, *Xiayi*, *Xiasi*, *Liu* und *He*. Die Tonart *Shuangjiao* ist ebenso aufgebaut, nur daß sie durch den zusätzlichen Ton *Gaoyi* insgesamt 10 Töne enthält.
Die Tonarten *Gaogong*, *Gaodashidiao* und *Gaobanshe* haben jeweils 9 Töne: *Xiawu*, *Xiafan*, *Gong*, *Chi*, *Shang*, *Xiayi*, *Xiasi*, *Liu* und *He*. Die Tonart *Gaodashijiao* ist ebenso aufgebaut, nur daß sie durch den zusätzlichen Ton *Gaosi* insgesamt 10 Töne enthält.
Die Tonarten *Daodiaogong*, *Xiaoshidiao* und *Zhengpingdiao* haben jeweils 9 Töne: *Gaowu*, *Gaofan*, *Gaogong*, *Chi*, *Shang*, *Gaoyi*, *Gaosi*, *Liu* und *He*. Die Tonart *Xiaoshijiao* enthält durch den zusätzlichen Ton *Gouzi* insgesamt 10 Töne.
Die Tonarten *Nanlügong*, *Xiezhidiao* und *Nanlüdiao* haben jeweils 7 Töne: *Xiawu*, *Gaofan*, *Gaogong*, *Chi*, *Gaoyi*, *Gaosi* und *Gou*. Die Tonart *Xiezhijiao* enthält durch den zusätzlichen Ton *Xiagong* insgesamt 8 Töne.
Die Tonarten *Xianlügong*, *Linzhongshang* und *Xianlüdiao* haben jeweils 9 Töne: *Jinwu*, *Xiafan*, *Gong*, *Chi*, *Shang*, *Xiayi*, *Gaosi*, *Liu* und *He*. Die Tonart *Linzhongjiao* enthält durch den zusätzlichen Ton *Gaogong* insgesamt 10 Töne.
Die Tonarten *Huangzhonggong*, *Yuediao* und *Huangzhongyu* haben jeweils 9 Töne: *Gaowu*, *Xiafan*, *Gaogong*, *Chi*, *Shang*, *Gaoyi*, *Gaosi*, *Liu* und *He*. Die Tonart *Yuejiao* enthält durch den zusätzlichen Ton *Gaofan* insgesamt 10 Töne.
Töne, die nicht zu diesen Tonarten gehören, verletzen die Musikregeln.
In der Palastmusik gibt es 7 Tonarten mit dem Grundton *Gong*:[17] *Zhenggong*, *Gaogong*, *Zhonglügong*, *Daodiaogong*, *Nanlügong*, *Xianlügong* und *Huangzhonggong*.
Die 7 Tonarten mit dem Grundton *Shang* heißen: *Yuediao*, *Dashidiao*, *Gaodashidiao*, *Shuangdiao*, *Xiaoshidiao*, *Xiezhidiao* und *Linzhongshang*.
Die 7 Tonarten mit dem Grundton *Jiao* heißen: *Yuejiao*, *Dashijiao*, *Gaodashijiao*, *Shuangjiao*, *Xiaoshijiao*, *Xiezhijiao* und *Linzhongjiao*.
Die 7 Tonarten mit dem Grundton *Yu* heißen: *Zhonglüdiao*, *Nanlüdiao* (auch *Gaopingdiao* genannt), *Xianlüdiao*, *Huangzhongyu* (auch *Dashidiao* genannt), *Banshediao*, *Gaobanshe* und *Zhengpingdiao*.

Ursachen für Fehler der Intonation (535)

Die Intonation der höfischen Musik dieser Dynastie weicht aufgrund der Wirren während der Fünf Dynastien [907–960] von der früheren ab. Es ist bekannt, daß die Intonation kurz nach der Gründung der Dynastie um fünf ungerade Töne[18] höher lag als während der Tang-Dynastie [618–907]. In jüngster Zeit neigt die Intonation der Musik wieder langsam zu tieferen Tönen, aber sie liegt immer noch um zwei ungerade Töne höher als ursprünglich.

Als ich einmal einen alten Musiker im Amt zur Überwachung der Hofmusik nach dem Grund hierfür fragte, erklärte er mir: »Seit langer Zeit besteht eine Tendenz zu einer allmählich immer tieferen Intonation.« Geht man dieser Erscheinung auf den Grund, ist festzustellen, daß sich die Tonlage der Blasinstrumente im Amt zur Überwachung der Hofmusik im Laufe der Zeit allmählich verändert. Somit kann sie sich plötzlich um einen Ton verschieben. Die Stimmung der Blasinstrumente, die mein Großvater benutzte, läßt sich heute nicht mehr spielen. Nur für das Schlaginstrument *Fangxiang*[19] werden noch alte Instrumente verwendet. Bei Instrumenten aus Eisen können sich die Eigenschaften leicht verändern. Im Laufe der Zeit wird das Metall blank, und je dünner die Eisenteile werden, desto tiefer der Ton. Musikinstrumente muß man nach Instrumenten aus Metall und Stein stimmen, und wenn man das Schlaginstrument *Fangxiang* zum Stimmen verwendet, muß sich allmählich der Ton verändern. Im Altertum verwendete man für die Herstellung von Musikinstrumenten Stein und Kupfer, weil sie sich unter dem Einfluß von Wind und Regen, Trockenheit und Feuchte nicht ändern. Daß man früher für Musikinstrumente niemals Eisen benutzte, hatte sicher einen tieferen Sinn. Wenn aber die Kenntnis von den Regeln der Töne verlorengeht, kann man sich auch auf Metall und Stein nicht hinreichend verlassen, so daß sich die Klänge unweigerlich ändern. Auch das ist ein Gesetz der Natur.

Musikglocken (536)

Die Musikglocken des Altertums haben alle einen elliptischen Querschnitt, so daß ihre Form zwei aneinander gelegten Dachziegeln gleicht. Allgemein geben runde Glocken einen langanhaltenden Ton, elliptische Glocken dagegen einen kurzen Ton ab. Bei einem kurzen Ton ist ein klarer Takt möglich, aber bei einem langen Ton kommt es zum Nachhallen, das bei einer Musik mit kurzen Takten die Töne stört, so daß man keine Melodie spielen kann. Weil spätere Generationen diesen Zusammenhang nicht kannten, stellten sie stets runde Glocken her. Doch wenn man sie schnell hintereinander anschlägt, geben sie undeutlich vermischte Töne ab, so daß sich reine und trübe Töne nicht voneinander unterscheiden lassen.

Griffbrett- und Wölbbrettzither reagieren aufeinander (520)

Die Saiten der Griffbrett- und der Wölbbrettzither[20] weisen zusammenklingende Töne auf. Wenn die Saite für den Ton *Gong* mit der Saite für den Ton *Kleiner Gong* zusammenklingt, dann geschieht dasselbe mit den Saiten für die Töne *Shang* und *Kleiner Shang*. Somit liegen immer vier Saiten zwischen Resonanz erzeugenden Saiten.[21] Wenn man heutzutage in der Musik den Zusammenklang anwendet, muß man immer nach diesem Gesetz verfahren.

Möchte man den Zusammenklang der Instrumente beobachten, stimmt man zunächst alle Saiten nach den jeweiligen Tönen und stellt dann aus Papier geschnittene Figuren auf die Saiten. Schlägt man eine Saite an, so fangen die Papierfiguren auf der in Resonanz stehenden Saite zu springen an, während sich die Figuren auf den übrigen Saiten nicht bewegen. Wenn die Tonhöhen der betreffenden Saiten gleich sind, werden die Saiten zu Schwingungen angeregt, selbst wenn eine Griffbrettzither in einem anderen Raum angeschlagen wird. Das nennt man den korrekten Ton.

Xu Yan spielt die Griffbrettzither Jiqin (539)

In den Jahren der Regierungsära Xining [1068–1077] spielte Xu Yan, ein Musiker aus dem Amt für Hofmusik, bei Banketten am Hofe die Griffbrettzither *Jiqin*.[22] Als ihm einmal beim Einschenken des Weins eine Saite riß, nahm Xu Yan nicht eine andere Zither, sondern spielte das Stück auf einer Saite zu Ende. Diese Spielweise hieß seither »*Jiqin*-Spiel mit einer Saite«.

Naturphänomene

Ebbe und Flut (544)

Lu Zhao[1] meinte einmal bei seiner Erörterung der Meeresflut, sie würde »durch Auf- und Untergang der Sonne hervorgerufen«, doch das trifft überhaupt nicht zu. Wenn die Flut von Sonnenaufgang und -untergang abhinge, müßte sie regelmäßig täglich auftreten, doch wie kommt es dann, daß sie sich manchmal morgens und manchmal abends ereignet?
Als ich mich mit den Gesetzen für das Steigen und Fallen des Meeresspiegels beschäftigte, fand ich heraus, daß immer dann eine Flut auftritt, wenn der Mond den Meridian eines Orts passiert.[2] Wenn man auf diesen Moment wartet, wird man niemals die Flut versäumen. Hier beziehe ich mich auf die Flut an der Küste. Je mehr man sich vom Meer in Binnengewässer entfernt, wird sich die Flut entsprechend der Geographie verzögern. Passiert der Mond den Meridianhalbkreis des Zenits, tritt eine Morgenflut auf. Passiert der Mond den Meridianhalbkreis des Nadirs, tritt eine Abendflut auf. Erscheint beim Passieren des Zenits eine Morgenflut, dann erscheint beim Passieren des Nadirs eine Abendflut.

Ein Kalender mit zwölf Solarperioden (545)

Wenn man in den konfuzianischen Klassikern nach Aufzeichnungen über Kalenderkunde sucht, findet man nur im Kapitel »Kodex des Herrschers Yao« (»Yao dian«) des »Buches der Urkunden« (»Shu jing«) folgende Aufzeichnung: »Der Schaltmonat und die vier Jahreszeiten ergeben die Länge des Jahres.« Somit gibt es die Methode des Schaltmonats schon seit der Zeit des Herrschers Yao.[3] Für noch frühere Zeiten ist die Verfahrensweise unbekannt. Die von den frühen heiligen Königen überlieferte Methode des Schaltmonats ist freilich nicht eingehend erörtert worden. Aber bestimmte Erkenntnisse, zu denen man im Altertum noch nicht gelangte und die erst späteren Generationen vorbehalten waren, wie z. B. die Präzession des Zeitpunkts der Wintersonnenwende,[4] sind erst in jüngerer Zeit entdeckt worden. Diese Entwicklung bedeutet bestimmt keinen Widerspruch zwischen Altertum und Gegenwart.
Allgemein wird die Zeitdauer für einen Sonnenaufgang und einen Sonnenuntergang ein Tag und die Zeitdauer für Zu- und Abnahme des Mondes ein Monat genannt. Wenn man die Tage nach Sonne und Mond aufzeichnet, lassen sich zwar die Tage bezeichnen, aber der Umlauf des Mondes dauert 29 Tage, zu denen noch ein Rest kommt [exakt: 29,5306 Tage]. Zählt man die Tage dieser Mondmonate zusammen, so ergibt ein Jahr 12 Mondmonate [354,3672 Tage], zu

denen noch mehrere restliche Tage [10,8828 Tage] zu addieren sind. Aber zählt man 32 Mondmonate zusammen, so beträgt der Rest gerade wieder einen Mondmonat [exakt: 29,02 Tage]. Je weiter sich die Mondmonate und die Solarperioden vom gewählten Ausgangspunkt entfernen, bei dem Neujahr auf Neumond fällt, kann es passieren, daß in einem Monat keine ungeradzahlige Solarperiode beginnt.[5] Wenn Mondstand und Solarperiode nicht mehr im Einklang stehen, fügt man einen Schaltmonat ein. Man griff notgedrungen zum Mittel des Schaltmonats, so als würde man ein Haus aus steinernen und hölzernen Keilen bauen. Seitdem eilten die Solar- und Mondperioden bald vor, bald nach, die Länge des Jahres stimmte nicht mit der Länge des tropischen Jahres überein, und die vier Jahreszeiten verloren ihre Position, so daß die Berechnung des Kalenders kompliziert und bruchstückhaft war.

Aber wenn man die Zeit durch Summieren der Mondperioden zählt und aus den vier Jahreszeiten ein Jahr bildet, beruhen Schwinden und Wachstum von Licht und Schatten sowie die Zeiten für den Wandel zwischen Leben und Sterben der Natur im wesentlichen auf den Solarperioden. Demgegenüber hängen Zu- und Abnahme des Mondes nicht mit dem für die Landarbeiten eines Jahres wichtigen Blühen und Welken der Natur zusammen. Legt man jetzt eigens entsprechend dem Neumond zwölf Monate fest, so bestimmen die Solarperioden aber nicht die Lage der Monate. Wenn die Jahreszeit beispielsweise schon Frühling heißt, das Wetter aber noch trostlos ist, dann liegt der Neumond vor dem Beginn der Solarperiode. Dann handelt es sich nominell um den Frühling des folgenden Jahres, während in Wirklichkeit noch der Winter des vorhergehenden Jahres herrscht. Wenn die Jahreszeit noch Winter heißt, das Leben aber schon zu sprießen beginnt, dann liegt der Neumond nach dem Beginn der Solarperiode. Dann handelt es sich nominell um den Winter des vorhergehenden Jahres, während in Wirklichkeit schon der Frühling des folgenden Jahres herrscht. Man spricht vom ersten oder zweiten Monat, während in Wirklichkeit schon der dritte oder vierte Monat eingetreten ist, so daß die Realität von Leben und Sterben der Natur nicht durch den Kalender widergespiegelt wird. Außerdem mußte man sich eines so überflüssigen Mittels wie der Schaltmonate bedienen. Das hätte man im Altertum fast nicht zu denken gewagt.

Für einen neuen Kalender ist es am besten, aus zwölf Solarperioden ein Jahr zu bilden und nicht mehr auf die zwölf Mondmonate zurückzugreifen. Der Tag der Solarperiode Frühlingsanfang (*li chun*) wird zum ersten Tag des ersten Frühlingsmonats, der Tag der Solarperiode Erwachen der Insekten (*jing zhe*) zum ersten Tag des zweiten Frühlingsmonats erklärt usw. Lange Monate haben 31 Tage und kurze Monate 30 Tage. So bekommt jedes Jahr die gleiche Zahl von Tagen, und niemals wird ein Schaltmonat benötigt. Bei den zwölf Monaten folgen immer ein langer und ein kurzer Monat aufeinander, nur einmal liegen innerhalb eines Jahres zwei kurze Monate zusammen. Somit treten die Solarperioden der vier Jahreszeiten regelmäßig auf, und Kalenderzeit und Natur stehen nicht zueinander im Widerspruch. Sonne, Mond und die fünf Planeten sind auch darin einbezogen, so daß man die alten diesbezüglichen Verfahren nicht ändern muß. Obwohl die Zu- und Abnahme des Mondes mit bestimmten Erscheinungen in Beziehung stehen, wie zum Beispiel den Gezeiten und der Schwangerschaft, sind sie als einzige nicht an der Unterteilung des Jahres in kalte und warme Phasen beteiligt. Somit ist es vertretbar, daß die Mondphase im Kalender nur vermerkt wird.

Wendet man diesen Kalender auf das erste Jahr der Regierungsära Yuanyou [1086] an, so hat der erste Frühlingsmonat 30 Tage, der erste Tag heißt nach dem Sechziger-Zyklus *Renyin*, am 3. Tag herrscht Vollmond und am 19. Tag Neumond. Der zweite Frühlingsmonat hat 31 Tage, der erste Tag heißt nach dem Sechziger-Zyklus *Renshen*, am 3. Tag herrscht Vollmond und am 18. Tag Neumond. Wenn man die Tage eines Jahres derart anordnet, wird ein solcher Kalender sehr einfach und übersichtlich, er stimmt mit der Bewegung der Himmelskörper überein, und man muß keine lästigen Korrekturen vornehmen. Schon als ich früher die Erscheinung untersuchte, daß Winter- und Sommersonnenwende um mehr als 100 Ke gegenüber den richtigen Werten bald früher, bald später eintrafen,[6] bezweifelte man meine Überlegungen. Und als ich erklärte, daß sich die Richtung des Stiels im Sternbild Großer Schöpflöffel, nach der sich die zwölf Monate bestimmen lassen, aufgrund der Präzession verschiebt,[7] erschraken die Menschen noch mehr. So wird diese Kalendertheorie noch mehr Verwunderung, Haß, Tadel und Beschimpfungen hervorrufen. Aber der Tag wird kommen, an dem man meine Theorie aufgreifen wird.[8]

Charakteristische Werte der Stimmpfeifen (549)

Die Stimmpfeifen,[9] mit denen die Töne der Tonleiter dargestellt werden, haben feste Werte für Volumen, Länge, Durchmesser sowie für die reinen und die trüben Tönen.

Der Wert des Volumens beträgt bei der Stimmpfeife *Huangzhong*, die eine Länge von 9 Cun [27,3 cm] und einen Durchmesser von 9 Fen [852,73 cm] hat und mit Hirsekörnern ausgefüllt wird,[10] 9 × 9 = 81 [Volumeneinheiten].[11] Das Volumen der Stimmpfeife *Linzhong*, die eine Länge von 8 Cun [24,3 cm] und einen Durchmesser von 9 Fen [2,73 cm] hat, beträgt 8 × 9 = 72 [Volumeneinheiten]. Wenn die »Chronik der Früheren Han-Dynastie« (»Qian han shu«) ein Volumen von 8 × 8 = 64 angibt, so ist dieser Wert, wie sich im folgenden zeigen wird, falsch. Die Volumina der übrigen Stimmpfeifen ergeben sich in gleicher Weise.

Die Längen der Stimmpfeifen berechnen sich folgendermaßen:[12] Wenn man von der Länge der Stimmpfeife *Huangzhong* von 9 Cun [27,3 cm] 1/3 abzieht, erhält man die Länge der Stimmpfeife *Linzhong* der nachfolgenden Generation, die 6 Cun [18,2 cm] beträgt. Wenn man zur Länge der Stimmpfeife *Linzhong* 1/3 addiert, erhält man die Länge der Stimmpfeife *Taicu* der vorhergehenden Generation, die 8 Cun [24,3 cm] beträgt. Die Längen der übrigen Stimmpfeifen folgen dieser Reihe.

Was den Durchmesser der Stimmpfeifen angeht, so beträgt bei der Stimmpfeife *Huangzhong* mit 9 Cun [27,3 cm] Länge der Umfang 9 Fen [852,73 cm].[13] Bei den Alten heißt es, der Umfang der Stimmpfeife *Huangzhong* betrage 9 Fen, aber sie hatten nur den ganzzahligen Anteil des Werts angegeben. Mit einer genaueren Berechnung erhält man 9 3/7 Fen.[14] Bei der Stimmpfeife *Linzhong*, die 6 Cun [18,2 cm] lang ist, beträgt der Umfang ebenfalls 9 Fen. Alle zwölf Stimmpfeifen haben einen Umfang von 9 Fen. Die Angabe im Kapitel über Musik und Kalenderkunde der »Chronik der Früheren Han-Dynastie« (»Qian Han shu«), daß der Umfang der Stimmpfeife *Linzhong* 6 Fen beträgt, ist falsch. Das habe ich in meiner Abhandlung »Über Musik« (»Yue lun«)[15] ausführlich dargelegt. In den »Historischen Aufzeichnungen« ist vermerkt, der Wert für die Stimmpfeife *Linzhong* betrage 5 4/10 Cun.[16] Daraus erhält man 6 Fen × 9 = 54 Volumeneinheiten. Daran erkennt man, daß die Angabe in der »Chronik der Früheren Han-Dynastie« falsch ist. Die Umfänge der übrigen Stimmpfeifen haben dieselben Werte.

Hinsichtlich der Längen der sogenannten reinen und trüben Stimmpfeifen[17] liefert die Stimmpfeife *Huangzhong* mit 9 Cun [27,3 cm] Länge den Grundton, während die Stimmpfeife *Huangzhong* Trüber Ton Gong 1 Chi 8 Cun [54,6 cm] und die Stimmpfeife *Huangzhong* Reiner Ton Gong 4 Cun 5 Fen [13,6 cm] lang ist. Das heißt, die Stimmpfeifen mit doppelter Länge liefern die trüben Töne und die Stimmpfeifen mit halber Länge die reinen Töne.

Wang Ceng weist mit ernster Miene einen Hofbeamten zurück (552)

Ein Hofbeamter, der mit Wang Ceng, dem Herzog von Yi, befreundet war, wollte von diesem eine Amtsstelle in Qizhou erhalten. Darauf erwiderte Wang Ceng, diese Stelle sei schon besetzt, und ernannte ihn für ein Amt in Luzhou. Der Hofbeamte, der dorthin nicht gehen wollte, versetzte: »Obwohl der Ruf von Qizhou schlechter als der von Luzhou ist, möchte ich mich auf meine privaten Beziehungen in Qizhou stützen. Für Eure Exzellenz kann es doch nicht schwierig sein zu befehlen, daß jemand diesen Platz verliert, um nicht in mein Schicksal einzugreifen.«

Darauf entgegnete Herzog von Yi mit ernster Miene: »Wenn ich nicht befehle, daß jemand seinen Platz verliert, geschieht das einzig aus Gründen des Gleichgewichts. Ich nehme nur weg, um an anderer Stelle zu geben. Wenn der eine seine Stelle nicht verliert, dann muß ein anderer sie halt verlieren.«

Beschämt und niedergeschlagen zog sich der Hofbeamte zurück.

Die Speise des Kreisvorstehers Zhang (555)

Als Premierminister Zhang Yong,[18] der den postumen Beinamen »Der Treue und Entschiedene« trägt, noch Vorsteher des Kreises Chongyang im Bezirk Ezhou[19] war, gab es in Chongyang viel Brachland, und das Volk kümmerte sich nicht um Pflügen und Weben, sondern lebte ausschließlich davon, Teesträucher anzupflanzen. Zhang Yong befahl den Bauern, die Teegärten wieder zu roden,

und unterwies sie, Maulbeerbäume und Hanf anzupflanzen. Seit dieser Zeit nahm die Zahl der Teegärten allmählich ab, während sich die Kulturen von Maulbeerbäumen und Hanf besonders in der Gegend der Bezirke Ezhou und Yuezhou[20] ausbreiteten.
Als dann in den Jahren der Regierungsära Jiayou [1056–1063] das Teegesetz geändert wurde, stöhnten die Bauern in der Gegend um den Dongting-See und am Xiang-Fluß unter der Last der Teesteuern. Im Kreis Chongyang aber war die Auswirkung der Teesteuer am geringsten, und als das Volk von der Lage in den Nachbarkreisen erfuhr, zeigte es sich dankbar für die Wohltaten seines Kreisvorstehers und errichtete ihm zu Ehren einen Tempel.
Zhang Yong rief die Bauern, die auf dem Markt in der Stadt Gemüse kauften, zusammen und sprach zu ihnen: »Die Städter haben kein Land, um etwas anzubauen, und gehen außerdem anderen Beschäftigungen nach. Deshalb ist es zulässig, daß sie sich ihr Gemüse kaufen. Ihr aber seid Bauern aus den Dörfern und habt alle einen Acker. Weshalb pflanzt ihr dann nicht selbst Gemüse an, sondern gebt Geld aus, um es zu kaufen?« Darauf ließ er sie mit Bambusstöcken verprügeln und auseinanderjagen. Seitdem legten die Bauern Gemüsegärten an, und bis auf den heutigen Tag heißt die Rübe »Speise des Kreisvorstehers Zhang«.

Ein alter Hauptmann verwandelt eine Situation der Gefahr in Frieden (557)

Als die Tanguten im ersten Jahr der Regierungsära Baoyuan [1038] sieben Tage lang Yan'an umzingelt hatten,[21] stand die Stadt mehrmals am Rande der Kapitulation. Der Ministerialbeamte Fan Yong,[22] der die Truppen befehligte, war deshalb ganz niedergeschlagen. Da trat ein alter Hauptmann vor und sprach zu Fan Yong: »Bei meinem Dienst an der Grenze habe ich es schon ganz ähnlich wie jetzt mehrfach erlebt, in einer Stadt eingeschlossen zu sein. Doch da die Barbaren nichts vom Angriff verstehen, werden sie unsere Stadt letztlich nicht erobern können. Deshalb besteht jetzt überhaupt kein Anlaß zur Sorge. Dafür kann ich bürgen. Sollte jedoch das Unvorhergesehene eintreffen, soll mir die Enthauptung eine süße Strafe sein.« Fan Yong lobte, daß seine Worte die Herzen der Menschen stärken könnten und fand auch selbst ein wenig zu innerer Ruhe zurück.
Nachdem die Belagerung zurückgeschlagen worden war, erhielt der Hauptmann eine große Belohnung, und Fan Yong rühmte persönlich, daß er es dank seiner Kriegserfahrung verstanden hätte, den Feind richtig einzuschätzen. Danach sagte jemand zum Hauptmann: »Da du es wider alle Tatsachen gewagt hattest, Unsinn zu reden, hätte man dich eigentlich dem Gesetz überantworten müssen.«
»Das hast du nicht zu Ende gedacht«, erwiderte der Hauptmann lächelnd, »denn wäre die Stadt tatsächlich gefallen, hätte es dann noch Gelegenheit gegeben, mich hinzurichten? Deshalb war ich einzig bestrebt, der Masse der Soldaten Ruhe einzuflößen.«

Eine Auslassung in der »Chronik der Han-Dynastie« (558)

Als Han Xin[23] das Fürstentum Zhao überfiel, führte er zuerst zehntausend Soldaten, die eine Schlachtordnung mit dem Rücken zu einem Fluß einnahmen. Nachdem er die Generalsfahnen und -trommeln aufgestellt hatte, brach er von Jingxingkou[24] auf und lieferte den Leuten von Zhao eine schwere Schlacht. Da täuschte er eine Niederlage vor, indem er die Fahnen und Trommeln im Stich ließ und sich aufs Wasser flüchtete. Es ist schon sehr riskant, ein Heer mit dem Rücken zum Wasser zu formieren, doch wenn er sich, die Fahnen und Trommeln zurücklassend, zur Flucht wandte, konnte dies nur Niederlage bedeuten. Han Xin griff zu diesem Mittel, weil sein Widersacher, der alte General Chen Yu, nicht den Willen zeigte, ihm eine Niederlage beizubringen und deshalb nicht siegen konnte. Als Han Xin erkannte, daß er Chen Yus Talent übertraf, wagte er dieses Manöver. Wie hätte Han Xin verlieren können, wenn Chen Yu ihm an List nachstand? Das ist das Strategem, das besagt, man muß den anderen und sich selbst kennen, um den Feind abzuschätzen.

Die Nachfahren, die die Stärke des Feindes nicht abschätzten, aber Han Xins Methode nachahmten, waren zweifellos zur Niederlage verurteilt. Im fünften Jahr der Han-Dynastie [202 v. Chr.] führten Chu und Han bei Gaixia eine Entscheidungsschlacht,[25] in der General Han Xin persönlich ein Heer von 300 000 Soldaten befehligte. Dabei führte General Kong den linken Flügel und General Fei den rechten Flügel. Kaiser Gaozu hielt sich mit seinem Heer hinter ihnen bereit, und hinter diesem standen wiederum die Truppen des Fürsten Jiang und von Chai Wu. Da sich Han Xins ursprüngliche Schlachtordnung als ungünstig erwies, befahlen die Generäle Kong und Fei ihren Soldaten anzugreifen, so daß das Heer von Chu keinen Vorteil aus dieser Situation schlagen konnte. Nachdem Han Xin wiederum diese Lage für sich ausnützte, fügte er dem Heer von Chu eine schwere Niederlage bei. Dabei griff er erneut die Strategie auf, die sich im Krieg gegen Zhao bewährt hatte. Damals erschütterte Han Xin mit seiner Macht das Reich, so daß Xiang Yu sich allein vor ihm fürchtete. Später gab es keinen Zweifel, daß es sich bei Han Xins Rückzug mit 300 000 Soldaten um einen echten Rückzug handelte. Deshalb wurde die Situation, bei der sich Han Xin und seine beiden Generäle eine Gelegenheit zunutze machten, als »vorgetäuschter Fall vom Pferd« genannt. Obwohl sich Han Xin zurückzog, standen ihm doch die beiden Flügelgeneräle mit ihren Heeren zur Seite, das Heer des Kaisers Gaozu hielt sich hinter ihm bereit, und hinter dem Kaiser standen wiederum der Fürst Jiang und Chai Wu mit ihren Truppen. Weil die Gefahr, verglichen mit jener in der Schlacht gegen Zhao, als er mit dem Rücken zum Fluß eine Schlachtordnung aufbaute, für ihn viel geringer war, konnte er sich Xiang Yu entgegenstellen. In der gleichen Weise, mit der er Zhao unterwarf, vernichtete er auch Xiang Yu. Das sind alles Beispiele für Han Xins überlegene Strategie.

Wenn man die Taten der Alten beurteilen will, muß man danach streben, ihre Absichten zu erkennen, und darf nicht nur den äußeren Ablauf betrachten. Daß Ban Gu, als er die »Chronik der Han-Dynastie« (»Han shu«) verfaßte, diese Episode überging, lag vielleicht daran, daß er nicht untersucht hatte, weshalb Han Xin eben in dieser Schlacht Xiang Yu besiegte. Seit alters wird Han Xin als Stratege gerühmt, doch aus der »Chronik der Han-Dynastie« ist nicht zu ersehen, worin sich Han Xin auszeichnete. Ich meine, die Tatsache, daß Han Xin den Kaiser Gaozu zur Teilnahme an der Schlacht überredet und außerdem die drei in Qin gelegenen Stammlande von Xiang Yu als Wurzel des Reiches besetzt hatte, für seine Entschlossenheit spricht. Die Tatsache, daß er König Bao von Wei gefangengenommen[26] und Long Qie enthauptet hatte, spricht für seine Weisheit. Die Tatsache, daß er Zhao erobert und Chu geschlagen hatte, spricht dafür, daß er allen Situationen gewachsen war. Darin überragte er seine Zeitgenossen. Wie schade, daß die »Chronik der Han-Dynastie« seine gemeinhin bekannten Verdienste außer acht gelassen hatte!

Auf einen Schlag drei Arbeiten bewältigen (560)

In den Jahren der Regierungsära Xiangfu [1008–1016] brach im Kaiserpalast ein Feuer aus.[27] Damals leitete Ding Wei[28] die Arbeiten zur Renovierung der betroffenen Palasträume. Da ihm der lange Transportweg für die zum Bau benötigte Erde Sorge bereitete, befahl er, eine Magistrale in der Hauptstadt aufzureißen, um die Erde dort zu entnehmen. Nachdem hier in wenigen Tagen eine riesige Grube entstanden war, entschied er, den Bian-Fluß bis zu der Grube zu führen, damit die aus allen möglichen Gegenden eintreffenden Bambusflöße und Schiffe in dem so entstandenen Becken ihre verschiedenen Materialien entladen konnten, die dann von hier zum Palasttor befördert wurden. Nach dem Abschluß der Renovierung schüttete man das Becken mit zerbrochenen Ziegeln, Sand, Kalk und Erde zu und machte aus ihr wieder eine Straße. So hatte er auf einen Schlag drei Arbeiten bewältigt und dadurch mehrere Millionen Käsch Kosten gespart.

Zur Reparatur eines Schiffes eine Grube ausheben (561)

In den Anfangsjahren der Song-Dynastie lieferte die Provinz Liangzhe ein für den Kaiser bestimmtes Reiseschiff,[29] das mehr als 20 Zhang [60,6 m] lang war und Drachenschiff genannt wurde. Seine Aufbauten beherbergten auf mehreren Decks Palasträume, und es war sogar ein Bett für den Kaiser vorgesehen, um das Reisen so bequem wie möglich zu gestalten.

Als der Schiffskörper nach vielen Jahren angegriffen war, wollte man das Schiff reparieren, doch diese Arbeiten ließen sich im Wasser nicht durchführen. Da unterbreitete der Eunuch Huang Huaixin[30] in den Jahren der Regierungsära Xining [1068–1077] den Vorschlag, nördlich des Sees der Goldenen Klarheit[31] (*Jin ming chi*) eine Anlegestelle auszuheben, groß genug, um das Drachenschiff aufzunehmen. Unten in der Grube ließ er eine Plattform aus Holzstämmen und darauf ein Gestell aus Balken bauen.[32] Dann befahl er, einen Durchbruch vom

See zur Grube zu öffnen, um sie zu fluten und das Schiff auf die Plattform zu ziehen. Nachdem die Grube wieder abgeschlossen war, ließ er das Wasser aus der Grube mit Radpumpen[33] entfernen, so daß das Schiff im Trockenen aufgedockt war. Nach Abschluß der Reparatur wurde die Grube wieder mit Wasser gefüllt, bis das Schiff schwamm, worauf man die Balken und Stämme entfernte. Zuletzt wurde die Grube überdacht, so daß ein Haus zum Unterstellen des Schiffes entstand. So mußte man sich seither nicht mehr sorgen, daß das Schiff den Unbilden der Witterung ausgesetzt sei.

Aus Falsch wird Wahr gemacht (562)

Der Gelehrte Li Shiheng war ein leidenschaftlicher Büchersammler. Er besaß ein mit dem Pinsel geschriebenes Original von einem Autor aus der Jin-Dynastie, das er bei seinem Sohn Xu aufbewahrte. Der Revisorgehilfe Shi aus Chang'an lieh sich einst diese Schrift von Herrn Li aus und fertigte insgeheim von ihr eine Kopie an, um sie dem Gelehrten Wen Yanbo als Original zu verehren. Als Wen Yanbo eines Tages Gäste empfing, unter denen sich auch Li befand, sah man sich Kalligraphien und Bilder an. Beim Anblick der fraglichen Kalligraphie erkundigte sich Li ershrocken: »Diese Schrift ist ein Stück aus dem Besitz meiner Familie. Wie ist sie plötzlich hierher gelangt?« Eilends schickte Li einen Diener nach Hause, um das Original zu holen und beide Schriften miteinander vergleichen zu können. Da erkannte man, daß die von Wen Yanbo verwahrte Kalligraphie eine Kopie war, und Li erfuhr jetzt, daß Wen Yanbo sie von Shi erhalten hatte. So erzählte Li Wen Yanbo die ganze Geschichte. Als in dem Moment die Schar der Gäste zu ihnen eintrat, beteuerten alle, die von Wen Yanbo verwahrte Kalligraphic sei das Original und Lis eine Kopie. Darauf bemerkte Li mit einem Seufzer: »Wie kann ich es ihnen beweisen, wenn ich als einzelner dieser Menge gegenüberstehe? Heute wird mir klar, was niedriger Rang bedeutet.«

Das Wesen der Kalligraphie (564)

Die meisten Zeitgenossen, die sich über Kalligraphie äußern, meinen, sie müßte keinerlei Gesetzen folgen und jeder könnte seinen eigenen Stil entfalten. Diese Ansicht spiegelt aber nur einen Aspekt der Kalligraphie wider. Obwohl zum Beispiel Xi Shi und Mao Qiang[34] verschieden aussahen, war ihnen doch ihre Schönheit gemeinsam. Ihre Hände mußten Hände und ihre Füße mußten Füße gewesen sein, daran ist nicht zu deuteln. Dasselbe gilt für das Schreiben von Schriftzeichen. Obwohl sie in Form und Charakter ganz verschieden sein können, muß der nach unten links gebogene Strich »*lüe*« immer ein Strich »*lüe*« und der nach unten rechts gebogene Strich »*zhe*« immer ein Strich »*zhe*« bleiben. Bei aller Vielfalt der kalligraphischen Stile kann sich daran nichts ändern. Wenn die Striche »*lüe*« und »*zhe*« nicht richtig geschrieben werden und die

Schriftzeichen in Geist und Gestalt den Schönheiten Xi Shi und Mao Qiang gleichen, würde man sie aber nicht als vollkommene Menschen ansehen, hätten sie keine normalen Hände und Füße besessen. Obwohl Yang Zhu und Mo Di[35] an Weisheit und Beredsamkeit ihre Zeitgenossen übertrafen, wurden sie doch nicht in den Kreis der Heiligen aufgenommen. Wenn man die Regeln der Meister erlernt und beherrscht, versteht man sich doch nur auf eine »Sklavenschrift«. Aber wer von hier ausgeht, wird entlang dieses Wegs in eine höhere Sphäre vordringen. Hat man die Welt der Regeln hinter sich gelassen, kann man schließlich zu wahrer Meisterschaft gelangen.

Der den alten Gefäßen innewohnende Sinn (568)

Die alten Dreifußkessel haben alle hohle Füße, die etwas aufnehmen können. Diese Art Kessel wird *Li* genannt. Beim Schmoren möchte man immer den Fleischsaft unten und die eigentliche Speise oben haben, so daß sie leicht gleichmäßig garen kann. Nimmt man den Dreifußkessel nach dem Kochen vom Feuer, sind die Rückstände in die Füße hinabgesunken. Im Buch der Wandlungen (»Yi jing«) heißt es über das Hexagramm ䷱ »Dreifußkessel«: »Die erste gebrochene Linie von unten bedeutet: Drehe den Dreifußkessel um, damit der Bodensatz aus den Füßen kommt.« Damit ist gemeint, daß, weil sich die Rückstände unten in den Füßen sammeln, man den Kessel vor dem Kochen reinigen muß. Die zweite durchgehende Linie bedeutet: Im Dreifußkessel ist Nahrung.

Heutzutage benutzen die Schlachter in der Hauptstadt, die etwas vom Fleischkochen verstehen, einen an einem Haken aufgehängten Kessel. Dabei achten sie darauf, nicht an den Boden zu stoßen. Diese Regel haben sie aus vergangener Zeit übernommen.

Ferner besitzen alte bronzene Weihrauchkessel oft einen durchbrochenen Boden. Nachdem man den Weihrauch im Kessel entzündet hat, wird er von oben mit Asche zugedeckt. Weil die Glut durch die Löcher im Boden nicht ersticken kann, hält sie sich lange. Um zu verhindern, daß die Hitze des Weihrauchkessels eine Sitzmatte ansengt, stellt man die Füße des Kessels in eine mit Wasser gefüllte Schale, die die Füße abkühlt und zugleich die herabfallende Asche aufnimmt.

Auch andere Gefäße haben größtenteils einen solchen innewohnenden Sinn. Da ihre Formen und Muster meist gleich sind, wurden sie wahrscheinlich von Handwerkern weitergegeben, die die Kunst ihrer Meister bewahrten, und die Nachfahren wagten nicht, diese Art plötzlich zu ändern. Doch die heutigen, zweifelhafter Originalität nachjagenden Gelehrten und Künstler berauschen sich am Abwegigen und Oberflächlichen, wofür sie das seit alten Zeiten Bewährte über Bord werfen. Das gilt nicht nur für diese Gefäße.

Merkwürdiges

Eine Karte aller Bezirke und Kreise (575)

In alten Büchern über Geographie sind Karten mit Vogelperspektive erwähnt, von denen aber nicht bekannt ist, wer sie erfunden hat. Bei diesen Karten mit Vogelperspektive sind die Entfernungen, ausgehend von einem Punkt, entlang der vier Richtungen immer durch Abschreiten ermittelt worden. Aber je nachdem, ob der Weg gerade oder gewunden ist, unterscheiden sich die Entfernungen. Wenn man eine solche Karte anfertigt, gibt sie die abgeschrittene Entfernung nicht exakt wieder. Mißt man nach ihr eine Entfernung ab und geht einen Weg in einer der vier Richtungen, entspricht dieser Weg dem geraden Flug eines Vogels durch die Luft, der keine Differenzen aufgrund von Erhebungen der Berge oder Biegungen der Flüsse enthält.

Als ich die »Karte aller Bezirke und Kreise« anfertigte[1], wurde, obwohl ich einen Maßstab von 2 Cun [6,06 cm] auf der Karte gleich 100 Li [54,58 km] gewählt hatte, die Vogelflugentfernung mit verschiedenen Methoden ermittelt[2]: Ermittlung der gegenseitigen Entfernungen mit Hilfe eines rechtwinkligen Netzes, Messung der Höhenunterschiede, Bestimmung der Richtungsänderungen eines Weges und Umrechnung der Krümmung eines Weges in die Länge der zugehörigen Sehne. Da ich bei der Anfertigung dieser Karte genaue Werte der Himmelsrichtungen und Entfernungen benutzte, konnte ich diese Methode umsetzen. Auf der Grundlage der vier Himmelsrichtungen [N, O, S, W] und der vier Zwischenrichtungen [NO, SO, SW, NW] legte ich 24 Richtungen fest, die ich mit den zwölf Erdzweigen [*Zi*, *Chou*, *Yin*, *Mao*, *Chen*, *Si*, *Wu*, *Wei*, *Shen*, *You*, *Xu* und *Hai*], den acht Himmelsstämmen *Jia*, *Yi*, *Bing*, *Ding*, *Geng*, *Xin*, *Ren* und *Kui* und den vier Trigrammen *Qian*, *Kun*, *Gen* und *Xun* benannte. Selbst wenn die Karte in einer späteren Generation verlorengehen sollte, kann man mit Hilfe dieser Aufzeichnungen, mit denen die Bezirke und Kreise nach den 24 Richtungen angeordnet wurden, sich sogleich wieder eine Karte anfertigen, die nicht den mindesten Fehler aufweist.

Die Schlacht von Shanyuan (576)

Gegen Ende der Regierungsära Xianping [998–1003] drangen die Qidan aus dem Reich Liao an der nördlichen Grenze nach China ein. Damals stationierten die Generäle der Grenzverteidigung Wang Xian und Wang Jizhong dort Truppen, um die Qidan unter Kontrolle zu bringen. Als die Qidan mit einem starken Heer anrückten, suchte Wang Jizhong sich ihrer mit aller Macht zu erwehren. Doch

Geodätische Messung der Höhe einer Insel.
(Aus: Gu jin tu shu ji cheng, 1726)

Wang Jizhong geriet in Gefangenschaft der Qidan, worauf er sich in deren Dienst stellte. Erst als diese ihn zum General beförderten, wurden die Geheimbriefe des Song-Kaisers Zhenzong an ihn allmählich bekannt.[3] Wang Jizhong nutzte die Gelegenheit, um sich am Hof des Liao-Herrschers im Namen der Song-Dynastie für den Abschluß eines Friedensvertrags einzusetzen. Er vertrat die Meinung, daß dem Volk Frieden zu geben, Nutzen für viele Generationen verheiße. Da die Mutter des Liao-Herrschers wegen ihrer Krankheit nicht an einer kriegerischen Lösung interessiert war, erklärten sich die Qidan zum Friedensschluß bereit. Wang Jizhong schrieb deshalb einen Brief an Shi Pu, den General der Grenzverteidigung in Mozhou,[4] und bat ihn, die Nachricht, daß die Kaiserinmutter Xiao zum Abschluß eines Friedensvertrags bereit sei, an Kaiser Zhenzong weiterzuleiten. Doch damals wollte niemand dieser Nachricht Glauben schenken.
Im nächsten Jahr [1004] drangen starke Heere der Qidan bis zum Gelben Fluß vor. Damals begab sich Kaiser Zhenzong persönlich an die Front und bezog in Shanyuan Quartier. Hier erschien Wang Jizhong mit einer Erklärung des Liao-Herrschers, Frieden schließen zu wollen. Daraufhin entsandte Kaiser Zhenzong den Minister Cao Liyong[5] zu Pferd ins Liao-Reich, um über den Frieden zu verhandeln. Als Cao Liyong die Grenzstadt Daming erreichte, befehligte damals Wang Qinruo die dortige Garnison. Da er die Stärke der Qidan bezweifelte, hielt er Friedensverhandlungen für unvernünftig und ließ Cao Liyong nicht über die Grenze. Weil Daming damals von den Qidan belagert wurde, konnte Cao auch nicht nach Shanyuan zurückkehren.
Da der Kaiserhof nicht wußte, wo sich Cao Liyong aufhielt, wurde ein anderer Gesandter ins Liao-Reich gesucht. Die Wahl fiel auf Zhang Hao, einen Militärbeamten bei Hofe, der dann vom Kaiser empfangen wurde. Zhang Hao, der mit seinem neunjährigen Sohn erschien, erklärte: »Ich schwöre, nicht ohne eine Zusage der Qidan zurückzukehren. Deshalb bitte ich Eure Majestät, sich meines Sohns anzunehmen.« Der Kaiser schenkte ihm 300 Liang [11 kg] Silber und schickte ihn auf die Reise. Nachdem Zhang Hao bei Shanyuan die Grenze überquert hatte, wurde er von einer berittenen Patrouille der Qidan gefangengenommen. Als Zhang Hao ihnen von seinem Auftrag, Friedensverhandlungen zu führen, berichtete, geleiteten sie ihn zum Herrscher des Liao-Reiches und dessen Mutter Xiao. Bei seiner Ankunft hob die Kaiserinmutter den Vorhang ihres Wagens und bat Zhang Hao zu sich. Sie nahm ein Jochbrett und hieß ihn, darauf Platz zu nehmen. Dann bewirtete sie ihn freigebig mit Wein und Speisen.
Als Zhang Hao sich zur Rückkehr anschickte, erfuhr er, daß die Qidan die Große Mauer bei Shanzhou angreifen wollten, und unterrichtete die Generäle der Grenzverteidigung Zhou Wenzhi, Li Jilong und Qin Han über den Plan der Qidan. Zhou Wenzhi bereitete sich mit seinen Truppen sorgfältig auf ihr Eintreffen vor. Als das Heer der Qidan im Morgengrauen tatsächlich anrückte, schossen die Verteidiger der Grenze auf Dalan, den Heerführer der Qidan, so daß dieser tötlich getroffen vom Pferd fiel. Danach wurde das Heer der Qidan vernichtend geschlagen. Wiederum entsandte der Kaiser Zhang Hao ins Liao-Reich, um die Verhandlungen zum Abschluß eines Friedensvertrags fortzusetzen. Er hieß ihn auch, dem Liao-Herrscher von seinem Entschluß zu berichten,

daß er vordem schon Cao Liyong mit dem gleichen Auftrag ins Liao-Reich geschickt hätte. Als Zhang Hao in Daming eintraf, unterrichtete er Wang Qinruo von seinem Auftrag. Daraufhin reiste er zusammen mit Cao Liyong zum Liao-Herrscher, bei dem schließlich ein Friedensvertrag abgeschlossen wurde. Das geschah im ersten Jahr der Regierungsära Jingde [1004].[6]
Später wurde Zhang Hao von Cao Liyong durch eine Intrige verdrängt, so daß er schließlich nur Palastaufseher zur Linken wurde. Als Kaiser Zhenzong endlich davon erfuhr, ernannte er Zhang Haos neunjährigen Sohn Mu zum Unterpalastaufseher. Wang Jizhong wurde mehrmals die Huld des Kaisers zuteil, indem er zum Heereskommandanten von Datong und zum Kanzler ernannt wurde. In der offiziellen Chronik ist der Ablauf der Schlacht von Shanyuan nicht sehr ausführlich beschrieben. Einzelheiten erfuhr ich von Zhang Mu und aus der Familie von Wang Jizhongs Sohn Congpi. Als Jiang Yingshu Finanzkommissar der Provinz Hebei war, hielt er in einem Bericht an den Thron Wang Congpis Verdienste im Zusammenhang mit der Schlacht von Shanyuan fest.

Die Schlachtordnung der neun Heere (579)

In den Jahren der Regierungsära Xining [1068–1077] erörterte Guo Gu, der Kommissar des Prinzenpalais, zusammen mit anderen die Schlachtordnung der neun Heere.[7] Darüber verfaßte er ein Buch, das in allen Kommandanturen verbreitet wurde, und eine Kopie wurde in der kaiserlichen Bibliothek verwahrt. Nach Guo Gus Auffassung bedeuteten die neun Heere eine Einheit aus einem Heerlager und einer Streitkraft. (D. h., im Kampf handelte es sich um eine Streitkraft und im Ruhezustand um ein Heerlager.) Außerdem war die Streitkraft von Sicherungstruppen umgeben. Nach einer alten Faustregel nimmt ein Soldat eine Fläche von zwei Quadrat-Bu [4,6 m^2] und ein Pferd eine Fläche von vier Quadrat-Bu [9,2 m^2] ein. Um die Streitkraft und die Sicherungstruppen aufzunehmen, benötigt man für eine Schlachtordnung von 100000 Mann eine Fläche von mehr als 10 Quadrat-Li [3 km^2]. Doch wo auf der Welt gibt es ein Schlachtfeld von 10 Quadrat-Li Größe ohne irgendwelche Hindernisse wie Berge und Hügel, Flüsse und Gräben, Wälder und Bäume? Wenn man außerdem neun Heere von einer Sicherungstruppe wie mit einem Zaun umgibt, kann man die Streitmacht nicht weiter aufteilen. Das ist so, als ob neun Mann eine Haut hätten. Zerteilt man die Haut, sind sie zum Tode verurteilt. Das ist die Situation, die Sun Wu »die Armee an die Kette legen« nannte.[8] Ferner steht über die alten Schlachtordnungen geschrieben, daß sich die Heere Gesicht zu Gesicht beziehungsweise Rücken an Rücken gegenüberstehen. Guo Gu, der den Sinn dieser Aufzeichnung nicht verstand, ließ die Offiziere und Soldaten sich nebeneinander aufstellen und alle zwei Reihen eine Gasse bilden, in der sich die Reihen Gesicht zu Gesicht gegenüberstanden. So war zwar der alte Wortlaut erfüllt, doch wie sollten die nebeneinanderstehenden Offiziere und Soldaten auf den Feind reagieren? Da Seine Majestät an Guo Gus Erläuterungen Zweifel hegte, beauftragte er mich, sie noch einmal gründlich zu überprüfen.

Ich meine, daß man die neun Heere als selbständige Schlachtordnungen interpretieren muß. Selbst wenn man sie in einen rechten und linken sowie vorderen und hinteren Flügel aufteilt, dürfen sie doch das für sie vorteilhafte Geländestück einnehmen. Jedes Heer ist von einer eigenen Sicherungstruppe umgeben. Selbst wenn ein Heer einen Fluß überschreitet oder einen dichten Wald durchquert, ist es ihm dann unbenommen, sein eigenes Heerlager aufzuschlagen. Wenn die metallenen Schlachttrommeln ertönen, werden solche Bewegungen wie sich sammeln, sich zerstreuen, sich trennen und sich vereinigen wie von einem einzigen geschlossenen Körper ausgeführt, ohne daß Unordnung entstünde. Wenn sich die neun Teilheere zu einer großen Schlachtordnung vereinigen, lassen sie zwischen sich insgesamt vier Straßen in Längs- und Querrichtung, so wie man ein Feld mit zwei Linien längs und zwei Linien quer in insgesamt neun Stücke aufteilen kann. Hier stehen sich dann die neun Heere Rücken an Rücken und Gesicht zu Gesicht gegenüber. Wo auch immer sie mit dem Feind in Berührung kommen, werden sie zuerst handeln.
Seine Majestät, die mir beipflichtete, hob die Hand und sprach: »Vergleiche es mit den fünf Fingern. Wie könnte man sich ihrer bedienen, wären sie noch einmal von einer Haut umgeben?« Dann befahl er, meine Erläuterungen als Dienstvorschrift herauszugeben. Daraus entstand die heute vorliegende »Methode der Heereslager und Schlachtordnungen« (Ying zhen fa).[9]

Über die Wertschätzung (580)

Nach den Regeln der Wertschätzung bei den Alten galt es als Ehrung für den Gast, wenn er rechts vom Hausherrn plaziert wurde. Wenn die Zeitgenossen den Platz des Hausherrn dem Gast überlassen, ergibt das überhaupt keinen Sinn. Nur wenn sich der Himmelssohn zu seinen Fürsten begibt, steigt er auf der östlichen, rechten Treppe, die dem Hausherrn vorbehalten ist, hinauf, denn die Benutzung der linken Treppe würde keine Wertschätzung bedeuten. Im »Buch der Riten« (»Li ji«) heißt es: »Der Hausherr benutzt die östliche und der Gast die westliche Treppe.[10] Wenn der Gast hinuntergeht, benutzt er die Treppe des Hausherrn. Wenn der Hausherr ihm hartnäckig den Vortritt läßt, benutzt der Gast die westliche Treppe.« So drückte das Hinaufgehen auf der westlichen Treppe Wertschätzung aus, ebenso wie das Hinabsteigen auf der Treppe des Hausherrn als ehrerbietig galt. Als Han Xin den Herrn von Guangwu empfing,[11] setzte er sich auf die Ostseite, um seinen Lehrer auf der Westseite zu bedienen. Das ist ein Beispiel für Wertschätzung.
Heute wird einzig bei Hofe dieses Ritual beachtet. Wenn die Hofbeamten die Stufen zur Thronhalle hinaufsteigen, um Bericht zu erstatten, benutzen sie die östliche Treppe und stellen sich östlich vom Kaiserthron auf. Man geht nicht die westliche Treppe hinauf, weil der Himmelssohn kein Gästeritual hat. Wenn Gäste die Stufen zu einer Halle der Buddhisten oder anderer über den irdischen Riten stehender Menschen hinaufsteigen, stellen sie sich auf der Westseite auf, einzig die Bediensteten und Schüler stehen auf der Ostseite. Das wurde wahrscheinlich durch alte Sitten überliefert.

Geheimnisvolle Verwandlungen (582)

Der Gelehrte Li – ich habe seinen Vornamen vergessen –, der in den Jahren der Regierungsära Jiayou [1056–1063] Sekretär des Überwachungskommissars von Shuzhou war, konnte Wasser in Zinnober verwandeln.[12] Als Wang Anshi, seinerzeit Stellvertreter des Präfekten, ihn nach dem Wesen seiner Methode fragte, gab Li zur Antwort: »Wenn man klares Wasser in einen tönernen Dreifuß gibt und diesen auf ein Feuer stellt, wird das Wasser nach kurzer Zeit allmählich zu einer kostbaren Substanz erstarren, die überraschend hell leuchtet.« Auf die Frage nach der Rezeptur erklärte er: »Es ist nichts weiter erforderlich, als das Verhältnis der Kräfte zwischen Wasser und Feuer zu regulieren. Wenn sie nur um ein geringes unausgewogen sind, findet wieder eine Rückverwandlung statt. Wir haben es hier mit der reinen Wirkung der Trigramme ›kan‹ ☵ und ›li‹ ☲ zu tun, die jeweils ›Wasser‹ und ›Feuer‹ repräsentieren.« Er erklärte weiter, daß Sonne und Mond jeweils Phasen der Progression und Regression aufwiesen, aber ich habe hierzu keine Einzelheiten erfahren.

Aus dieser Tatsache kann man Gesetze zur Erhaltung der Gesundheit und zur Heilung von Krankheiten ableiten. Wenn zum Beispiel im zweiten Frühlingsmonat die Kräuter und Bäume sprießen und die Vögel und Vierbeiner sich vermehren, so ist das durch die Solarperiode bedingt. Wenn man zur Frühlings- oder Herbst-Tagundnachtgleiche um Mitternacht ein irdenes Gefäß voll Brunnenwasser schöpft, das Gefäß sieben Tage lang verschlossen hält und dann nachsieht, entdeckt man an der Wand des Gefäßes einen Niederschlag des Wassers, der einer dünnen Eisschicht ähnelt und als Arznei verwendet werden kann. In nicht mehr als zwei Minuten verschwindet der Niederschlag, das heißt, er vermischt sich mit dem Wasser. Wenn man zur Zeit der Frühlings- oder der Herbst-Tagundnachtgleiche beim Atmen immer den Speichel herunterschluckt, sammelt er sich im Magen. So kann Zinnober vom Magen in die darunter liegenden Organe gelangen. Diese leuchtende Substanz halten die Astrologen für eine Zinnober-Arznei, die im Körper des Menschen durch Vermischen entsteht.

Generell folgen alle durch Verwandlung entstehenden Stoffe diesem Weg. Diese geheimnisvollen Verwandlungen vollziehen sich unterschiedslos in der Natur und bei den Menschen. Die Menschen haben nur noch nicht darüber nachgedacht. Wenn man diese Gesetzmäßigkeit umfassend nutzt, kann die Erhaltung der Gesundheit und die Heilung von Krankheiten bis zu den Göttern reichen.

Sternanis (583)

Heutzutage sind sehr viele Arten von Sternanis[13] im Gebrauch. Manche haben Blätter so groß wie ein Handteller, andere – feine Blätter, eine weitere Art hat glänzende, dicke, harte Blätter, die man abreißen kann, dann gibt es eine Art mit weichen, dünnen Blättern und schließlich eine rankende Art. Aber größtenteils sind diese Zuordnungen falsch.

Im »Illustrierten Buch der Wurzeln und Kräuter«[14] (»Ben cao tu jing«) ist verzeichnet: »Sternanis ähnelt der Glanzmispel,[15] hat aber weniger Blätter und keine Blüten und Früchte.« Ich fand, daß der Vergleich, er ähnele der Glanzmispel, zutrifft, aber die Charakterisierung, Sternanis habe weniger Blätter und keine Blüten und Früchte, ist wiederum falsch. Sternanis wächst überall in den Bergen von Shu und im Gebiet der Flüsse Xiang und Han und in Zhejiang.[16] Sternanis hat dicht stehende Zweige und Blätter. Die runden Büsche geben einen hübschen Anblick. Die glänzenden, dicken Blätter verströmen einen starken Duft. Die roten Blüten sind so groß wie Aprikosenblüten. Sie entwickeln sechs Blütenblätter, die gegeneinander gedreht aufwärts streben. Die Staubgefäße und der Stempel in der Mitte sind rot und hängen und fallen leicht herab. Schüttelt man den Baum mit seinen vielen nach unten gebogenen Zweigen, sieht das Fallen der Blüten höchst amüsant aus. Die Fischer an den Flüssen Xiang und Han sammeln die Früchte, um sie zusammen mit zerstampftem Reis zum Anfüttern der Fische zu verwenden. Wenn die Fische dann zur Oberfläche auftauchen, werden sie gefangen.

Die Leute im Süden nennen den Baum Steinzimmet (*Shi gui*). Bai Juyi hatte einmal ein »Gedicht über die Zimtbäume im Lushan-Gebirge« verfaßt, in dessen Vorwort er schrieb: »Im Lushan-Gebirge wachsen viele Zimtbäume (*Gui*).« Weiter heißt es: »Mit den Händen greife ich nach den dunkelgrünen Zimtzweigen.« Vielleicht hat er damit den Sternanis gemeint. Zur Tang-Zeit wurde er wegen seiner roten Blüten roter Zimt genannt. Li Deyu[17] schrieb im »Vorwort zu den Gedichten« (»Shi xu«): »Beim Tempel der Verehrung und Güte am Drachentor[18] wächst ein roter Zimtbaum, der als einziger am Yi-Fluß blüht. Ich habe ihn in einen Garten am Stadtrand verpflanzt, wo er alle anderen Gewächse durch seinen Duft und seine Farbe in den Schatten stellt. Das ist der Sternanis (*Mang cao*), wie er in Shu heißt. Umsonst hat man ihm den schönen Namen Roter Zimt verliehen.« Diese Beschreibung von Li Deyu ist auch sehr klar. Seit alters benutzt man Sternanis, dessen Giftwirkung auf Fische erwiesen ist.

Es ist nicht bekannt, warum dieses Gewächs im »Illustrierten Buch der Bäume und Kräuter« als Kraut bezeichnet und in einem entsprechenden Kapitel eingeordnet wurde.

Fließendes und stehendes Wasser (584)

Sun Simiao schreibt in seinem Arzneibuch »Tausend-Goldstücke-Rezepte« (»Qian jin fang«), daß man zum Kochen von Ginsengbrühe[19] fließendes Wasser nehmen müsse. Nehme man stehendes Wasser, zeige sie keine so gute Wirkung. Ich habe einmal gesehen, daß der Kanzler Wang Anshi, der den Brauch liebte, gefangene Tiere freizulassen,[20] jeden Tag auf dem Markt lebende Fische kaufte und sie im Fluß aussetzte. Alle waren sie quicklebendig, nur wenn Schlammpeitzger und Kiemenschlitzaale in den Fluß gelassen wurden, starben sie sofort. Daran erkennt man, daß Schlammpeitzger und Kiemenschlitzaale nur in stehendem Wasser leben und daß fließendes und stehendes Wasser unterschiedlich wirken. Wenn Karauschen in fließendem Wasser leben, sind die Rückenschuppen weiß, und sie schmecken vortrefflich. Aber wenn sie in stehendem Wasser leben, bekommen sie schwarze Rückenschuppen und haben einen schlechten Geschmack. Auch das ist erwiesen. Im »Buch der Lieder« (»Shi jing«)[21] heißt es: »Ißt du Fisch, warum vom Fluß die Brasse?« Sicher unterscheiden sich Qualität und Art der Fische je nachdem, ob sie in fließendem oder stehendem Wasser leben.

Über den Gebrauch von Arzneimitteln (586)

Von Arzneipflanzen verwendet man bald die Wurzeln, bald die Stiele und Blätter. Obwohl sie zu ein und derselben Pflanze gehören, besitzen sie verschiedene Eigenschaften. Wenn man ihre Wirkung nicht gründlich versteht, kann eine Arzneipflanze falsch eingesetzt werden. Nach den Angaben im »Illustrierten Buch der Wurzeln und Kräuter« verwendet man von der Sockenblume[22] die Blätter, im Süden hingegen die Wurzeln. Nach demselben Buch benutzt man von der Orchideenart Rotpfeil die Wurzeln, heutzutage ist es jedoch üblich, die Triebe zu nehmen. Weiß man also nicht, ob die Eigenschaften und Wirkungen gleich sind? So hat man in der Vergangenheit vom schmalblättrigen Kreuzblümchen[23] die Wurzeln für Arznei benutzt, während die Triebe »kleines Kraut« genannt wurden. Die Wurzeln der Sonnenwolfsmilch[24] heißen auch große Lanze (*Da ji*) und die Wurzeln des Pfeifenkrauts[25] auch Einsamer Wanderer (*Du xing*). Sie können jeweils verschiedene Krankheiten heilen.
Daraus folgt, daß Wurzeln und Triebe einer Heilpflanze nicht austauschbar sind. So haben Kroton-Samen eine abführende, die Schalen aber eine stopfende Wirkung. Die Ranke der Zuckermelone kann Erbrechen hervorrufen, ihr Fleisch hingegen das Brechgefühl beseitigen. Das *Zuona*-Kraut[26] hat eine betäubende Wirkung; ißt man jedoch das Mark seiner Stengel, kommt man wieder zur Besinnung. Die Wurzelrinde des Paternosterbaums[27] hat eine abführende Wirkung, die Rinde seiner Zweige kann Erbrechen auslösen. Die aus Yongzhou als Tribut gesandte Blauschlangen-Arznei, die aus dem Kopf der Blauschlange gewonnen wird, kann eine tödliche Wirkung haben, ihr Schwanz kann jedoch diese Wirkung wieder aufheben. Das Fleisch von Vögeln und Vierbeinern baut Blut auf, während Fellhaare, Horn, Schuppen und Mähnenhaare das Blut schädigen. Wenn Habichte und Sperber das Fleisch anderer Tiere fressen, können sie Sehnen und Knochen mit verdauen, aber nicht die Haare. So lassen sich zahlreiche Beispiele anführen, daß innerhalb eines Dings Teile mit ganz entgegengesetzten Eigenschaften vorkommen. Daß Kornelkirschen[28] das Knochenmark zu kräftigen vermögen, ist darauf zurückzuführen, daß ihre Kerne kraft ihrer wärmenden Wirkung und ihres herben Geschmacks die Lebenskraft erhalten. Wenn diese nicht entweicht, kann dadurch das Knochenmark gekräftigt werden. Heutzutage nimmt man nur das Fruchtfleisch und wirft die Kerne weg, was überhaupt nicht im Sinne der Alten ist. So entfernt man sich vom Wesen einer Sache. Will man man die wesentlichen im »Illustrierten Buch der Wurzeln und

Kräuter« verzeichneten Heilwirkungen nutzen, muß man sich nur auf diese Regeln stützen. Wenn man für andere Heilwirkungen Wurzeln und Stengel einer Heilpflanze austauscht, erhält man schon ein anderes Rezept.

Bambusbast (587)

Tief in den Bergen südlich des Wuling-Gebirges[29] wächst eine hohe Bambusart, in der kristallklares Wasser vorkommt. Da das Wasser der Gebirgsbäche allgemein ungenießbar, aber allein dieses Wasser genießbar ist, trinken die Einheimischen, wenn sie über die Berge wandern, oft davon. Tief im Winter erstarrt es wie zu einem Edelstein. Das ist die Bambusbast[30] genannte Substanz.
Als Wang Yanzu zum Präfekten von Leizhou[31] ernannt worden war, begab er sich im Hochsommer zu seinem Amtssitz. Weil das Wasser tief in den Bergen nicht trinkbar war, blieb nur übrig, das Wasser aus aufgeschnittenem Bambus zu nehmen. Zum Kochen und Trinken verwendete er Bambuswasser. Als er im nächsten Jahr wieder in die Hauptstadt gerufen wurde und im Winter reiste, verlangte er nach dem Bambuswasser, doch nun war keines zu finden. Auf seine Frage bei den Einheimischen erfuhr er, daß dieses Wasser im Winter erstarre und als solches nicht mehr vorhanden sei. Als er bei einem Lagerfeuer Holz verbrannte, zeigte sich, daß einzig der Bambusbast nicht zu Asche verbrannte, sondern er wurde so leicht wie im Feuer verbrannte Tierknochen. Die Einheimischen klaubten den Bambusbast meistens aus der Glut, um ihn als Arznei zu verwenden, denn er ist in diesem Zustand noch besser als der roh gewonnene.

Die Magnetnadel (588)

Wenn man die Spitze einer Nadel mit einem Magneteisenstein schleift, zeigt die spitze Seite immer nach Süden, aber es kommt auch vor, daß sie nach Norden zeigt. Ich vermute, daß die Eigenschaften des Magneteisensteins auch nicht immer gleich sind.[32] So wirft der Hirsch zur Sommersonnenwende sein Geweih ab, während der Elch sein Geweih zur Wintersonnenwende abwirft. Da sich Süden und Norden gegenüberliegen, müssen verschiedene Gesetzmäßigkeiten wirken, sie sind nur noch nicht tiefgründig untersucht worden.

Der Kugelfisch (589)

Die Leute in Wu essen gern Kugelfisch,[33] doch wenn man auf eine giftige Art stößt, sind schon oft Menschen nach seinem Verzehr ums Leben gekommen. Deshalb sollte man bei diesem Fisch besonders auf der Hut sein. In der »Pharmakologie der Regierungsära Kaibao« heißt es hierzu: »Der Kugelfisch ist wohlschmeckend, nicht giftig, baut die Unterfunktion eines Organs ab, entzieht Feuchtigkeit und heilt Krankheiten der Nieren und der Füße.« Weil diese Phar-

Herstellung von magnetisierten Nadeln.
(Aus: Tian gong kai wu, 1637)

makologie eine solche Erläuterung gab, vertrauen die Menschen darauf, daß Kugelfisch ungiftig sei, und sie essen ihn, ohne zu zögern – welch schwerwiegender Irrtum! Der in dieser Pharmakologie erwähnte Kugelfisch heißt heutzutage *Hui yu* 鮠魚 oder auch *Wei yu*,[34] der aber nichts mit dem so beliebten Fisch zu tun hat. Im Gebiet des Yangzi-Stroms und von Zhejiang trägt er auch den Namen *Hui yu* 回魚. Der Kugelfisch, den die Leute in Wu essen, ist giftig, und sein ursprünglicher Name lautet *Hou yi yu* (auf die Barbaren Wartender). Die »Pharmakologie der Regierungsära Kaibao« zitiert aus der »Pharmakologie des Meisters Ri Hua«: »Der Kugelfisch ist giftig, und die Wirkung seines Gifts läßt sich mit einem Präparat aus Schilfwurzeln und Oliven aufheben. Seine Leber ist stark giftig. Er heißt auch *Wei yu* oder *Chui du yu* (Fisch mit aufgeblasenem Bauch).« Hiermit ist der Fisch *Hou yi yu* gemeint, der auch Barbarenfisch (*Hu yi yu*) heißt. Er hat aber nichts mit dem in der »Pharmakologie der Regierungsära Kaibao« beschriebenen Kugelfisch zu tun, so daß das Zitat an dieser Stelle falsch plaziert ist. Wenn die »Pharmakologie des Meisters Ri Hua« anführt, der Fisch heiße auch *Wei yu*, so trifft das nicht zu. Sicher beruht der Fehler nur auf einer Verwechslung.
Der Kugelfisch wird im Osten von Zhejiang *Gui yu* genannt. Bei einer Art, die auch im Meer lebt, befinden sich am Bauch Stacheln. Diese Art heißt *Hai gui* (Meeres-*Gui*). Die Leute im Süden nennen ihn allgemein *Chui du yu*, weil sein geschwollener Bauch wie aufgeblasen aussieht.
Die Leute im Süden fangen Kugelfische, indem sie die Strömung mit einem Gatter unterbrechen. Sie warten, bis sich die Fischschwärme von unten nähern. Dann heben sie das Gatter ein wenig, damit die Schwärme mit der Strömung unten hindurchschwimmen können. Wenn sie am Abend in Scharen wieder das Gatter erreichen, drängeln sie sich hier und schlagen gegen die Stäbe, so daß sie erregt an die Wasseroberfläche steigen. Dann können die Fischer sie leicht fangen.

Über die Orchideenart Cymbidium (590)

Die Orchideenart Cymbidium (*Ling ling xiang*),[35] die ursprünglich »*Hui*« hieß, ist mit der in alten Schriften erwähnten *Hui*-Orchidee identisch, sie trägt aber auch den Namen »*Xun*«. Im Buch »Zuo zhuan« steht geschrieben: »Stellt man eine Cymbidium-Orchidee und eine Bartblume[36] zusammen, so bleibt der letzteren Gestank noch zehn Jahre lang.« Damit ist dieses Duftkraut gemeint. In der Tang-Zeit nannte man sie Glockenkraut (*Ling ling xiang*) oder auch Glöckchenkraut (*Ling zi xiang*), weil die Blüten wie Glöckchen zwischen den Zweigen herabhängen. Bis heute achten die Hauptstädter beim Kauf von Cymbidium-Orchideen darauf, daß sie Glocken haben. Die Glocken beziehen sich also auf die Blüten. Während Glockenkraut (*Ling ling xiang* 鈴鈴香) ein im Volke gebräuchlicher Name ist, haben die Gelehrten den Namen gewaltsam mit dem Regierungsbezirk *Linglingjun* 零陵郡 in der Provinz Hunan in Verbindung gebracht. Später wurde die Cymbidium-Orchidee in die »Pharmakologie der Regierungsära Kaibao« aufgenommen, doch wer wüßte nicht, daß im ursprünglichen Text dieses Buches ein Artikel *Xun*-Duftkraut existiert, bei dem auch das Synonym Xun-Duftkraut aufgeführt ist und dessen Beschreibung ganz eindeutig ist? Überall im Süden wächst die Cymbidium-Orchidee, doch wenn in der »Pharmakologie der Regierungsära Kaibao« behauptet wird, sie stamme aus dem Regierungsbezirk Linglingjun, trifft das nicht zu.

Die japanische Pollie (593)

Die japanische Pollie[37] (*Du ruo*) heißt heutzutage *Gao liang jiang* (chinesische Alpinie),[38] doch spätere Generationen wußten nicht, daß die Pollie aus dem Artikel der Pharmakologien über die chinesische Alpinie hervorging. Ebenso ging die Orchideenart Rotpfeil (*Chi jian*) aus dem Artikel über *Tianma* (Himmelshanf), *Tian ming jing* (Essenz des Himmelsnamens) aus dem Artikel über *Di song* (Erdkohl) und Lampionkraut[39] (*Deng long cao*) aus dem Artikel über *Ku dan* hervor. Wenn bei so vielen existierenden Arten die wesentlichen medizinischen Wirkungen verschieden sind, liegt das vielleicht daran, daß die von den Vorfahren beschriebenen Hauptwirkungen oft nicht erschöpfend dargestellt sind. Erst wenn die Nachfahren derartige Heilpflanzen lange verwendet hatten, wurden ihre Wirkungen allmählich offenbar, so daß sich der Bereich der Hauptwirkungen immer mehr erweiterte. Wenn das für alle Heilpflanzen gilt, warum sollte nur die japanische Pollie davon betroffen sein?
In späteren Generationen hielt man mittlere und kleine Exemplare der chinesischen Alpinie für die japanische Pollie, so wie man Himmelshanf und Schilfkopf (*Lu tou*) für die Orchideenart Rotpfeil hielt. So sah man im Norden auch den Bergingwer (*Shan jiang*)[40] als japanische Pollie an. Im Altertum galt die japanische Pollie als Duftkraut, doch seit wann duftet der Bergingwer des Nordens? Aus den Blüten der chinesischen Alpinie bilden sich Ähren, die Blüten duften lieblich. Die Einheimischen legen die Pflanzen in gesalzenen Pflaumensaft ein, um das Gemüse zu konservieren. Die Leute im Süden nennen die japanische Pollie auch Bergingwerblume (*Shan jiang hua*) oder Kardamomblume (*Dou kou hua*).
Im »Illustrierten Buch der Wurzeln und Kräuter«[41] heißt es: »Die Keime der japanischen Pollie ähneln denen des Bergingwers, ihre Blüten sind gelblich-rot, ihre Samen rot und so groß wie die der chinesischen Dattel. Die mittelgroßen Exemplare dieser Pflanze ähneln Kardamom, der in der Gegend von Xiashan und nördlich und südlich von Wuling[42] gedeiht.«
Das ist eben die chinesische Alpinie, deren Samen als roter Kardamom bezeichnet wird und die die Literaten mit Orchideen und Engelwurz vergleichen. Aber bei den Namen der Heilpflanzen herrscht viel Konfusion. Jeder vertritt eine eigene Diktion, gelangt aber nicht zu klaren Aussagen. Ohne es mich hierüber verdrießen zu lassen, halte ich die verschiedenen Aussagen fest, um das Wissen über den Gegenstand zu erweitern und die Unterschiede und Übereinstimmungen der verschiedenen Ansichten miteinander vergleichen zu können.

Gelsemium (594)

Über die Kletterpflanze Gelsemium[43] schreibt die »Pharmakologie des heiligen Ackerbauern« (»Shen nong ben cao jing«),[44] sie heiße auch Gift-Efeu.[45] Wegen ihrer vielen Wirkungen werden auch viele Eigenschaften beschrieben. Teils wird hervorgehoben, daß man sie als Arznei verwende, teils, daß sie hochgiftig sei, so daß der Verzehr dieser Pflanze tödlich sei.

Als ich einmal nach Min kam, erfuhr ich, daß, wenn die Einheimischen jemanden mit Gift-Efeu vergifteten oder sich jemand damit das Leben nehmen wollte oder jemand versehentlich davon aß, er gleich starb, wenn er nur ein halbes Blatt in den Mund nahm. Nimmt man den Pflanzenextrakt in Wasser aufgelöst ein, wirkt das Gift besonders schnell. Meist stirbt man schon, wenn man den Inhalt eines Glases eben heruntergeschluckt hat. Wenn bei Verhören in einem Gerichtsfall ein derartiger Verlauf festgestellt wird, ist die Ursache eindeutig. Einmal hieß ich einen Diener eine Pflanze auszureißen, um sie zu betrachten. Die Pflanze rankt wie Efeu. Die Farbe des Stengels ist rot, und er hat grobe Knoten, die wie ein Kranichknie aussehen. Die runden, spitz auslaufenden Blätter ähneln Aprikosenblättern, sind aber glatter und dicker, so daß sie den Blättern des Kakipflaumenbaums gleichen. An einem Zweig wachsen immer drei Blätter, genau wie bei der Mung-Bohne. Die Blätter wachsen gegenständig zwischen den Knoten. Die Pflanze hat kleine, gelbe, hübsch anzusehende Blüten. Wie beim Fenchel stehen die Blüten zwischen den Knoten. Der Eintrag in den »Miszellen aus Youyang« (»Youyang za zu«): »Die Blüten ähneln denen des Kapjasmins,[46] sind aber etwas größer« ist allerdings nicht zutreffend. Auch die Rinde der Wurzeln ist rot. Die Leute in Min nennen Gelsemium »*Wen mang*« und auch »Wilder Efeu«. Südlich des Wuling-Gebirges heißt die Pflanze »Barbarenranke« und ein volkstümlicher Name lautet »die Därme zerreißendes Kraut«.

Da diese Pflanze zu den für den Menschen giftigsten gehört, sollte sie nicht als Arznei verwendet werden. Ich vermute, daß es sich bei der in der »Pharmakologie des heiligen Ackerbauern« erwähnten Pflanze nicht um Gelsemium handelt. Mir fiel auf, daß Rezeptbücher, wie die »Rezepte der tausend Goldstücke« (»Qian jin fang«) und die »Medizinischen Geheimnisse der äußeren Terrasse« (»Wai tai mi yao«) zuweilen den Gebrauch von Gift-Efeu beschreiben, doch hier ist besondere Vorsicht geboten, denn man darf die Rezepte nicht falsch anwenden, indem man den Namen blindlings vertraut. Das ist genauso wie die Fische »*Hou yi yu*« (Auf die Barbaren Wartender) und »*Wei yu*« (Kugelfisch) genannt werden. Man kommt einfach nicht umhin, die Namen gründlich zu überprüfen.

Gelbring (595)

Gelbring, der heutzutage Blauregen genannt wird,[47] wächst im ganzen Land. Die Blätter ähneln denen der Sophore, und die violetten, wie Ähren herabhängenden Blüten ähneln Efeublüten. Man kann Blauregen als Gemüse verzehren, aber wenn er auf nicht ausreichend heißem Feuer gekocht wird, ist er schwach giftig. In der Hauptstadt errichten die Leute in den Gärten Rankgerüste für Blauregen. Diese Pflanze heißt hier Violettrankenblume. In der Tat sieht der Blauregen wie die Gleditschie[48] aus. Wenn die »Elegie über die Hauptstadt von Shu«[49] Blauperle und Gelbring erwähnt, so ist mit Gelbring die Wurzel dieser Kletterpflanze gemeint. Seit dem Altertum wird Blauregen als Rankschmuck an Pavillons und Zäunen gepflanzt. Jetzt pfropft man die Stengel auf Sophoren, wobei künstliche Zwerg-Sophoren entstehen. Die als Arznei verwendeten Wurzeln können Erbrechen hervorrufen.

Unreife und getrocknete Orangen (598)

Die Rezepte aus der Zeit vor den Sechs Dynastien [222–589] enthalten unreife Orangen, nicht aber getrocknete Orangen. Deshalb erwähnt die »Pharmakologie des heiligen Ackerbauers« auch nur unreife Orangen. In späterer Zeit nahm man kleine, zarte Früchte für die in Rezepten benötigten unreifen Orangen und große Früchte zum Trocknen. Weil sich die Heilwirkungen von beiden unterscheiden, wurden in die Pharmakologien als Anlage zu den Ausführungen über unreife Orangen gesonderte Artikel über getrocknete Orangen aufgenommen. Doch diese beiden Artikel weisen oft Unstimmigkeiten auf. Was man im Altertum über unreife Orangen aufzeichnete, gilt nämlich für getrocknete Orangen. Die in der »Pharmakologie des heiligen Ackerbauers« genannten Heilwirkungen unreifer Orangen entsprechen gerade denen getrockneter Orangen. Als in späterer Zeit gesonderte Artikel über getrocknete Orangen entstanden, hätte man aus dem Artikel über unreife Orangen die Heilwirkungen getrockneter Orangen herausziehen und als gesonderten Artikel abfassen müssen. Im ursprünglichen Artikel hätten dann nur die Heilwirkungen unreifer Orangen verbleiben dürfen. Da es die Nachfahren aber nicht wagten, die »Pharmakologie des heiligen Ackerbauers« zu korrigieren, gerieten beide Artikel unvermeidlich zueinander in Widerspruch.

Nach meiner Untersuchung lautet der Artikel über unreife Orangen in der »Pharmakologie des heiligen Ackerbauers«: »Wenn in der Haut ein übler Wind regiert, z. B. in der Form von Ekzemen oder juckendem Ausschlag, vermag eine unreife Orange angestaute Kälte oder Hitze aufzulösen und Durchfall zum Stehen zu bringen. Sie kräftigt das Muskelgewebe, fördert die fünf Organe, unterstützt die ursprüngliche Lebensenergie, kuriert den Körper, stellt die Funktion des Magens wieder her, beseitigt einen Darmkatarrh und stärkt das Augenlicht.« Aber das sind Wirkungen von getrockneten Orangen, die auch in den entsprechenden Artikel übernommen werden sollten. Später entdeckte man weitere Heilwirkungen wie z. B., daß sie die Gelenke kräftigen, Erschöpfung der Vitalenergie, Husten und Ermüdung der Oberarme und des Rückens überwinden helfen, innere Geschwülste beseitigen, Schleim in der Lunge und Wasseransammlungen lösen, fieberhafte Magen- und Darmkrankheiten heilen und Schmerzen lindern. Alle diese Heilwirkungen, die sich zusätzlich nutzen lassen, gehören ausschließlich in den Artikel über getrocknete Orangen. Der ursprüngliche Artikel über unreife Orangen lautet: »Sie beseitigen Schleim in der Lunge, ziehen Wasser aus dem Körper, lösen Ablagerungen und innere Geschwülste auf, heilen Milzschwellungen und helfen bei Schlucken und Aufstoßen.« All das sind Wirkungen unreifer Orangen, die auch in diesem Artikel verbleiben müssen. Es ist aber auch möglich, die zusätzlichen Heilwirkungen anzuwenden. Wenn man die beiden Artikel folgerichtig voneinander trennt, muß man darauf achten, daß die entsprechenden Heilwirkungen nicht unnötig durcheinandergebracht werden.

KUNST UND LITERATUR

Lu Zongdao (599)

Lu Zongdao hatte einen energischen, unnachgiebigen Charakter, und seine Gefühle gingen über das natürliche Maß hinaus. Nie unterhielt er freundschaftliche Bande mit Cao Liyong. In den Jahren der Regierungsära Tiansheng [1023–1031] bedrängte Cao bei der Diskussion über das Teegesetz Lu Zongdao. Doch weil Cao unter Anklage geriet und man seinen Fall auf Geheiß des Kaisers untersuchte, wurden früher erlassene Befehle wieder zurückgezogen; Cao persönlich kürzte man aber nur das Gehalt. Lediglich der Finanzkommissar Li Zi ging seines Amtes verlustig und wurde nach Hongzhou[1] strafversetzt.
Als Lu Zongdao in dieser Situation erkrankte, kam jemand zu ihm mit einer geheimen Botschaft, heute sei ein glückliches Ereignis eingetreten. Auf diese Nachricht begab sich Lu zu seinem Schwiegersohn Zhang Wenzhi[2] und meinte: »Das kann nur bedeuten, daß Cao Liyong gehen mußte.« Nachdem Zhang entsprechende Erkundigungen eingezogen hatte, stellte sich heraus, daß Cao Liyong tatsächlich nach Suizhou strafversetzt worden war. Da fragte Lu seinen Schwiegersohn, ob er Zugang zum Thron hätte, um eine Eingabe vorzutragen. »Cao ist bereits zum Tor der Hauptstadt hinauseskortiert worden«, erwiderte Zhang. Erschrocken versetzte Lu: »Die Beamten des Hofes sind im Unrecht. Welches Verbrechens hätte sich Cao Liyong schuldig gemacht, daß es so weit kommen mußte? Paßt denn eine solche Hast für die Beförderung oder Degradierung eines Würdenträgers? Obwohl Cao Liyong im Büro für militärische Angelegenheiten dem Thron immer treu gedient hatte, besaß er ein schlichtes Wesen, war nicht studiert und außerdem stur, ohne auf Gut und Böse zu achten. Aber darüber hinaus hatte er keine großen Fehler.« Nachdem Lu ihn lange seufzend bedauert hatte, überkam ihn plötzlich Atemnot. Der eilends herbeigerufene Arzt erklärte, nachdem er Lu untersucht hatte: »Es muß sich um eine unerfreuliche Angelegenheit mit großer Tragweite handeln, die ihm den Atem nimmt. Da der Puls bereits abgerissen ist, vermag ich nichts mehr für ihn zu tun.« Am selben Abend starb Lu Zongdao. Als Li Zi in Hongzhou von Lus Tod erfuhr, verfaßte er ein Gedicht, in dem es hieß: »Vergebens ereilte den Präfekten für sein Bedauern der Tod, weil er den Erhabenen nicht in die Verbannung gehen sah.« Wahrscheinlich hatte Li Zi nicht Lu Zongdaos letzte Worte vor seinem Tod erfahren.

Das Wesen der Dinge (600)

Kaiser Taizu fragte einmal Zhao Pu:[3] »Was ist die wichtigste Sache auf der Welt?« Zhao Pu dachte lange darüber nach, ohne zu antworten, und erst als der Kaiser seine Frage wiederholte, versetzte er: »Das wichtigste ist das Wesen der Dinge.« Seine Majestät zeigte sich sehr befriedigt über diese Antwort.

Ein Gedicht von Tao Yuanming (603)

Tao Yuanming[4] schrieb in den »Vermischten Gedichten«:

»Ich pflücke Astern oft am Zaun
und blicke müßig hin
zum Südberg, wenn er überblaut
vom Himmelsbaldachin ...«[5]

Bei der Redaktion der »Anthologie der Literatur«[6] (»Wen xuan«) wurden diese Verse verändert zu: » ... und betrachte müßig den Südberg ...«, doch diese Formulierung erscheint nicht angemessen. Wenn er geschrieben hätte: » ... und betrachte ... den Südberg«,[7] dann würden die beiden Verse inhaltlich nicht zusammengehören, und man dürfte nicht von einem Meisterwerk sprechen.

Unheilvolle Träume (604)

Di Zundu, der Sohn des stellvertretenden Ministers Di Fei, zeichnete sich durch einen reinen und lauteren Charakter aus. Als er wenig mehr als zwanzig Jahre alt war, kam ihm im Traum ein Gedicht ein, von dem zwei Verse lauteten:

»Lieg nachts unterm Großen Bären,
Frost hängt über dem Kissen.
Von den Bäumen fällt Reif,
Sieh, Wildgänse fliegen fort.«

Obwohl es treffliche Verse sind, steckt in ihnen verborgen das Bild eines Grabhügels, und tatsächlich starb er nach wenigen Monaten.
Der Gelehrte Zhu Shi aus Gaoyou war ein Schwiegersohn in der Familie meines Onkels mütterlicherseits. In der Hochzeitsnacht schmiedete er im Traum ein Gedicht, von dem zwei Verse so gingen:

»Die roten Kerzen sind abgebrannt,
die Gäste noch nicht aufgestanden.
Der Laut eines abgerissenen Liedes
klingt noch nach im Gebälk.«

Nach nicht mehr als einem Monat starb der Mann.
In beiden Fällen handelte es sich um unheilverkündende Träume,[8] aber die Gedichte wurden überliefert, weil sie flüssig und elegant waren.

Das Rätsel vom »wachsenden Maulbeerbaum« (606)

In den Tagen, als Wang Yucheng Präfekt von Huangzhou war,[9] drangen eines Nachts zwei Tiger in die Kreisstadt ein, die gegeneinander kämpften. Nachdem ein Tiger unterlegen war, fraß der andere von ihm eine Hälfte auf. Außerdem fingen alle Hähne nachts zu krähen an. Daraufhin prophezeite ein Astrologe, daß dies für den Kreisvorsteher Unheil verheiße. Damals war Wang Yucheng bereits erkrankt, doch er sollte ein neues Amt in Qizhou[10] übernehmen. Als die Berufung eintraf, lehnte er in einer Eingabe an den Kaiser mit diesen Zeilen dankend ab: »Auf die Frage an die Dämonen und Geister, wie lange mir noch beschieden ist, gebe ich die Hoffnung auf, daß das Leben in mich zurückkehrt. Das Grab von Maoling und das Traktat über die Opfer an Himmel und Erde stehen an meiner Seite.«[11]

Als der Kaiser das las, wandte er sich erschrocken an die Hofbeamten: »Lebt Wang Yucheng noch? Was bedeuten diese Worte?« Es verging kein Monat, als Wang Yucheng tatsächlich im Alter von 48 Jahren gestorben war. In einem Nachruf hieß es: »Wer hätte gewußt, daß die zu den heiligen Bergen wandernde Seele auf den Traum vom wachsenden Maulbeerbaum[12] einstimmen würde?«

Wortwirkung (608)

Ouyang Xiu schrieb einmal in einem »Gedicht an Liu Yuan nach der Ernennung zum Gesandten«: »Ich alter Mann bin es müde geworden, im Sattel zu sitzen. Wer kann schon dienen, indem er sich im Lied verspottet?«

Wang Anshi schrieb in einem »Gedicht für meinen jüngeren Bruder Wang Hefu«: »Als alter Mann steh ich in der Gunst des einsamen Herrschers und denk, es ist Zeit, die Dankesschuld abzutragen.«

Wenn sie beide von »alter Mann« (*lao wo*) sprechen, so klingen die Worte gefühlvoll, weil die Verse das Bedauern über das Altwerden ausdrücken. Sagt man dafür »Ich bin alt geworden« (*wo lao*), so ist zwar der Sinn der gleiche wie »ich alter Mann« (*lao wo*), aber die Worte beinhalten kein Gefühl, und das Gedicht würde Niedergeschlagenheit ausdrücken. Die Trefflichkeit der Worte läßt sich nur nach der Wirkung auf die Seele beurteilen.

Wang Anshi ändert im Scherz ein Gedicht von Han Yu (609)

In einem Gedicht von Han Yu heißt es: »Das ganze Leben wird einzig durch Wein zerrüttet«, und in einem weiteren Gedicht schrieb er: »Nichts zerstört alle Dinge des Lebens mehr als der Wein.« Wang Anshi hat diese beiden Verse im Scherz zu folgendem Gedicht abgeändert: »Wein, Wein, nichts übertrifft dich im Zerstören aller Dinge des Lebens, einzig du zerrüttest das ganze Leben.« Obwohl darin kein einziges Schriftzeichen fehlt, klingt es unverwechselbar.

Nachwort

Shen Kuo und die »Pinselunterhaltungen am Traumbach«

China im 11. Jahrhundert: An der Schwelle zur Neuzeit

So wenig zufällig wie der Ort eines Meilensteins auf einer alten Poststraße ist die Tatsache, daß Shen Kuo, der Verfasser der »Pinselunterhaltungen am Traumbach«, sein außergewöhnliches Lebenswerk in der Nördlichen Song-Dynastie (960–1127) vollbrachte. Um die Jahrtausendwende befand sich China in einer Phase tiefgreifender gesellschaftlicher Wandlungen ökonomischer, sozialer, politischer und intellektueller Natur, die die Entfaltung eines Universalgenies wie das Shen Kuos ungemein begünstigten.

Zwischen dem mächtigen Tang-Reich (618–907) und dem unter der Song-Dynastie vereinigten China lag eine Periode politischer Zerrissenheit und unaufhörlicher Kriege, die den Namen Fünf Dynastien (907–960) trägt. Nachdem der General Zhao Kuangyin im Jahre 960 mit Hilfe seiner Truppen in Kaifeng die Song-Dynastie gegründet hatte, eroberte er zielstrebig das ökonomisch und kulturell entwickelte Südchina. Kaiser Taizu, wie Zhao Kuangyin kanonisiert wurde, war eine Persönlichkeit mit politischem Geschick und militärischer Tatkraft und konnte sich bei der Einigung und Befriedung des Landes auf breite Schichten der Bevölkerung stützen.

Im Zuge der einsetzenden wirtschaftlichen Erholung Chinas entwickelte sich eine Nationalökonomie mit einem intensiven Austausch von Waren zwischen regionalen Zentren sowie zur Versorgung der großen Städte. Das Land bezog Reis zunehmend aus dem reichen Yangzi-Delta und fruchtbaren Landwirtschaftszentren in Sichuan, Hunan und Jiangxi. Im Austausch lieferten die ertragsärmeren Regionen Waren wie Salz, Kupfer, Tee, Seide und Porzellan. Der Warenaustausch wurde durch die Entwicklung zahlreicher Transportmöglichkeiten zu Wasser und zu Lande gefördert. Außerdem entwickelte sich die Geldwirtschaft. Neben einer rasanten Zunahme der Münzproduktion wurde Papiergeld erfunden und fand eine weite Verbreitung. Das Aufblühen der Städte, von Transport, Handel und Handwerk führte zu einer ungeahnten Mobilität der Gesellschaft.

Die landwirtschaftliche Produktion stieg besonders mit der Einführung ertragreicher Reissorten an. Zudem nahmen die Anbauflächen durch die Kultivierung von Sumpfgebieten und Salzböden zu. Deichbauten dienten sowohl dem Schutz vor Überschwemmungen als auch der Bewässerung. In der Song-Zeit verbreitete sich vor allem in Südostchina die Kultur des Teestrauchs. Tee entwickelte sich zu einem Alltagsgetränk. Der zunehmende Bedarf an Seide in den Städten führte zur Ausdehnung der Maulbeerbaumplantagen für die Fütterung der Seidenraupen. Durch den vermehrten Anbau von Zuckerrohr blieb Zucker nicht mehr ein nur den Palästen vorbehaltener Luxusartikel.

Auf dem Gebiet der Technologie ist vor allem die Verbreitung des Blockdrucks hervorzuheben, die wesentlich die qualifizierte Ausbildung der Beamten und die Verbreitung von Ideologien, Religionen, wissenschaftlichen Kenntnissen und Kunst beförderte. Vor allem die Nachfrage nach Waffen führte zur Weiterentwicklung der Stahl- und Gußeisentechnologie. Der chronische Mangel an Münzmetall stimulierte die Entwicklung neuer Verfahren der Kupferraffination. Gleichzeitig stieg die Kupferproduktion erheblich. Der Hochstand von Keramik und Porzellan in der Song-Zeit spiegelt die gestiegenen Ansprüche an Qualität und vollendete Formen wider. Textile Funde aus Gräbern von Gelehrten und Beamten bezeugen, daß kompliziert herzustellende Seidengewebe mit dezenter Musterung verbreitet waren. Das bestätigt einerseits einen auf das Individuum bezogenen Zeitgeschmack und offenbart andererseits die Weiterentwicklung der Seidenwebtechnik.
Diese wenigen ausgewählten Indikatoren der wirtschaftlichen Entwicklung erklären, daß sich der Wohlstand der Gesellschaft in der Song-Zeit erhöhte und die Bevölkerung gegenüber der Tang-Zeit von 60 auf schätzungsweise 100 Millionen Menschen am Anfang des 12. Jahrhunderts anwuchs.
Doch kehren wir zu den Anfangsjahren der Song-Dynastie zurück. Kaiser Taizu zog eine wichtige Schlußfolgerung aus dem Untergang der Tang-Dynastie und den zerrüttenden Kriegen während der Fünf Dynastien, indem er die konkurrierende Doppelstruktur von Zivil- und Militärverwaltung abschaffte und die Verwaltung des Landes den Zivilbeamten unterstellte. Fortan wurde die Armee nicht mehr von regional übermächtigen Militärgouverneuren geführt, die dem Kaiser gefährlich werden konnten, sondern unter den Befehl der Zentralverwaltung gestellt. Die Zentralverwaltung erhielt gegenüber dem Kaiser viel mehr Entscheidungsbefugnisse als je zuvor. Um den hohen Bedarf an qualifizierten Zivilbeamten zu decken, wurde das System der Beamtenprüfungen vervollkommnet, das durch die Orientierung auf die konfuzianischen Klassiker eine in hohem Maße einheitliche Ideologie der Beamten sicherte. Seit dem Jahre 1067 wurden die Prüfungen in einem regelmäßigen Turnus von drei Jahren abgehalten. Daneben war es institutionell auch möglich, durch Empfehlung einen Beamtenposten zu erhalten. Die Beamten genossen ein hohes soziales Prestige und, was allerdings nur für die höheren Beamtenränge galt, eine gute Besoldung und vielfältige Privilegien. Die niedrigen Beamten waren stillschweigend auf Geschenke und Bestechungsgelder angewiesen. Die Armee wurde nicht mehr durch Konskription rekrutiert, sondern man leistete sich ein vom Staat bezahltes Söldnerheer. Allerdings konnten die in die Höhe schnellenden Militärausgaben nur dank der gestiegenen Leistungsfähigkeit der Wirtschaft nach der Einigung des Landes aufgebracht werden, die das Land besonders seit dem Beginn des 11. Jahrhunderts in eine sich rasch verschärfende wirtschaftliche Krise stürzten. Zudem nahm die Schlagkraft der Armee trotz ständig steigender Mannschaftsstärke und verbesserter Waffentechnik durch ineffektive Strukturen immer mehr ab. Oft waren die zivilen Beamten als militärische Führer völlig untauglich. So gelang es nicht, sich gegen die mächtigen, aggressiven Nachbarn im Norden Chinas, das Liao- und das Xixia-Reich, durchzusetzen. Aufgrund

mangelnder Führungsqualitäten von Taizus Nachfolger und Bruder, Kaiser Taizong, durch die Übermacht der »Tauben« in der Beamtenschaft, vor allem aber wegen der zunehmenden Ineffizienz der Armee verlor Song-China Ende des 10. Jahrhunderts Schlachten gegen das Liao-Reich und mußte beim Friedensschluß von Shanyuan zwischen Song und Liao im Jahre 1004 (später im Jahre 1044 auch zwischen Song und Xixia) den Frieden mit Tributzahlungen erkaufen. Obwohl die meisten patriotisch gesinnten Kräfte, insbesondere aber die »Falken«, diese Friedensverträge als nationale Schmach ansahen, konnten sich die Beschwichtigungspolitiker durchsetzen, weil es viel billiger war, Tribute zu zahlen, als kostspielige Kriege zu führen.

Da das Song-Reich seine finanziellen und ökonomischen Probleme nicht nach außen militärisch lösen konnte, sondern innenpolitisch lösen mußte, erwachte unter den führenden Beamten, den Grundbesitzern, Städtern, Handwerkern und Künstlern eine neue Geisteshaltung, die sich durch zivile Vernunft und rationale Argumentation auszeichnete. Sie begriffen die Welt als einen Organismus, den man überprüfen und beeinflussen konnte. Auf dieser Grundlage entstanden innenpolitisch orientierte Reformkonzepte, die sich durch eine ganzheitliche Betrachtungsweise auszeichneten. Die Entwicklung von Geldwirtschaft und Handel spaltete die Beamtenschaft. Eine mit diesen Entwicklungen vertraute Minderheit versuchte, die Staatsfinanzen mit neuen Methoden zu sanieren, beispielsweise durch die Zahlung von Steuern in Bargeld anstelle von Tributen, Einnahmen durch staatliche Handelsaktivitäten und die Beschränkung der Großkaufleute. Doch die Mehrheit der orthodox konfuzianischen Beamten trat für die traditionelle Politik der Nichteinmischung in den Handel ein. Allgemein stritt man in der Beamtenschaft, ob die Kaufleute, insbesondere die Großkaufleute, die nach konfuzianischem Verständnis auf der untersten sozialen Stufe rangierten, gefördert oder unterdrückt werden sollten.

Als Fan Zhongyan (989–1052), ein Mann aus einfachen Verhältnissen, im Jahre 1043 zum Kanzler aufstieg, forderte ihn der Kaiser unter dem Druck eines Krieges mit dem Reich Xixia auf, Vorschläge zur Lösung der Finanzkrise des Staates zu unterbreiten. Daraufhin arbeitete Fan ein 10-Punkte-Programm aus, das folgendes beinhaltete: Entlassung inkompetenter Beamter, Einschränkung der Protektion bei der Ernennung von Beamten, Orientierung des Inhalts der Beamtenprüfungen auf originelle Ideen und Probleme der Staatskunst, Erweiterung der Befugnisse der Beamten in den Provinzen, Erhöhung des Einkommens von Kreisvorstehern durch Zuweisung von Beamtenland, Förderung der Landwirtschaft durch Neulandgewinnung und Bewässerung, Bildung von Milizen auf lokaler Ebene, Durchsetzung einer Amnestie und Einschränkung der Verpflichtung zu öffentlichen Arbeiten. Obwohl Fan Zhongyans Reformvorschläge insgesamt gemäßigt waren und auf eine höhere Effektivität des bestehenden Systems zielten, machte der Kaiser die Reform schon nach einem Jahr wieder rückgängig, nachdem der Frieden an der Grenze zu Xixia wiederhergestellt war.

Doch nichtsdestotrotz verschärfte sich die Krise der Staatsfinanzen vor allem wegen des nicht enden wollenden Krieges mit dem Reich Xixia immer weiter.

Als Kaiser Shenzong im Alter von 19 Jahren im Jahre 1067 den Thron bestieg, holte er den Provinzbeamten Wang Anshi (1021–1086), dessen Reformschrift von 1058, »Memorandum der zehntausend Worte«, ungehört geblieben war, an den Hof und ernannte ihn zu seinem persönlichen Berater, später zum Kanzler. In dieser starken Position konnte Wang Anshi wie nur wenige Statsmänner vor ihm seine politischen Vorstellungen verwirklichen. Die Reformen basierten auf einem Bündel komplexer Maßnahmen:

- Planung der Staatsfinanzen,
- Gewährung von staatlichen Krediten für Bauern zum Kauf von Saatgut,
- Bewässerungsarbeiten am Yangzi, Bian-Fluß und Gelben Fluß,
- Reorganisation des Transports und der Verteilung von Tributwaren aus den Provinzen,
- Befreiung vom Arbeitsdienst durch Steuerleistungen,
- Organisation von lokalen Milizen,
- Durchsetzung einer gerechteren Bodensteuer,
- Verpflichtung aller Familien an den nördlichen Grenzen zur Pflege von Pferden für die Armee,
- vermehrte Herstellung von Münzen durch den Staat,
- Stabilisierung der Marktpreise für bestimmte Güter durch ein Staatshandelssystem,
- Reorganisation der Nationalakademie mit dem Ziel der Ausbildung in Spezialfächern wie Militärwissenschaften, Recht und Medizin,
- Orientierung des Systems der Beamtenprüfungen auf die Lösung von Problemen, politische Diskussionen und die Interpretation der Klassiker.

Wang Anshis Reform zielte darauf, durch die Förderung der Bauern und der Mittelschichten die Staatsfinanzen zu sanieren und gesellschaftliche Stabilität zu erreichen. Weil er zu diesem Zweck die Privilegien der Großgrundbesitzer, Großkaufleute, hohen Beamten und Aristokraten beschnitt, erregte er ihren heftigen Widerstand. Während Parteikämpfe bis in die Tang-Zeit vor allem von Sippen getragen waren, zeigte die Gruppenbildung in der sich differenzierenden Oberschicht jetzt einen deutlich politischen und regionalen Charakter. Obgleich die Reformen Erfolge zeitigten, wuchs die Opposition, die Wangs Entlassung forderte. Wang Anshi, der zuletzt von nicht vertrauenswürdigen Gefolgsleuten umgeben war, kam seinen Gegnern zuvor, indem er im Jahre 1076 den Abschied nahm. Indessen verfolgte Kaiser Shenzong die Reformpolitik auch ohne Wang Anshi noch bis zu seinem Tode im Jahre 1085 weiter. Insgesamt stärkte ein wirtschaftlicher Aufschwung den Staatshaushalt. Nachdem Kaiser Zhezong minderjährig im Jahre 1085 den Thron bestiegen hatte, machte der Kanzler Sima Guang (1019–1086) die Reformen rückgängig. Als Zhezong im Jahre 1093, volljährig geworden, die Regierung selbst übernahm, stützte er sich wieder auf Verfechter der Reformpolitik.
Es ist bemerkenswert für die Song-Dynastie, daß sich die Beamten bemühten, Spannungen in der Gesellschaft mit sozialer Gesetzgebung zu mildern. So existierten, um einige markante soziale Maßnahmen zu nennen, zur Vorsorge vor

Hungersnöten vom Staat und den Gemeinden eingerichtete Kornspeicher. Für arme alte Leute wurden Altersheime gegründet. Der Staat bezahlte Ärzte zur medizinischen Betreuung in Armenhäusern.
Aber die fortgesetzten Parteienkämpfe zwischen Anhängern und Gegnern der Reformen schwächten das Song-Reich. Die Situation spitzte sich noch durch das politische Desinteresse des Kaisers Huizong zu, der von 1100 bis 1126 regierte. Neben verschwenderischen Palastbauten galt seine Leidenschaft Malerei und Dichtung, wo er selbst als Künstler Bedeutendes leistete. Berühmt wurde er durch die riesige von ihm angelegte Bildersammlung. Im Jahre 1115 schloß das Song-Reich ein Bündnis mit der rasch zur Macht gelangten Dynastie Jin der tungusischen Ruzhen (Dschurdschen) gegen das Liao-Reich. Dieses Bündnis betrachteten die Jin-Herrscher aber nur als taktisches Moment, denn nachdem sie das Liao-Reich im Jahre 1125 vernichtet hatten, rückte das Jin-Heer gegen Song-China vor, eroberte die Hauptstadt Kaifeng und führte den Kaiser Qinzong und seinen zuvor abgedankten Vater Huizong in die Gefangenschaft ab. So unrühmlich endete die Nördliche Song-Dynastie, deren Herrscher zuletzt weder die politische Situation erkannten noch ihre innere Lähmung überwinden konnten.
Während der Nördlichen Song-Dynastie erfuhren Wissenschaft und Philosophie einen lebhaften Aufschwung. Die Fortschritte in der Drucktechnik führten zu einem deutlichen Anstieg der Buchproduktion und zur Herausgabe von literarischen Textsammlungen und wissenschaftlichen Enzyklopädien. So gab Yue Shi (930–1007) in den Jahren von 976–983 eine Universalgeographie unter dem Titel »Taiping huanyu ji« (»Allgemeine Beschreibung der Welt aus der Regierungsära Taiping«) in gedruckter Form heraus.
In den Naturwissenschaften beeindrucken besonders die Neuerungen in Astronomie, Mathematik, Pharmakologie und Geographie. Der hohe Beamte und Wissenschaftler Su Song (1020–1101) tat sich ebenso wie Shen Kuo auf mehreren Gebieten hervor. Im Jahre 1061 gab er zusammen mit Zhang Yuxi die Pharmakologie »Ben cao tu jing« heraus. Als Kaiser Zhezong befahl, die vorhandenen astronomischen Geräte des Observatorriums zu überprüfen, erfand Su Song, der damals Justizminister war, eine wasserangetriebene astronomische Turmuhr. Diese Uhr nutzte erstmals einen Hemmungsmechanismus, der den Schlüssel für die Entwicklung der mechanischen Uhren in Europa bildete.
In den Geisteswissenschaften sind die Fortschritte der Geschichtswissenschaft hervorzuheben. In den Jahren 1072–1084 verfaßte Sima Guang (1019–1086), der sich wegen seiner Ablehnung der Reformen Wang Anshis ins Privatleben zurückgezogen hatte, das Geschichtswerk »Zi zhi tong jian« (»Durchgehender Spiegel zur Hilfe der Regierenden«). Es umfaßt den Zeitraum von 403 v. Chr. bis zur Song-Dynastie (959) und sticht vor allem durch eine umfassende Berücksichtigung unterschiedlichsten Quellenmaterials hervor, das er kritisch verwertete. Als ein Zweig der Geschichtswissenschaft entstand damals auch die Archäologie. Der Literat, Historiker und Beamte Ouyang Xiu (1007–1072) beschrieb in dem Katalog »Ji gu lu« aus dem Jahre 1063 alte Inschriften. Im Jahre 1092 unternahm Lü Dalin mit seinem Buch »Kao gu tu« (»Archäologische Tafeln«) den

ersten Versuch, die Bronzegefäße der Zhou-Zeit (11. Jh. – 221 v. Chr.) zu klassifizieren.

Ouyang Xiu übte einen besonders nachhaltigen Einfluß auf die Literatur aus, indem er den *guwen-* (alte Literatur)-Stil der tangzeitlichen Literaten Han Yu (768–824) und Liu Zongyuan (773–819) aufgriff, der als Reaktion auf den von ihm heftig bekämpften gekünstelten Zeitstil schlicht, verständlich und elegant war. Zusammen mit Zeng Gong (1019–1083), Su Xun (1009–1066), Su Shi (1036–1101), Su Zhe (1039–1112) und Wang Anshi (1021–1086), die er selbst gefördert hatte, sowie ihren Vorbildern Han Yu und Liu Zongyuan wurden sie als die »Acht großen Meister« der Tang- und Song-Prosa gefeiert.

Unter diesen Literaten ragte Su Shi, besser bekannt unter seinem Literatennamen Su Dongpo, mit seinen vielfältigen Talenten in Prosa, Poesie, Kalligraphie und Malerei sowie seinen Interessen für Medizin, Wasserbau und Alchemie hervor. Shen Kuo erwähnt ihn in seinen »Pinselunterhaltungen« ebenso wie Ouyang Xiu und Wang Anshi.

In der Philosophie führte die Überzeugung von einer universellen Vernunft zu dem Bedürfnis, die Welt als ein System zu erklären, das die ethischen Werte des Menschen in den Kontext der kosmischen Ordnung stellte. Konfuzianisch orientierte Philosophen modernisierten damals ihre Lehre, indem sie wesentliche Elemente der daoistischen Naturphilosophie und auch des Buddhismus in den Konfuzianismus integrierten. Zhou Dunyi (1017–1073), Shao Yong (1011–1077) und Zhang Zai (1020–1077) bezogen ihre naturphilosophischen Anregungen vor allem aus dem »Buch der Wandlungen« (»Yi jing«). Cheng Yi (1033–1108) und sein Bruder Cheng Hao (1032–1085) beschäftigten sich mit den Verbindungen zwischen dem »Yi jing« und den konfuzianischen Klassikern. Zhu Xi (1130–1200) faßte schließlich in seiner Schule der menschlichen Natur und der universellen Ordnung (*xing li xue*) die im 11. Jahrhundert entstandenen Konzeptionen zu einer synkretischen metaphysischen Lehre zusammen, die im Westen als Neo-Konfuzianismus bezeichnet wird. Obwohl Shen Kuo an diesen philosophischen Spekulationen nicht teilnahm, benutzte aber auch er die zentralen, einen Dualismus bildenden Termini der Neokonfuzianer *li* (natürliche Ordnung, Organisation) und *qi* (unorganisierte Materie), denen er allerdings einen mehr materialistischen Sinngehalt gab.

Vergleicht man den Entwicklungsstand zwischen dem China des Song-Reiches und dem christlichen Abendland, so springt der enorme Vorsprung Chinas auf allen Gebieten, seien es die Organisation der Gesellschaft, die Wirtschaftskraft, der Handel, die Technologie, die Wissenschaft, die Kunst oder die soziale Fürsorge, sofort in die Augen. Gegenüber der Aristokratenherrschaft im Tang-Reich wurden durch die radikalen Änderungen in der Song-Zeit die Grundlagen für das China der Neuzeit gelegt. In der Song- und der darauffolgenden Mongolenherrschaft der Yuan-Dynastie gelangten wichtige Erfindungen Chinas, wie Buchdruck, Schießpulver, Kompaß, Anwendung von Wasserkraft und Gußeisen nach Europa, die wesentlich zum gesellschaftlichen Aufschwung der Renaissance beitrugen.

Shen Kuo: Das Leben eines Universalgenies

Shen Kuo (er führte den Beinamen Cunzhong) wurde im Jahre 1031 als zweiter Sohn einer Beamtenfamilie in Qiantang, dem heutigen Hangzhou (Provinz Zhejiang), geboren. Sein Vater Shen Zhou (ca. 977–1051) stammte aus einer bescheiden situierten Familie, die aber schon in dritter Generation Beamte hervorgebracht hatte. Obwohl er den höchsten Gelehrtenrang eines *Jin shi* errungen hatte, bekleidete er sein Leben lang Ämter in den Provinzen. Shen Kuos Mutter (ca. 987–1068), die den Familiennamen Xu führte, war aus Wuxian bei Suzhou gebürtig.

Als der Vater im Jahre 1040 zum Präfekten von Quanzhou (Provinz Fujian) berufen wurde, nahm er seinen Sohn mit. Der junge Shen Kuo begleitete den Vater größtenteils dorthin, wohin dieser als Beamter entsandt wurde. So lernte er schon in früher Jugend große Teile des Landes bis zum fernen Shu (heutige Provinz Sichuan) kennen. In dieser Zeit lernte er unter der Aufsicht seiner gebildeten Mutter. Erst im Jahre 1042 engagierte man für den Jungen einen Lehrer. Im nächsten Jahr reiste er mit dem Vater von Quanzhou über Nan'an (in Fujian gelegen) in die Hauptstadt Bianliang (das heutige Kaifeng in der Provinz Henan). Shen Kuo begann, sich für Kalligraphie zu interessieren. Damals studierte er das Werk des konfuzianischen Philosophen Meng Zi. Im Jahre 1048 reiste er mit seinem Vater nach Jiangning (die heutige Stadt Nanjing), wo dieser das Amt des Finanzkommissars der Provinz Jiangnandonglu (umfaßte Teile der heutigen Provinzen Jiangsu und Jiangxi) antrat. Ausgelöst durch häufige Krankheiten wegen seiner schwächlichen Statur und ein Augenleiden, das er sich durch das Lesen im schwachen Lampenschein zuzog, begann Shen Kuo, Medizin zu studieren und wurde von dem Arzt Wang Qi in Rezeptkunde unterwiesen. Im Jahre 1051 starb der Vater im Alter von 74 Jahren, der im darauffolgenden Jahr im Dorf Longjuli bei Qiantang begraben wurde.

Nach Beendigung der dreijährigen Trauerzeit wurde Shen Kuo im Jahre 1054 dank des vom Vater innegehabten Amts zum Schriftführer des Kreises Shuyangxian im Bezirk Haizhou (Prov. Jiangsu) ernannt. Im Rahmen dieses mager bezahlten Amts sammelte Shen Kuo erste persönliche Erfahrungen mit Wasserbauarbeiten und konnte sein Planungstalent unter Beweis stellen, als unter seiner Anleitung beim Vertiefen des Flusses Shushui 7000 Qing (ca. 40000 ha) Ackerland gewonnen wurden.

Im Jahre 1061 wurde Shen Kuo Vorsteher des Kreises Ningguoxian (Bezirk Xuanzhou der Provinz Anhui). Der dortige Finanzkommissar entsandte ihn nach Wuhu (ebenfalls in der Prov. Anhui), um die verfallenen Deiche der Familie Qin (*Qin jia wei*) zu inspizieren. Entsprechend der ihm eigenen Gründlichkeit begann er damit, die Geographie und frühere Wasserbauarbeiten in der Region zu studieren. Entgegen dem allgemein vorherrschenden Desinteresse an diesen Deichen setzte er seine Auffassung durch, daß sie wieder instandgesetzt werden müßten, und leitete die Arbeiten. Nach der Fertigstellung erhielten sie den Namen »Deiche des ewigen Frühlings« (*Wan chun wei*). Shen Kuo richtete an den Kaiserhof eine Schrift »Erörterung über die Eindeichung von Feldern«

(»Lun wei tian«) in fünf Teilen, in der er seine gesammelten wasserbautechnischen Erfahrungen verallgemeinerte. Es ist charakteristisch für seine Zeit, daß er auch Überlegungen zum ökonomischen Nutzen der Wasserbauten anstellte. Ebenfalls in diese Zeit fällt eine Schrift »Über Musik« (»Yue lun«), die ein weiteres Interessengebiet Shen Kuos markiert.

1062 wurde er Vorsteher des Kreises Wanqiuxian (Bezirk Chenzhou der Prov. Henan). Mit Hilfe der daoistischen Atemtechnik überwand er den physischen Schwächezustand, unter dem er in der Jugend litt. Shen Kuo studierte weiter Medizin und Pharmazie. Im Herbst nahm er an der Beamtenprüfung in Suzhou teil und absolvierte im nächsten Jahr die hauptstädtische Beamtenprüfung mit dem höchsten Rang eines *Jin shi*. Das Bestehen dieser sogenannten Palastprüfung eröffnete ihm eine Beamtenkarriere, in der er seine vielfältigen Talente und Fähigkeiten einsetzen konnte.

Im Jahre 1064 wurde er zunächst Polizeiinspektor von Yangzhou (Prov. Jiangsu). Da Zhang Chu (1015–1080), der Finanzkommissar von Huainan, Shen Kuo sehr schätzte, empfahl er ihn bei Hofe. Als nach mehreren Jahren Shens erste Frau verstarb, gab Zhang ihm seine Tochter als zweite Ehefrau.

Mit dem Jahr 1066 begann Shen Kuos Karriere in der Hauptstadt Bianliang, zunächst als Redakteur der kaiserlichen Bibliothek in der Halle der leuchtenden Kultur (*Zhao wen guan*). Damals beauftragte ihn der Kaiser, an der Entwicklung einer Armillarsphäre teilzunehmen. Hierfür studierte er Astronomie und schrieb eine Abhandlung »Antworten auf Fragen des Direktors des Observatoriums« (»Da zhang guan wen«) in drei Teilen. Darin bewies er seine herausragende Fähigkeit, räumliche Bewegungen zu veranschaulichen, und die Kugelgestalt von Sonne und Mond, erklärte das Auftreten von Sonnen- und Mondfinsternissen und gab das Nacheilen des nodalen Punkts, d. h. des Schnittpunkts zwischen Ekliptik und Mondbahn, bei jedem Umlauf des Mondes um die Erde um einen kleinen Winkel an. Mit dieser Arbeit systematisierte Shen Kuo bereits von früheren Astronomen gefundene Erkenntnisse.

Im Jahre 1068 erteilte Kaiser Shenzong ihm den Auftrag, die Entwicklung der Opferzeremonien für Himmel und Erde zu untersuchen. In einer Schrift »Riten der Opfer für Himmel und Erde« (»Nan jiao shi«) schlug Shen Kuo vor, die Zeremonien zu vereinfachen und legte einen neuen Ritus fest. Kaiser Shenzong befahl, die Zeremonien nach seinem Vorschlag abzuhalten, wodurch mehrere zehntausend Liang Silber an Ausgaben eingespart werden konnten. Daraufhin beförderte der Kaiser ihn zum Untersekretär im Gefolge des Kronprinzen. In dieser Eigenschaft war er für die Überwachung des einflußreichen Kanzlersekretariats und die Gerichtsverwaltung zuständig. Anhand der Unterlagen des kaiserlichen Archivs studierte Shen Kuo damals die Geschichte des Friedensvertrages von Shanyuan aus dem Jahre 1004, der zwischen dem Song- und dem Liao-Reich geschlossen wurde.

Die folgenden fünf Jahre von 1072 bis 1076 fallen in die Zeit der Reformen von Wang Anshi auf den Gebieten Steuerwesen, Wirtschaft, Verteidigung und Verwaltung. Shen Kuo war frühzeitig mit Wang Anshi bekannt, und Wang verfaßte auch eine Grabinschrift für Shen Kuos Vater. Diese mit außergewöhnlich vielen

Aktivitäten und ausgedehnten Reisen angefüllten Jahre stellen zugleich den Höhepunkt von Shen Kuos Beamtenlaufbahn dar, die ihn in unmittelbare Nähe zum Kaiser brachte und in deren Verlauf er die unterschiedlichsten Probleme aus Astronomie, Kalenderkunde, Wasserbau, Finanzen, Militärtechnik, Kartographie und Diplomatie erfolgreich löste.

Nach dem Ablauf der Trauerzeit für seine im Jahre 1068 verstorbene Mutter wurde Shen Kuo im Jahre 1072 zum Direktor des kaiserlichen Observatoriums ernannt. Hier stellte er Wei Po, einen mathematisch ungemein talentierten, in seiner Kindheit erblindeten Mann aus dem einfachen Volk, an, um den Kalender zu verbessern. Diese Entscheidung und Shen Kuos eigene wissenschaftliche Aktivität stießen auf den Widerstand der privilegierten, aber fachlich meist unfähigen Beamten des Observatoriums. Drei Monate lang beobachtete er die Position des Polarsterns und fertigte mehr als 200 Zeichnungen seiner Bahn an.

In der zweiten Hälfte dieses Jahres befaßte er sich mit der Vertiefung des verschlammten Bian-Kanals, der die Hauptstadt Bianliang mit dem Huai-Fluß verband und als Versorgungsarterie der Hauptstadt diente. Diese Arbeit gehörte zu den wichtigen Projekten, die der damalige Vizekanzler Wang Anshi im Rahmen seiner Reformen in Gang gesetzt hatte. Am Bian-Kanal führte Shen Kuo topographische Messungen durch. Dabei gelangte er zu für seine Zeit verblüffend genauen Werten für die Länge und den Höhenunterschied des Kanals. Entsprechend seiner Vermessung betrug die Länge des Kanals von Bianliang bis zur Mündung in den Huai-Fluß bei Sizhou etwa 465 km und der Höhenunterschied etwa 60 m, d. h., das Gefälle betrug nur rund 1 : 10 000.

Im Jahre 1073 inspizierte Shen Kuo die Bewässerung der Felder und den Frondienst in der Provinz Liangzhe (umfaßte die heutige Provinz Zhejiang und einen Teil von Jiangsu). Den Hintergrund seiner Inspektion bildete der Widerstand der gegen die Reformen von Wang Anshi eingestellten Gutsbesitzer und Beamten. Sie wollten vor allem die Rekrutierung der Bauern für Wasserbauprojekte verhindern, um von ihnen weiterhin ungestört zu ihren Gunsten Steuern erpressen zu können. In einer Eingabe an den Thron schlug er vor, in den Dörfern von Liangzhe Milizen auf der Grundlage von Einheiten mehrerer Bauernhöfe zu organisieren. Außerdem legte er für diese Provinz ein Verfahren zur flexiblen Bestimmung der Getreidesteuer unter Berücksichtigung der Marktpreise fest. Im Gebiet von Changzhou und Runzhou mobilisierte er hungernde Bauern für Wasserbauten.

In drei Abhandlungen über Armillarsphären, Wasseruhren und Sonnenuhren (»Hun yi«, »Fu lou«, »Jing biao«) stellte er zahlreiche eigene Neuerungen an diesen für astronomische Messungen wichtigen Geräten dar.

Im nächsten Jahr schlug er vor, östlich von Wenzhou, Taizhou und Mingzhou (in der Provinz Zhejiang gelegen) Dämme zu bauen, um neues Ackerland zu gewinnen. Shen Kuo unternahm eine Inspektion in das Yandangshan-Gebirge im Osten von Liangzhe und am Taihangshan-Gebirge in der Provinz Hebei. Dabei entdeckte er die Ursachen für die Bildung der geologischen Struktur dieser Gebirge und beschäftigte sich mit dort gefundenen Fossilien.

Im 6. Monat wurden eine von ihm entwickelte Armillarsphäre und eine Wasseruhr fertiggestellt. Kaiser Shenzong begab sich damals persönlich mit den Ministern

zum Yingyang-Tor der Hauptstadt, um die Instrumente zu besichtigen. Als Auszeichnung für die neuartigen Instrumente wurde Shen Kuo zum Politischen Ermahner zur Rechten und zum Vorsteher des Herbstdirektorats des Observatoriums ernannt. Er erhielt auch Zutritt zum Büro der Silberterrasse, das für die Anfertigung von offiziellen Dokumenten des Hofes verantwortlich war. Weil er auch dem Büro für kaiserliche Aufzeichnungen angehörte, hatte er ständigen Kontakt mit der engsten Umgebung des Kaisers. In mehreren Audienzen nutzte er seinen erheblichen Einfluß auf die Politik des Hofes, um flexible Regelungen z. B. im Salzhandel für die Gesundung des Staatshaushaltes durchzusetzen.
Angesichts der zunehmenden militärischen Bedrohung durch die Qidan des Liao-Reiches erteilte ihm der Kaiser den Auftrag, die Verteidigungsfähigkeit an der Nordgrenze in der Prov. Hebeixilu (westlicher Teil der heutigen Prov. Hebei) zu inspizieren und das System der freiwilligen Milizen einzuführen. Um einen möglichen Einfall der Qidan zu erschweren, ließ Shen Kuo vorhandene Wasserhindernisse zu einem System von Grenzverteidigungsanlagen erweitern sowie Grenzmauern und Signalfeueranlagen errichten. Im Auftrage von Wang Anshi versah Shen Kuo das Amt eines Aufsehers des kaiserlichen Arsenals. In diesem Zusammenhang beschäftigte er sich mit der Konstruktion von Streitwagen, der Verteidigung von Stadtmauern, der Kraft von Armbrüsten, der Herstellung von Schwertern, mit Schlachtordnungen und anderen militärstrategischen Problemen. Seine mit Grenzbefestigungen gesammelten Erfahrungen hielt er im Jahre 1075 in einer Abhandlung an den Thron »Regeln für die Instandhaltung der Grenzmauern« (»Xiu cheng fa shi tiao yue«) fest.
Außer der Vielzahl der Aufgaben, die Shen Kuo zu lösen hatte, muß man sich auch die physische Leistung vor Augen führen, die mit seinen zahlreichen Reisen verbunden war. Allein die Reisen des Jahres 1074, die er im Boot, zu Pferde, in der Sänfte und zu Fuß bewältigte, lassen sich mit etwa 5000 km abschätzen.
Anfang des Jahres 1075 richtete Shen Kuo aus Hebei einige Dutzend Berichte an den Thron, die die Reform der Grenzverteidigung betrafen. Nachdem Shen Kuo mehrere räumliche Modelle der Geographie des Grenzgebiets angefertigt und Argumentationen für Verhandlungen mit dem Liao-Reich geliefert hatte, kehrte er an den Hof zurück. Hintergrund dieser Aktivitäten waren die Gebietsforderungen des Liao-Reiches an China, die die Situation an der Grenze zwischen beiden Ländern verschärften.
Der Kaiser schickte ihn als Abgesandten ins Liao-Reich, um den Grenzstreit zu lösen. Anders als die vorhergehenden Verhandlungsführer bereitete er sich auf diese Mission durch ein gründliches Studium der Akten über die Verhandlungen mit dem Liao-Reich vor. Bevor er die Grenze zum Liao-Reich überquerte, organisierte er in den Grenzbezirken Damingfu, Chanzhou und Enzhou freiwillige Milizen. Nach einer etwa einen Monat langen Reise erreichte er schließlich den Hof des Liao-Herrschers Daozong in Yong'anshan. Zäh verhandelte er mit den Qidan um den Grenzverlauf im Gebirge Huangweidashan und in der Region von Tianchizi (im nördlichen Teil der Prov. Shanxi). Weil er anhand alter Verträge nachweisen konnte, daß die Grenze entlang der Großen Mauer verläuft, gelang es ihm, die Forderungen der Qidan nach Gebieten süd-

lich der Großen Mauer zurückzuweisen. Nach diesem Erfolg reiste er wieder zurück und interessierte sich unterwegs für die Geographie, die Pflanzen- und Tierwelt, die Sitten, das Klima usw. Er zeichnete auch eine Karte mit strategisch wichtigen Punkten, die als »Karte einer Gesandtschaft zu den Qidan« (»Shi Qidan tu chao«) bekannt wurde. Nach seiner Rückkehr löste er angesichts der militärischen Entspannung bei den Qidan die freiwilligen Milizen im Grenzgebiet wieder auf. Über seine Gesandtschaft Qidan schrieb er einen »Bericht über die Rückkehr nach China im Jahre Yimao« (»Yimao ru guo zou qing«). Es ist allerdings symptomatisch für die insgesamt immer schwerfälliger werdende Bürokratie des Song-Reichs, daß der von Shen Kuo erzielte diplomatische Erfolg schon im nächsten Jahr durch die Unfähigkeit des neuen Verhandlungsführers Han Zhen zunichte gemacht wurde, indem er ein bedeutendes Territorium an das Liao-Reich preisgab. Der Triumph seiner Gesandtschaft zu den Qidan hatte Shen Kuo auch Neid und Feindschaft eingetragen. So wurde er ein Opfer einer Intrige des wetterwendischen, machthungrigen Lü Huiqing, der damals noch ein enger Vertrauter Wang Anshis war, aber sich bald auf die Seite von Wangs Gegnern schlagen sollte.

Wenngleich das Vertrauen des Kaisers zu Shen Kuo durch diese Intrige erschüttert war, reiste Shen bald wieder mit besonderem Auftrag in die Provinzen Huainan und Liangzhe, um die Auswirkungen von Dürrekatastrophen in Augenschein zu nehmen.

Im selben Jahr legte er den unter seiner Leitung wesentlich von Wei Po ausgearbeiteten *Fengyuan*-Kalender dem Thron vor und verfaßte ein Vorwort zu diesem Kalender (*Fengyuan li xu*). Obwohl der Kalender alle vorherigen an Genauigkeit übertraf, war er sich doch seiner Mängel bewußt. Deshalb bat er im Jahre 1077 in einer Eingabe an den Thron darum, die Gelehrten des astronomischen Hofes sollten systematisch Himmelserscheinungen beobachten, um den Kalender zu verbessern. Bei einer Parade am Palast Tinghedian begutachtete der Kaiser einen von Shen Kuo angefertigten Streitwagen. Hierfür hatte Shen Kuo den Aufbau alter Streitwagen studiert. Außerdem diskutierte er Liu Jings militärstrategisches Werk »Neun Schlachtordnungen« (»Jiu jun zhen fa«).

Im Jahre 1076 beauftragte der Kaiser Shen Kuo, eine »Karte der Bezirke und Kreise Chinas« (»Shou ling tu«) anzufertigen. Als erste Etappe entwarf Shen Kuo eine Karte der Grenze des Song-Reiches.

Im 11. Monat schlug er in einer Eingabe an den Thron vor, die von einer Naturkatastrophe betroffenen Bauern der Provinz Liangzhe von der Frondienststeuer zu befreien.

Zum Jahresende wurde er zum Gelehrten der Hanlin-Akademie und zum Finanzkommissar befördert. Der Finanzkommissar gehörte neben dem Kanzler und dem Kommissar des militärischen Oberkommandos zu den einflußreichsten Beamten der zentralen Administration des Song-Reiches. Die Finanzkommission war für ein weit gefächertes Spektrum wirtschaftlicher und finanzieller Aufgaben verantwortlich, wie die Eisen- und Salzvorkommen und ihre Ausbeutung im Staatsmonopol, die Schiffahrt, den Handel, die Verwaltung und Verteilung der Staatsfinanzen, die Errechnung des Haushalts und die Eintreibung der Steuern.

Im Jahre 1077 reformierte Shen Kuo das Verfahren der Benutzung von Salzbanknoten in der Provinz Shaanxi, um der Spekulation im Salzhandel Einhalt zu gebieten. An den Thron richtete er eine Schrift »Über die Korruption im Salzhandel« (»Lun yan zhi wei du«) in vier Teilen. Shen Kuo untersuchte auch das Währungssystem und faßte seine Vorschläge in einem Bericht an den Hof »Acht Ursachen für den Geldmangel« (»Lun qian huang ba yin shuo«) zusammen.
Wegen seiner Eingabe, die Bauern in Liangzhe von der Frondienststeuer zu befreien, wurde Shen Kuo durch den korrupten Zensor Cai Que (1036–1093) fälschlich der Begünstigung beschuldigt und seines Amts als Finanzkommissar enthoben. Dabei spielte eine entscheidende Rolle, daß Wang Anshi, der führende Kopf der Reformer, bereits Ende des Vorjahres seinen Abschied nehmen mußte und auch Shen Kuo allmählich die besondere Gunst des Kaisers Shenzong verlor. Auf der Grundlage einer Liste von 18 Mitgliedern der, wie es jetzt hieß, »Clique um Wang Anshi«, auf der auch der Name Shen Kuo stand, entfernten die Gegner der Reformpolitik alle wichtigen Gefolgsleute des Reformers aus ihren Ämtern. Das Machtvakuum, das durch die Entlassung von Wang Anshi entstanden war, füllte Cai Que aus, der zum Premierminister aufstieg und somit zunehmenden Einfluß auf Kaiser Shenzong gewann. Nach dieser Maßregelung wurde Shen Kuo zum Präfekten des Bezirks Xuanzhou (Prov. Anhui) degradiert.
Nachdem sich Shen Kuo 1078 in Xuanzhou niedergelassen hatte, wurde er wieder als Sekretär für kaiserliche Dokumente eingesetzt und bekam das Amt des Präfekten von Tanzhou (Provinz Hunan) übertragen. Auf Betreiben von Cai Que, der Shen Kuos rasche Rehabilitierung verhindern wollte, wurde Shen seines Amts als Sekretär für kaiserliche Dokumente enthoben, die Ernennung zum Präfekten von Tanzhou wurde annulliert, doch er blieb Präfekt von Xuanzhou. Shen Kuo scheint die Degradierung von den höchsten Ämtern bei Hofe zum Povinzbeamten recht gelassen hingenommen zu haben, denn auf jedem Posten widmete er sich hingebungsvoll den anstehenden Aufgaben.
Im Jahre 1080 wurde Shen Kuo trotz ständiger Intrigen seiner Gegner zum Präfekten von Yanzhou sowie zum Militärbevollmächtigten von Fuyanlu (heutige Provinz Shaanxi) ernannt. Der Kaiser erteilte ihm den Auftrag, das unvollkommene Verteidigungssystem der vier Provinzen im Gebiet von Shaanxi auszubauen. Da Kaiser Shenzong die bislang geübte Strategie des passiven Widerstands gegen den Druck seitens der Nachbarstaaten im Norden aufgeben wollte, erteilte er Shen Kuo geheime Befehle, um einen militärischen Schlag gegen das Reich Xixia vorzubereiten. Zusammen mit dem General Zhong E verstärkte Shen die Verteidigung der Grenze und trainierte in unermüdlichem Einsatz Milizen.
Im Gebiet von Fuyan untersuchte Shen Kuo die Förderung von Erdöl und stellte aus Erdölruß erfolgreich Tusche her. Diese Substanz ersetzte das für die Herstellung von Tusche üblicherweise verwendete Kiefernholzruß. Dabei war sich Shen Kuo der Knappheit von Kiefernholz infolge des Raubbaus der Wälder bewußt. Außerdem untersuchte er bei Yanzhou ausgegrabene Pflanzenfossilien, anhand derer er Schlußfolgerungen über das vormalige Klima in dieser Gegend zog.

Shen Kuo schenkte seine Aufmerksamkeit den Völkerschaften im Grenzgebiet und studierte die Geschichte, den Stand der Waffentechnik und die politische Situation im Reich Xixia.

Im Jahre 1081 konzentrierte das Song-Reich ein großes Heer in fünf Provinzen von Shaanxi und Hedong und griff das Xixia-Reich an. In der Provinz Fuyanlu stieß das Heer unter Führung des stellvertretenden Militärintendanten Zhong E über die Grenzbefestigungen hinaus vor, während Shen Kuo die Verteidigung der Provinz übernahm. Als das Heer von Xixia überraschend die Festung Dejingzhai (nordwestlich von Zhidan in der Prov. Shaanxi) angriff, stellte sich Shen Kuo ihm mit seinen Truppen entgegen und vertrieb den Gegner. Beim Angriff des Heers von Xixia auf die Festung Shunningzhai (ca. 20 km nördlich von Zhidan in der Provinz Shaanxi) führte Shen Kuo tausend Mann seiner Truppen aus der Festung hinaus und zwang den Gegner mit List zum Rückzug. Nachdem er noch die Festung Moyanzhai erobert hatte, kehrte er mit 10000 Gefangenen und 30000 Stück Vieh in seine Stellungen zurück. Um die Disziplin in seinen Truppen zu sichern, ließ er im 11. Monat den General Liu Guiren wegen Fahnenflucht enthaupten. Shen Kuo eroberte die vier Festungen Xifutu, Wubao, Yihe und Saimen. Wegen seines Verdienstes um die Sicherung des südlichen Grenzabschnitts erhielt er als Auszeichnung wieder den Rang eines Gelehrtenanwärters der Longtu-Halle. Wahrscheinlich fiel in diese Zeit auch seine Belehnung als Baron der Reichsgründung mit einem eher geringfügigen Lehen von 200 Haushalten. Als Fazit eroberte das Song-Reich in diesem Feldzug gegen Xixia ein bedeutendes Territorium und konnte die Verteidigungskraft an der Nordwestgrenze durch ein System von Festungen stärken.

Shen Kuo studierte die Musik der Region des Nordwestens. Auch schrieb er mehrere Dutzend patriotische Siegeslieder für die ihm unterstellten Truppen.

Im Jahre 1082 rekrutierte Shen Kuo für die fünf Festungen Mizhi, Wubao, Yihe, Xifutu und Saimen Bogenschützen, die nach dem Vorbild der Han-Zeit sowohl Felder bestellten als auch die Grenze verteidigten. Auf diese Weise suchte er das Problem des schwierigen Nachschubs in die dünn besiedelten Grenzregionen zu entlasten. Seine Vorschläge faßte er in einem Bericht an den Thron »Über die Strategie der Grenzverteidigung« (»Bian lüe«) zusammen. Der Kaiser beauftragte ihn, zwei Landkarten anzufertigen. Die militärischen Aktivitäten in der ersten Hälfte des Jahres verliefen dank Shen Kuos Fähigkeiten als Militärführer erfolgreich. Als er in der Mitte des Jahres vorschlug, die alte Stadt Wuyancheng als vorgeschobenen Posten zum Xixia-Reich wieder aufzubauen, um das Hengshan-Gebirge zu kontrollieren, setzte statt dessen der vom Kaiser als Sonderbeauftragter nach Fuyan entsandte politische Zensor Xu Xi eigenmächtig durch, zuerst den Wall der strategisch ungünstig gelegenen und an Wassermangel leidenden Stadt Yonglecheng (Prov. Shaanxi) auszubauen. Nachdem die Arbeiten an diesem Wall abgeschlossen waren, kehrte Shen Kuo in den 75 km östlich von Yonglecheng gelegenen Ort Mizhi zurück. Schon drei Tage später griffen Truppen von Xixia die Festung Yonglecheng an, um zu verhindern, daß das Song-Reich im Hengshan-Gebirge Fuß faßt. Da der arrogante, ehrgeizige Xu Xi den Vorschlag von Shen Kuo, Yonglecheng lieber aufzugeben, nicht befolgte, wurde

die Stadt eingeschlossen. Als Shen Kuo mit seinen Truppen zu Hilfe eilte, wurde er am Fluß Wudinghe von einem großen Heer der Xixia aufgehalten, so daß er Mizhi aufgab und sich nach Suide zurückzog. Shen Kuo gelang es, Truppen der Xixia, die inzwischen auch Suide angriffen, in die Flucht zu schlagen. Yonglecheng fiel aber in die Hände des Gegners, wobei 12 500 chinesische Soldaten umgekommen sein sollen.
Die Verantwortung für dieses militärische Desaster, das letztlich auf unklare, konkurrierende Befehlsstrukturen in einem aufgeblähten Apparat zurückzuführen war, wurde Shen Kuo als Militärbevollmächtigtem von Fuyanlu zugeschoben. Ende des Jahres 1082 wurde Shen Kuo zum stellvertretenden Milizkommissar von Junzhou degradiert. Insgesamt scheiterte die Offensive gegen Xixia und führte zu einer weiteren militärischen Schwächung Chinas. Die von Shen Kuo aufgebauten Festungen an der Grenze zum Xixia-Reich fielen später in die Hände der Qidan. Als wesentliche Ursache hierfür ist anzusehen, daß das Song-Heer trotz erheblicher Zunahme der Mannschaftsstärke und trotz moderner Bewaffnung ständig an Schlagkraft verlor, weil es sich uneffektive Strukturen mit einer Inflation von Ämtern leistete.
Mit dieser Degradierung war Shen Kuos Karriere beendet. Er durfte weder als Beamter tätig werden noch seinen Wohnsitz selbst wählen. So lebte er ab dem Jahre 1083 zurückgezogen in Suizhou (Provinz Hubei). Dank der Amnestie beim Thronantritt des Kaisers Zhezong im Jahre 1085 wurde Shen Kuo zum stellvertretenden Milizkommissar von Xiuzhou (Prov. Zhejiang) ernannt. Daraufhin reiste er von Suizhou über Anlu und Hankou nach Osten und erreichte im Winter Xiuzhou. Unterwegs untersuchte er die Geographie im Gebiet zwischen dem Yangzijiang und dem Han-Fluß und bestimmte die Lage der in alten Schriften erwähnten Marschen von Yun und Meng.
Als er sich im Jahre 1086 im dienstlichen Auftrag in Runzhou (heutige Stadt Zhenjiang in der Provinz Jiangsu) aufhielt, besichtigte er einen neun Jahre zuvor für 300 000 Käsch erworbenen Garten, in dem er sich im Traum immer ergangen haben soll. Jetzt ließ er hier ein Anwesen bauen, das den Namen »Traumbach« (*Meng xi*) erhielt.
Im Jahre 1087 vollendete Shen Kuo die »Karte aller Bezirke und Kreise Chinas« (»Tian xia zhou xian tu«), die er im Jahre 1076 begonnen hatte. Sie bestand aus einer großen Karte (ca. 3,6 m × 3,0 m), einer kleinen Karte, die möglicherweise die vier Hauptstädte des Song-Reiches darstellte, und 18 Karten der Provinzen. Im nächsten Jahr erlaubte ihm das Kanzleramt, das Kartenwerk dem Thron vorzulegen. Nachdem der Kaiser es zu Gesicht bekommen hatte, erhielt Shen Kuo entsprechend einem Erlaß eine Belohnung von 100 Ballen feiner Seide sowie die Erlaubnis, sich an einem Ort seiner Wahl niederzulassen. Darauf bezog er sein Anwesen *Meng xi* in Runzhou, wo er zurückgezogen lebte. Die Gedichte von Tao Yuanming (ca. 365–427), Bai Juyi (772–846) und Li Yue (751–ca. 810) nannte er seine drei Freuden. Zither, Schach, buddhistische Meditation, Tuschmalerei, Zinnoberelixiere, Tee, Gedichtrezitation, Unterhaltungen und Wein erklärte er zu seinen neun Gästen. Hier schrieb er die enzyklopädischen Memoiren »Pinselunterhaltungen am Traumbach« (»Meng xi bi tan«), das medizini-

Ansicht des Traumbachgartens in der Stadt Zhenjiang (Provinz Jiangsu), der heute ein Museum für Shen Kuo beherbergt.
(Foto: Hu Jielin)

sche Werk »Gute Rezepte« (»Liang fang«) und »Erinnerungen« (»Wang huai lu«). Die »Pinselunterhaltungen am Traumbach« wurden offensichtlich noch zu Shen Kuos Lebzeiten veröffentlicht, denn Wang Pizhi erwähnt sie bereits im Jahre 1095 in seinem Buch »Flüchtige Unterhaltungen am Shengshui-Fluß« (»Shengshui yan tan lu«). Die »Guten Rezepte« erschienen später, mit medizinischen Aufzeichnungen von Su Shi (1036–1101) vereinigt, unter dem Titel »Gute Rezepte von Su Shi und Shen Kuo« (»Su Shen liang fang«). Shen Kuo sammelte leidenschaftlich Kalligraphien und Bilder namhafter Künstler. Die »Sammlung des Grafen Changxing« (»Chang xing ji«), die diverse Prosa, Gedichte und amtliche Schreiben enthält, ist wahrscheinlich eine postume Kompilation.
Im Jahre 1089 wurde Shen Kuo amnestiert und zum Hofbeamten zur Linken ohne Ressort ernannt. Hierfür bezog er das Gehalt eines Gehilfen des Kanzlers. Im Jahre 1094 starb seine zweite Frau, mit der er eine wenig harmonische Ehe geführt hatte. Es ist zu vermuten, daß Shen Kuos bescheidene Lebensweise nicht die Gegenliebe seiner Frau fand. Denn anders als die Mehrzahl der Beamten hatte er die hohen Ämter, die er im Laufe seines Lebens bekleidete, nie dazu benutzt, Reichtümer aufzuhäufen. So nimmt es nicht Wunder, daß seine aus einer notablen Familie stammende zweite Frau ihn beschimpfte, den Sohn aus erster Ehe verjagte und ihn sogar bei Gericht verklagte.
In den letzten Jahren seines Lebens litt er an einer ihn auszehrenden Krankheit, an der er im Jahre 1095 verstarb. Er hinterließ zwei Söhne, Shen Boyi und Shen Qingzhi.

Shen Kuos Grab im Dorf Anxi (Kreis Yuhang nahe Hangzhou, Provinz Zhejiang). Das Grab ist durch die Tafel, die auf dem Boden vor dem Haus aufgestellt ist, markiert und wird von zwei beschädigten Statuen von Würdenträgern flankiert. (Foto: Qian Guanyu)

Shen Kuos schriftstellerisches Lebenswerk umfaßt über 20 Bücher und Abhandlungen, die sich vor allem mit Astronomie, Medizin, Wasserbau und Strategie beschäftigen, und mehrere geographische Karten. Der größte Teil seiner Werke existiert jetzt nur noch auszugsweise in späteren Sammlungen, von einem Teil sind lediglich die Titel bekannt.

Glanzlichter und Bedeutung der »Pinselunterhaltungen am Traumbach«

Die »Pinselunterhaltungen am Traumbach« schrieb Shen Kuo, als seine Beamtenlaufbahn durch die politische Wende nach dem Sturz Wang Anshis und Intrigen rachsüchtiger Kollegen beendet war, zurückgezogen in seinem Traumbachgarten in Runzhou. Sie sind die enzyklopädischen Memoiren eines Staatsmanns und Wissenschaftlers. Er hatte an den Schalthebeln der Macht gewirkt, in seinem Leben einen großen Teil Chinas und auch das Liao-Reich mit eigenen Augen gesehen und vielfältigste wissenschaftlich-technische und ökonomische Probleme gelöst. Aus dieser Zeit seines Aufstiegs und des Höhepunkts seiner Karriere von 1056 bis 1077 handeln auch die meisten seiner Notizen.
Die »Pinselunterhaltungen« bestehen aus 26 Kapiteln und einem Anhang von

4 Kapiteln und umfassen insgesamt 609 Pinselnotizen (*bi ji*). Dabei kann eine Pinselnotiz aus lediglich drei Sätzen bestehen oder mehr als eine Seite umfassen. In lockerer Folge, ohne strenge Gliederung stehen höchst originelle neben mehr didaktischen Notizen. Nach einer Klassifikation von Hu Daojing in seiner »Einführung in die Lektüre der ›Pinselunterhaltungen‹« [98], S. 12 betreffen sie folgende Inhalte:

Naturwissenschaften und Technik

Sachgebiet	*Zahl der Pinselnotizen*
Mathematik	4
Astronomie/Kalenderkunde	22
Meteorologie	12
Geologie	11
Geographie	16
Physik	5
Chemie	3
Architektur	8
Wasserbau	9
Biologie	32
Agronomie	8
Medizin/Pharmakologie	43
Technologie	16
	gesamt 189

Geisteswissenschaften

Riten	15
Beamtenschaft	22
Beamtenprüfung, Gelehrte	14
Wissenschaft von den Klassikern	15
Literatur	34
Kunst	25
Recht	10
Militärwesen	16
Religion, Wahrsagung	28
Bräuche	4
Wirtschaft	21
Geschichte, Archäologie	28
Sprachwissenschaft	19
Musik	44
Kleidung	12
klassische Schriften	17
Glücksspiele	4
Anekdoten	92
	gesamt 420
	Summe 609

Diese Aufstellung verdeutlicht zunächst das breite inhaltliche Spektrum der »Pinselunterhaltungen« und den Stellenwert, den in ihnen Naturwissenschaften und Technik einnehmen. Darüber hinaus muß man das hohe qualitative Niveau vieler seiner Pinselnotizen hervorheben. So beschreiben die »Pinselunterhaltungen« erstmalig die Kompaßnadel, das Drucken mit beweglichen Typen, die Doppeltorschleuse, das Trockendock, topografische Höhenmessungen und die Anwendung arithmetischer Reihen höherer Ordnung zur Bestimmung des Volumens aufgeschichteter Körper. Er deutete das Vorhandensein von Muscheln und Schnecken im Taihangshan-Gebirge als Indiz dafür, daß sich hier vor langer Zeit einmal die Küste des Meeres erstreckte. Er erkannte, daß die nordchinesische Tieflandsebene aus dem Schlamm der Flüsse entstanden war. Zu den großen wissenschaftlichen Leistungen Shen Kuos zählt nicht zuletzt die Anfertigung einer Landkarte Chinas hoher Genauigkeit und sein Vorschlag eines reinen Sonnenkalenders. Seine kritischen Beobachtungen zur therapeutischen Wirkung zahlreicher Heilpflanzen führten zur Korrektur der Angaben in den medizinischen Klassikern, deren Inhalt grundsätzlich als unantastbare, absolute Wahrheit galt.

Es wäre aber ungerechtfertigt und letztlich unhistorisch, wollte man Shen Kuo zum Prototypen des modernen Wissenschaftlers stilisieren. Seine theoretischen Betrachtungen über Naturgesetze bewegen sich weitgehend im Rahmen der zu seiner Zeit schon mehr als tausend Jahre alten Konzeptionen über Yin und Yang, Qi und die fünf Wandlungsphasen. Teils führten sie ihn zu falschen Schlußfolgerungen, teils hinderten sie ihn daran, z. B. die Gesetzmäßigkeiten chemischer Prozesse zu erfassen. Trotz seines tief verwurzelten Skeptizismus und seiner rationalen Grundhaltung befaßte er sich mit Wahrsagemethoden und war schicksalsgläubig. Hierbei wird deutlich, daß sich die Wissenschaften in einem langwierigen Prozeß von ihren magischen Ursprüngen lösen mußten und daß das größte Hemmnis für neue Erkenntnisse darin besteht, überkommene Denkmodelle zu überwinden (J. Bernal).

Bei der Lektüre der »Pinselunterhaltungen« stößt man natürlich auch auf Irrtümer. Sie sind meist darauf zurückzuführen, daß Shen Kuo offensichtlich in aller Regel aus dem Gedächtnis zitieren mußte, weil ihm in seinem »Traumbachgarten« nicht mehr die kaiserliche Bibliothek zur Verfügung stand. Insofern muß man eigentlich umgekehrt Shen Kuos Gedächtnis bewundern. Die Ausbildung eines Gelehrten bestand damals freilich vor allem im Auswendiglernen der Klassiker, deren Kenntnis somit für einen Gebildeten als selbstverständlich galt. Außer den Klassikern zitierte oder erwähnte Shen Kuo aber in der vorliegenden Auswahl der »Pinselunterhaltungen« 85 Werke unterschiedlichster Wissensgebiete. Irrtümer entstanden auch daraus, daß Shen Kuo besonders auf naturwissenschaftlichem Gebiet nicht alle aus heutiger Sicht wesentlichen Werke zur Verfügung standen. Das liegt an der geringen Geltung, die die Naturwissenschaften damals unter den Gelehrten genossen. Trotzdem muß man Shen Kuos gründliches Quellenstudium hervorheben, mit dem er die Lösung jedes der von ihm angepackten mannigfaltigen Probleme begann. Selten sind bei ihm Denkfehler zu beobachten. So gab er als von ihm gemessenen Winkel zwischen dem

Polarstern und dem Himmelspol das Doppelte gegenüber dem richtigen Wert an. Dieser Fehler wurde noch zu seinen Lebzeiten von dem Astronomen Su Song korrigiert.
Im folgenden sollen Shen Kuos Beiträge zu den einzelnen Zweigen von Naturwissenschaft und Technik umrissen werden.

Mathematik und Metrologie

Die in den »Pinselunterhaltungen« vorgestellten mathematischen Probleme gingen überwiegend von den praktischen Bedürfnissen seiner Zeit aus, die auch die damaligen Mathematikbücher reflektierten. So benutzte er zur Bestimmung des Anstiegswinkels des mit einer Armbrust abgeschossenen Pfeils den Satz des Pythagoras, der im alten China *Gougu*-Theorem hieß. Aus der Landvermessung stammt das Problem der Bestimmung der Bogenlänge eines Kreisabschnitts. Er löste es mit einem Näherungsverfahren, das eine für praktische Zwecke ausreichende Genauigkeit besitzt. Die erläuterten Volumenberechnungen besaßen eine große Bedeutung für die Planung von Erdarbeiten bei Wasserbauprojekten. Besonders interessant ist in diesem Zusammenhang das von ihm behandelte Problem der Bestimmung des Volumens von pyramidenförmig gestapelten Körpern, wie Fässern, die untereinander Zwischenräume einschließen. Die Zwischenräume nannte er Spaltvolumen. Zur Bestimmung dieses Volumens benutzte er erstmalig eine arithmetische Reihe höherer Ordnung. Die von ihm benutzten Gleichungen beschrieb er in verbaler Form ohne algebraische Variable. In den Bereich der Astronomie fällt ein von ihm entwickeltes Approximationsverfahren auf der Grundlage nichtlinearer Differenzen, mit dem die Ungleichförmigkeit der Bahngeschwindigkeit der Erde um die Sonne (bei Shen Kuo umgekehrt der Sonne um die Erde) beschrieben wird. Er hatte dieses Verfahren allerdings nur qualitativ umrissen.
Jenseits praktischer Bedürfnisse, im Bereich der Lust am Problem, lag die Bestimmung der Zahl der Stellungen beim chinesischen Belagerungsschach. Obwohl selbst die damals größte bekannte Zahl *gai* = 10^{24} nicht ausreichte, um die Lösung 3^{361} auszudrücken, hatte Shen Kuo sehr anschaulich angegeben, daß man die Zahl *wan* [10^4] 43mal mit sich selbst multiplizieren müßte. Um zu dieser Lösung zu gelangen, bot er gleich drei verschiedene Rechenvorschriften an.
Im Bereich der mathematischen Harmonielehre stellte Shen Kuo Reihen für die Frequenzen der Töne von Tonleitern bzw. von Stimmpfeifen und Stimmglocken auf, wobei er frühere Werke kritisch analysierte. Von besonderem Interesse sind dabei seine Ausführungen über die Zusammenhänge zwischen den Tönen und den geometrischen Abmessungen der Stimmpfeifen. Hintergrund dieser Untersuchungen war das Bedürfnis des Kaiserhofes nach einem musikalischen Normal, um die Beständigkeit der rituellen höfischen Musik zu sichern. Es ist interessant, daß im alten China mit diesem musikalischen Normal, das den Zusammenhang zwischen Frequenz und Länge als geometrischer Abmessung nutzte, bereits ein Vorläufer für das moderne metrologische Län-

gennormal auf der Grundlage der Frequenz einer elektromagnetischen Strahlung existierte.
Shen Kuos Streben nach exakter, möglichst quantitativer Beschreibung verschiedenster Phänomene in den Pinselnotizen führte ihn zwangsläufig auch zur Beschäftigung mit metrologischen Problemen. So setzte er sich beim Studium alter Werke über Himmelsbeobachtungen, die offensichtlich Angaben über die Gestaltung astronomischer Geräte enthielten, mit den Unterschieden zwischen den Maßeinheiten in der Han-Dynastie und denen zu seiner Zeit auseinander. Die von ihm gefundenen Verhältnisse der Maßeinheiten stimmen gut mit den Werten aufgrund ausgegrabener Maßverkörperungen aus der Han- und der Song-Dynastie überein.
In seiner Eigenschaft als Direktor des kaiserlichen Observatoriums ließ Shen Kuo von ihm entwickelte Sonnen- und Wasseruhren bauen, die von so hoher Genauigkeit waren, daß er mit ihrer Hilfe die Änderungen der Bahngeschwindigkeit der Erde um die Sonne nachweisen konnte. Durch eine Rekonstruktion der von ihm beschriebenen Wasseruhr [90] konnte man nachweisen, daß ihr Fehler nur 20 s/24 h betrug. Somit waren Wasseruhren bis zur Erfindung der Pendeluhr durch den niederländischen Physiker und Uhrenbauer Christian Huygens im 17. Jahrhundert die genauesten Zeitmesser.
Ein ebenso intelligentes wie praktikables Meßverfahren schuf Shen Kuo bei der Vermessung der Länge und des Gefälles des mehrere hundert km langen Bian-Kanals, der die Hauptstadt Bianliang mit dem Huai-Fluß verband. Parallel zum Kanal ließ er kaskadenartige Gräbenabschnitte anlegen, deren Längen und Höhenunterschiede mit den damals verfügbaren Meßgeräten einfach zu bestimmen waren und aufsummiert die Gesamtlänge und die Höhendifferenz des Bian-Kanals ergaben. Vergleichbare geodätische Höhenmessungen wurden in Europa erst Ende des 17. Jahrhunderts durchgeführt.

Astronomie

Es wird vermutet, daß die bestechende Klarheit, mit der Shen Kuo astronomische Phänomene zu erläutern verstand, zu seiner Ernennung zum Direktor des kaiserlichen Observatoriums führte. In dieser Eigenschaft bestand sein Hauptwerk in der Ausarbeitung des Fengyuan-Kalenders. Neben seiner praktischen Bedeutung für die Zeiteinteilung besaß ein Kalender eine durchaus magisch-rituelle Funktion. Da der Kaiser als Sohn des Himmels zwischen dem Himmel und den Menschen zu vermitteln hatte, wurden anormale Himmelserscheinungen, wie Sonnen- und Mondfinsternisse und Kometen als Warnungen des Himmels an die Herrschaft des Kaisers interpretiert. Ein Kalender mußte diese Himmelserscheinungen vollständig und genau vorhersagen, damit der Kaiser sie mit rituellem Fasten oder sexueller Enthaltsamkeit in seinem Harem möglichst abwenden konnte.
Der Fengyuan-Kalender galt von 1075 bis 1093. Seine Ablösung im Jahre 1093 war aber nicht auf mangelnde Qualität, sondern auf politische Gründe zurück-

zuführen. Ihm lag eine Länge des tropischen Jahres von 365,243585 Tagen und des synodischen Monats von 29,530591 Tagen zugrunde. Somit betrug der relative Fehler der Jahreslänge $3{,}8 \cdot 10^{-6}$ und der der Monatslänge $3{,}0 \cdot 10^{-7}$. Das bedeutet eine weitere Verbesserung gegenüber dem Dayan-Kalender des Astronomen Yixing aus dem Jahre 728, der einen relativen Fehler der Jahreslänge von $6{,}0 \cdot 10^{-6}$ und der Monatslänge von $3{,}4 \cdot 10^{-7}$ aufwies. Qualitativ zeichnet sich der Fengyuan-Kalender durch die Verwertung von Beobachtungen der Planeten aus. Es wurde richtig beobachtet, daß die Bewegung der Planeten auch Phasen des Stillstands und einer Richtungsumkehr zeigen kann, wobei Shen Kuo ihre Bahn mit der Kontur eines Weidenblatts verglich. Trotzdem hatte er sich für die Verbesserung des Kalenders noch mehr systematische Messungen der Planetenbahnen gewünscht, so daß man eigentlich »nur fünf, sechs Zehntel des Möglichen erreichen« konnte. Die systematischen Messungen sollten dreimal pro Nacht fünf Jahre lang durchgeführt werden – ein Programm, das in solchem Umfang erst 500 Jahre später von dem dänischen Astronomen Tycho Brahe (1546–1601) verwirklicht werden sollte. Weiterhin konnte der Fengyuan-Kalender die Berechnung von Sonnen- und Mondfinsternissen durch die Berücksichtigung von Änderungen der Geschwindigkeit der scheinbaren Sonnenbewegung verbessern. Diese Tatsache war zwar bereits mehrere Jahrhunderte vor Shen Kuo bekannt gewesen, aber danach wieder in Vergessenheit geraten.
Eine solide experimentelle Untersuchung lieferte Shen Kuo mit der drei Monate währenden Messung der Position des Polarsterns, wofür er mehr als 200mal die Bahn des Polarsterns aufzeichnete, die, wie er feststellte, eine Kreisbahn war. Es wurde bereits erwähnt, daß Shen Kuo für den Winkel zwischen dem Himmelspol und dem Polarstern aufgrund eines Interpretationsfehlers das Doppelte gegenüber dem richtigen Wert angegeben hatte.
Weit seiner Zeit voraus war Shen Kuos Vorschlag eines reinen Sonnenkalenders. Damit löste er die Grundschwierigkeit des lunisolaren Kalenders, nämlich bei einem Wert von 12,37 Mondmonaten pro Sonnenjahr einen Kalender mit einer ganzen Zahl von Tagen pro Monat und einer ganzen Zahl von Monaten pro Jahr aufzustellen, was nur durch unterschiedlich verteilte Schalttage und Schaltmonate gelang. Dadurch drückten die Mondmonate nicht die Jahreszeiten aus. Der Sonnenkalender hingegen fußte auf 24 Solarperioden, in die ein Jahr unterteilt wurde und die im Einklang mit den Jahreszeiten standen. Der Sonnenkalender benötigte nicht mehr den Notbehelf des Schaltmonats.
Lebendig beschrieb Shen Kuo den Fall eines größeren Meteoriten im Jahre 1064 in Changzhou und gab richtig an, daß seine Materie nach Farbe und Gewicht Eisen gleiche.

Physik

Erstmalig beschrieb Shen Kuo die Herstellung von Kompaßnadeln durch künstliche Magnetisierung. Er schlug vier verschiedene möglichst reibungsarme Lagerungen der Kompaßnadel vor und stellte die magnetische Deklination der

Kompaßnadel fest. (Letztere wurde erstmalig schon von dem Astronomen Yixing im Jahre 720 angegeben.) Der englische Sinologe J. Needham (1900–1995) wies nach, daß der Kompaß von China nach Europa gelangte. Etwa hundert Jahre nach Shen Kuo erwähnte im europäischen Raum zuerst im Jahre 1190 Alexander Neckam in seinem Buch »De Naturis Rerum« den Gebrauch des Kompasses. Die magnetische Deklination entdeckte in Europa Christoph Columbus auf seiner Seereise im Jahre 1492.
Auf dem Gebiet der Akustik führte Shen Kuo ein anschauliches Experiment zur Resonanz zwischen verschiedenen Musikinstrumenten durch, indem er kleine, aus Papier geschnittene Figuren auf die Saiten einer Zither setzte. Wenn er dann eine Saite einer anderen Zither anschlug, fingen die Papierfiguren auf der in Resonanz schwingenden Saite zu springen an, während sich die Figuren auf den übrigen Saiten nicht bewegten.
Bei Experimenten mit einer Camera Obscura gelangte Shen Kuo bereits zu einer bildhaften Beschreibung der Lichtkegel und des Brennpunkts und stellte die Umkehrung des Bildes in der Lochkamera fest. Er beschäftigte sich auch mit der Oberflächenform von Spiegeln und wies darauf hin, daß man früher Spiegel mit einer konvexen Fläche versah, damit man das Gesicht auch in einem kleinen Spiegel sehen konnte. Zu seiner Zeit war diese Erkenntnis schon verlorengegangen. Lange Zeit blieb Shen Kuos Beschreibung sog. »lichtdurchlässiger Spiegel« rätselhaft. Aufgrund der Untersuchung eines derartigen Spiegels aus der Han-Zeit konnte bestätigt werden, daß Spiegel unter bestimmten Voraussetzungen tatsächlich auf ihrer polierten Fläche die Muster auf der Rückseite reflektieren können. Ursache für diese Erscheinung ist, daß sich das Profil der Rückseite beim Abkühlen des gegossenen Spiegels und anschließenden Polieren in Form von Krümmungsänderungen auf die Spiegelseite übertragen kann. In der Notiz über die »lichtdurchlässigen Spiegel« deutete er diese technologischen Ursachen bereits richtig an.
Am Beispiel der Untersuchung einer Leiche schilderte Shen Kuo, daß ihre blaßvioletten Verletzungen bei Betrachtung mit rotem Licht viel deutlicher als im weißen Tageslicht zutage traten. Somit liegt hier die Anwendung eines Lichtfilters vor.
Interessant sind Shen Kuos Notizen über atmosphärische Erscheinungen wie Fata Morgana, Regenbogen und Kugelblitz. Es ist bemerkenswert, daß er diese Phänomene verständlich machte, ohne übernatürliche Kräfte zu bemühen. Für die Erklärung des Regenbogens zitierte er seinen Zeitgenossen Sun Yanxian: »Ein Regenbogen ist der Schatten der Sonne im Regen. Er tritt auf, wenn die Sonne auf die Regentropfen strahlt.« Eine ähnliche Beschreibung lieferte in Europa 200 Jahre später der englische Naturphilosoph und Theologe Roger Bacon (1214–1292). Shen beobachtete, daß ein Regenbogen nur entgegen der Sonne sichtbar ist. An der Notiz über den Kugelblitz ist seine Feststellung besonders hervorzuheben, daß metallische Gegenstände unter der Einwirkung des Blitzes zusammenschmolzen, während nichtmetallische, d. h. nichtleitende, Gegenstände unversehrt blieben. Shen lieferte auch eine der ersten Beschreibungen des in China sehr selten auftretenden Wirbelsturms.

Geowissenschaften/Kartographie

Auf seinen zahlreichen Reisen durch China machte Shen Kuo, auch angeregt durch seine Erfahrungen im Wasserbau, wichtige Beobachtungen über die Entstehung der Gebirge durch Erosion (besonders auffällig im Yandangshan-Gebirge in der Provinz Zhejiang) und die Entstehung der nordchinesischen Tieflandsebene durch Ablagerung von Sedimenten. Die Funde von Schnecken und Muscheln im Taihangshan-Gebirge deutete er korrekt, daß sich hier vor Zeiten etwa 500 km westlicher die Küste des Meeres erstreckt hatte. Ein derartiges Verständnis der Geologie fand man in Europa erst um das Jahr 1800.
Shen Kuo interessierte sich auch für Versteinerungen von Pflanzen und Tieren. Versteinerte Bambussprossen, die bei Yan'an in der nordchinesischen Provinz Shaanxi ausgegraben wurden, veranlaßten ihn zu der Frage, ob das Klima hier früher viel feuchter gewesen sei, so daß Bambus gedeihen konnte. Obwohl man anhand von modernen Ausgrabungen vermutet, daß es sich bei den vermeintlichen Bambussprossen vielleicht um versteinerte Farnpflanzen gehandelt haben könnte, war Shen Kuo bereits zur Erkenntnis von der langzeitigen Änderung des Klimas gelangt.
Besonders bedeutsam sind Shen Kuos Beiträge zur Kartographie. Bei seiner diplomatischen Mission im Jahre 1075 ins Liao-Reich zeichnete er eine Karte über das Gebiet entlang seiner Reiseroute. Als er zuvor die Grenze zum Liao-Reich inspizierte, fertigte er ein räumliches Wachsmodell der Geographie des Grenzgebiets an. Sein auch vom Kaiser Renzong gewürdigtes Meisterwerk ist indessen die »Karte aller Bezirke und Kreise des Reiches« im Maßstab von ca. 1:900 000, an der er mit Unterbrechungen insgesamt zwölf Jahre gearbeitet hatte. Offensichtlich wurde bei den Vermessungsarbeiten auch der Kompaß eingesetzt, und geographische Punkte wurden mit Koordinaten in Form von Vogelflugentfernungen und Winkeln beschrieben. Aufgrund der Abmessungen und des verwendeten rechtwinkligen Kartennetzes äußerte Hu Daojing [98] die berechtigte Vermutung, daß die im Stelenwald von Xi'an aufbewahrte »Karte der Spuren des Kaisers Yu« (»Yu ji tu«) auf Shen Kuos »Karte aller Bezirke und Kreise des Reiches« zurückgeht.

Chemie

Bei seinem Aufenthalt in Yanzhou (Prov. Shaanxi) untersuchte Shen Kuo die dortigen Vorkommen und die Verwendung von Erdöl. Er prägte die noch heute gebräuchliche chinesische Bezeichnung für Erdöl *shiyou*, die wörtlich Steinöl (= Petroleum!) heißt. Shen Kuo stellte aus Erdölruß Schreibtusche als Ersatz für den damals hierfür verwendeten Kiefernholzruß her. Er bemerkte, daß, verglichen mit den abnehmenden Waldbeständen, »das (Erdöl) in der Erde in unerschöpflicher Menge entsteht« und daß Erdöl beim Ersatz von Holz eine große Bedeutung erlangen wird – eine prophetische Aussage, deren volle Tragweite und relative Gültigkeit erst in unserem Jahrhundert ermessen werden konnte.

Er lieferte eine präzise Beschreibung der Gipskristalle, die er anhand ihrer physikalischen Eigenschaften wie Kristallform, Farbe, Glanz, Spaltbarkeit, Feuchtigkeitsaufnahme und Löslichkeit identifizierte. Diese Methodik wurde in Europa erst im 18. Jahrhundert von dem dänischen Mathematiker und Naturforscher Erasmus Bartholinus weiterentwickelt.

Shen Kuo beschrieb auch richtig das Verfahren der Gewinnung von Kupfer aus Kupfersulfat als Substitutionsreaktion im Beisein von Eisen. Er verglich diesen Prozeß zutreffend mit der Ausscheidung von Calciumcarbonat aus dem (Calciumhydrogencarbonat enthaltenden) Wasser in Höhlen und Brunnen. Allerdings hinderte ihn die damals schon mehr als tausend Jahre vorherrschende Lehre von den fünf Wandlungsphasen an einem tiefgründigeren Verständnis dieses chemischen Prozesses. Die Substitution von Metallen konnte erst im 17. Jahrhundert in Europa durch Joachim Jungius und Robert Boyle wissenschaftlich erklärt werden.

Shen Kuo beschäftigte sich auch mit den Bedingungen, unter denen in den Salzteichen von Xiezhou Kochsalz auskristallisiert. Er stellte fest, daß das Salz dann ausfällt, wenn Süßwasser in die Sole fließt und dabei störende Substanzen (kolloide Salzverbindungen, die das Auskristallisieren verhindern) wegspült.

Wie viele Alchemisten seiner Zeit, die sich dem Zubereiten von Unsterblichkeitspillen aus Zinnober (Quecksilbersulfid) widmeten, untersuchte auch er den Prozeß des Raffinierens von Zinnober. Obwohl er die Möglichkeit nicht ausschloß, eine Unsterblichkeit verleihende Arznei aus Zinnober herstellen zu können, warnte er nachdrücklich vor der starken Giftwirkung des Zinnobers.

Rational-nüchtern beschrieb er verschiedene Fälle der chemischen bzw. biochemischen Fluoreszenz. Ohne diese Phänomene erklären zu können, verwies er aber darauf, daß sie sich auf ein und dieselbe Ursache zurückführen lassen, da sie sich sehr ähneln.

Biologie/Agronomie

Inspiriert durch Beobachtungen auf seinen zahlreichen Reisen, lieferte Shen Kuo über zahlreiche Tiere, die von Insekten über Fische bis zu Säugetieren reichen, detaillierte Beschreibungen. Er entwarf ein präzises Bild vom Aussehen und der Lebensumwelt des Alligators. Den Widerspruch, daß der Alligator trotz seiner Seltenheit viele Eier legt, versuchte er fälschlich so zu erklären, daß aus den Eiern teils Fische, teils Yangzi-Alligatoren, teils Meeresschildkröten, aber nicht mehr als ein oder zwei Alligatoren schlüpfen. Er überlieferte uns auch, wie die einheimische Bevölkerung die Alligatoren mit auf Haken gespießten Schweinefleischködern fing. Bei seiner Reise ins Liao-Reich im Jahre 1075 beobachtete er unter anderem auch die in der Wüste lebenden Springmäuse. Durch Shen Kuo wissen wir, daß sich die Seehunde weit mehr nach Süden ausbreiteten als heute. Das bestätigt zugleich die Tatsache, daß zur Zeit der Nördlichen Song-Dynastie ein kälteres Klima als jetzt herrschte.

Shen Kuo korrigierte die in alten Pharmakologien enthaltene fehlerhafte Darstellung des Kugelfisches, daß dieser unbedenklich verzehrt werden könnte, und warnte vor seiner Giftigkeit.
Bei einer Erörterung über den Geweihbast von Hirschen stellte er fest, daß Geweihe eine von keiner anderen biologischen Substanz übertroffene Wachstumsgeschwindigkeit aufweisen, und folgerte, daß darauf ihre Knochen und Blut stärkende Arzneiwirkung beruhe.
Am Beispiel der weißen Wildgans zeigte er phänologische Gesetzmäßigkeiten zwischen dem Verhalten der Tiere und dem periodischen Wechsel der Umgebungsbedingungen.
Die »Pinselunterhaltungen« diskutieren auch Aspekte der Zähmung von Tieren, z. B. daß die Bewohner der Prov. Sichuan Kormorane zum Fischfang einsetzen oder daß der Charakter der Berg-Frankoline, einer Rebhuhnart, durch die Art des Futters verändert wird.
Seine kurze Notiz über die Wintersaateulen, ein in der Landwirtschaft gefürchtetes Insekt, belegt einleuchtend, wie wirksam sich diese Schädlinge mit ihren natürlichen Feinden, in diesem Fall einer Art von Laufkäfer, bekämpfen lassen. Wesentlich ist dabei Shen Kuos nüchtern beobachtender Geist, der nicht wie viele seiner Zeitgenossen Insektenplagen als eine Strafe des Himmels auffaßte.
Auf dem Gebiet der Agronomie spiegelte er die Maßnahmen zur Zeit der Reformen Wang Anshis wider, die auf die Verbesserung der Bodenfruchtbarkeit durch das Überstauen der Felder besonders in den Salzbodenregionen gerichtet waren. Durch diese Maßnahme wurde der Schlamm der Flüsse als Dünger benutzt. Von großer Bedeutung sind in diesem Zusammenhang die unter seiner Leitung durchgeführten Deichbauten an Flüssen, mit denen Sumpfland in fruchtbare Äcker verwandelt wurde.
Shen Kuo hinterließ uns mehrere Aufzeichnungen über die Kultivierung des Tees einschließlich der wechselvollen Geschichte der Teesteuergesetze. Aus den »Pinselunterhaltungen« wissen wir, daß er auch eine »Abhandlung über den Tee« (»Cha lun«) verfaßt hatte, die aber verlorengegangen ist. Die Notizen über Gartenbau offenbaren, daß zu seiner Zeit erfolgreich Litschi-Pflaumen mit kleinen Kernen gezüchtet wurden. Weiter erwähnte er, daß man Blauregen auf Sophoren pfropfte.

Medizin

Aus Shen Kuos kurzer Biographie ging bereits hervor, daß er, veranlaßt durch eigene Krankheit, Medizin ausführlich studiert und zwei Arzneibücher, »Rezepte des Wundergartens« (»Ling yuan fang«) und »Gute Rezepte« (»Liang fang«) verfaßt hatte. Hervorzuheben ist, daß er sich bei der Beschreibung der medizinischen Wirkung von Arzneien pflanzlichen, tierischen und mineralischen Ursprungs kritisch mit den Angaben in den klassischen Pharmakologien, die gemeinhin als unumstößlich angesehen wurden, auseinandersetzte und zahlreiche Korrekturen einbrachte. Im Gegensatz zu vielen seiner Zeitgenossen

stützte er sich dabei auf eigene Erfahrungen und Beobachtungen, nicht aber auf unproduktives Kopieren alter Bücher oder Spekulationen. Darüber hinaus lieferte er zahlreiche Beiträge, die zur Theorie der Medizin, insbesondere der Pharmakologie, beitrugen.
Er erörterte die Giftwirkung von Arzneien und präzisierte die Bedingungen ihrer Anwendung. Auch wies er auf negative Langzeitwirkungen bei der Einnahme bestimmter Arzneien hin wie z. B. bei Mutterwurz und Schnurbaumextrakt. Charakteristisch für Shen Kuos Forschergeist sind die von ihm festgehaltenen Beobachtungen der Natur. Beispielsweise berichtete er, wie eine von einer Biene gestochene Spinne den Stich behandelte, indem sie den geschwollenen Leib mit einem Tarostengel einrieb. Tatsächlich vermag der alkalisch reagierende Taro die Säure des Bienengifts zu neutralisieren.
Obwohl sich Shen Kuo in seinen Notizen, die sich mit der Verallgemeinerung medizinischer Erkenntnisse beschäftigen, auf dem Boden der Theorie von den fünf Wandlungsphasen bewegte, die Zusammenhänge zwischen den fünf Wandlungsphasen einerseits und andererseits den fünf Organen, den fünf Geschmäckern, den fünf Farben, den fünf Gerüchen usw. voraussetzte (wie übrigens die traditionelle chinesische Medizin noch heute), ging er doch stets von Beobachtungen der Natur und der medizinischen Praxis aus. So bewies er bereits eine gute anatomische Kenntnis, die er offensichtlich aus einem Bild des sezierten Leichnams eines hingerichteten Aufständischen bezog.
In einer Notiz stellte er die Vor- und Nachteile der Arzneien in Form von Absuden, Pulvern und Pillen zusammen. Ebenso erörterte er die Regeln, die beim Sammeln von Heilkräutern zu beachten sind, und betonte die Einflüsse von Klima und Bodengestalt auf das Wachstum der Heilpflanzen. Shen Kuo trug mit den exakten Beschreibungen zahlreicher Heilpflanzen zu ihrer eindeutigen Identifizierung bei und räumte etliche Verwechslungen mit ähnlichen Pflanzen aus. Anhand von Beispielen diskutierte er die Tatsache, daß die verschiedenen Bestandteile einer Heilpflanze, wie Wurzeln, Stiel oder Blatt, unterschiedliche medizinische Wirkungen aufweisen können.

Technologie

Schon in seinem ersten Amt als Schriftführer des Kreises Shuyangxian beschäftigte sich Shen Kuo mit der Planung und Realisierung von Wasserbauten. In den »Pinselunterhaltungen« spielen hydrotechnische Arbeiten wie die Errichtung von Deichen, das Schließen von Dammbrüchen und das Ableiten von Hochwasser eine wichtige Rolle. Erstmalig erwähnt er den Bau eines Trockendocks, und seine Notiz über eine Doppeltorschleuse zählt zu den frühesten Aufzeichnungen dieser Erfindung. Aus seinen Notizen geht hervor, daß hydrotechnische Arbeiten verschiedene Berechnungen, wie z. B. des Volumens der zu bewegenden Erdmassen, ebenso wie Überlegungen zu Kosten und Nutzen erforderten.
Die Notiz über den Druck mit beweglichen Typen ist ein wertvolles Zeugnis über diesen bedeutenden Fortschritt der Drucktechnik. Zugleich setzte Shen

Kuo mit seiner Aufzeichnung dem Erfinder Bi Sheng, einem Mann aus dem einfachen Volk, ein bleibendes Denkmal. Der Druck mit beweglichen Typen in China liegt etwa 400 Jahre vor Johannes Gutenbergs Erfindung des Drucks mit beweglichen Metallettern um 1450. In der Tat führte die Entwicklung der Drucktechnik zu einer stark steigenden Verbreitung nicht nur der konfuzianischen Klassiker und buddhistischer Schriften sondern auch medizinischer Werke und schöngeistiger Literatur während der Nördlichen Song-Dynastie.
Auf dem Gebiet der Architektur gab Shen Kuo einen knappen Überblick über den verlorengegangenen »Klassiker des Holzbaus« (»Mu jing«) von Yu Hao, der in der 2. Hälfte des 10. Jahrhunderts wirkte. Der »Klassiker des Holzbaus« enthielt ein Regelwerk von Proportionalitätsbeziehungen, die im Hausbau beachtet wurden. Eine weitere Notiz illustriert Yu Haos herausragende Fähigkeiten im Turmbau.
Shen Kuo beschrieb verschiedene Verfahren zur Herstellung von Stahl, die auf dem Vermischen von Roh- und Schmiedeeisen durch Schmieden bzw. durch Gießen von geschmolzenem Roheisen auf Schmiedeeisen und anschließendes Schmieden beruhen. Ein drittes Verfahren besteht im vielmaligen Schmelzen von Eisen im Holzkohlenfeuer, wobei der erforderliche Kohlenstoff in das Eisen diffundiert. Er interessierte sich auch für die Herstellung von Schwertern aus Stahl. Aus den entsprechenden Notizen geht hervor, daß es gelungen sein mußte, durch eine besondere Form der Wärmebehandlung einen Federstahl herzustellen. Die »Pinselunterhaltungen« offenbaren weiterhin, daß sich das Nachbarvolk der Tanguten auf die Fertigung sehr fester, kaltgeschmiedeter Stahlschilde verstand. Auf dem Gebiet der Gießereitechnik beschrieb Shen u. a. einen alten doppelwandigen Spiegel, der aus Bronze oder Messing gegossen wurde. Er erwähnte, daß die Technologie seiner Herstellung zu seinen Lebzeiten bereits nicht mehr bekannt war.
Durch seine Funktion als Aufseher des kaiserlichen Arsenals kam Shen Kuo mit verschiedenen technologischen Fragen der Waffenherstellung und der Verteidigungsstrategie in Berührung. So beschrieb er bündig die qualitativen Anforderungen an einen Bogen und seine Herstellung. Weiter beschäftigte er sich mit Repetierarmbrüsten und der Durchschlagskraft der mit ihnen abgeschossenen Pfeile. Er betonte, daß man mit den besten Bögen seiner Zeit eine mehr als 5mal größere Spannkraft als mit den Bögen aus der Chunqiu-Periode (770–476 v. Chr.) erzielen könne. Eine wichtige Rolle spielten auch die Verteidigungsanlagen an der Grenze zu den nördlichen Nachbarn Chinas. Bei der Diskussion der Mauervorsprünge in der Stadtmauer von Helian verwies er auf ihren Nutzen bei der Abwehr feindlicher Angriffe, wenn sie so gestaltet sind, daß sie dem Feind keinen toten Winkel lassen. Er rief auch die im Altertum gebräuchlichen Kampfunterstände, die sich auf der Brustwehr einer Verteidigungsmauer rasch aufbauen lassen, als Ergänzung zu den Wachtürmen in Erinnerung.
Ursprünglich als Memoirenbuch geschrieben, erhielten die »Pinselunterhaltungen am Traumbach« durch das Universalgenie Shen Kuo einen bestechenden enzyklopädischen Charakter. Darüber hinaus zeichnet das Buch aber aus, daß in ihm kühn mehr als tausend Jahre alte etablierte Gedankenwelten in Frage ge-

stellt und an ihre Stelle neue Ideen gesetzt werden. Gegenüber anderen enzyklopädischen Büchern seiner Zeit spürt man in den »Pinselunterhaltungen« den forschenden Geist einer starken Persönlichkeit, die sich für alles Merkwürdige in der vielfältigen Umwelt interessierte und immer wieder die Frage nach den Ursachen stellte. Exakte Beschreibung mit möglichst quantitativen Angaben und eine rationale Grundeinstellung, die Aberglauben und übersinnliche Kräfte weitgehend ablehnte, waren Shen Kuos wichtigste Voraussetzungen, um Antworten zu geben. Er war aber auch ehrlich genug, die Ursachen für von ihm beschriebene Phänomene offenzulassen, wenn er sie nicht erklären konnte.
Shen Kuos »Pinselunterhaltungen am Traumbach« gehören zur Creme der altchinesischen naturwissenschaftlich-technischen Literatur. Innerhalb solch berühmter Werke wie der »Pharmakologie des Heiligen Ackerbauers« (»Shennong ben cao jing«) aus der Han-Dynastie, der landwirtschaftlichen Enzyklopädie »Wichtige Techniken für die Wohlfahrt des Volkes« (»Qi min yao shu«) von Jia Sixie, erschienen zwischen 533–544 und der technologischen Enzyklopädie »Erschließung der Werke der Natur« (»Tian gong kai wu«) von Song Yingxing aus dem Jahre 1637 nehmen sie einen prominenten Platz ein.

KONRAD HERRMANN

ANHANG

Anmerkungen

LEBEN AM HOF

1 **Die Schrift »Riten der Opfer für Himmel und Erde« (Nan jiao shi):** Im Jahre 1068 erhielt Shen Kuo vom Kaiser Shenzong den Auftrag, die Entwicklung der Opferzeremonien für Himmel und Erde zu untersuchen. In der Biographie von Shen Kuo in der Chronik der Song-Dynastie »Song shi« heißt es hierzu: »Entsprechend den überlieferten Regeln fand aller drei Jahre die Zeremonie des Himmelsopfers statt. Die verantwortlichen Beamten führten den Ritus nach Aufzeichnungen durch, die sie vor anderen verschlossen aufbewahrten. So geschah es, daß die untergeordneten Beamten die Zeremonie zu ihrem eigenen Vorteil verfälschten. Unterhalb des Altars wurden überall Vorhänge aufgespannt, und mehrere Li von der Stadtmauer entfernt legte man einen Park an, der in unregelmäßiger Folge mit künstlichen Bäumen und mit Figuren geschnitzter Vögel und Vierbeiner geschmückt wurde. Am Vorabend der Zeremonie begab sich der Kaiser mit allen Insignien zum Duanmen-Tor, um eine Inspektion vorzunehmen. Jedoch hatten die umfangreichen militärischen Vorkehrungen, die Ausflugsattraktionen und die erbauten Aussichtspunkte zur Bewunderung der Landschaft nichts mit einer Fastenzeremonie gemein. Allein für die Anfertigung der Karosse des Kaisers wurden 60 bis 70 Handwerker eingesetzt. Shen Kuo untersuchte eingehend die Entwicklung dieser Zeremonie und verfaßte hierüber die Abhandlung »Riten der Opfer für Himmel und Erde« (»Nan jiao shi«). Nachdem Kaiser Shenzong sie gelesen hatte, befahl er sofort, die Zeremonie nach den neuen Vorschlägen abzuhalten, wodurch mehrere zehntausend Liang Silber an Ausgaben gespart werden konnten. Erfreut über dieses Ergebnis, beförderte Kaiser Shenzong Shen Kuo zum Untersekretär im Gefolge des Kronprinzen. In dieser Eigenschaft war er für die Überwachung des Kanzlersekretariats und die Gerichtsverwaltung zuständig.

2 **Hanlin-Akademie:** Die zum Kaiserhof gehörende Hanlin-Akademie (wörtlich: Pinselwald-Akademie) wurde während der Regierungsära Kaiyuan (713–741) der Tang-Dynastie gegründet. Die Aufgabe ihrer nach Talent und Bildung auserwählten Gelehrten bestand darin, den Kaiser in politischen Fragen zu beraten, kaiserliche Schreiben zu formulieren, besondere geheime Befehle auszuführen, ihn zu unterrichten, ihm Gesellschaft zu leisten usw.

3 **Kaiser Taizong:** ursprünglich Zhao Kuangyi geheißen, war der zweite Kaiser der Song-Dynastie. Er regierte von 976 bis 997.

4 **Su Yijian:** ein Gelehrter und Beamter, der aus Tongshan in Zizhou (Provinz Sichuan) stammte. Su Yijian (958–996) war ein hoher Beamter am Gelehrtenhof, bekleidete aber auch verschiedene Ämter in den Provinzen.

5 Im Jahre 1075 reiste Shen Kuo als Botschafter ins Reich Liao, um dessen Gebietsforderungen gegenüber der Song-Dynastie zurückzuweisen. Diese Reise führte ihn bis zum Hof des Liao-Herrschers Daozong, der sich in Yong'anshan befand. Die erfolgreiche Erfüllung der Mission bildete den Höhepunkt in Shen Kuos Beamtenkarriere.

6 **Tang-Kaiser Gaozu:** der Gründer der Tang-Dynastie, regierte von 618 bis 626.

7 **Tang-Kaiser Taizong:** ein Sohn des Kaisers Gaozu, der, nachdem er seine Brüder umgebracht hatte, auf den Thron gelangte. Taizong regierte von 626 bis zu seinem Tode im Jahre 649. Seine Regierungszeit markierte den Höhepunkt der Tang-Dynastie. Die Stabilität des Landes wurde vor allem durch ein Landverteilungsgesetz, die Reorganisation der Verwaltung und eine Steuerreform begründet.

8 **Futou mit geraden Bändern:** Bei dieser Form der Kopfbedeckung Futou sind die Bänder mit Eisendraht versteift, so daß die mehr als ein Chi (30 cm) langen Enden nach rechts und links abstanden. Futou mit steifen, geraden Bändern waren während der Song-Dynastie am verbreitetsten.

9 **Redakteur in der Halle der Geschichtsschreibung:** Dieses Amt wurde Shen Kuo im Jahre 1072 verliehen, kurz nachdem er Direktor des kaiserlichen Observatoriums wurde.

10 **Liang-Dynastie:** Gemeint ist die Spätere Liang-Dynastie (907–923), die mit der Gründung des Amts des Respekts vor der Herrschergewalt die während der Tang-Zeit übermäßig gewachsene Macht des militärischen Oberkommandos beschnitt.

11 **Kaiser Zhuangzong:** regierte von 923–925.

12 **An Zhonghui:** Nach der Chronik »Wu dai hui yao« wurde An Zhonghui erst vom Kaiser Mingzong, der nach Kaiser Zhuangzong von 926–933 herrschte, zum Kommissar des militärischen Oberkommandos ernannt.

13 Shen Kuo weist hier in verhalten kritischem Ton auf den Widerspruch hin, daß niedere Beamte vor dem Kanzler strenge, vor dem Kaiser jedoch nur recht lose Zeremonien beachten müssen. Hohe Beamte mußten vor dem Kaiser einen unterwürfigeren Ritus vollführen als niedere Beamte.

14 Shen Kuo wurde im Jahre 1076 zum Gelehrten der Hanlin-Akademie ernannt.

15 **Rauschgelb:** Es handelt sich um Arsentrisulfid, das eine zitronengelbe Farbe besitzt, hochgiftig und wasserunlöslich ist. Wegen seiner insektiziden Wirkung tötet es Schädlinge in Büchern ab. Die Zubereitung und Anwendung von Rauschgelb wurde zuerst in der landwirtschaftlichen Enzyklopädie »Qi min yao shu« (Wichtige Techniken für die Wohlfahrt des Volkes, erschienen zwischen 533–544) von Jia Sixie beschrieben.

16 Wegen seiner Eingabe, die Bauern der Provinz Liangzhe von der Frondienststeuer zu befreien, wurde Shen Kuo im Jahre 1077 durch den Zensor Cai Que fälschlich der Begünstigung beschuldigt und seines Amtes als Finanzkommissar enthoben. Dabei spielte eine entscheidende Rolle, daß Wang Anshi, der führende Kopf der Reformpolitik, bereits im Vorjahr vom Kanzlerposten zurücktreten mußte. Auch Shen Kuo verlor allmählich die besondere Gunst des Kaisers Shenzong, so daß die Gegner der Reformpolitik alle wichtigen Gefolgsleute Wang Anshis entfernten. Im Jahre 1080 wurde Shen zum Präfekten von Yanzhou und zum Militärbevollmächtigten der Provinz Fuyanlu ernannt. Der Kaiser erteilte ihm den Auftrag, das unvollkommene Verteidigungssystem im Gebiet der heutigen Provinz Shaanxi auszubauen.

17 **Die Fünf Befehlshaber:** Die Notiz verdeutlicht die Inflation von Ämtern in der Song-Bürokratie, die besonders auf militärischem Gebiet trotz erheblich gewachsenen Personalbestands keine effektive Verteidigung des Landes zuließ. Der Militärbevollmächtigte (*jing lüe shi*) war meist ein Abgesandter aus der Hauptstadt, der einen besonderen militärischen Auftrag zu erfüllen hatte. Der Befriedungskommissar (*an fu shi*) war mit militärischen, häufig aber auch mit administrativen Aufgaben einer Provinz betraut. Der regionale Oberbefehlshaber (*zong guan*) führte den Befehl in einem Bezirk. Der Militärgouverneur (*jie du shi*) war in der Tang-Zeit meist für die Verteidigung einer Grenzregion verantwortlich, in der Song-Zeit handelte es sich vorwiegend um einen Ehrentitel. Der Überwachungskommissar (*guan cha shi*) hatte die Erfüllung der militärischen Aufgaben in einer Provinz zu kontrollieren.

18 **Büro der Silberterrasse:** Es erhielt seinen Namen vom nahegelegenen Tor der Silberterrasse und war für die Übermittlung von Eingaben und die Kontrolle der Dokumente des Kanzlersekretariats verantwortlich. Shen Kuo kritisiert, daß das Büro der Silberterrasse dem militärischen Oberkommando unterstellt war.

19 Mit diesem Verfahren sollte verhindert werden, daß sich ein falscher Kaiser in den Palast einschleichen konnte. Das Gefolge des Kaisers mußte die männliche Pfeilhälfte mitführen, während am Palasttor die weibliche Pfeilhälfte aufbewahrt wurde. Bei der Kontrolle der Identität des Kaisers wurden die beiden Pfeilhälften zusammengesteckt.

20 Die drei Institute (Hallen) umfaßten die Halle der Verehrung der Literatur, die Halle für Geschichtsschreibung und die Halle der versammelten Weisen. Der Palast der Kostbarkeiten beherbergte das kaiserliche Archiv.

21 **Yang Yi** (974–1020): diente als Hanlin-Gelehrter und später als stellvertretender Minister des Ministeriums für öffentliche Arbeiten am Kaiserhof. Yang Yi hoffte, mit seiner Eingabe außerhalb des Palastes ein einträglicheres Amt zu erhalten.

22 Die zitierten Verspaare stammen aus dem Gedicht »Ode auf den Kaiserpalast« (»Gan quan fu«) des Dichters Yang Xiong (53 v. Chr. – 18 n. Chr.).

23 **Mo-ao:** So lautet der Beamtentitel des Würdenträgers Ruo-ao Ziwen aus dem Fürstentum Chu während der Zhou-Zeit (11. Jh. – 221 v. Chr.). Ruo-ao Ziwen äußerte kurz vor seinem Tod die Befürchtung, daß seine Nachfahren nicht in der Lage sein werden, seinem Geist Speiseopfer darzubringen und er deshalb als hungernder Geist werde umherirren müssen.

24 **Fang Shuo:** Damit ist der Hofnarr Dongfang Shuo des Han-Kaisers Wudi (herrschte von 140–87 v. Chr.) gemeint. In der Chronik »Han shu« findet sich folgender Ausspruch von Dongfang Shuo: »Ein Zwerg, der kaum über drei Chi groß ist, erhält als Lohn einen Sack Getreide und 240 Geldstücke. Ich Unwürdiger bin über neun Chi groß und bekomme ebenfalls einen Sack Getreide und 240 Geldstücke. Der Zwerg wird mit vollem Bauch sterben, ich aber werde verhungern!«

25 **Chen Yi:** diente den Song-Kaisern Yingzong (regierte 1064–1067) und Shenzong (regierte 1068–1085) als hoher Hofbeamter. Er war unter anderem Präfekt der Hauptstadt Kaifeng und Justizminister. Später wurde er degradiert und in die Militärpräfektur Jianchang in Südwestchina geschickt.

26 **Palastprüfung:** Während der Song-Dynastie wurden die Beamten in einem dreistufigen Prüfungsverfahren auf der Ebene der Kreise, der Bezirke und in der Hauptstadt rekrutiert. Beim erfolgreichen Abschluß der sog. Palastprüfung in der Hauptstadt konnte der Titel eines Doktors (*jin shi*) erworben werden. Ein Doktor hatte Anspruch auf die angesehensten und einträglichsten Ämter. In der Song-Zeit wurden die Palastprüfungen zu verschiedenen Prüfungsfächern, wie Literatur, Recht, Geschichte, Riten oder Klassiker abgehalten. Shen Kuo bringt in dieser Notiz zum Ausdruck, daß die Prüfung in den konfuzianischen Klassikern, in der es vor allem darauf ankam, die Kommentare zu den Klassikern auswendig zu können, kein hohes Ansehen genoß.

27 **Ouyang Xiu** (1007–1072): ein hervorragender Prosaist, Dichter und hoher Beamter aus der Zeit der Nördlichen Song-Dynastie. Durch den frühen Tod seines Vaters in ärmlichen Verhältnissen aufgewachsen, erwarb er sich mit eisernem Willen eine gründliche Bildung, absolvierte die Beamtenprüfungen und versah die ihm übertragenen Ämter mutig gegenüber Vorgesetzten und mit sozialem Verantwortungsgefühl. Das zitierte Gedicht ist nicht erhalten.

28 **Wang Junmin:** stammte aus Laizhou im Kreis Yexian. Im Jahre 1061 bestand er die Palastprüfung als Primus.

29 **Wang Anshi** (1021–1086): ein berühmter politischer Reformer, Prosaist und Dichter, gebürtig aus Linchuan (in der heutigen Provinz Jiangxi gelegen). Nachdem er 1069 zum Vizekanzler ernannt worden war, leitete er gegen den heftigen Widerstand der konservativen Großgrundbesitzer eine Finanz-, Steuer- und Verwaltungsreform ein, die die damalige Wirtschaftskrise des Landes milderte. Als nach dem Tode seines Gönners, des Kaisers Shenzong, die Partei der Konservativen die Macht übernahm, machte sie Wang Anshis Reformen wieder rückgängig.

30 **Zhu Congdao** (1009–1062?): ursprünglich ein Schüler des hohen Beamten und Literaten Fan Zhongyan, versah verschiedene Ämter in der Hauptstadt.

31 **Vollstreckungsbeamte:** chin. *xuan ren*, d. h. »Auserwählte«. Es handelte sich um Absolventen der Palastprüfung, die aber noch keine feste Anstellung erhielten. *Xuan ren* waren hauptsächlich Beamte niederen Ranges im Vergleich zu den Hofbeamten und den Beamten im Dienst der Hauptstadt. Shen Kuo erwähnt aber, daß Vollstreckungsbeamte auch bestimmte Ämter bei Hofe bekleideten.

32 Siehe Anm. 20.

33 **Liu Xu:** ein hoher Beamter, der während der Späteren Tang-Dynastie (924–936) Hanlin-Gelehrter und Kanzler war. Er gab die Chronik der Tang-Dynastie *Jiu Tang shu* heraus.

34 Aus dieser Notiz geht hervor, daß das Amt des Kanzlers während der Song-Dynastie gegenüber den vorhergehenden Dynastien mit mehr Entscheidungsbefugnis ausgestattet war.

35 **Ping Dao** (882–954): In der Zeit der Fünf Dynastien diente er nacheinander vier Kaiserhäusern und zehn Herrschern als hoher Beamter. Mehr als zwanzig Jahre war er Kanzler. Postum wurde ihm der Lehenstitel eines Prinzen von Ying verliehen.

36 **Li Yu:** war Hanlin-Gelehrter im Dienst des Kaisers Modi der Späteren Liang-Dynastie (regierte von 913–923). Zur Zeit des Kaisers Mingzong der Späteren Tang-Dynastie (regierte von 926–933) wurde er Kanzler.

37 **Der Prinz von E:** Die Chronik »Jiu wu dai shi« gibt das tatsächliche Geschehen sehr beschönigt wieder: Im Jahre 934 stürzte Li Congke, der spätere Kaiser Modi, seinen Stiefbruder, den Kaiser Mindi. Danach erhielt Mindi den Titel eines Prinzen von E, wurde aber bald darauf auf Geheiß von Modi ermordet.

38 Shen Kuo zitiert die Chronik »Jiu wu dai shi« nicht richtig. Die (heute vorliegende Fassung der) Chronik gibt an, daß der Prinz von E am 9. Tag des 4. Monats gestorben sei. Entweder ist das Datum des Erlasses der Ernennung von Liu Xu zum Finanzkommissar irrtümlich verändert oder absichtlich gefälscht worden.

39 **Wang Wenzheng** (957–1017): hieß ursprünglich Wang Dan. Wang Wenzheng ist sein postumer Ehrenname.

40 **Diao Yue:** ein Hofbeamter und Historiograph. Starb im Jahre 1082.

41 **Wang Yi** (978–1038): ein hoher Beamter der Nördlichen Song-Dynastie.

ERÖRTERUNGEN

1 Gemeint sind die Masseeinheiten Zhu, Liang, Jin, Jun und Dan, die wie ausgegrabene Gewichtsstücke zeigen [127], während der Han- (206 v. Chr. – 220 n. Chr.) und der Song-Dynastie unterschiedliche Werte verkörperten:

Masseeinheit	*Verhältnis*	*Han-Dynastie*	*Song-Dynastie*
Zhu		0,64 g	1,65 g
Liang	1 Liang = 24 Zhu	15,4 g	39,6 g
Jin	1 Jin = 16 Liang	246,2 g	633,0 g
Jun	1 Jun = 30 Jin	7,385 kg	18,990 kg
Dan	1 Dan = 4 Jun	29,540 kg	75,960 kg

Nach den Angaben von Shen Kuo ergibt sich zwischen den Werten der Masseeinheiten in der Han- und der Song-Dynastie ein Verhältnis von 2,77 (25/9 Dan) bzw. 2,83 (34/12 Jun), (12 Jun = 3 Dan), das in etwa mit dem Verhältnis 2,57 der ausgegrabenen Gewichtsstücke übereinstimmt.

2 **Yan Gao:** In der klassischen Geschichtschronik Chun qiu (Frühling und Herbst des Zuo Qiuming), die über die Geschichte des Fürstentums Lu während der Chunqiu-Periode (770–476 v. Chr.) berichtet, wird ein von Yan Gao gebauter Bogen mit einer Spannkraft von 6 Jun (= 1,5 Dan) erwähnt, was 0,54 Dan während der Song-Dynastie entsprach. Shen Kuo verglich die Spannkraft von 0,54 Dan des Bogens von Yan Gao mit der Spannkraft von 3 Dan für die Bögen zu seiner Zeit. Daraus leitete er ein Verhältnis von 1 zu mehr als 5 für die Steigerung der Schußkraft der Bogenschützen ab.

3 **»Miszellen vom Youyang-Berg«:** chin. »Youyang za zu«, ein Werk aus der Tang-Zeit (618–907), das von Duan Chengshi (? – 863) verfaßt wurde und kurze Aufzeichnungen naturwissenschaftlichen, historischen und gesellschaftlichen Charakters enthält.

4 **Xiezhou:** entspricht dem Kreis Xiexian in der Provinz Shanxi.

5 **Chiyou:** Nach der chinesischen Mythologie war Chiyou ein Minister des Huangdi (Gelber Kaiser). Als Chiyou rebellierte, tötete Huangdi seinen untreuen Minister in einer Schlacht bei Zhuolu (in der heutigen Provinz Hebei), wobei das Blut mehr als hundert Kilometer geflossen sein soll. Es heißt, daß Huangdi seinem Widersacher Chiyou in Xiezhou das Haupt abgeschlagen hatte, weshalb die rote Salzquelle mit dem Blut des Chiyou verglichen wird. Dieser Mythos wird auch so gedeutet, daß Chiyou und Huangdi Stammesführer waren, die in der Ebene des Gelben Flusses um die Vorherrschaft gekämpft hatten. Aufgrund moderner Untersuchungen wird vermutet, daß die rote Färbung des Quellwassers auf der Suspension kolloider Verunreinigungen mit Eisensalzen beruht.

6 In diesem Salzteich ist die aus Natriumchlorid bestehende Salzlauge von einem Gemisch verunreinigender Salze bedeckt, das normalerweise das Ausfällen des Kochsalzes verhindert. Durch das eingeleitete Süßwasser werden diese Verunreinigungen jedoch weggespült, so daß die Kochsalzlauge kristallisieren kann.

7 Weil die im trüben Wasser befindliche kolloide Substanz, die viele negativ geladene Teilchen enthält, mit den Na^+-Anionen in der Salzlauge zusammentrifft, bildet sich sofort ein Niederschlag, der die Salzadern verstopft.
8 **Sechs Satzungen der Tang-Dynastie** (»Tang liu dian«): das Buch aus der Tang-Dynastie (618–907), beschreibt das damalige gesellschaftliche, politische und wirtschaftliche System.
9 **Fünf Elemente:** in der altchin. Naturphilosophie Metall, Holz, Wasser, Feuer und Erde. Da man sich die fünf Elemente in Kreisläufen der gegenseitigen Überwindung und Erzeugung vorstellte, wird ihr Wesen mit der Bezeichnung fünf Wandlungsphasen charakterisiert.
10 **Wein-Rautenkraut:** lat. *ruta graveolens*, zur Gattung der Rautengewächse gehörende stark duftende, balsamisch bitter schmeckende Heil- und Würzpflanze.
11 **Herzog Lu:** Lehnstitel des Literaten und Kanzlers Wen Yanbo (1006–1097). Wen Yanbo, der sich dem von Sima Guang geführten konservativen Flügel anschloß, trat gegen die politischen Reformen von Wang Anshi auf .
12 **Ackerwurz** (*chang pu*): lat.*acorus calamus*, zählt zur Familie des Fleckenarons. Aus seinen Wurzeln und Stielen lassen sich Duftöl und Stärke sowie eine Magenmedizin gewinnen. Mit dem Rauch der Blütenstände kann man Mücken vertreiben.
13 **Engelwurz** (*bai zhi*): lat. *angelica dahurica*, eine Gewürz- und Heilpflanze aus der Gattung der Doldenblütler, deren Wurzel zur Herstellung schmerzstillender Arzneien verwendet wird.
14 Shen Kuo beschreibt ein altes Verfahren zum Schmelzen von Stahl bei niedriger Temperatur, bei dem Roh- und Schmiedeeisen durch Schmieden miteinander vermischt werden. Durch Oxidation und Schmieden werden unerwünschte Bestandteile herausgetrieben, und durch die Diffusion der Holzkohle stellt sich der für Stahl erforderliche Kohlenstoffgehalt ein. Die Bezeichnung Gießeisen rührt daher, daß geschmolzenes Roheisen auf Schmiedeeisen gegossen wird und danach beide Bestandteile durch Schmieden miteinander vermischt werden. Shen Kuos Zweifel an der Echtheit dieses Stahls rührt daher, daß zu seiner Zeit noch kein auf der Werkstoffzusammensetzung beruhendes Kriterium für Stahl bekannt war.
15 Shen Kuo wurde in den Jahren 1074 und 1075 zu einer Inspektionsreise an die Nordgrenze des Song-Reiches in der Provinz Hebei entsandt.
16 **Bezirksstadt Cizhou:** in der Provinz Hebei gelegen.
17 Außer dem Knet- und Gießstahl wurde Stahl durch vielmaliges Schmelzen von Eisen im Holzkohlenfeuer und anschließendes Schmieden hergestellt. Durch das Schmelzen des Eisens im Holzkohlenfeuer kann Kohlenstoff in das Eisen diffundieren, so daß allmählich der für Stahl charakteristische Kohlenstoffgehalt erreicht wird. Zugleich werden durch das Schmieden Verunreinigungen aus dem Eisen getrieben.
18 **Dan:** ist eine alte Maßeinheit sowohl für das Volumen als auch die Masse. Diese doppeldeutige Verwendung der Maßeinheit Dan rührt daher, daß man das in das Volumenmaß Hu passende Gewicht von Getreide gleich einem Dan setzte. (Vergleiche hierzu auch die Notiz Nr. 42 »Das System der Gewichte in alter und neuer Zeit« und Anm. 1 in diesem Kapitel.):

1 Dan	*Han-Dynastie*	*Song-Dynastie*
als Masseeinheit	29,540 kg	75,960 kg
als Volumeneinheit	34,25 l	94,88 l

Die Volumeneinheiten bildeten ein dezimales Einheitensystem: 1 Hu = 10 Dou; 1 Dou = 10 Sheng.
19 **Gaoliang:** Es handelt sich um die in Nordchina weit verbreitet angebaute Sorghum-Hirse.
20 1 Hu belief sich während der Han-Dynastie auf 17,9 l. Somit erhält man für die Volumeneinheiten während der Han- und der Song-Dynastie folgende Werte:

Volumeneinheit	Han-Dynastie	Song-Dynastie
1 Hu	17,9 l	66,41 l
1 Dou	1,79 l	6,641 l
1 Sheng	0,179 l	0,6641 l

21 Diese Aussage bestätigt, daß Masse- und Volumeneinheiten während der Song-Dynastie gleichgesetzt wurden. Das ist richtig, wenn als Dichte des Meßobjekts ein Wert von 1 kg/dm^3 zugrunde gelegt wird, was für Wasser zutrifft. Da 3 Dou 19,923 l ergeben, erhält man für das Jin den Wert 1 Jin = 622,6 g, der dem Wert von 633 g anhand von ausgegrabenen Gewichtsstücken aus der Song-Dynastie nahekommt.

22 Diese Behauptung findet sich in der Chronik »Qian Han shu« über die westliche Han-Dynastie (206 v. Chr. – 24 n. Chr.).

23 Mit Jishui werden Nebenflüsse nördlich und südlich des Gelben Flusses bezeichnet. Da ihre Einmündungen in den Gelben Fluß oft einander gegenüberliegen, hatte man sie fälschlich als einen durchgehenden Fluß angesehen.

24 **Lixia:** alter Name für die Stadt Jinan in der Provinz Shandong, bedeutet wörtlich: (Stadt) unterhalb des Li-Bergs.

25 **Dong'a:** Stadt am Dongping-See in der Provinz Shandong.

26 **Ajiao:** Ajiao (auch Ejiao genannt) wird aus Eselshaut gekocht und zu einer Gelatine konzentriert. Ajiao ähnelt dunklem Bernstein, schmeckt süß und wirkt mild. Diese auch heute noch verwendete Arznei wird zur Blutbildung und zum Stillen von Blutungen eingesetzt. Indikationen sind: Blutmangel mit bleicher Gesichtsfarbe, Schwindelgefühl und Herzklopfen.

27 Gemeint sind mit der Verdauung und mit Erbrechen verbundene Krankheiten.

28 **Dou, Sheng, He:** alte Volumeneinheiten; zur Zeit der Kämpfenden Staaten bis zur Früheren Han-Dynastie (475 v. Chr. – 24 n. Chr.) entsprach 1 Dou = 1,99 l. Siehe auch die Anmerkung 20 in diesem Kapitel.

29 **Jin, Liang, Zhu:** alte Masseeinheiten; zur Zeit der Kämpfenden Staaten bis zur Früheren Han-Dynastie betrug 1 Jin = 246 bis 254 g.

30 Nach Shen Kuos Angaben entsprach während der Früheren Han-Dynastie 1 Cun = 2,32 cm, in der Song-Dynastie hingegen 3,18 cm. An ausgegrabenen Längenmaßverkörperungen aus der Früheren Han-Dynastie stellte man einen mittleren Wert von 2,32 cm und an Verkörperungen aus der Song-Dynastie einen mittleren Wert von 3,03 cm fest, was die Zuverlässigkeit von Shen Kuos Angaben unterstreicht. Die Volumeneinheit Hu war als ein Innenzylinder mit einem Durchmesser von 2 Chi und einer Höhe von 1 Chi definiert. Somit war die Volumeneinheit Hu bereits im Sinne eines Einheitensystems mit der Längeneinheit Chi verknüpft.

31 **Yang Wengong** (974–1020): auch Yang Yi geheißen, war ein Literat und Hofhistoriker der Nördlichen Song-Dynastie. Sein Werk »Plaudereien über kaiserliche Gärten« (»Tan Yuan«) existiert nicht mehr.

32 **Kaiser Li Yu** (937–978): letzter Kaiser der Südlichen Tang-Dynastie. Der künstlerisch hochbegabte Li Yu verfaßte zahlreiche elegische Gedichte, in denen er mitten in den Wirren seines untergehenden Reiches den früheren Glanzzeiten nachtrauerte. Li Yu starb, nachdem er in die Gefangenschaft des ersten Song-Kaisers Taizu geraten war, im Hausarrest.

33 **Xu Kai** (920–974): war ein Minister des Kaisers Li Yu. Die hier erwähnten Zimtholzspäne stammen vom Chinesischen Zimtbaum (*Cinnamomum aromaticum*).

34 **»Frühling und Herbst des Lü Buwei«:** chin. »Lü shi chun qiu«, ein von Lü Buwei, dem Premierminister des Fürsten von Qin, des späteren Kaisers Qin Shihuangdi, kompilierte sozial- und naturphilosophische Enzyklopädie. Die von Shen Kuo zitierte Stelle findet sich nicht mehr in der heute erhaltenen Fassung des Buches »Frühling und Herbst des Lü Buwei«.

35 **»Herzog Lei's Erörterungen über Medizinbereitung«:** chin. »Lei gong pao zhi lun«, ein Werk über Arzneiherstellung von Lei Xiao, der während der Liu Song-Dynastie (420–479) lebte.

36 **Han Yu** (768–824): bedeutender Literat, Philosoph und hoher Beamter der Tang-Zeit. Seine Eingabe an den Tang-Kaiser Li Chun, mit der er gegen die weihevolle Entgegennahme einer Buddha-Reliquie leidenschaftlich protestierte, hätte ihn beinahe das Leben gekostet. Literarisch propagierte er gemeinsam mit seinem Freund und Schriftstellerkollegen Liu Zongyuan (773–819) in der »Bewegung der alten Literatur« einen schlichten Stil, der sich an Texten aus der Han-Zeit orientierte.

37 **Han Xizai** (902–970): ein Literat und Beamter der Südlichen Tang-Dynastie. Er ist heute vor

allem durch das von Gu Hongzhong geschaffene, im Palastmuseum von Beijing aufbewahrte Gemälde »Nächtliches Gelage des Han Xizai« bekannt, das ihn mit seinen Gästen in Gesellschaft von Possenreißern, Akrobaten und Tänzerinnen zeigt.

38 **Meng Zi** (372–289 v. Chr.): ein Philosoph aus dem Fürstentum Lu (heutige Provinz Shandong). Meng Zi entwickelte die Lehre des Konfuzius entsprechend den geistigen Kontroversen seiner Zeit weiter und trug viel zu ihrer Popularisierung bei. Von grundlegender Bedeutung für Meng Zis Ethik war seine Überzeugung von der angeborenen Güte des Menschen. Das Buch »Meng Zi« schrieb er zusammen mit zwei Schülern nieder.

39 **Huangfu Bo:** war in den Jahren der Regierungsära Yuanhe (806–820) Finanzminister des Kaisers Xianzong. Wegen der chronischen Knappheit an Kupfer als Münzmetall legte er als Äquivalent für den Wert von 100 Käsch 80 Käsch fest.

40 **Kaiser Zhaozong:** der letzte Kaiser der Tang-Dynastie, der von 889–904 auf dem Thron war.

41 **Kaiser Yindi:** regierte von 948–950. Die spätere Han-Dynastie fällt in die Zeit der Fünf Dynastien (907–960).

42 **»Buch der Urkunden«:** chin. »Shu jing«, ein kanonisches Werk des Konfuzianismus. Es behandelt geschichtliche Vorgänge von den legendären Kaisern des 3. Jahrtausends bis zum Jahre 626 v. Chr. Nach Auffassung vieler Historiker wurde es in der Zhanguo-Periode (475–221 v. Chr.) verfaßt, enthält aber Texte aus der frühen Zhou-Zeit (etwa 1100 bis 600 v. Chr.).

43 **Yun und Meng:** während des Altertums Sumpfgebiete in der heutigen Provinz Hubei.

44 **Kaiser Taizong** (939–997): Gemeint ist der Song-Kaiser Taizong, der ursprünglich Zhao Kuangyi hieß. Taizong, der Bruder und Nachfolger des Gründers der Song-Dynastie Taizu, herrschte von 976 bis 997. Unter Kaiser Taizong erreichte das Territorium der Song-Dynastie im Ergebnis mehrerer Feldzüge die flächenmäßig größte Ausdehnung. Innenpolitisch baute er die Zentralgewalt und die zivile Verwaltung des Landes aus.

45 **»Zuo zhuan«:** ein Kommentar zur Geschichtschronik »Frühling- und Herbstannalen« (»Chun qiu«), die Ereignisse im Fürstentum Lu (auf dem Gebiet der heutigen Provinz Shandong) im Zeitraum von 722–481 v. Chr. während der Chunqiu-Periode (770–476 v. Chr.) beschreibt. Der Kommentar soll nach der Überlieferung von Zuo Qiuming aus dem Fürstentum Lu verfaßt worden sein, der entweder ein Zeitgenosse von Konfuzius gewesen war oder etwa 100 Jahre nach diesem gelebt hatte. Die »Frühling- und Herbstannalen« gehören zu den Klassikern des Konfuzianismus.

46 **Du Yu:** ein Gelehrter aus der Zeit der westlichen Jin-Dynastie (265–316), der einen Kommentar zu den »Frühling- und Herbstannalen« verfaßt hatte.

MUSIK

1 **Chronik »Han shu«:** Dieses Geschichtswerk, das eigentlich »Qian Han shu« heißt, ist die von Ban Gu (32–92) verfaßte Chronik der westlichen Han-Dynastie (206 v. Chr. – 24 n. Chr.). Nach Ban Gus Tod beauftragte Kaiser Hedi (herrschte von 89–105 n. Chr.) dessen Schwester Bao Zhao, die Arbeit an der Chronik fortzusetzen, die das Werk ihres Bruders vollendete.

2 Gemeint sind Himmel, Erde und Mensch.

3 Die 12 Erdzweige und die 10 Himmelsstämme dienten als zyklische Zeichen eines 60er Zyklus zur Berechnung des chinesischen Kalenders. Die 12 Erdzweige lauten: *Zi, Chou, Yin, Mao, Chen, Si, Wu, Wei, Shen, You, Xu, Hai.*

4 Die Zahl 177 147 entspricht 3^{11}. Shen Kuo bringt zum Ausdruck, daß die Längen der Standardpfeifen mit Hilfe einer Reihe der Potenzen von 3 berechnet werden. Tatsächlich ergeben sich die Längen der 12 Standardpfeifen durch alternierendes Multiplizieren der Länge der längsten Pfeife Huangzhong mit 2/3 und 4/3. Dadurch gewinnt man eine Potenzreihe, die im Nenner den Ausdruck 3^i enthält ($i = 1 \ldots 11$ ist die $(i + 1)$-te Nummer der Standardpfeifen).

5 **Windabwehrer:** Gestalt eines Märchens aus den »Diskursen der Staaten« (»Guo yu«). Die »Diskurse der Staaten« beschreiben historische Ereignisse in acht Fürstentümern im Zeitraum vom 10. bis zum 5. Jahrhundert v. Chr. Man nimmt an, daß das Werk im 4. oder 3. Jahrhundert v. Chr. entstanden ist. Das Märchen erzählt, daß man in Huiji, der Hauptstadt des Fürstentums Yue, in der Erde große Knochen fand, die einen ganzen Wagen füllen konnten. Da man nicht

wußte, von wem die Knochen stammten, holte man Konfuzius aus dem Fürstentum Lu und fragte ihn: »Wer hat die größten Knochen?« Konfuzius antwortete: »Als früher einmal Kaiser Yu die Götter am Huiji-Berg versammelte, verspätete sich der Berggott Windabwehrer und wurde dafür von Yu getötet. Weil seine Knochen einen ganzen Wagen füllten, zählen sie als die größten.« Der Mann fragte weiter: »In welchem Bereich kann die Körpergröße eines Menschen höchstens liegen?« Konfuzius erwiderte: »Die kleinsten Menschen sind nur drei Chi groß, und die größten können nicht das Zehnfache dieses Werts überschreiten.«

6 **»Aufzeichnungen über die zweifellige Metalltrommel«:** Dieses von Nan Zhuo aus der Tang-Zeit (618–907) stammende Werk (chin. »Jie gu lu«) beschreibt Form, Herkunft und Musikstücke dieser Trommel. Die Trommel wird nach ihrer Herkunft vom Volk Jie, das im Nordwesten Chinas lebte, im Chinesischen Jie-Trommel genannt. Zur Zeit der Nord- und Süd-Dynastien (420–589) gelangte die Trommel nach China und fand in der Tang-Zeit ihre größte Verbreitung. Aus Shen Kuos Notiz wird deutlich, daß Musik mit dieser Trommel zu seinen Lebzeiten schon nicht mehr gespielt wurde.

7 **Binzhou:** der heutige Kreis Binxian in der Provinz Shaanxi.

8 **Yang Yuansun:** Über diesen Militärbeamten ist nur bekannt, daß er sein Amt während der Regierungszeit des Kaisers Shenzong (1067–1085) bekleidete.

9 Der Tang-Kaiser Xuanzong, der von 712–756 herrschte, ist als großer Musikliebhaber und Liebhaber der zweifelligen Metalltrommel bekannt. Li Guinian ist der Musikmeister des Kaiserhofs, der sowohl als Sänger und Trommelspieler als auch als Komponist berühmt war.

10 **Fuzhou und Yanzhou:** Im Jahre 1081 erhielt Shen Kuo den Befehl, im Gebiet der Kreise Fuzhou und Yanzhou (heutige Kreise Fuxian und Yan'an in der Provinz Shaanxi) die Abwehr der Truppen aus dem in Nordwestchina gelegenen, von den Tanguten regierten Reich Xixia zu organisieren.

11 **Tanguten:** Das Reich Xixia wurde im Jahre 1038 von den Dangxiang, einem Stamm der Qiang-Tanguten, gegründet.

12 Die Verse spielen auf die Heiratspolitik des Han-Kaisers Wudi an, der in den Jahren 110–105 v. Chr. Wang Liujians Tochter Xijun mit dem Hunnenkhan verheiratete. Um Xijuns Abschiedsschmerz von der Heimat zu lindern, spielten die Hunnen dem Mädchen zu Pferde unentwegt Lieder auf ihren Zithern vor. Shen Kuo meint mit seinen Versen, daß sich der Frieden mit dem Reich Xixia jetzt nicht nach dem Vorbild der früher praktizierten Heiratspolitik sichern läßt.

13 Die Verse spielen auf das Schicksal des chinesischen Botschafters Su Wu an, der im Auftrag des Han-Kaisers Zhaodi (herrschte von 86–73 v. Chr.) zu den Hunnen ging und dort gefangen genommen wurde. Auf die Forderung der Chinesen, Su Wu freizulassen, antworteten die Hunnen, er sei bereits gestorben. Erst als die chinesischen Abgesandten behaupteten, eine Wildgans hätte ein Lebenszeichen des Gefangenen überbracht, wurde Su Wu schließlich freigelassen. Shen Kuo will mit seinem Lied ausdrücken, daß sich Su Wus Tragödie nicht wiederholen kann, wenn das Reich Xixia wieder zu China gehört.

14 **Anxi**: eine Stadt an der Seidenstraße in der heutigen Provinz Gansu.

15 **Tanz der Kudranienzweige:** Er stammt ursprünglich von den Völkerschaften im Westen Chinas. Während der Tang-Dynastie (618–907) war er am Hofe und im Volk sehr beliebt. Damals war er ein von Gesang begleiteter Paartanz. Während der Song-Dynastie entwickelte er sich zu einem Gruppentanz.

16 **Kou Zhun** (961–1021): Kanzler während der Regierung des Song-Kaisers Zhenzong (998–1021). Er verfocht eine Politik des aktiven Widerstands gegen die Angriffe des Liao-Reichs.

17 **Fengxiang:** Im heutigen Kreis Fengxian in der Provinz Shaanxi gelegen.

18 **altes Musikamt:** kaiserliches Musikamt, das während der Han-Dynastie (206 v. Chr. – 220 n. Chr.) Volkslieder sammelte. Ein wesentliches Ziel dieser Sammeltätigkeit bestand darin, aus den Liedern etwas über die politische Stimmung im Volk zu erfahren.

19 **Ci-Gedichte:** in der Sui-Dynastie (581–618) entstandene Gedichtform mit variabler Versstruktur zu damals verbreiteten Volksliedmelodien. Die Melodien der Ci-Gedichte stammen aus chinesischen Volksliedern und Liedern der an der Nordwestgrenze Chinas lebenden Nachbarvölker.

20 **Wang Ya:** ein Kanzler während der Tang-Zeit, der im Jahre 835 starb.

21 **Li Bo** (701–762): auch unter dem Namen Li Taibo bekannt, ein berühmter Dichter der Tang-Zeit. Seine Gedichte zeichnen sich durch einen für die klassische chinesische Lyrik ungewöhnlich romantischen, ungebundenen Geist aus.

22 **Zhang Mi:** ein Dichter aus der Zeit der Südlichen Tang-Dynastie (923–936), der Gedichte im Ci-Stil schrieb.

23 **»Weise vom Sonnenpaß«:** ein Gedicht des bekannten Dichters, Malers und hohen Beamten Wang Wei (701–762), das im Stil der Volkslieder des Musikamts geschrieben ist. In ihm heißt es unter anderem: »Verläßt du im Westen den Sonnenpaß, hast du keine Freunde mehr.«

24 **»Zusammengefaßte Denkwürdigkeiten der Reichsgeschichte«:** Ein Buch mit diesem Titel, der chinesisch »Guo shi zuan yi« lautet, ist nicht bekannt. Aber möglicherweise handelt es sich um eine Falschschreibung des Titels »Guo shi yi zuan« (»Denkwürdige Zusammenfassung der Reichsgeschichte«). Dieses während der Tang-Zeit (618–907) von Liu Su verfaßte Buch ist verlorengegangen.

25 **Runzhou:** die heutige Stadt Zhenjiang in der Provinz Jiangsu, in der Shen Kuo die vorliegenden »Pinselunterhaltungen am Traumbach« verfaßt hatte.

26 **Klingstein »Gelbe Glocke«:** Dieser Klingstein verkörpert den ersten, »Gelbe Glocke« (*huangzhong*) genannten Ton der chinesischen 12-Tonleiter. Entsprechend dieser Tonleiter wurden Klingsteine aus Jade oder anderen Steinen in Sätzen von 12 Stück hergestellt. Die Klingsteine werden an einem Ständer aufgehängt und mit einem Hammer angeschlagen.

27 **Solarperiode:** Im altchinesischen Kalender wurde das Jahr in 24 Solarperioden unterteilt, die sich auf die ekliptischen Positionen der Sonne beziehen. In einem Monat treten somit in der Regel zwei Solarperioden auf: eine am Monatsanfang (die terminale Solarperiode) und eine in der Monatsmitte (die mittlere Solarperiode).

28 **Buch des Herrschers Yu:** ein Kapitel des »Buchs der Urkunden« (»Shu jing«), das Ereignisse aus der Zeit der vorhistorischen Herrscher Tang-Yao und Yu-Shun beschreibt. Das Buch der Urkunden enthält Material aus dem 10. bis 5. Jahrhundert v. Chr.

29 **Schlaginstrument Yu:** Dieses alte aus Holz geschnitzte Schlaginstrument besaß die Form eines kauernden Tigers.

30 **Schlaginstrument Zhu:** Dieses hölzerne Instrument glich einem kleinen Trog.

31 **»Vermischte Erörterungen des Herrn Lu«:** chin. »Lu shi za shuo«, ein verlorengegangenes Werk von Lu Yan aus der Tang-Zeit (618–907).

32 **Han Gao:** ein Beamter und Musikliebhaber aus der Tang-Zeit, wirkte während der Herrschaft des Kaisers Dezong (780–804).

33 **Ji Kang** (225–264): ein Literat, Philosoph und Musiker aus dem Reich Wei. Wegen seiner Kritik an der mächtigen Sippe Sima, die im Jahre 265 den Thron der Dynastie Wei usurpierte und die Dynastie Jin gründete, wurde er von dem für seine Skrupellosigkeit berüchtigten General Sima Zhao ermordet. Vor seiner Hinrichtung soll er völlig gelassen auf einer Zither das Musikstück »Guangling San« gespielt haben. »Guangling San« ist eine populäre Instrumentalmusik für sieben Musikinstrumente vom Ende der Östlichen Han-Dynastie (25–220) aus dem Gebiet von Guangling, dem heutigen Yangzhou in der Provinz Jiangsu.

34 **Wang Ling, Guanqiu Jian und ihre Freunde:** Beamte aus dem Reich Wei, die nach dessen Untergang einen Umsturzversuch gegen die von der Sippe Sima getragene Jin-Dynastie (265–316) versuchten, aber scheiterten und hingerichtet wurden.

35 **Tong-Baum** – lat. *Aleurites fordii* oder Lackbaum. Seine Samen enthalten ein rasch trocknendes, gelbes bis braunes Öl, das vor allem zur Herstellung von Außen- und Bodenlacken verwendet wird, die einen harten, wasserbeständigen Anstrich liefern.

36 **Yue:** ein Fürstentum während der Zeit der kämpfenden Staaten auf dem Gebiet der heutigen Provinz Zhejiang.

37 **Buddhamönch Zhihe aus Wu:** ein Mönch, der im Kloster Xian fu yuan in Xiuzhou (Provinz Zhejiang) gewirkt hatte.

38 **»Aufzeichnungen über den Aufbruch in die Wildnis«:** chin. Tou huang za lu, ein von Fang Qianli während der Tang-Zeit (618–907) verfaßtes Werk.

39 **Qiongguan:** ein Gebiet, das südlich des Kreises Qiongshan auf der Insel Hainan liegt.

40 **16 Halbtöne:** Im Altertum wurde die Achttonleiter in 12 Halbtöne unterteilt. Sie tragen die Namen: *Huangzhong, Dalü, Taizu, Jiazhong, Guxi, Zhonglü, Ruibin, Linzhong, Yize, Nanlü, Wushe* und *Yingzhong*. Zu diesen zwölf Halbtönen kommen noch vier Töne mit dem Zusatz »rein«: Reiner *Huangzhong*, Reiner *Dalü*, Reiner *Taizu* und Reiner *Jiazhong*, die zusammen die 16 Halbtöne bilden.

41 **Fünf Töne der Tonleiter:** Gemeint sind die Töne *Gong, Shang, Jue, Zheng* und *Yu*, die in der einfachen Notation mit 1, 2, 3, 5, 6 bezeichnet werden.

42 **Pipa:** eine viersaitige Laute.

43 **Bili:** ein Blasinstrument, das aus einem Bambusrohr mit acht Öffnungen besteht und bei dem in das Mundstück eine aus Rohr gefertigte Pfeife eingesetzt ist.

ASTRONOMIE UND MATHEMATIK

1 **Dayan-Kalender:** Von dem Buddhamönch und Mathematiker Yixing in den Jahren 721 bis 727 erarbeiteter Kalender aus der Regierungsära Kaiyuan (713–741) des Tang-Kaisers Xuanzong.

2 **Methode der Bestimmung des Monatsersten:** Die Zahl der Tage eines Mondumlaufs wurde entweder aus dem Mittelwert oder aus dem sich mit der Jahreszeit ändernden tatsächlichen Wert berechnet. Der Dayan-Kalender legte den letzteren tatsächlichen Wert der Tage eines Mondumlaufs zugrunde.

3 **Ke:** eine altchinesische Zeiteinheit. Ein Tag wurde mit Hilfe der Wasseruhr in 100 Ke unterteilt. Diese nach dem Dezimalsystem vorgenommene Unterteilung eines Tages in 100 Ke ist bemerkenswert, obwohl im täglichen Leben die Einteilung des Tages in 12 Doppelstunden die größere Bedeutung hatte.

4 **Doppelstunde Wu:** Im alten China wurde ein Tag in 12 Doppelstunden eingeteilt, die nach den Namen der sog. zwölf Erdzweige benannt wurden:

Zi	23–1 Uhr	*Wu*	11–13 Uhr
Chou	1–3 Uhr	*Wei*	13–15 Uhr
Yin	3–5 Uhr	*Shen*	15–17 Uhr
Mao	5–7 Uhr	*You*	17–19 Uhr
Chen	7–9 Uhr	*Xu*	19–21 Uhr
Si	9–11 Uhr	*Hai*	21–23 Uhr

Aus der Angabe, daß der Zeitpunkt der Wintersonnenwende von der Doppelstunde *Wu* zur Doppelstunde *Zi* verschoben wurde, folgt, daß eine Zeitkorrektur um einen halben Tag (50 Ke) vorgenommen wurde.

5 **Winteranfang *(li dong)* und Frühlingsanfang *(li chun)*:** – stellen zwei Jahreszeiten des in insgesamt 24 Solarperioden unterteilten Mondkalenders dar. Lidong (8. November) liegt 3 Solarperioden vor und Lichun (4. Februar) 3 Solarperioden nach der Wintersonnenwende.

6 **»Großes Feuer«:** entspricht Antares, dem hellsten Stern im Sternbild Skorpion.

7 **Fünf Sterne:** Nach den fünf Elementen: Wasser, Metall, Feuer, Holz und Erde benannte Planeten, die Merkur, Venus, Mars, Jupiter und Saturn entsprechen. Stern *Chen* ist ein anderer Name für Merkur, der nach den fünf Elementen gewöhnlich »Wasserstern« genannt wird.

8 Die Jahreszeiten wurden über folgende Konkordanzen mit den »fünf Elementen« in Zusammenhang gebracht: Holz = Frühling; Feuer = Sommer; Metall = Herbst; Wasser = Winter. Die letzten 18 Tage jeder Jahreszeit gehörten dem Element »Erde«.

9 Gemeint ist die Neumondphase, wenn der Mond zwischen Sonne und Erde steht.

10 **Sternhäuser *Canglong, Jiao* und *Kang*:** *Canglong* heißen die sieben im Osten gelegenen Sternhäuser. *Jiao* und *Kang* sind zwei der insgesamt 28 Sternhäuser, die die Chinesen im Altertum gebildet hatten. Sie werden als die Oberhäupter aller Sternhäuser angesehen. Andererseits wurde der Sternhimmel auch in zwölf Abschnitte (zwölf *Chen*) zu je 30° auf dem Himmelsäquator eingeteilt. Die Sternhäuser Jiao und Kang liegen in der Mitte dieser zwölf *Chen* genannten Abschnitte.

11 **Doppelstunde Chen:** dauerte von 7 bis 9 Uhr.

12 Da dem Stern »Großes Feuer« aufgrund seiner guten Sichtbarkeit im chinesischen Altertum besondere Beachtung geschenkt wurde, nannte man ihn auch »Himmelskönig«.

13 Der Stiel des »Großen Schöpflöffels« entspricht nach den abendländischen Sternbildern der Deichsel des »Großen Wagens«. Die Richtung *Yin* zeigt nach WSW und *Mao* nach W.

14 Mit Jahresdifferenz wird seit der Jin-Dynastie (265–420) die Erscheinung der Präzession bezeichnet. Sie beruht auf einer langsamen Änderung der Richtung der Rotationsachse der Erde gegenüber der Sonnenbahn. Dadurch verschiebt sich der Punkt der Tag- und Nachtgleiche jährlich um 50,26".

15 **»Kalender des Kaisers Zhuanxu«:** Dieser Kalender wurde nach der Reichseinigung Chinas durch die Qin-Dynastie im Jahre 221 v. Chr. aufgestellt. Das Sternhaus »Rind« fällt mit dem abendländischen Sternbild Steinbock zusammen.

16 **Sternbild Mao:** im abendländischen Sternbild Stier gelegen.

17 **Sternbild »Ostmauer«:** im abendländischen Sternbild Pegasus gelegen. Die Differenz der Rektaszension zwischen den Sternbildern *Mao* und *Ostmauer* betrug für das Jahr 1900 ca. 52,5°, die das hohe Alter der von Shen Kuo zitierten astronomischen Beobachtungen unterstreicht.

18 **Luoxia Hong:** Astronom, der zur Zeit des Han-Kaisers Wudi (regierte von 140 bis 87 v. Chr.) an der Aufstellung des Taichu-Kalenders mitwirkte, der im Jahre 104 v. Chr. verkündet wurde. Der Kalender legte die Länge des tropischen Jahres mit 365,25016 Tagen und des synodischen Monats mit 29,53086 Tagen fest. Die heute bekannten exakten Werte betragen jeweils 365,2422 und 29,5306 Tage. Dementsprechend differierte der Kalender in 125,6 Jahren um einen Tag gegenüber dem heute bekannten Wert.

19 **Buddhamönch Yixing** (683–727): ursprünglich Zhang Sui, war ein hervorragender Astronom der Tang-Zeit. Yixing erwarb sich große Verdienste durch die Messung der Positionen von mehr als 150 Fixsternen und die Aufstellung des Dayan-Kalenders, der im Jahre 728 erschien. Der Dayan-Kalender baute auf einem tropischen Jahr von 365,2444 Tagen und einem synodischen Monat von 29,53059 Tagen auf. Gegenüber dem Taichu-Kalender von Luoxia Hong, der noch einen relativen Fehler für die Jahreslänge von $2{,}2 \cdot 10^{-5}$ aufwies, gelang es Yixing, den Fehler für die Jahreslänge im Dayan-Kalender weiter zu reduzieren, der gegenüber dem richtigen Wert $6{,}0 \cdot 10^{-6}$ beträgt.

20 **Zhang Zixin:** Dieser Astronom aus der Zeit der Nördlichen Qi-Dynastie (550–577) beobachtete die Unregelmäßigkeiten der Bewegung der Sonne und der fünf Planeten und untersuchte die Gesetzmäßigkeiten von Sonnen- und Mondfinsternissen. Die Präzession der Tag- und Nachtgleiche wurde entgegen Shen Kuos Angabe noch früher zuerst von Yu Xi um das Jahr 330 n. Chr. entdeckt, der einen Wert von 1° für je 50 Jahre bestimmte. Daraus ergibt sich ein Wert der Präzession von 72"/a, der noch erheblich von dem richtigen Wert von 50,26"/a abwich.

21 **Zhang Heng:** ein berühmter Astronom, Mathematiker und Geograph aus der Zeit der Östlichen Han-Dynastie, von dem der erste hydraulisch angetriebene Himmelsglobus und ein Seismograph bekannt sind. Zhang Heng lebte von 78 bis 139.

22 **Lu Ji:** ein Gelehrter aus dem in Südostchina gelegenen Reich Wu zur Zeit der Drei Reiche. Lu Ji, der von 187 bis 219 lebte, beschäftigte sich mit Astronomie und Kalenderkunde.

23 Der im Kaiserpalast in der damaligen Hauptstadt Chang'an (dem heutigen Xi'an) aufgestellte Himmelsglobus wurde während der Regierung des Kaisers Xuanzong von dem Astronomen Yixing und dem Ingenieur Liang Jinzan geschaffen. Die an der Halle der militärischen Vollendung vorbeikommenden Beamten konnten sich hier über den Stand der Gestirne unterrichten.

24 **Zu Gengzhi:** ein Astronom und Mathematiker, der im 5. Jahrhundert n. Chr. lebte.

25 Während Shen Kuos Messungen der Lage des Polarsterns im Jahre 1072 stand der Knotenstern (*niu xing*), der mit 4339 Camelopardi identifiziert wird, am Himmelspol und wich von diesem damals um 1,52° ab. Eine Rekonstruktion von Shen Kuos Messung durch den chinesischen Wissenschaftler Li Zhichao [58] ergab, daß Shen Kuo den Aperturwinkel seines Visierrohrs fälschlich als das Doppelte anstatt des Vierfachen des Winkels zwischen dem Polarstern

und dem Himmelspol angesetzt hatte. Bereits der Astronom Su Song korrigierte Shen Kuos Angabe in seinem Werk »Neue Konstruktion eines Himmelsglobus« (»Xin yi xiang fa yao«) aus dem Jahre 1094.

26 **»Bericht an den Kaiser über die Kalenderuntersuchungen in den Jahren der Regierungsära Xining«**: Shen Kuo hatte diesen Bericht (»Xining li zou yi«) im Jahre 1075 verfaßt.

27 **»Kalender des Kaisers Zhuandi«:** Kaiser Zhuandi (auch Zhuan Xu genannt) ist ein Enkel des legendären Gelben Kaisers (etwa 3. Jahrtausend v. Chr.). Der »Kalender des Kaisers Zhuandi« wurde im Jahre 221 v. Chr. bei der Vereinigung Chinas durch den Kaiser Qin Shihuangdi verkündet.

28 **»Untersuchungen über Sonnen- und Wasseruhren während der Regierungsära Xining«:** chin. »Xining kui lou«. Dieses von Shen Kuo im Jahre 1074 verfaßte Werk ist verlorengegangen.

29 Shen Kuos Feststellung trifft nicht zu, denn schon am Ende des 6. Jahrhunderts n. Chr. entdeckte Zhang Zixin aufgrund 30jähriger Beobachtungen die Ungleichmäßigkeit der scheinbaren Sonnenbewegung. Nach modernen Messungen dauert der tropische Tag vom 16. zum 17. September (jeweils 12 Uhr) nur 23 h 59 min 39 s, der tropische Tag vom 23. zum 24. Dezember (jeweils 12 Uhr) dagegen 24 h 0 min 30 s.

30 **Halle der leuchtenden Kultur:** chin. *Zhao wen guan*. Diese seit der Tang-Dynastie (618–907) bestehende, zum Kaiserhof gehörende Einrichtung diente der Redaktion und Herausgabe von Büchern. Shen Kuo wurde im Jahre 1066 als Redakteur in dieses Kollegium berufen.

31 **Leitstern:** Die Position eines Sternhauses wurde in der altchinesischen Astronomie nach einem festgelegten Leitstern innerhalb des betreffenden Sternhauses bestimmt.

32 **Qi:** Ein Terminus der altchinesischen Philosophie, der ursprünglich Dampf bedeutet, aber im übertragenen Sinne als Pneuma, Krafthauch, flüchtige Materie und stoffliche Energie aufgefaßt wurde. Die Energiewirkung des Qi darf aber nicht allein materialistisch gedeutet werden, sondern hatte ursprünglich einen Bedeutungsinhalt im Sinne magischer Wirkungen. Die nicht haltbare These, daß Sonne und Mond eine Gestalt haben, aber nicht aus einer festen Substanz bestehen, zeigt ungeachtet der erstaunlichen Erkenntnis von der Kugelgestalt der Gestirne auch die Grenzen der altchinesischen Astronomie.

33 Nach modernen Messungen beträgt der Schnittwinkel zwischen Ekliptik und Mondbahn 5°9'.

34 Nach modernen astronomischen Messungen wandert der Knoten monatlich um 1°5' in westlicher Richtung. Die Periode für den Umlauf des Knotens entspricht der Saros- oder der chaldäischen Periode, dem schon den Chaldäern bekannten Zeitabschnitt von 18 Jahren und 11,5 bzw. 10,5 Tagen bei 4 bzw. 5 Schaltjahren in dieser Periode. Die Saros-Periode entspricht somit 241,64 drakonitischen Monaten (Shen Kuo gibt den etwas ungenauen Wert von 249 Monaten an). Ein drakonitischer Monat entspricht der Zeit zwischen 2 Durchgängen durch den aufsteigenden Knoten der Mondbahn.

35 **Gestirne Rahu und Ketu**: Mit dem Buddhismus gelangte die indische astronomische Theorie von den beiden imaginären, unsichtbaren Planeten Rahu und Ketu nach China. Sie verkörpern den aszendenten und den deszendeten Knoten. Zweifellos dienten sie zur Erklärung der Mondfinsternis.

36 Die Jahre *Jiazi, Yichou, Bingyin* und *Dingmao* stellen die ersten vier Jahre des altchinesischen 60-Jahre-Zyklus dar. Ke ist eine Zeiteinheit, für die gilt: 100 Ke = 24 h. Die Zahlen für die in Ke angegebenen Zeitspannen beziehen sich auf die Länge eines Jahres zu 365,25 Tage bzw. 365 Tage und 25 Ke. Deshalb beginnt das auf das 1. Jahr dieses 60-Jahre-Zyklus' folgende Jahr im 25. Ke des 366. Tages.

37 Die Solarperiode Große Kälte beginnt am 21. Januar

38 Der Kalenderastronom Bian Xin entwickelte im Jahre 85 n. Chr. eine Methode der Kalenderberechnung, die die Länge des tropischen Jahres mit 365,25 Tagen ansetzte und im Verlaufe von 19 Jahren 7 Schaltmonate einschob.

39 Nach dem altchinesischen naturphilosophischen System der Korrelationen zwischen den 24 Solarperioden eines Jahres, den 5 Wandlungsphasen und den 6 Klimaphänomenen ging man von dem im folgenden Schema dargestellten Zusammenhängen aus:

24 Solarperioden	*Beginn*	*6 Klimaphänomene*	*5 Wandlungsphasen*
Frühlingsanfang	4. 2.	Wind	Holz
Regenwasser	19. 2.		
Erwachen der Insekten	6. 3.		
Frühlings-Tagundnachtgleiche	21. 3.		
Lichte Klarheit	5. 4.	Hitze	Feuer
Saatregen	20. 4.		
Sommerbeginn	6. 5.		
Kornbildung	21. 5.		
Volle Ähren	6. 6.	Feuer	Feuer
Sommersonnenwende	22. 6.		
Leichte Hitze	7. 7.		
Starke Hitze	23. 7.		
Herbstbeginn	8. 8.	Feuchtigkeit	Erde
Ende der Hitze	23. 8.		
Weißer Tau	8. 9.		
Herbst-Tagundnachtgleiche	23. 9.		
Kalter Tau	9. 10.	Trockenheit	Metall
Frostbeginn	24. 10.		
Winterbeginn	8. 11.		
Leichter Schneefall	23. 11.		
Starker Schneefall	7. 12.	Kälte	Wasser
Wintersonnenwende	22. 12.		
Leichte Kälte	6. 1.		
Große Kälte	21. 1.		

40 **Zhong Kui:** Wegen seiner Häßlichkeit wurde er, obwohl er die Gelehrtenprüfung im Kaiserpalast als Erster bestanden hatte, vom Tang-Kaiser Dezong (regierte von 780 bis 804) verstoßen. Die Legende erzählt, daß sich Zhong Kui darüber verbittert das Leben genommen hatte. Aus Reue überhäufte der Kaiser danach den Geist des Toten mit höchsten Ehren und erteilte ihm den Auftrag, als Gottheit die Dämonen zu bekämpfen. Die Legende berichtet, daß Zhong Kui daraufhin siegreich gegen die Dämonen zu Felde zog.

41 **König von Jing:** der jüngere Bruder Zhao Jun des Song-Kaisers Shenzong (regierte von 1068 bis 1085).

42 Der Chongtian-Kalender galt in den Jahren 1024 bis 1064 und 1068 bis 1074. Die Grenze der Finsternis ergibt sich daraus, daß bei Neumond, wenn die Entfernung der Sonne vom Schnittpunkt zwischen Ekliptik und Mondbahn (dem Knoten) mehr als 18°31' beträgt, keine Sonnenfinsternis auftreten kann. Ist die Entfernung kleiner als 15°21', so muß eine Sonnenfinsternis eintreten. Zwischen diesen beiden Winkelwerten ist das Auftreten einer Sonnenfinsternis nicht sicher. Wenn bei Vollmond die Entfernung des Mondes vom Knoten weniger als 9°30' beträgt, muß eine Mondfinsternis auftreten; ist sie größer als 12°15', tritt keine Mondfinsternis auf, und zwischen den beiden Winkelwerten ist eine Mondfinsternis ebenfalls nicht sicher. Wie Li Zhichao [58] nachgeprüft hatte, stecken in dieser Anekdote zwei Ungereimtheiten: In den Jahren der Regierungsära Qingli gab es keine Mondfinsternis, die bald nach Sonnenuntergang auftrat, sondern nur im 6. Jahr Jiayou [1061]. Ferner kann es bei einer zu kleinen Finsternisgrenze nicht geschehen, daß diese vorausberechnete Finsternis überhaupt nicht eintritt. Möglicherweise ist der Text durch Schreibfehler entstellt worden.

43 **Chu Yan:** wirkte als Astronom im kaiserlichen Observatorium und nahm an der Berechnung des Chongtian-Kalenders teil.

44 **Zhou Cong:** Als Vorsteher des kaiserlichen Observatoriums leitete er die Ausarbeitung des Mingtian-Kalenders, der im Jahre 1064 erschien.

45 **Fengyuan-Kalender:** Dieser Kalender galt von 1075 bis 1093. Ihm lag eine Länge des tropi-

schen Jahres von 365,243585 Tagen und des synodischen Monats von 29,530591 Tagen zugrunde. Somit betrug der relative Fehler des tropischen Jahres $3{,}8 \cdot 10^{-6}$ und der des synodischen Monats $3{,}0 \cdot 10^{-7}$. Das bedeutet eine weitere Verbesserung gegenüber dem Dayan-Kalender des Astronomen Yixing aus dem Jahre 728. Shen Kuo gewann Wei Po, einen Mann aus dem einfachen Volk, für die Arbeit im kaiserlichen Observatorium, was Aversion der aus höheren gesellschaftlichen Kreisen stammenden Beamten des Observatoriums gegen Wei Po bewirkt haben dürfte. Wei Po, der blind war, verfügte über erstaunliche mathematische Gaben.

46 Nach einer Tradition von Astronomen der Han-Zeit (206 v. Chr. – 220 n. Chr.) wurde die fortschreitende Vorwärtsbewegung der Hauptachse der elliptischen Mondbahn nicht als durchgehende Linie, sondern in Form von neun benachbarten Kreisen dargestellt, die entsprechende Bahnabschnitte verkörpern.

47 Die alten Chinesen kannten (außer der Erde) fünf Sonnenplaneten, und zwar Merkur, Venus, Mars, Jupiter und Saturn. Weil die Bahnen und Umlaufgeschwindigkeiten der Planeten verschieden sind, kann man von der sich ebenfalls bewegenden Erde aus beim Umlauf der Planeten Phasen eines scheinbaren Stillstands und einer scheinbaren Rückwärtsbewegung beobachten.

48 **Han Xianfu** (940–1013): ein Astronom, der erst das Kaiserliche Observatorium leitete und später im Palast für die Akademie und die Astronomie verantwortlich war.

49 **Liu Yao:** regierte als Herrscher des Reiches Zhao zur Zeit der Sechzehn Reiche in den Jahren von 318 bis 329. Der Astronom **Kong Ting** schuf im Jahre 323 eine bronzene Armillarsphäre, bei der die Ringe für den Himmelsäquator und die Ekliptik in jedem Punkt miteinander verbunden werden konnten. Die Astronomen **Chao Chong** (wirkte um das Jahr 402) und **Hu Lan** (wirkte um das Jahr 415) verwendeten jeweils anstelle von Bronze Eisen für ihre Armillarsphären.

50 **Shu Yijian:** ein Astronom, der um das Jahr 1050 eine Armillarsphäre mit einem Ekliptikring entwickelte.

51 **Liang Lingzan und Yixing:** Der Uhrenbauer und Maler Liang Lingzan baute zusammen mit dem buddhistischen Mönch und Astronomen Yixing um das Jahr 725 eine Armillarsphäre mit einem auf der Ekliptik montierten Visierrohr.

52 Shen Kuo verwendete anstelle des gekrümmten bronzenen Ausflußrohrs auf dem Gefäßboden der Wasseruhr ein gerades Ausflußstück aus Jade, so daß das Wasser ungehindert fließen und durch Sandkörner nicht verstopfen konnte. Moderne Untersuchungen von Li Zhichao und Mao Yunqing [90] an einer nach Shen Kuos Angaben rekonstruierten Wasseruhr zeigten, daß der Fehler der Wasseruhr kleiner als 20 s/24 h gewesen sein mußte. Somit waren Wasseruhren bis zur Erfindung der Pendeluhr durch den niederländischen Mathematiker, Physiker, Astronomen und Uhrenbauer Christian Huygens (1629–1695) die genauesten Zeitmesser. Shen Kuo ließ drei bronzene Sonnenuhren anfertigen, die exakt in Nord-Süd-Richtung angeordnet wurden. Shen Kuo war der Einfluß der atmosphärischen Refraktion auf die Schattenlänge bekannt.

PERSÖNLICHKEITEN

1 **Xu Huaide:** Dieser General hatte sich dadurch ausgezeichnet, daß er die Angriffe des an der Nordgrenze gelegenen Reiches Xixia während der Regierung von dessen Herrscher Zhao Yuanhao (1032–1048) abwehrte.

2 **Wang Yanzheng:** ein Herrscher aus der Zeit der Fünf Dynastien (906–966). Er gründete in Jianzhou (auch Jian'an genannt) ein kurzlebiges Reich, das von 943–945 bestand und vom Heer der Dynastie Südliche Tang erobert wurde.

3 **Cha Wenhui:** Mitglied des Geheimen Staatsrats unter dem Herrscher Li Yu (937–978) der Südlichen Tang-Dynastie. Cha Wenhui führte mehrere Feldzüge gegen die Nachbarstaaten der Südlichen Tang.

4 **Li Jing** (916–961): der zweite Herrscher der Südlichen Tang-Dynastie und Vater von Li Yu. Die Spätere Zhou-Dynastie erzwang, daß Li Jing im Jahre 958 auf den Kaisertitel verzichtete und alle Gebiete nördlich des Yangzi-Stroms an das Reich Spätere Zhou abtrat.

5 **Hu Ze:** Kommandant von Jiangzhou unter Li Jing der Südlichen Tang-Dynastie.

6 **Cao Han:** ein General der Song-Dynastie, der die Zersplitterung Chinas während der Fünf Dynastien militärisch überwand. Die blutige Eroberung von Jiangzhou durch den General Cao Han fand im Jahre 976 statt.

7 **Wang Wenzheng** (957–1017) ein hoher Militärbeamter während der Herrschaft des Song-Kaisers Zhenzong.

8 **Caihe Xiaqu:** ein Ort in der Nähe der damaligen Hauptstadt Bianliang, der heutigen Stadt Kaifeng in der Provinz Henan.

9 **Yingchang im Kreis Yangzhai:** ein Bezirk in der heutigen Provinz Henan.

10 **Storax-Duftwein:** Storax enthält ein Balsam, das aus dem Stamm von *Liquidamber orientalis Miller* (Familie der Hamamelidaceae) gewonnen wird. Er wirkt als aromatisches Stimulans und kann das Wind-Phlegma infolge Bewußtseinsverlust bei einem Schlaganfall beseitigen. Storax wird auch zur Behandlung von Angina pectoris verwendet.

11 **Fünf Organe:** in der klassischen chinesischen Medizin Herz, Leber, Milz, Lungen und Nieren.

12 **»Guang ji fang«:** ein pharmakologisches Buch, das während der Tang-Dynastie im Jahre 723 erschien.

13 **Atractylis-Pillen:** chin. *Bai zhu wan*; die Arznei besteht aus dem getrockneten Wurzelstock von *Atractylodes macrocephala Koidz*. Sie wird zur Stärkung der Funktion von Milz und Magen bei der Behandlung von schwachem Appetit, Verdauungsstörungen und chronischem Durchfall verwendet. Da die Storax-Pillen Atractylis enthielten, wurden sie auch nach letzterer Droge benannt.

14 Das Arzneibuch »Qian jin« (»Tausend-Goldstücke-Rezepte«) stammt von dem hervorragenden Mediziner der Tang-Zeit Sun Simiao (581–682). Das Arzneibuch »Wai tai mi yao« (»Geheimer Extrakt der äußeren Terrasse«) wurde von dem Mediziner Wang Dao (etwa 670–755) redigiert.

15 Shen Kuo verfaßte ein medizinisch-pharmakologisches Buch mit dem Titel »Liang fang« (»Gute Rezepte«), das später, mit medizinischen Aufzeichnungen des berühmten Literaten, Malers und Politikers Su Shi (1036–1101) vereinigt, unter dem Titel »Su Shen liang fang« (»Gute Rezepte von Su Shi und Shen Kuo«) erschien.

16 **Fürst Qian Wenxi** (962–1034): Fürst Qian Wenxi, der eigentlich Qian Weiyan hieß, bekleidete mehrere Ämter am Hofe, u. a. war er Vizeminister für Öffentliche Arbeiten und Chefberater des Thronfolgers. Qian Wenxi – so sein postumer Ehrenname – verfaßte ein Arzneibuch mit dem vollständigen Titel »Qian shi qie zhong fang« (Rezepte aus dem Schatzkästchen des Herrn Qian).

17 **Xue Xiang** (1016–1081): ein Beamter, der viele Erfahrungen mit dem staatlich monopolisierten Salzhandel und der Organisation des Getreidetransports in die Hauptstadt sammelte. Während der von Wang Anshi durchgeführten Reform der Jahre 1078–1085 war er im Militärrat tätig und beschäftigte sich mit der wirtschaftlichen Entwicklung der Regionen entlang der Nordgrenze.

18 **Bohnenbadeseife:** Im Altertum stellte man aus Bohnenmehl unter Zugabe von Arzneien eine Badeseife her, die der Haut einen besonderen Glanz verlieh.

19 **Kong Min**: mit Beinamen Ningji, war ein Zeitgenosse Shen Kuos, dem Wang Anshi mit einer Grabinschrift ein literarisches Denkmal gesetzt hatte. Darin pries er vor allem Kong Mins lauteren Charakter.

20 Die Anekdote stammt aus der Geschichtensammlung »Shi shuo xin yu« (Neue Darlegung von Erzählungen über geschichtliche Persönlichkeiten) von Liu Yiqing (403–444), einem Prinzen aus dem Haus der Liu-Song-Dynastie.

21 **Di Qing** (1008–1057): mit Beinamen Hanchen, stammte aus Xihe im Bezirk Fenzhou. Als General erwarb er sich große Verdienste um die Verteidigung der Nordgrenze gegen die Eindringlinge aus dem Reich Xixia.

22 **Di Renjie** (607–700): ein berühmter Kanzler aus der Regierungszeit des Tang-Kaisers Ruizong.

23 **Guo Chongtao:** ein General aus der Zeit der Späteren Tang (923–936). Guo Ziyi, ein General aus der Tang-Zeit, schlug die Militärrevolte von An Lushan und Shi Siming in den Jahren 755–763, die das Tang-Reich schwer erschütterte, nieder. Mit dieser Anekdote lobt Shen Kuo

die Bescheidenheit von Di Qing, der keinen Wert darauf legte, sein eigenes Verdienst durch den Verweis auf seinen gefeierten Ahnen zu erhöhen. Demgegenüber kritisiert er Guo Chongtaos Kult am Grab seines berühmten Vorfahren Guo Ziyi.

24 **Yan Shu** (991–1055): ein Literat aus Linchuan (Provinz Jiangxi), der den postumen Namen Herzog Yan Yuanxian führte. Yan Shu wurde frühzeitig berühmt, weil er bereits mit sieben Jahren Aufsätze verfassen konnte. In der Regierungszeit des Kaisers Renzong (1023–1063) stieg er bis zum Kanzler auf und förderte viele Talente, unter ihnen Ouyang Xiu. Yan Shu genoß schon zu Lebzeiten wegen seiner Gedichte großen Ruhm.

25 **Zhang Wenjie** (?–1028): auch unter dem Namen Zhang Zhibai bekannt, war ein hoher Beamter während der Regierung der Kaiser Zhenzong (998–1022) und Renzong (1023–1063).

26 **Shi Manqing** (994–1041): ursprünglicher Name Shi Yanmian, war bekannt durch seine Gedichte. Er unternahm mehrere Anläufe zur Palastprüfung, ohne sie jedoch zu bestehen. Shi Manqing wirkte unter anderem als Vizepräsident des Obersten Rechtshofes. Ein von ihm verfaßtes Memorandum zur Verteidigung der Grenzen fand kein Gehör. Man vermutet, daß die frustrierende Beamtentätigkeit seine Trunksucht ausgelöst hatte.

27 **Liu Qian:** ein Literat, der die Palastprüfung bestanden hatte. Er bekleidete den Posten eines Präfekten des Kreises Penglai.

28 **Liu Tingshi:** ein Gelehrter und Beamter während der Nördlichen Song-Dynastie. Er stammte aus Qizhou. Während seiner Beamtenlaufbahn war er u. a. Gehilfe des Präfekten von Mizhou. Sein Alter verlebte er im Lushan-Gebirge.

29 **Jiangzhou:** Dieser Bezirk lag im Gebiet der heutigen Stadt Jiujiang in der Provinz Jiangxi.

30 **Su Zichan** (1031–1101): der Literatenname des berühmten Schriftstellers, Malers, Kalligraphen und Politikers Su Shi (1036–1101), auch unter dem Künstlernamen Su Dongpo bekannt. Zusammen mit seinem Vater Su Xun und seinem jüngeren Bruder Su Zhe, die beide ebenfalls literarisch sehr talentiert waren, gehört er in der Literatur der Song-Zeit zu den »Drei Su«. Da er die Reformen von Wang Anshi ablehnte, wurde er in seiner Beamtenlaufbahn mehrfach degradiert.

31 **Li Yuqing** (989–1032): ein Gelehrter der kaiserlichen Akademie, der später Präfekt von Changzhou war.

VERWALTUNGSSYSTEM

1 **Kreisstadt Fenglin im Bezirk Yanzhou:** südöstlich von Yan'an in der Provinz Shaanxi gelegen.

2 **Helian Bobo:** ein Herrscher hunnischer Abstammung, der von 407 bis 425 das nordchinesische Reich Xia regierte.

3 **Liu Yan** (715–780): fungierte während der Tang-Dynastie als stellvertretender Finanzminister. Seine Methode der Festlegung flexibler Preisklassen mit dem Ziel, für die geringstmögliche Geldmenge die größtmögliche Getreidemenge aufzukaufen, kann als ein Ursprung der Operationsforschung betrachtet werden. Ähnliche Denkmodelle sind auch aus der Versorgung des Heeres und der Organisation von Wasserbauprojekten bekannt.

4 Der Bezirk Shenzhou umfaßte die Kreise Shenxian, Anping, Raoyang, Cilu und Wuqiang der heutigen Provinz Hebei. Jing'an lag im Süden des Kreises Shenxian.

5 Der General Fu Qian ist unrühmlich dafür bekannt, daß er angesichts der Übergriffe seitens des Liao-Reiches keinen tatkräftigen Widerstand leistete. Der Ort Liyan lag im Südosten des Kreises Shenxian.

6 **Hulu-Fluß:** jetzt zu einem Sumpfgebiet verlandet.

7 **Kreise Anping und Raoyang:** lagen am Unterlauf des Hutuo-Flusses.

8 **Gegenden Qizhou und Yongning:** sie entsprechen den heutigen Kreisen Anguo und Boye nördlich des Hutuo-Flusses.

9 **Jing, der Fürst von Liang:** ursprünglich ein militärischer Führer des Reiches Hou Wei, der sich im Jahre 547 dem Reich Liang ergab und später gegen Liang meuterte. Im Jahre 549 eroberte und zerstörte er Jiankang, die Hauptstadt des Reiches Liang, die im Gebiet des heutigen Nanjing gelegen war.

10 **Taicheng:** das Viertel der Hauptstadt Jiankang, das die Paläste und Amtsgebäude beherbergte.
11 **Xie Tao** (960–1034): ein Literat und Beamter, der aus Fuyang stammte.
12 **Fan Zhongyan** (989–1052): ein Politiker und Literat, der in seiner Jugend trotz Armut studierte und, als er später politische Ämter bekleidete, mutig Vorschläge zur Reform der Verwaltung des Landes unterbreitete. Unter anderem war er Vizekanzler und erwarb sich Verdienste bei der Verteidigung der Grenzregionen. Fan Zhongyan ist auch durch Werke in gehobener Prosa und Gedichte bekannt.
13 **Shanghu:** im heutigen Kreis Puyang der Provinz Henan gelegen. Damals gehörte Shanghu zum Bezirk Chanzhou innerhalb der Präfektur Daming. Daming wurde während der Nördlichen Song-Dynastie auch als Nördliche Hauptstadt bezeichnet. Nach Aufzeichnungen in der offiziellen Chronik der Song-Dynastie »Song shi« ereignete sich der Dammdurchbruch bei Shanghu im Jahre 1048.
14 **Guo Shenxi** (998–1074): ein hoher Beamter, der im Finanzministerium und als Zensor tätig war.
15 **Jia Changchao** (998–1065): war unter der Herrschaft des Kaisers Renzong (1023 bis 1063) Kanzler. Zuvor engagierte er sich sehr für die Verteidigung der Grenze zum Xixia-Reich.
16 Diese elf Provinzen zur Zeit der Nördlichen Song-Dynastie umfaßten im wesentlichen die Küstenprovinzen von Norden nach Süden.
17 Diese vier Bezirke liegen alle in der heutigen Provinz Shanxi.
18 **Die südliche Hauptstadt:** bezeichnete die Stadt Shangqiu in der Provinz Henan; **Jingxi**: eine Provinz, die die heutige Provinz Henan und Teile von Hubei umfaßte; **Hedong**: entspricht der Provinz Shanxi; **Bao und Jian**: Präfekturen, die jeweils in den Provinzen Shaanxi und Sichuan lagen.
19 Yi, Zi und Kui liegen in der Provinz Sichuan und Li in der Provinz Shaanxi.
20 Die Bezirke Jie und Cheng liegen in der Provinz Gansu und der Bezirk Feng in der Provinz Shaanxi.
21 **Shu:** ein alter Name für die Provinz Sichuan.
22 Luzhou entspricht der Stadt Hefei in der Provinz Anhui. Der Kreis Shenxian liegt im heutigen Kreis Yingshangxian.
23 Eine moderne Untersuchung (vgl. [98], S. 159) dieser Methode bestätigte, daß sich bei Beleuchtung von blauvioletten Verletzungen mit rotem Licht ein stärkerer Kontrast als bei Beleuchtung mit weißem Licht zeigt. Somit enthält diese Notiz eine sehr frühe Erwähnung der erfolgreichen Anwendung eines Lichtfilters.
24 **Qiantang-Strom:** in die Bucht von Hangzhou am Ostchinesischen Meer mündender Strom. Durch die trichterförmige Mündung entsteht eine sehr langsam sich vorwärts bewegende, beinahe unbeweglich erscheinende Flutwelle, die auch »Qiantang-Flutwelle« genannt wird. Dieses einzigartige Naturschauspiel ist auch heute noch zu beobachten. Seit alter Zeit wurden an der Mündung des Qiantang-Stroms verschiedenartige Dämme gebaut, um Zerstörungen durch diese mächtige Flutwelle, die mehr als 10 m hoch werden kann, zu verhindern.
25 **Herrscher Qian:** Gemeint sind der König Qian Liu und seine Nachfolger, die zur Zeit der Fünf Dynastien in den Jahren 907 bis 960 das Reich Wuyue regierten.
26 **Du Weichang** (1005–1050): Als Finanzkommissar war Du Weichang, dessen ursprünglicher Name Du Qi war) für die Erhebung der Steuern und den Transport von Getreide und Salz verantwortlich.
27 **Fan Xiang:** mit Beinamen Jingong, stammte aus Sanshui im Kreis Binzhou (Provinz Shaanxi) und war ein Zeitgenosse von Shen Kuo. Er schlug vor, den Salzhandel zu reformieren und führte spezielle Geldscheine für den Salzhandel ein.
28 **Huainan:** das Gebiet nördlich des Yangzi und südlich des Huai-Flusses in den Provinzen Jiangsu und Anhui. Nach der Chronik der Song-Dynastie »Song shi« soll schon in den Jahren der Regierungsära Baoli (825–826) der Tang-Dynastie eine Schleuse gebaut worden sein. Ferner berichtet diese Chronik, daß die Idee für die Schleuse von Zhenzhou nicht, wie Shen Kuo erwähnt, auf Tao Jian, sondern auf Qiao Weiyue etwa im Jahre 978 zurückgeht. Die erste Schleuse in Europa wurde im Jahre 1373 im holländischen Vreeswijk erbaut.

29 **Xie An** (320–385): ein Kanzler der Östlichen Jin-Dynastie. Nach den Aufzeichnungen in der Chronik »Jin shu« soll Xie An das Wehr des Grafen Zhao (Zhaobo) errichtet haben Es liegt in Zhaobo nahe der Stadt Yangzhou.

30 **Li Ao:** ein Beamter zur Zeit der Tang-Dynastie, der im Jahre 798 die Prüfung zum Doktor (*Jin shi*) abgelegt hatte und als Geschichtsschreiber tätig war. Er starb in den Jahren der Regierungsära Huichang (841–846).

31 **Zhenzhou:** die heutige Stadt Yizheng in der Provinz Jiangsu.

32 **Hu Wuping** (996–1067): hieß eigentlich Hu Su, war Präfekt von Huzhou und Prinzenerzieher. Die »Inschrift über die Schleuse von Zhenzhou« hatte er im Jahre 1027 verfaßt.

33 **Zhang Gaoqing:** stammte aus Hancheng und bekleidete verschiedene hohe Ämter, unter anderem war er in den Jahren der Regierungsära Jiayou (1056–1063) Vizekanzler. Zhang Gaoqing wurde wegen seines Gerechtigkeitssinnes gerühmt.

34 **Zeng Hui:** stammte aus Jiujiang und war Finanzkommissar in der Provinz Liangzhe.

35 **Wang Qinruo** (962–1025): Als Kaiser Zhenzong im Jahre 997 den Thron bestieg, gelangte Wang Qinruo, der vordem in der Provinzverwaltung tätig war, in die Zentralregierung und nahm hier eine ungewöhnlich rasche Karriere. Im Jahre 1001 wurde er Vizekanzler, 1006 Kommissar des militärischen Oberkommandos und schließlich 1017 Kanzler. Er war dafür bekannt, daß er dem Kaiser stets willfährig nachgab und ansonsten Bestechungen annahm. Durch Schläue und Geschick verstand er es, sich für Kaiser Zhenzong unersetzlich zu machen. Andererseits geriet der geistig labile Kaiser unter den Einfluß von Karrieristen wie Wang Qinruo. Shen Kuo kritisiert in dieser Notiz, daß Wang Qinruo mit demagogischen Mitteln das Volk für sich zu gewinnen trachtete und seiner eigenen Karriere zuliebe die übertriebenen Berichte über eine Mißernte deckte und somit den Staat durch verminderte Steuereinnahmen schädigte.

36 **Cao Wei** (973–1030): war Präfekt in mehreren Bezirken und erwarb sich Verdienste bei der Verteidigung der Grenzregion des Nordwestens.

37 **Sun Shi** (962–1032): ein mutiger Zensor, der von Kaiser Renzong (regierte von 1023 bis 1063) zum diensttuenden Referenten der Hanlin-Gelehrtenakademie ernannt wurde.

38 **Zhang Denggong** (964–1049): eigentlich Zhang Shisun, bekleidete mehrere Ämter in der Hauptstadt und war Erster kaiserlicher Lehrer. **Lü Xugong** (978–1043): ursprünglicher Name Lü Yijian, übte als Vizekanzler einen starken Einfluß auf die Regierung des Landes aus. **Lu Sujian** (966–1029): Errang den höchsten Gelehrtenrang eines Jin shi und bekleidete das Amt eines Politischen Ermahners zur Rechten.

39 **Liu Jun:** ein Gelehrter und Beamter während der Nördlichen Song-Dynastie.

40 **Li Zi:** war u. a. Gelehrter der Hanlin-Akademie und stellvertretender Finanzminister. Er starb im Jahre 1036.

41 Den Hintergrund dieser Notiz über die vielzähligen Änderungen der Teesteuergesetze bildete das Bestreben des Staates, das Teemonopol zum Bestreiten der ständig steigenden Militärausgaben zu benutzen. Die Kornlieferungen für das Heer wurden zu Beginn der Song-Dynastie mit Tee bezahlt. Die Teehändler mußten bei den staatlichen Monopolämtern gegen Bargeld Teeanweisungen erwerben, für die sie bei den Teeproduzenten Tee erhielten. Ebenso wurden die Kornlieferungen an das Heer mit Teeanweisungen bezahlt. Durch das Teemonopol gelangte der Staat zu Bargeldeinkünften. Die Austauschraten zwischen Getreide und Tee gerieten jedoch durch die inflationäre Ausgabe von immer wertloser werdenden Teeanweisungen rasch außer Kontrolle. Dieser Situation versuchte der Staat mit verschiedensten Reformen der Teegesetze entgegenzusteuern, die letztlich erfolglos blieben. Die Reform von 1023, die die Gewinne der Kaufleute beschnitt, wurde auf Druck der Teekaufleute, von denen einer enge verwandtschaftliche Beziehungen zum Hof unterhielt, wieder rückgängig gemacht und endete mit der Bestrafung der Initiatoren dieser Reform. Siehe auch [109].

42 **Salzbrunnen von Lingzhou:** in der Gegend des heutigen Renshou und Jingyan in der Provinz Sichuan gelegen. Im 5. Jahr der Regierungsära Xining (1072) wurde die Salzbrunnenaufsicht von Lingzhou eingerichtet, weil sich hier während der Nördlichen Song-Dynastie ein wichtiger Standort für Brunnensalz befand.

43 **Grubengase**: Auf der Sohle dieses Salzbrunnens liegt ein Gemisch von Schwefelwasserstoff, Kohlendioxid und Methan vor.

44 Weil der Schwefelwasserstoff und das Kohlendioxid in Wasser gelöst werden und das herabtropfende Regenwasser frische Luft hinunterzieht, erhöht sich tatsächlich während eines Regens der Sauerstoffgehalt.

45 Nach den Aufzeichnungen in der Chronik der Song-Dynastie »Song shi« wurde diese Berieselungseinrichtung von Yang Zuo, dem Richter des Bezirks Lingzhou, erfunden.

46 **Frankoline:** eine Rebhuhnart.

47 **Dangxiang:** eine Völkerschaft in Nordchina, die zu den Qiang gehörte und eine feudale Herrschaft im Reich Xixia gründete. Das in Nordchina gelegene Reich Xixia betrieb eine Schaukelpolitik zwischen der Nördlichen Song-Dynastie und dem Reich Liao.

48 **Provinz Guangnanxilu:** Diese Provinz umfaßte Teile der heutigen südchinesischen Provinzen Guizhou, Guangxi und Guangdong.

49 **Yi Zhigao:** ein Häuptling des Zhuang-Volks. Im Jahre 1052 erhob er sich in Caizhou (dem heutigen Nanning in der Provinz Guangxi) mit einem Heer gegen die Herrschaft der Song-Dynastie. Der Kunlun-Paß, der in den Kunlun-Bergen nordöstlich des Kreises Cainingxian liegt, war von strategischer Bedeutung für die Beherrschung Südwestchinas durch die Song.

50 **Sun Yuangui** (996–1066): Als Befriedungskommissar der Provinz Guangnandongxilu erwarb er sich Verdienste um die Niederschlagung des Putsches von Yi Zhigao. Danach wurde er zum stellvertretenden Kommissar im militärischen Oberkommando ernannt.

51 **Cao Wei** (973–1030): ein Sohn des berühmten Generals Cao Bin, erwarb sich als General große Verdienste um die Verteidigung der Nordgrenze Chinas vor den Überfällen der Armeen des Liao- und des Xixia-Reiches. Er besaß großes Geschick in der Führung von Soldaten, zudem verstand er viel von Strategie und militärischer Aufklärung. Die in der Notiz erwähnte Militärpräfektur Zhenrong war im Kreis Guyuan der Provinz Gansu gelegen, damals an der Grenze zum Reich Xixia der Tanguten.

52 **Wang Yuanze**: der Sohn des Reformpolitikers und Dichters Wang Anshi. Wang Anshi lebte von 1021 bis 1086.

53 **Bezirk Haozhou:** umfaßt die Gebiete Huaiyuan, Dingyuan, Fengyang und Jiashan in der heutigen Provinz Anhui.

54 **Lei Jianfu:** mit Beinamen Taijian, stammte aus Heyang.

GELEHRTE UND ERFINDER

1 **Chen Shengzhi** (1011–1079): stammte aus Jianyang und bestand in den Jahren 1034–1037 die Palastprüfung. Daraufhin bekleidete er verschiedene hohe Ämter am Hofe, u. a. Zensor für allgemeine Angelegenheiten und Mitarbeiter im Kanzlersekretariat. Während Wang Anshis Regierung als Vizekanzler wurde er zum Minister ernannt. Die Notiz verdeutlicht den hohen strategischen Wert von Landkarten, über den sich zumindest Chen Shengzhi als ein Mann mit einer beachtlichen politischen Karriere bewußt war.

2 **Paß Waqiaoguan:** ein Stützpunkt an der Nordgrenze zur Zeit der Nördlichen Song-Dynastie, im Kreis Xiongxian in der heutigen Provinz Hebei gelegen.

3 **Reich Liao:** die Qidan, eine Liga von Nomadenstämmen unter der Führerschaft eines anscheinend mongolischen Stammes gründeten im Jahre 937 in Nordchina die Liao-Dynastie, die ihre kriegerischen Aktivitäten gegen das Song-Reich stark reduzierte, nachdem letzteres ab dem Jahre 1004 Tribut an das Liao-Reich zahlte. Außerdem stellte der Verkauf von Pferdeherden an das Song-Reich eine ausgezeichnete Einnahmequelle für die Liao dar. Das Liao-Reich wurde im Jahre 1125 vom Stamm der Dschurdschen vernichtet.

4 **Flüsse Xu, Bao, Sha und Tang:** in der Provinz Hebei gelegen.

5 **Flüssen Hutuo, Zhang, Qi, Yi und Lai:** Der Fluß Hutuo entspringt im Wutaishan-Gebirge in der Provinz Shanxi und mündet in der Provinz Hebei in den Fluß Ziyahe. Der Zhang-Fluß ist ein Nebenfluß des Weihe im Süden der Provinz Hebei. Der Yi-Fluß durchquert den Kreis Dingxian. Der Lai-Fluß heißt heute Jumahe.

6 **Baozhou:** die heutige Stadt Baoding in der Provinz Hebei.

7 **Meeresbucht von Nigu im Bezirk Cangzhou:** die heutige Bohai-Bucht südlich von Tianjin.

8 **Li Jipeng:** ein Mann aus dem Reich Xixia, der in den Jahren der Regierungsära Taiping Xingguo (976–983) an den Hof des Song-Reiches kam und vom Kaiser Taizong zur Belohnung mit dem Titel eines Militärgouverneurs ausgezeichnet wurde. Auch sein jüngerer Bruder Li Jiqian hatte vom Song-Kaiser ein militärisches Amt erhalten.

9 **Li Jilong:** ein General der Nördlichen Song-Dynastie, der sich besonders um die Sicherung der Grenze zum Liao-Reich verdient gemacht hatte. Er erwarb sich den Ruf eines konfuzianischen Generals, weil er in Friedenszeiten die Aufzeichnungen von Zuo Qiuming, dem vermeintlichen Verfasser des konfuzianischen Klassikers »Frühling und Herbst« (Chun qiu) studierte und mit konfuzianischen Gelehrten verkehrte.

10 **Li Yunze:** war Präfekt in den Bezirken Cangzhou und Xiongzhou. In mehr als 20 Jahren Tätigkeit als Beamter im Gebiet der heutigen Provinz Hebei zeichnete er sich durch Klugheit und Gerechtigkeit aus. Xiongzhou war ein Bezirk an der Nordgrenze des Song-Reiches im Territorium von Xiongxian und Rongcheng der heutigen Provinz Hebei.

11 **Chen Xiang** (1017–1080): ein hoher Beamter, der im militärischen Oberkommando und im Kanzleramt, aber auch in der Provinzverwaltung tätig war.

12 **Jianzhou:** entspricht etwa dem heutigen Kreis Jian'ou in der Provinz Fujian.

13 Der Bian-Fluß mündet in Kaifeng in den Gelben Fluß. Der Kreis Suiyang liegt im Gebiet des heutigen Kreises Shangqiu in der Provinz Henan.

14 **Hou Shuxian:** Nachdem Hou in den Jahren der Regierungsära Qingli (1041–1048) die Palastprüfung mit dem höchsten Grad absolviert hatte, war er mehrfach als Aufsichtsbeamter für Wasserbauten eingesetzt. Er gehörte zu den Anhängern des politischen Reformers Wang Anshi.

15 **Stamm der Mingzhu:** gehörte zum Reich Xixia.

16 **Zhong Shiheng** (985–1045): Als General an der nordwestlichen Grenze des Song-Reiches erwarb er sich Verdienste um ihren Schutz.

17 **Yuan Hao:** der Sohn des Tangutenführers Zhao Deming. Nach dem Tode seines Vaters sagte er sich im Jahre 1032 vom Song-Reich los und erklärte sich später zum Kaiser der Xia-Dynastie oder, wie die Chinesen sie meist bezeichnen, Xixia (d. h. West-Xia).

LITERATUR

1 **Wang Shengmei:** eigentlich Wang Zishao, stammte aus Taiyuan. In der Regierungszeit des politischen Reformers Wang Anshi gehörte er zu den Beamten, die die Reformgesetze ausarbeiteten. Später war er als Untersuchungszensor tätig. Er verfaßte ein Werk »Erklärung der Schriftzeichen« (»Zi jie«) mit 20 Kapiteln.

2 **Phonoideogramme mit linksseitigem Bedeutungsträger:** Etwa 90% aller chinesischen Schriftzeichen gehören zur Kategorie der Phonoideogramme, bei denen die als Bedeutungsträger bezeichnete Komponente einen Hinweis auf die Zugehörigkeit des Schriftzeichens zu einer bestimmten Bedeutungskategorie, z. B. Baum, Metall, Wasser, Herz usw., liefert. Der Rest des Schriftzeichens ist der Lautträger, der in der Regel die Zugehörigkeit des Schriftzeichens zu einer Reimgruppe angibt. Überwiegend steht bei den Phonoideogrammen der Bedeutungsträger auf der linken, der Lautträger aber auf der rechten Seite. Wang Shengmei hat innerhalb der Phonoideogramme eine besondere Gruppe von Schriftzeichen gefunden, bei denen der Lautträger außer dem Hinweis auf den Reim noch eine Spezifizierung der Bedeutung liefert.

3 **kleine Muschel (billig):** Der Zusammenhang zwischen einer kleinen Muschel und billig ergibt sich daraus, daß Muscheln im Altertum als Zahlungsmittel benutzt wurden.

4 Im Werk »Mengzi« (6. Buch, Teng Wen Gong 2. Teil) findet sich folgende Stelle: »Gongsun Chou fragte Meng Zi und sprach: ›Was hat es für einen Sinn, daß Ihr die Fürsten nicht aufsucht?‹ Meng Zi antwortete: ›Unter den Alten war es Brauch, daß, wer nicht Beamter eines Fürsten war, diesen nicht aufsuchte.‹ « Die Anekdote zielt auf das damals verbreitete unkritische Studium der klassischen Werke. So findet sich im Buch »Meng Zi« die oben angeführte

widersprüchliche Stelle. Denn hätte Meng Zi nach der von ihm aufgestellten Maxime gehandelt, hätte er den Fürsten Hui von Liang nie aufsuchen dürfen, weil Fürst Hui im Reich Wei (das Gebiet um die heutige Stadt Kaifeng) herrschte, während Meng Zi aus Zou stammte, also kein Untertan des Reiches Wei war.

5 **Yang Danian** (974–1020): ein Dichter aus Pucheng, der für seinen kraftvollen Stil bekannt war.

6 **Luo Qiu:** ein Dichter der Tang-Zeit, der mehrfach erfolglos an den Beamtenprüfungen teilnahm. Da das Singmädchen Du Hong'er, dem er nachstellte, ihn abgewiesen hatte, brachte er sie um. Luo Qiu hatte nach ihrem Tode etwa 100 Gedichte über seine Liebe zu ihr verfaßt.

7 **Wang Anshi:** Obwohl Wang Anshi, wie in dieser Notiz festgestellt wird, Gedichte aus den Versen anderer Dichter zusammensetzte, stammt das heute bekannte erste derartige Gedicht von Fu Xian, der von 234–294 während der westlichen Jin-Dynastie lebte. Die Beschäftigung mit zusammengesetzten Gedichten während der Song-Dynastie folgte dem Bestreben, die Erstarrung des literarischen Stils durch überzogenen Parallelismus und Formalismus zu überwinden.

8 **Wang Ji:** ein Literat und Dichter, der während der Südlichen Qi-Dynastie (479–502) lebte. Shen Kuos Angabe, daß Wang Ji während der Liu-Song-Dynastie (420–479) gelebt habe, trifft nicht zu.

9 **Dattel:** Die chinesische Dattel (*Ziziphus jujuba Mill. var. inermis Rehd.*) ist ein bis zu 10 m hoch wachsender Laubbaum, der lange gerade oder hakenförmige Dornen hat. Die eßbaren Früchte sind süß; **Jujube:** stellt die buschartige Varietät *Ziziphus jujuba Mill.* dar, die 1 bis 3 m hoch wächst, kleine Dornen hat und säuerliche Früchte trägt.

10 **Cai Zizheng** (1014–1079): ein Beamter, der aus Songcheng stammte.

11 **Beistand eines kommenden Sterns:** eine euphemisch andeutende Bezeichnung für den Thronfolger.

12 **Du Fu** (712–770): ein berühmter Dichter der Tang-Zeit. In seinen Gedichten hielt er die gesellschaftlichen Verhältnisse und Wirren in dem von Aufruhr und Aufständen geschüttelten Land fest. Auf seinen zahlreichen Wanderungen zog er in der Zeit von 759 bis 770 auch entlang des Yangzi-Stroms durch die Bezirke Xiazhou und Kuizhou.

13 Kuizhou entspricht der heutigen Stadt Fengjie in der Provinz Sichuan und Xiazhou der Stadt Yichang in der Provinz Hubei.

14 **»Illustrierter Führer durch den Bezirk Kuizhou«:** Dieses 52 Hefte umfassende Buch ist verlorengegangen.

15 Shen Kuo hatte seinen Vater Shen Zhou vor dem Jahre 1040 nach Sichuan begleitet, als der Vater den Posten des Präfekten von Jianzhou antrat.

16 **Schwarze Barbaren:** Bezeichnung für eine nationale Minderheit, die im Gebiet der Provinz Yunnan, im südlichen Sichuan und im westlichen Guizhou lebte. Sie ist mit den heutigen nationalen Minderheiten der Yi und Naxi verwandt.

17 **He Ning** (898–955): war ein Ci-Dichter aus der Zeit der Fünf Dynastien, der verschiedene Ämter bekleidete.

18 **Han Wo** (942–923): ein Dichter am Ende der Tang-Zeit. Han Wo war Beamter im Justizministerium und Gelehrter der Hanlin-Akademie. Nach dem von Han Wo geschriebenen Vorwort zur Sammlung »Das Schmuckkästchen« ist es zweifelhaft, ob Shen Kuo mit seiner Vermutung über die Autorschaft dieser Gedichte recht hat.

19 **Wei Ye** (960–1019): ein aus Shu (heutige Provinz Sichuan) stammender Dichter, der ein zurückgezogenes Leben in der östlichen Vorstadt von Shanzhou einer Beamtenkarriere vorzog.

20 **Shanzhou:** ein Bezirk am Knick des Gelben Flusses nahe der Stadt Sanmenxia.

21 **Fest der kalten Speisen:** ein oder zwei Tage vor dem Fest der Reinheit und Klarheit (dem chinesischen Totenfest, das in die Zeit vom 4. bis 6. April fällt) ist es traditionell nicht erlaubt, warme Speisen zu verzehren.

22 **Doppelneunfest:** Am neunten Tag des neunten Monats nach dem chinesischen Mondkalender bewundert man die Chrysantheme, unternimmt einen Ausflug auf einen Berg und gedenkt der in der Ferne weilenden Familienangehörigen.

KALLIGRAPHIE UND MALEREI

1 **Zhong You:** ein Kalligraph aus der Zeit der Drei Reiche (220–280). **Wang Xizhi:** ein gefeierter Kalligraph aus der Zeit der Östlichen Jin-Dynastie. Wang Xizhi, ein Sproß aus adliger Familie, wirkte als General und Kanzler. Mit seiner Kunst übte er einen starken Einfluß auf viele nachfolgende Generationen von Kalligraphen aus. Lebte von 321 bis 379, nach anderen Angaben von 303 bis 361 bzw. von 307 bis 365. **Gu Kaizhi** (um 345–406): ein berühmter Maler, der in der Hauptstadt der Östlichen Jin-Dynastie nahe dem heutigen Nanjing lebte. Gu Kaizhi ist der erste Maler, von dem authentische Werke oder zumindest sehr alte Kopien erhalten sind. Ihm wird die Autorschaft der Gemälde »Die Nymphe des Luo-Flusses« und »Ermahnung der Hofdamen durch die Erzieherin« zugeschrieben. **Lu Tanwei:** ein Maler aus der Zeit der Liu-Song-Dynastie. Über seine Lebensdaten ist nur bekannt, daß er um das Jahr 485 gestorben ist. Er studierte die Werke von Gu Kaizhi und wird oft mit ihm in einem Atemzug genannt.

2 **Wu Yu** (1004–1058): ein Gelehrter und hoher Beamter. In den Jahren von 1041 bis 1048 war er Berater des Kaisers und Vizekanzler.

3 **Wang Wei** (701–761): ein vielfältig talentierter Künstler der Tang-Zeit, der für seine Musik, Gedichte und Malerei in gleicher Weise berühmt war. Nach einer erfolgreichen Beamtenkarriere zog sich Wang Wei im Alter auf sein Anwesen in Lantian am Wang-Fluß zurück. Später sagte man bewundernd über ihn: »In seinen Gedichten sind Gemälde und in seinen Gemälden Gedichte.«

4 Noch in der Ming-Dynastie wurde Wang Weis Gemälde »Yuan An im Schnee liegend« von Chen Qi in einer Schrift aus dem Jahre 1467 erwähnt. Daß das Gemälde einen Hintersinn enthalten haben muß, wird schon daraus deutlich, daß Bananenstauden nicht in Gegenden gedeihen, in denen es schneien kann.

5 **Wei Xie:** ein Maler aus der Zeit der westlichen Jin-Dynastie (265–316). Der berühmte Maler Gu Kaizhi nahm sich sein Schaffen zum Vorbild.

6 **»Auf das Bild eines Transportkarrens«:** Dieses Gedicht schrieb Ouyang Xiu im Jahre 1056.

7 **Mei:** Gemeint ist Mei Yaochen (1002–1060), ein namhafter Dichter, mit dem Ouyang Xiu befreundet war und eine Korrespondenz in Gedichtform führte.

8 **Li Cheng** (919–967): ein berühmter Maler, der in der Zeit der Fünf Dynastien und am Anfang der Song-Dynastie lebte.

9 **Song Di:** ein Gelehrter und Beamter aus der Zeit der Nördlichen Song-Dynastie, der vor allem als Landschaftsmaler bekannt war. Er bestand in den Jahren der Regierungsära Tiansheng (1023–1032) die Palastprüfung, wonach er ein Amt im Finanzministerium ausübte.

10 **Chen Yongzhi:** ein Maler buddhistischer Sujets, von Menschen und Pferden, Gebirgsflüssen und Wäldern. Er nahm sich, wie aus dieser Notiz hervorgeht, Song Di zum Lehrer.

11 **Xu Xi:** ein aus Jinling stammender Maler von Blumen und Vögeln und anderen Tieren, der zur Zeit der Südlichen Tang-Dynastie und zum Beginn der Song-Dynastie lebte (10. Jh.).

12 **Huang Quan:** wie sein Zeitgenosse Xu Xi ein Maler des Sujets Blumen und Vögel. Seine Bilder zeichneten sich durch intensive Farben aus. Huang Quan stammte aus Sichuan, wo die Dynastie Spätere Shu herrschte, die im Jahre 965 vom Song-Reich erobert wurde.

13 **Shen Liao** (1032–1085): Shen Kuos Neffe.

14 Wang Xizhis Kalligraphie des Textes »Über Le Yi«, deren wechselvolle Geschichte Shen Kuo bis zu seiner Lebzeit rekonstruiert hatte, existiert heute nur noch in zwei während der Song-Dynastie angefertigten Kopien.

15 **Le Yi:** ein General des Staates Yan (in der heutigen Provinz Hebei gelegen) während der Zhanguo-Periode. Im Jahre 284 v. Chr. eroberte er in einem Feldzug gegen den benachbarten Staat Qi (entspricht ungefähr der heutigen Provinz Shandong) nacheinander 70 Städte.

16 **Wang Hong:** ein hoher Würdenträger und Gutsbesitzer der Tang-Zeit, der sich durch besondere Skrupellosigkeit auszeichnete. Wang Hong genoß das Vertrauen des Kaisers Xuanzong (regierte von 712–756). Wegen der Verwicklung in ein Komplott wurde er umgebracht. Shanzhou bezeichnet die Gegend um die Stadt Sanmenxia in der Provinz Henan.

17 Gemeint ist der Kaiser Li Jing, der von 943 bis 961 in dem am Unterlauf des Yangzi gelegenen Reich Südliche Tang herrschte.

18 **Dong Yuan:** ein namhafter Maler aus der Zeit der Südlichen Tang-Dynastie. Über seine Lebensdaten wissen wir nur, daß er um das Jahr 962 gestorben ist. Dong Yuan übte einen spürbaren Einfluß auf die Landschaftsmalerei der Song- und Yuan-Dynastie aus.

19 **Buddhamönch Juran:** als Maler aus der Zeit der Fünf Dynastien und des Anfangs der Song-Dynastie bekannt. Er lebte als Mönch im buddhistischen Kloster Kai yuan si (Tempel der Öffnung des Ursprungs) in Nanjing.

HANDWERK

1 **Yu Hao:** ein berühmter Architekt, der gegen Ende der Fünf Dynastien und am Anfang der Song-Dynastie, im Zeitraum von 965 bis 995 wirkte. Er war im Bau von Türmen sehr bewandert. Sein Werk »Klassiker des Holzbaus« (»Mu jing«) ist verlorengegangen. Diese Notiz von Shen Kuo vermittelt aber einen Überblick über das von Yu Hao aufgestellte Regelwerk der Architektur.

2 Der Historiker Xia Nai verweist in [80] darauf, daß die genannte Proportion in dem Werk Ying zao fa shi (s. Anm. 3) mit 1:3 bzw. 1:4 angegeben wird. Deshalb hält er einen Schreibfehler in den »Pinselnotizen« für möglich. Wenn die Firsthöhe statt 3,5 Chi 2,5 Chi betragen würde, ergäbe sich eine Proportion von 1:3,2, die besser zu den Werten im Ying zao fa shi passen würde.

3 Knapp zwanzig Jahre, nachdem Shen Kuo die Notiz geschrieben hatte, erfüllte Li Jie diese Forderung, als er im Jahre 1097 sein Werk »Abhandlung über die Methoden der Architektur« (»Ying zao fa shi«) vollendete.

4 **Zu Geng:** auch Zu Gengzhi genannt, ein Astronom und Mathematiker des 5. Jahrhunderts. Zu Geng war der Sohn des berühmten Mathematikers, Astronoms und Ingenieurs Zu Chongzhi (lebte von 430 bis 501), dessen markanteste Errungenschaft die auf 6 Stellen hinter dem Komma genaue Berechnung der Zahl π war (Die Genauigkeit der Berechnung der Zahl π wurde erst 1000 Jahre später, im Jahre 1427 von dem arabischen Mathematiker Al-Kashi und im Jahre 1593 von dem französischen Mathematiker Vièta verbessert. Nach neueren Erkenntnissen soll das verlorengegangene Werk »Kunst der Verknüpfung« (Zhui shu) von Zu Chongzhi verfaßt worden sein.

5 Diese verbale Darstellung entspricht der Gleichung für das Volumen eines vierseitigen Pyramidenstumpfes: $V = h/6[(2a + A)b + (2A + a)B]$ mit h = senkrechte Höhe, a = obere Länge, A = untere Länge, b = obere Breite, B = untere Breite.

6 Shen Kuos Beschreibung entspricht folgender Gleichung für die Summe der aufgeschichteten Körper (vgl. A. P. Juschkewitsch; Mathematik im Mittelalter [1964], S. 80):

$$S = \frac{n}{6}\,[(2a + A)b + (2A + a)B + (B - b)] \qquad (1)$$

mit $A = a + n - 1$ und $B = b + n - 1$ (n = Anzahl der Schichten)

Diese Gleichung ergibt sich aus der Summierungsvorschrift für die arithmetische Progression und die Summe der ersten n Quadrate der Reihe der natürlichen Zahlen. Enthält die obere Schicht $a \cdot b$ Stück, so lautet die Summe:

$$S = ab + (a + 1)(b + 1) + \ldots + [a + (n - 1)][b + (n - 1)] \qquad (2)$$

Gruppiert man die Glieder in (1), so ergibt sich:

$$S = nab + [1 + 2 + \ldots + (n - 1)](a + b) + [1^2 + 2^2 + \ldots + (n - 1)^2] \qquad (3)$$

Ferner gilt für die beiden in (3) enthaltenen Reihen:

$$1 + 2 + \ldots + (n - 1) = n(n - 1)/2$$

$$1^2 + 2^2 + \ldots + (n - 1)^2 = (n - 1)n(2n - 1)/6$$

Daraus erhält man:

$$S = \frac{n}{6}\,[6ab + 3(n - 1)(a + b) + (n - 1)(2n - 1)]$$

Wegen $n = A - a + 1$ und $n = B - b + 1$ erhält man schließlich die Gleichung (1), die aus Shen Kuos Beschreibung folgt. Besonders hervorzuheben ist Shen Kuos Beitrag zur Anwendung von arithmetischen Reihen höherer Ordnung, wobei er ein kontinuierliches Körpervolumen durch Aufsummieren diskreter, individueller Teilkörper bestimmte.

7 Shen Kuo wandte hier den Satz des Pythagoras an: $a = 2\ (d/2)^2 + (d/2–h)^2$ mit a = Sehnenlänge, d = Durchmesser, h = Pfeilhöhe.

8 Dies entspricht folgender Näherungsgleichung für die Bogenlänge des Kreisabschnitts $l = a + 2h^2/d$ mit l = Bogenlänge, a = Sehnenlänge, h = Pfeilhöhe, d = Durchmesser.
Diese Gleichung, ist möglicherweise von der Näherungsgleichung für den Flächeninhalt eines Kreisabschnitts $A = 0{,}5(ha + h^2)$, die in dem Mathematik-Klassiker Jiu zhang suan shu (Die Kunst der Mathematik in neun Kapiteln) aus dem 1. Jh. n. Chr. angegeben ist, abgeleitet worden. Es gilt (vgl. [11], S. 585):
Sektor OACB = Kreisabschnitt ACB + Dreieck OAB

$$= \frac{1}{2}(ha + h^2) + \frac{1}{2}a\left(\frac{d}{2} - h\right) = \frac{1}{2}h^2 + \frac{1}{4}ad$$

Weiterhin gilt für den Sektor $OACB = \frac{1}{2}l\ \frac{d}{2} = \frac{1}{4}ld$

$$\frac{1}{4}ld = \frac{1}{2}h^2 + \frac{1}{4}ad$$

Diese Gleichung mit 4 multipliziert und durch d dividiert, ergibt die von Shen Kuo entwickelte Näherungsgleichung.
Gegenüber der exakten Lösung weist sie einen relativen Fehler von maximal 4,5 % (bei einem Zentriwinkel von 180°) auf.

9 **Mein älterer Bruder:** Shen Kuos älterer Bruder Shen Pi übte das militärische Amt eines stellvertretenden Befriedungskommissars von Xiongzhou (heutiger Kreis Xiongxian in der Provinz Hebei) aus.

10 **Fischleim:** wurde aus Fischblasen gewonnen.

11 **Schachspiel:** Gemeint ist das chinesische Belagerungsschach mit 19 × 19 Feldern.

12 Weil man die drei Möglichkeiten hat, daß ein Feld entweder mit einem weißen oder einem schwarzen Stein besetzt wird oder leer bleibt, gibt es $3 \times 3 \times 3 \times 3 = 3^4 = 81$ mögliche Stellungen.

13 Die Gesamtzahl der möglichen Stellungen beträgt $3^{361} = 1{,}74 \ldots \times 10^{172} = 1{,}74 \ldots \times 10000^{43}$.

14 Die Rechenvorschrift lautet $(3^{19})^{19} = 3^{361}$.

15 Die Berechnung ergibt $3^{19} \times 3^{19} = 3^{38}$.

16 Die richtige Zahl muß lauten: 1 350 851 717 672 992 089.

17 **Verfahren der Ermittlung der Eins:** Es handelt sich um ein Schnellrechenverfahren der Multiplikation und Division, bei dem man bestrebt ist, die erste Stelle eines Faktors oder Dividenden durch Multiplikation bzw. Division in eine 1 umzuwandeln. Zum Beispiel läßt sich die Operation 794 × 51 vereinfachen zu: (794 : 2) × (51 × 2) = 397 × 102 = 39700 + 397 × 2 = 40 494.

18 **Verfahren der Vorhut:** Dieses Schnellrechenverfahren der Multiplikation und Division läßt sich anwenden, wenn die letzte Stelle eines Faktors bzw. Dividenden eine 1 ist. Dabei wird zuerst die Multiplikation bzw. Division mit der Zehnerstelle vorgenommen, und dann wird das Ergebnis der Operation mit der Einerstelle hinzuaddiert. Zum Beispiel läßt sich die Operation 234 × 41 umwandeln in: 234 × 40 + 234 = 9360 + 234 = 9594.

19 **Verfahren der Faktorzerlegung:** Bei diesem Schnellrechenverfahren der Multiplikation und Division werden die Multiplikatoren in Faktoren bzw. Dividend und Divisor in Faktoren zerlegt und die Faktoren nach vorteilhaftem Umstellen bzw. Kürzen behandelt. Beispiele:
25 × 24 = (5 × 5) × (4 × 6) = (5 × 4) × (5 × 6) = 20 × 30 = 600 und

$$63 : 14 = \frac{7 \times 9}{7 \times 2} = \frac{7}{7} \times \frac{9}{2} = 1 \times 4{,}5 = 4{,}5$$

20 Bei diesem Schnellrechenverfahren für die Division wird die Differenz zwischen 10 und dem Divisor zur nächstfolgenden Stelle addiert, woraufhin diese Stelle durch den Divisor dividiert wird, z. B. 108 : 9 = 10 + (18 : 9) = 12. Wenn anstelle der 1 eine 2, 3, 4, ... steht, muß die Differenz noch mit dieser Zahl multipliziert werden, z. B. 216 : 8 = 20 + (56 : 8) = 27.

21 **Feng Dao** (882–954): war zur Zeit der Fünf Dynastien (907–960) Kanzler der Dynastien Spätere Tang, Spätere Jin, Spätere Han und Spätere Zhou.

22 **Fünf Klassiker:** Es handelt sich um fünf grundlegende Werke des Konfuzianismus: »Shi jing«

(»Buch der Lieder«), »Shu jing« (»Buch der Urkunden«), »Li ji« (»Buch der Riten«), »Yi jing« (»Buch der Wandlungen«) und »Chun qiu« (»Frühling und Herbst«), die zur Regierungszeit des Han-Kaisers Wudi (140–87 v. Chr.) in den Rang von Klassikern erhoben wurden. Die fünf Klassiker erschienen auf Initiative von Feng Dao im Jahre 953 in Form eines Holzplattendrucks.

23 **Bi Sheng:** Shen Kuo hat dem Erfinder der beweglichen Drucktypen Bi Sheng mit dieser Notiz ein bleibendes Denkmal gesetzt. Man vermutet, daß Bi Sheng um das Jahr 1051 gestorben ist. Der Blockdruck wurde in China 700 Jahre eher als in Europa und der Druck mit beweglichen Typen 400 Jahre vor Johannes Gutenberg (um 1450) erfunden. Gegenüber den später benutzten Drucktypen aus Metall haben die Drucktypen aus Ton den Nachteil, daß sie die Druckfarbe schlechter annehmen. Die Geschichte der Drucktechnik behandelt [102].

24 **Wei Po:** ein Kalendermathematiker aus dem einfachen Volk, der aus Chuzhou, dem heutigen Zhun'an in der Provinz Jiangsu, stammte. Durch eine Krankheit in Kindesjahren war er auf beiden Augen erblindet. Im Jahre 1072 kam er auf Empfehlung von Shen Kuo in das kaiserliche Observatorium und redigierte hier den Fengyuan-Kalender. Vgl. auch Anmerkung 45 im Kapitel »Astronomie und Mathematik«.

25 **Chronik Chun qiu:** Nach der Überlieferung wurde diese Chronik des Fürstentums Lu von Konfuzius redigiert. Sie beschrieb geschichtliche Ereignisse in diesem Fürstentum für den Zeitraum von 722 bis 481 v. Chr. Tatsächlich sind im Chun qiu nicht 36, sondern 37 Sonnenfinsternisse verzeichnet.

26 Aufgrund moderner Nachrechnungen wurde festgestellt, daß es am 15. 4. 676 v. Chr. eine totale Sonnenfinsternis gegeben hatte. Im Chun qiu ist als Zeitpunkt allerdings der dritte Monat vermerkt.

27 Nach modernen Untersuchungen lassen sich anhand schriftlicher Aufzeichnungen 578 Sonnenfinsternisse nachweisen.

28 **Kanzler Yu:** diente während der Zhanguo-Periode (475–221 v. Chr.) dem Fürsten Xiaocheng im Fürstentum Zhao, der von 265 bis 245 v. Chr. herrschte. Über die Strategie bei den Pferderennen ist nichts Näheres bekannt.

29 **Qian Liu:** war der Gründer des Reiches Wuyue, das von 907 bis 978 existierte.

30 Dieser hölzerne Turm wurde zuerst im Jahre 916 erbaut und im Jahre 964 rekonstruiert. Hier ist die Rekonstruktion dieses hölzernen Turms gemeint.

31 **Marschall Qian:** es handelt sich um Qian Shu (929–988), den Enkel von Qian Liu.

32 **Yu Hao:** Siehe die Notiz 299, S. 114: Yu Haos »Klassiker des Holzbaus«. Die beschriebene Art der Verstrebung eines Turms kann an dem noch heute erhaltenen, erstaunlich stabilen Tempel des Buddha-Palasts (*fo gong si*) in Yingxian (Provinz Shanxi) nachvollzogen werden, der im Jahre 1056 erbaut wurde.

33 **Fünf Organe:** In der traditionellen chinesischen Medizin unterscheidet man die fünf Organe Herz, Leber, Milz, Lunge und Nieren, die jeweils in Wechselwirkung mit den fünf Elementen bzw. fünf Wandlungsphasen zusammenhängen. Im Rahmen dieser ganzheitlichen Betrachtungsweise ging man auch von Zusammenhängen zwischen den einzelnen Organen und Kopfhaar, Barthaar und Augenbrauen aus.

34 **Fünf Mineralien:** Darunter versteht man in der traditionellen chinesischen Medizin eine Mischung der Pulver von Amethyst, Stalaktiten, Alaun, rotem Halloysit (Aluminiumhydrogensilikat) und Gips: Seit der Zeit der Dynastien Wei (220–265) und Jin (265–420) war die Einnahme von Pulvermischungen der fünf Mineralien im Schwange, weil man glaubte, sie könnten das Leben verlängern.

35 **Sun Simiao** (581–682): ein hervorragender Arzt der Tang-Zeit. Sun Simiao verfaßte zwei Arzneibücher: »Bei ji qian jin yao fang« (»Hilfe spendende Tausend-Goldstücke-Rezepte«) und »Qian jin yi fang« (»Ergänzungen zu den Tausend-Goldstücke-Rezepten«), in denen er die Errungenschaften der Medizin bis zu seiner Zeit zusammenfaßte.

36 **»Pharmakologie des göttlichen Ackerbauers«:** Dieses aus der Späteren Han-Zeit (2. Jh.) stammende Werk existiert zwar nicht mehr als selbständiges Buch, bildet aber die Grundlage für alle späteren pharmazeutischen Kompendien.

37 **Mutterwurz:** Gemeint ist die getrocknete Wurzel von *Rhizoma Ligustici Chuanxiong*, die vor

allem zur Anregung der Blutzirkulation und zur Behandlung von Kopf- und anderen Körperschmerzen verwendet wird.

38 **Schnurbaumextrakt:** Diese Arznei wird aus getrockneten Wurzeln von *Sophora flavescens Ait.* gewonnen. Sie stillt Fieber, beseitigt Feuchtigkeit, regt die Blase an, tötet Insekten und beseitigt Jucken.

39 **Der buddhistische Mönch Fengzhen**: er stammte aus Siming, der heutigen Stadt Ningbo in der Provinz Zhejiang. In den Jahren der Regierungsära Xining (1068–1077) verbreitete sich der Ruf seiner ärztlichen Kunst bis in die Hauptstadt.

40 **Xu Yuan** (989–1057): ein Beamter.

41 **Gebiet von Jianghuai:** zwischen den Strömen Huai und Yangzi in Ostchina gelegen.

42 **Da die Milz von der Leber beherrscht wird:** Nach der traditionellen chinesischen Medizin wird die Milz dem Element Erde und die Leber dem Element Holz zugeordnet. Entsprechend der Lehre der Erzeugung und Überwindung der fünf Elemente (bzw. Wandlungsphasen) kann Holz die Erde überwinden. Daraus leitete man ab, daß die Milz von der Leber beherrscht wird.

GEBRAUCHSGEGENSTÄNDE

1 **Gefäße des Typs Lei:** Dieser im Querschnitt runde oder viereckige Gefäßtyp besitzt eine kleine Öffnung, eine breite Schulter und einen langgestreckten Bauch. Im Schulterbereich sind zwei Ringe und unterhalb des Bauches eine Nase angebracht. Diese aus Keramik oder Bronze hergestellten Gefäße dienten zur Aufbewahrung von Wasser und Wein und waren besonders während der Shang-Dynastie (16. – 11. Jh. v. Chr.) verbreitet.

2 Shen Kuo meint das akustische Phänomen der Resonanz von Luftsäulen. Diese Erscheinung haben Mo Di und seine Schüler bereits im 4. Jh. v. Chr. im Werk »Mo Zi« (Buch des Meisters Mo) beschrieben.

3 **Zhu Wei:** ein Würdenträger, der während des Interregnums von Wang Mang (9–23 n. Chr.) wirkte.

4 Die ältesten durch Ausgrabungen zutage geförderten Bronzespiegel stammen aus der Shang-Dynastie (16. – 11. Jh. v. Chr.).

5 **Musikmeister Kuang:** ein berühmter Musikant aus dem Reich Jin, das während der Chunqiu-Periode (770–476 v. Chr.) existierte.

6 Der vor dem Kaiserpalast aufgestellte sogenannte Lungenstein sollte dazu dienen, daß zu Unrecht Beschuldigte hier ihren Fall den Ministern des Herrschers vortragen konnten. Zur Erklärung der Bezeichnung Lungenstein gibt es unterschiedliche Deutungen. Zum einen meint man, daß der Stein wegen seiner roten Farbe, die ihn an eine Lunge erinnern ließ, zum andern, daß er, wie es auch Shen Kuo erläutert, wegen seiner Form eines hängenden Lungenflügels seinen Namen erhielt. Chang'an, in der Nähe der heutigen Stadt Xi'an gelegen, war während der Tang-Dynastie die Hauptstadt Chinas.

7 **»Zhou li« (»Riten der Zhou«):** Dieses zu den konfuzianischen Klassikern zählende Buch beschreibt Struktur und Aufgaben der Regierung während der Zhou-Dynastie (11. Jh. bis 221 v. Chr.). Das »Zhou li« stammt aus der westlichen Han-Dynastie (206 v. Chr. – 24 n. Chr.), enthält aber vielleicht auch Material aus der späten Zhou-Zeit. Eines der sechs Kapitel dieses Werkes heißt »Bekämpfung des Räuberunwesens durch den Herbstbeamten«. Der Herbstbeamte, der Kapitalverbrechen verfolgte, erhielt seinen Namen aufgrund der Festlegung, daß die Todesstrafen im Herbst zu vollstrecken sind.

8 Wenn man derartige Bronzespiegel ins Licht hält, kann man die auf der Rückseite des Spiegels befindliche Inschrift auf eine Wand projizieren, als ob das Licht den Spiegel durchdrungen hätte. Diese Spiegel waren während der Westlichen Han-Dynastie (206 v. Chr. – 24 n. Chr.) sehr verbreitet, und das Museum von Shanghai bewahrt einen Spiegel aus dieser Zeit auf. In der Sui- und Tang-Zeit (581–907) gab es nur sehr wenige Meister, die solche Spiegel zu gießen verstanden, und während der Song-Dynastie war diese Technologie verlorengegangen. Moderne Untersuchungen an derartigen Spiegeln haben ergeben, daß sich die Ursache für den Effekt der »Lichtdurchlässigkeit« auf geringfügige Krümmungsunterschiede der Spiegelober-

fläche beim Abkühlen und Polieren durch frei werdende Restspannungen zurückführen läßt. Besonders durch das Polieren wölben sich die dünneren Stellen konvex auf, während die dickeren Stellen eine leichte konkave Verformung erfahren. Dadurch werden Dickenunterschiede des Spiegels in Krümmungsunterschiede auf der Spiegeloberfläche umgesetzt, die die Inschrift auf der Rückseite sichtbar machen, wenn man den Spiegel ins Licht hält.

9 Chi-Maße waren meist hölzerne Maßstäbe von 1 Chi Länge, die man in 10 Cun und 100 Fen unterteilte.

10 Gemeint ist das sog. *Gougu*-Theorem der altchinesischen Mathematik, das dem Satz des Pytagoras entspricht. In dem betrachteten rechtwinkligen Dreieck bildet der Pfeil die Hypotenuse, die senkrechte Skale die Gegenkathete und die horizontale Visierlinie von der Skale zur Pfeilspitze die Ankathete.

11 Das Buch Shang shu (»Buch der Urkunden«) enthält historische Aufzeichnungen insbesondere über die Dynastien Shang (16. – 11. Jh. v. Chr.) und Zhou (11. Jh. – 771 v. Chr.). Das Kapitel Taijia gibt Gespräche des Würdenträgers Yi Yin mit dem Herrscher Taijia der Shang-Dynastie wieder. Das Buch der Urkunden, das zu den konfuzianischen Klassikern zählt, soll nach der Überlieferung von Konfuzius redigiert worden sein.

12 **Tanguten von Qingtang:** ein Tangutenstamm, der in der Gegend der Stadt Qingtangcheng, dem heutigen Xining in der Provinz Qinghai, siedelte.

13 **Han Qi** (1008–1075): Befriedungskommissar in der Grenzregion von Jingyuan, das dem heutigen Pingliang in der Provinz Gansu entspricht. Später amtierte er am Hof als Kommissar des militärischen Oberkommandos und als Kanzler.

14 **Tang-Kaiser Gaozong:** regierte von 650–683. Gaozong war ein Enkel von Li Yuan, dem Begründer der Tang-Dynastie.

15 Vor der Song-Zeit hatte Kaiser Xuanzong im Jahre 725 dieses Ritual vollzogen. Die nächste und zugleich letzte Reise auf den heiligen Berg Taishan in der Provinz Shandong fand im Jahre 1008 statt, als Kaiser Zhenzong auf Anraten von Wang Qinruo die Macht und Majestät Chinas gegenüber dem Liao-Reich mit einem feierlichen Opfer auf dem Taishan zelebrierte. Den Hintergrund dieser Aktivität bildete, daß Kaiser Zhenzong nach den demütigenden Auflagen aus dem Friedensvertrag von Shanyuan darauf sann, wie er sein Prestige wiederherstellen könnte.

ÜBERNATÜRLICHES

1 **Yuezhou:** die heutige Stadt Shaoxing in der Provinz Zhejiang.

2 **Xu Hao:** Über den Dichter Xu Hao ist bekannt, daß er während der Regierungszeit der Tang Kaiser Suzong (756–762) und Dezong (779–805) verschiedene Ämter am Hof und in den Provinzen bekleidete.

3 **Huang Chao:** ein verarmter Salzhändler, führte einen Aufstand notleidender Bauern, der im Jahre 874 im Süden der Provinz Hebei ausbrach. Im Jahre 881 besetzte er mit seinem Heer die Hauptstadt Chang'an und zwang Kaiser Xizong zur Flucht nach Chengdu in der Provinz Sichuan. Im Jahre 884 wurde sein Heer von türkischen Hilfstruppen, die der Kaiserhof zu Hilfe rief, vernichtend geschlagen. Dabei kam auch Huang Chao ums Leben. Im Jahre 878 hielt er sich mit seinem Heer in der Gegend von Zhejiang auf.

4 **Puyang:** im Nordwesten des Kreises Wanxian der Provinz Hebei gelegen.

5 **Changzhou:** eine Stadt im Süden der Provinz Jiangsu.

6 **Kreis Yixing:** südlich von Changzhou ebenfalls in der Provinz Jiangsu gelegen.

7 **Runzhou:** dort, in der heutigen Stadt Zhenzhou, ließ sich Shen Kuo im Jahre 1088 nieder. Der noch heute existierende Tempel des Goldenen Bergs (*Jin shan si*) war ursprünglich ein berühmter Tempel der buddhistischen Chan-Sekte, der auf dem Berg Beijinshan (Nördlicher Goldberg) in Zhenjiang gelegen ist. Der Meteorit ist dort aber nicht mehr vorhanden.

8 **Wang Wujiu** (1024–1069): ein Schüler des politischen Reformers Wang Anshi. Er war Präfekt von Tiantai in der Provinz Zhejiang. Später legte er sein Amt nieder und widmete sich Wanderungen und Studien.

9 Die von Shen Kuo hier genannten Gemüse gehören zur Gattung der Kohlgewächse (*Brassi-*

caceae) in der Familie der Kreuzblütler. Da der Blütenstand bei diesen Pflanzen an der Oberseite oft eben abschließt, ähnelt er ein wenig einer Lotossamenkapsel. Besonders wenn bei Wasserrüben weißer Schimmel oder weißer Rost auftreten, bilden sich krankhafte schlangen- oder drachenartige Veränderungen der Blütenstände, die in China auch »Drachenkopfkrankheit« genannt wird.

10 Diese insgesamt sehr präzise Beschreibung eines Blitzschlags mit seinem offensichtlich gewundenen Weg durch das Haus legt die Vermutung nahe, daß es sich um einen Kugelblitz gehandelt haben könnte. Der Unterschied zwischen leitenden und nichtleitenden Materialien, die die Ursache dafür bilden, daß die Metalle durch die Einwirkung des Blitzes schmolzen, das Fenster aus Holz und Papier und die Schwertscheide aber nicht brannten, wurde in Europa erst Ende des 18. Jahrhundert erkannt.

11 **Wang Jie:** Während der Regierungszeit des Kaisers Zhenzong (997–1022) lernte Wang Jie, ursprünglich ein Kaufmann, bei einem Daoisten die Kunst der Alchemie. Später wurde er wegen angeblichen Wahnsinns verbannt. Im Exil stellte er künstliches Silber und Gold her (offensichtlich silber- und goldähnliche Legierungen). Durch die Vermittlung des Beamten Xie Dequan, der auf seine Fähigkeiten aufmerksam wurde, erhielt er eine Audienz beim Kaiser Zhenzong. Der Kaiser beauftragte ihn, in den kaiserlichen Werkstätten zu arbeiten. Wang Jie wurde nach seinem Tode postum geehrt.

12 **Bi Sheng:** Aus Altersgründen scheint der hier erwähnte Bi Sheng nicht identisch mit dem Erfinder der beweglichen Drucktypen zu sein (siehe Anm. 23 im Kapitel »Handwerk«).

13 Aus einer Aufzeichnung von Lu You aus dem Jahre 1190 in seinem Werk »Lao xue an bi ji« (»Notizen aus der Halle des alten Gelehrten«) über die Herstellung von Gold durch Wang Jie geht hervor, daß das Eisen mit Quecksilber behandelt wurde. Das läßt darauf schließen, daß das Eisen amalgamiert und dann mit Gold überzogen wurde (siehe Needham, Science and Civilisation in China, Vol. 5, p. 3, S. 186ff.).

ERSTAUNLICHES

1 Das Volk der Qidan, das nordöstlich des Reiches der Nördlichen Song lebte, hatte im Jahre 916 das Liao-Reich gegründet, das bis 1125 existierte. Shen Kuo wurde im Jahre 1075 als Gesandter ins Liao-Reich entsandt, wo er erfolgreich Gebietsansprüche des Liao-Reiches gegenüber der Song-Dynastie zurückwies.

2 **Fluß Heishui:** in der Provinz Liaoning gelegen.

3 Dieser Satz ist ein Kommentar, der in einer späteren Ausgabe von Shen Kuos Werk eingefügt wurde.

4 **Sun Yanxian:** ein Zeitgenosse von Shen Kuo, der in Kalenderkunde und Mathematik sehr bewandert war. Seine knapp-präzise wissenschaftliche Erklärung des Regenbogens ist über 200 Jahre früher als eine ähnliche Beschreibung des englischen Naturphilosophen und Theologen Roger Bacon (1214–1292).

5 **Qiaobo:** im heutigen Kreis Haoxian der Provinz Anhui gelegen.

6 **Lu Zhongfu:** ein Zeitgenosse von Shen Kuo, der verschiedene Ämter bekleidete.

7 **Wuzhong:** die Gegend zwischen Suzhou und Shanghai.

8 **Prinzessin des Reichs Wei:** die zweite Tochter des Song-Kaisers Yingzong (herrschte von 1064 bis 1067), die mit Wang Shen, dem General der Palastwache zur Linken, verheiratet war.

9 **Qian Sengru:** ein Zeitgenosse von Shen Kuo, der Rechnungsführer beim Präfekten von Suzhou war.

10 Die von Shen Kuo beschriebenen Phänomene von kaltem Licht lassen sich wahrscheinlich einerseits auf die chemische Fluoreszenz von Phosphor oder einer ähnlichen Substanz und andererseits auf die biochemische Fluoreszenz von Bakterien in faulenden Enteneiern zurückführen. Nach historischen Berichten hatte im Jahre 1592 ein Schlächter in Padua ebenfalls eines Nachts eine Fluoreszenzerscheinung an faulendem Hammelfleisch beobachtet.

11 Der Bezirk Shouzhou ist auf dem Territorium der heutigen Kreise Shouxian, Liu'an, Huoshan und Huoqiu in der Provinz Anhui gelegen. Der Berg der acht Herzöge befindet sich in der Nähe des Kreises Shouxian.

12 Der Herrscher Liu ist Liu An (179–122 v. Chr.), ein Enkel des Begründers der Han-Dynastie Liu Bang. Von seinem Vater erbte er den Titel eines Königs von Huainan. Weil Liu An in ein Komplott gegen den Kaiser Han Wudi verwickelt war, entzog er sich durch Selbstmord der bevorstehenden Bestrafung. Liu An pflegte intensiven Umgang mit Alchemisten, mit denen er die Herstellung von Zinnober und die Raffination von Gold untersuchte. Nach der Überlieferung soll Liu An am Berg der acht Herzöge Gold vergraben haben und nach seinem Tode zusammen mit den Alchemisten-Freunden als Unsterblicher zum Himmel aufgestiegen sein. Der König von Huainan Liu An ist vor allem als Kompilator des philosophisch-naturwissenschaftlichen Werks »Huai nan zi« bekannt. Eine Überprüfung der Inschrift anhand von Ausgrabungen zeigte aber, daß sie nicht »Herrscher Liu«, sondern »Ying yuan« heißt. Ying war die Hauptstadt des am Mittellauf des Yangzi gelegenen Reiches Chu während der Zhanguo-Periode (475–221 v. Chr.). Ying yuan werden die im Reich Chu gegossenen Münzen genannt.

13 **Stempel-Goldmünzen:** sie tragen einen quadratischen Stempeleindruck mit den beiden Schriftzeichen »Ying yuan«. Es wurden auch größere Goldplatten mit 16 bis mehr als 20 Stempeleindrücken gefunden. Der Goldgehalt dieser Münzen liegt bei über 90 %.

14 Die Gegenden Xiang und Sui entsprechen den heutigen Kreisen Xiangyang und Suixian in der Provinz Hubei. Einhorn- und Pferdehufe galten als Glückssymbole.

15 **Inoffizielle Biographie von Zhao Feiyan:** Zhao Feiyan war die Lieblingskonkubine des Han-Kaisers Chengdi, der von 32–7 v. Chr. herrschte. (Ihr Vorname Feiyan bedeutet Fliegende Schwalbe.) Bereits in der offiziellen Geschichte der Han-Dynastie (»Han shu«) wird geschildert, daß sich der wollüstige Kaiser Chengdi mehr um seine Lieblingskonkubine Zhao Feiyan und ihre Schwester Hede kümmerte als um sein Reich. Auf der Grundlage der von Ling Xuan um Christi Geburt verfaßten »Inoffiziellen Biographie von Zhao Feiyan« (»Zhao Feiyan wai zhuan«) schrieb ein anonymer Autor während der Ming-Zeit einen erotischen Roman, der mit dem Titel »Der Goldherr besteigt den weißen Tiger« ins Deutsche übersetzt wurde.

16 Ein Liang entsprach während der Song-Zeit 37,3 g, während der Han-Zeit aber nur 13,9 g. Die Werte für ein Jin betrugen während der Han-Zeit 222,7 g und während der Song-Zeit 596,8 g. Daraus folgt, daß nicht vier, sondern sechs Liang einem Jin des Altertums entsprachen. Möglicherweise liegt hier ein Übertragungsfehler des Manuskripts vor.

17 **Lou Jing:** von ihm ist bekannt, daß er dem Begründer der Han-Dynastie Liu Bang im Kampf um die Macht gegen den Konkurrenten Xiang Yu den Ratschlag gab, als erster die Pässe um die Hauptstadt Xianyang zu besetzen, um sich zum Kaiser ausrufen zu können. Nachdem Liu Bang im Jahre 202 v. Chr. die Han-Dynastie gegründet hatte, verlieh er Lou Jing seinen Familiennamen Liu, so daß jener fortan Liu Jing hieß.

18 **Lü Jinshu:** gehörte zum Stab der Historiker, die die Chronik »Xin Tang shu« (»Neue Chronik der Tang-Dynastie«) verfaßten.

19 **Yingzhou:** entspricht dem heutigen Fuyang in der Provinz Anhui.

20 **Kreis Liquan des Bezirks Jingzhao:** in der Nähe der Stadt Xi'an (Provinz Shaanxi) gelegen.

21 **Gegend von Yangzhou:** Gemeint ist das Gebiet der Städte Yangzhou, Taizhou und Jiangdu sowie der Kreise Gaoyou und Baoying in der Provinz Jiangsu.

22 **Cui Boyi:** Das Erscheinen der rätselhaften Riesenperle in der Gegend wurde nicht nur von dem Literaten Cui Boyi, sondern auch in mehreren anderen Schriften jener Zeit ausführlich festgehalten. Aufgrund der ungewöhnlichen Größe des leuchtenden Objekts wurde in jüngster Zeit (s. [98], S. 278) auch die Vermutung geäußert, es könnte sich um einen Himmelskörper, z. B. ein sogenanntes UFO, gehandelt haben.

23 **Panliangzhen:** ein Ort am Ostufer des Gaoyou-Sees, mehr als 10 km nördlich der Stadt Gaoyou gelegen.

24 **Dengzhou:** Gemeint ist die Gegend östlich von Penglai und Qixia in der Provinz Shandong. Diese Gegend gehört zu einem Erdbebengürtel, der sich von der Liaodong-Halbinsel über den Golf von Bohai bis zur Shandong-Halbinsel erstreckt. Nach den Aufzeichnungen in der Chronik der Song-Dynastie »Song shi« gab es am 18. 4. 1046 ein Erdbeben, bei dem der Berg Juyushan zusammenfiel, und es wird auch vermerkt, daß es seitdem hier häufig bebte.

25 **Eisvogelgrüne Tropfenperle**: Shen Kuo beschreibt offensichtlich einen Kristall mit einer

eingeschlossenen Flüssigkeit (z. B. sog. Wasserachat). Deshalb wird die Farbe der Flüssigkeit auf der Unterseite des Kristalls intensiver.

26 **Gaotangxian:** ein Kreis in der Provinz Shandong.

27 **Yongning-Paß bei Yanzhou:** südöstlich der Kreisstadt Yanchuan in der Provinz Shaanxi gelegen.

28 **Wald von Bambussprossen:** Man vermutet, daß es sich bei den Versteinerungen um Neocalamus, der zu den Farnpflanzen gehört, aus dem Mesozoikum vor mehr als 100 Millionen Jahren handelt. Durch die Knoten an seinem Stamm zeigen Versteinerungen des Neocalamus eine große Ähnlichkeit mit Bambussprossen.

29 **Berg Jinhuashan in Wuzhou:** Dieser Berg nördlich der Stadt Jinhuacheng in der Provinz Zhejiang heißt heute Changshan.

30 **Zezhou:** entspricht dem heutigen Kreis Jincheng im Süden der Provinz Shanxi.

31 Nach der Meinung von Paläobiologen könnte die Ausgrabung ein Stück des Schuppenbaums (*Lepidodendron*) aus dem Carbon darstellen. In der Provinz Shanxi wurden zahlreiche *Lepidodendron*-Versteinerungen gefunden. Das *Lepidodendron* wurde fast 40 m hoch, an der Basis bis über 2 m dick, hatte eine schirmförmige Krone, spiralig angeordnete, länglich-spindelförmige, fischschuppenähnliche Blattpolster sowie schmale, nadelförmige bis über 1 m lange Blätter.

32 Jiaozhi bezeichnete im Altertum das Gebiet der heutigen südchinesischen Provinzen Guangdong und Guangxi, und das damals dort ansässige Volk Yilao war dem Song-Reich tributpflichtig. Nach historischen Aufzeichnungen fand die Tributgesandtschaft aus Jiaozhi allerdings in den Jahren der Regierungsära Jiayou (1056–1063) statt. Traditionell wurde das Erscheinen des sagenhaften Einhorns als glückliches Omen für den Herrscher angesehen.

33 **Tianlu:** ein Fabeltier mit dem Körper eines Löwen, der Mähne eines Pferdes und dem Kopf eines Hundes. In der Han-Dynastie wurden zahlreiche Tianlu-Skulpturen angefertigt.

34 **Pingmen-Tor:** eines der vier Tore im Süden Luoyangs, der Hauptstadt während der Späteren Han-Dynastie 25–220.

35 **Bixie:** ein Fabeltier in Gestalt eines geflügelten Löwen.

36 Kaiser Qin Shihuang (regierte von 246–210 v. Chr.) führte im Jahre 221 v. Chr. die für ganz China erstmalig vereinheitlichte Siegelschrift ein. Für sie sind runde, durchgehende Linien charakteristisch, und jedes Schriftzeichen läßt sich durch ein gedachtes längliches Rechteck oder ein Oval umschließen. Während der Han-Dynastie entwickelte sich aus ihr die Kanzleischrift mit eckigen Formen, wobei die Schriftzeichen jeweils gedachte Quadrate ausfüllen.

37 **Zhong E aus Guanzhong:** Als Shen Kuo in den Jahren 1080 bis 1082 als Heeresinspektor von Yanzhou, Zhizhou und Fuyan wirkte, war Zhong E sein Gehilfe. Guanzhong bezeichnet die Ebene nördlich des Qinling-Gebirges in der Provinz Shaanxi.

38 **Zhang Jingyang:** ein Literat aus der Zeit der westlichen Jin-Dynastie (265–316), der ursprünglich Zhang Xie hieß. Das Buch »Qi ming« gilt als eines seiner repräsentativen Werke.

39 Die Beschreibung der Eigenschaften dieser Schwerter deutet darauf hin, daß es gelungen sein mußte, wahrscheinlich durch eine besondere Form der Wärmebehandlung einen Federstahl herzustellen.

40 **Werk »Ling biao yi wu zhi« (»Aufzeichnungen über außergewöhnliche Dinge südlich des Qinling-Gebirges«):** Dieses von Liu Xun während der Tang-Dynastie verfaßte Buch beschreibt Sitten und Gebräuche, Produkte, Pflanzen und Tiere in Mittel- und Südchina.

41 Im Jahre 1040 trat Shen Kuos Vater in Quanzhou, das in der Provinz Fujian gelegen ist und die früher Min genannt wurde, ein Amt an. Shen Kuo begleitete damals seinen Vater.

42 **Chaozhou:** die heutige Stadt Chaoan in der Provinz Guangdong.

43 Shen Kuo gibt hier eine damals verbreitete falsche Vermutung wieder, die allerdings auf der richtigen Feststellung fußt, daß aus sehr vielen gelegten Alligatoreiern nur sehr wenige Tiere aufwachsen. Erst in jüngster Zeit wurde das biologische Gleichgewicht zwischen den Alligatoren und ihren natürlichen Feinden, die die Eier und die geschlüpften Jungtiere auffressen, wissenschaftlich untersucht.

44 Die Beschreibung des Tiers und die Eigenschaft, daß ihm Tränen fließen können, deuten dar-

auf hin, daß es sich um einen Seehund handelte. Tatsächlich können einem Seehund Tränen fließen, wenn er das Meer verläßt. In chinesischen Gewässern kommen Seehunde jetzt hauptsächlich im Golf von Bohai vor, der nördlich von dem hier erwähnten Haizhou liegt. Es ist aber bekannt, daß zur Zeit der Nördlichen Song-Dynastie in China ein sehr kaltes Klima herrschte. So erscheint es als durchaus möglich, daß sich die Seehunde weiter nach Süden ausgebreitet hatten.

45 Nach den Aufzeichnungen in dem von Li Dao verfaßten Geschichtswerk »Xu zi zhi tong jian chang bian« (»Fortsetzung des Spiegels der umfassenden Geschichte«) trat dieser Tornado im Jahre 1077 auf.

46 **Kreis Wuchengxian des Bezirks Enzhou:** westlich des Kreises Pingyuanxian in der Provinz Shandong gelegen.

47 **Song Cidao** (1019–1079): ein hoher Beamter am Kaiserhof. Sein hier genanntes Werk stellt eine Sammlung von Pinselnotizen dar.

48 **Qingzhou:** in der Gegend der heutigen Stadt Yidu in der Provinz Shandong gelegen.

49 **Hauptstadt:** Während der Nördlichen Song-Dynastie war Bianliang, das heutige Kaifeng in der Provinz Henan, die Hauptstadt.

IRRTÜMER

1 **Bao Zheng** (999–1062): ein Richter und Staatsmann, der verschiedene Funktionen in der Hauptstadt und in den Provinzen bekleidet hatte. Bao Zheng war das historische Vorbild des legendären Richters Bao. Seine scharfsinnigen Ermittlungen und gerechten Urteile hatten besonders die Bühnen- und Romanliteratur der Yuan- und Ming-Zeit zu zahlreichen Schöpfungen angeregt.

2 **Li Pu:** ein hoher Beamter aus der Zeit der Nördlichen Song-Dynastie. Li Pu war, wie auch aus dieser Notiz hervorgeht, durch seine skrupellosen Bestechungsaktivitäten bekannt. Zur Aufgabe eines Transportkommissars gehörte die Lieferung von Steuern, Getreide und Tributwaren aus dem Gebiet des Yangzi-Stroms und des Huai-Flusses an den Hof.

3 **Kaiserinmutter Zhangxian:** Sie war die Gattin des Kaisers Zhenzong, der von 998–1022 herrschte. Da Frauen bei kaiserlichen Audienzen nicht zugegen sein durften, konnten sie das Geschehen nur hinter einem Vorhang verfolgen.

4 Hinter dieser euphemistischen Formulierung verbirgt sich die damals übliche Praxis, daß die für Bestechungen erforderlichen Mittel durch Sondersteuern eingetrieben wurden.

5 Im Jahre 1075 reiste Shen Kuo als Sonderkommissar in die Provinzen Huainan und Liangzhe, um die Auswirkungen von Dürrekatastrophen zu untersuchen.

6 Nach der Überlieferung hatte Fu Sheng im 2. Jh. v. Chr. den Großen Kommentar Dazhuan zur Chronik Shang shu verfaßt, die historische Ereignisse der Zhou-Dynastie (11. Jh. bis 221 v. Chr.) beschreibt.

7 Der spätere König Wen, der der Führer der Sippe Ji im Westen des Shang-Reiches und ein Vasall des tyrannischen Königs Zhou war, wurde von diesem in Youli (einem Ort im Norden des Kreises Tangyang der Provinz Henan) eingesperrt. Das Geschenk der Riesenmuschel, das er durch den Minister San Yisheng überbringen ließ, sollte als Beweis seiner Vasallentreue gegenüber König Zhou dienen. Wen und sein Sohn König Wu stürzten später den letzten Herrscher der Shang-Dynastie.

8 **Zheng Kangcheng** (127–200): ein berühmter Kommentator der konfuzianischen Klassiker.

IRONISCHES

1 **Sima Xiangru** (um 179–117 v. Chr.): Sein Gesamtwerk des wohl berühmtesten Dichter der Han-Zeit, handelt vom Leben am Hofe und den Staatsgeschäften. Sima Xiangru vollendete die Gedichtform Fu, in der sich Poesie und Prosa vermischen und die sich durch Parallelismen, Metaphern, Zitate und eine gewählte, blumenreiche Sprache auszeichnet. In dem Gedicht Shanglin, das dem kaiserlichen Jagdpark Shanglin gewidmet ist, preist er den Großmut des Kaisers, der beschließt, den Park Shanglin für das Volk zu öffnen, um sich den Staatsgeschäften zu widmen und seine Tugend auf die Welt wirken zu lassen.

2 **Danshui, Ziyuan, Ba, Chan, Jing und Wei:** Flüsse in der Ebene von Guanzhong, die die damalige Hauptstadt Chang'an und den kaiserlichen Jagdpark Shanglin umgab. Diese Flüsse münden in den Gelben Fluß.

3 Shen Kuo kritisiert die Ungenauigkeit in Sima Xiangrus Poem, wonach das Flußsystem des Huanghe keine Verbindung mit dem See Taihu habe, der früher auch den Namen Zhenze trug. Der See Taihu gehört in Wirklichkeit zum Einzugsgebiet des Huai-Flusses. Überhaupt mischen sich in Sima Xiangrus Poem Wirklichkeit und Phantasie, Übertreibungen und Überschwang zu einem mitreißenden Sprachrausch. Dieser Stil lief Shen Kuos wissenschaftlichem Geist nach präziser Beschreibung der Fakten diametral zuwider. Shen Kuo ließ das stilistische Mittel der Übertreibung nicht gelten, sondern griff es als »Krankheiten des literarischen Stils« an.

4 **Bai Juyi** (772–846): Sein »Lied von der unsterblichen Liebe und Sehnsucht« gehört zu den populärsten Gedichten dieses berühmten Dichters und hohen Beamten der Tang-Zeit. Es beschreibt die Liebe des Tang-Kaisers Xuanzong (er regierte von 712 bis 756) zu Yang Guifei, die zu seiner Favoritin aufstieg und ihn fast sein Reich gekostet hätte. Da der Kaiser ihretwegen die Staatsgeschäfte vernachlässigte, brach im Jahre 755 ein Aufstand unter Führung von An Lushan aus, der die Dynastie erschütterte und das Reich in jahrelanges Chaos stürzte.

5 **Am Berg Emeishan:** Shen Kuo kritisiert an Bai Juyis Gedicht, daß er die Verfolgung des Kaisers Xuanzong durch das Heer der Aufständischen von der Ebene des Roten Beckens geographisch zum Berg Emeishan verlegte, der im Süden der heutigen Provinz Sichuan liegt. Der Emeishan gehörte früher zu dem von Shen Kuo erwähnten Bezirk Jiazhou, einem Gebiet um die heutige Stadt Leshan. Bai Juyi hatte den als heilig verehrten Berg Emeishan offensichtlich im Sinne eines pars pro toto als Symbol für Sichuan benutzt.

6 **Du Fu** (712–770): Der große realistische Dichter Du Fu preist in seiner Beschreibung der Zypresse am Tempel Wuhouci in Chengdu, der den großen Helden Zhuge Liang (181–234) und Liu Bei (162–223) aus der Zeit der Drei Reiche gewidmet ist, den hoch aufragenden, allen Unbilden trotzenden Baum als Sinnbild für einen lauteren Politiker. Shen Kuo stieß sich an der Unstimmigkeit der Zahlenangaben der hyperbolisch gemeinten Beschreibung der alten Zypresse.

7 **Gegend von Xin'an, Cang und Jing:** Alle drei genannten Landstriche liegen in der heutigen Provinz Hebei. Xin'an entspricht der heutigen Stadt Xin'anzhen im Nordosten des Kreises Baxian, Cang war ein Bezirk im Südosten der Stadt Cangzhou, und Jing entspricht dem heutigen Kreis Zunhua.

8 Shen Kuo war in den Jahren 1074 und 1075 mit einer Inspektion des Grenzgebiets in der Provinz Hebei beauftragt worden.

9 Da das Wort für den »Eisbett« genannten Schlitten (*lingchuang*) gleichlautend mit dem Wort »Bahre« ist, brachen die Leute in Lachen aus.

VERMISCHTES

1 Die Besonderheit dieses eigentlich unübersetzbaren Gedichts besteht darin, daß man in jedem Vers ein Schriftzeichen ergänzen kann, die zusammen den Sinn ergeben: »Amt mit wenig Pflichten für einen in der Prüfung durchgefallenen«.

2 **Neunter Pang:** Gemeint ist der vorher erwähnte Pang Ji. Jemanden nach der Geschwisterfolge zu nennen, wie Zweiter Li oder Neunter Pang, war stets nur den nächsten Verwandten, aber schon gar nicht einem Außenstehenden erlaubt.

3 **Herzog Cao** (155–220): Gemeint ist Cao Cao, ein Politiker, Heerführer und Dichter aus der Zeit der Drei Reiche. Cao Cao herrschte als Kaiser Wu im Reich Wei.

4 **Wang Xizhi** (321–379): ein berühmter Kalligraph, der unter der Dynastie Östliche Jin General des rechten Flügels war. Wegen seiner Vorliebe, Gänse zu ziehen, wurde er auf Gemälden oft zusammen mit Gänsen dargestellt.

5 Die Chronik der Han-Dynastie »Han shu« berichtet im Geographie-Kapitel über den Kreis Gaonuxian (am Ostufer des Yan-Flusses bei Yan'an gelegen), daß es dort ein brennbares Wasser gäbe. Duan Chengshi schrieb in seinem Buch »Youyang za zu« (erschienen im Jahre 863),

im Kreis Gaonuxian komme ein ›Steinfettwasser‹ vor, das wie Lack auf dem Wasser schwimme und das man zum Schmieren von Wagen und für Lampen verwende. Es ist bemerkenswert, daß die heute im Chinesischen verwendete Bezeichnung für Erdöl *shiyou* (wörtlich: Steinöl = Petroleum) zuerst von Shen Kuo in dieser Notiz geprägt wurde.

6 **Qi und Lu:** ursprünglich zwei Fürstentümer während der Chunqiu- und Zhanguo-Periode (770–221 v. Chr.) auf dem Gebiet der heutigen Provinz Shandong.

7 Das Taihangshan-Gebirge erstreckt sich in Nord-Süd-Richtung an der Grenze der Provinz Shanxi zu den Provinzen Hebei und Henan. Jingxi war während der Song-Dynastie ein Verwaltungsbezirk um die Stadt Luoyang, und Jiangnan bezeichnet das große Gebiet der Provinzen südlich des Yangzijiang.

8 **Runan:** entspricht der heutigen Stadt Linrucheng in der Provinz Henan.

9 **Zhao Pu** (921–991): ein Minister am Beginn der Song-Dynastie.

10 **Wörterbuch »Er ya«:** das älteste chinesische Wörterbuch, das auf Material aus der Zhou-Dynastie (11. Jh. bis 256 v. Chr.) beruht und in der Qin- und Han-Dynastie seine grundlegende Form erhielt.

11 **Weiße Wildgans:** Offensichtlich beschreibt Shen Kuo die Schneegans (*Anser caerulescens*). Hervorzuheben ist der phänologische Charakter dieser Notiz, d. h., daß Shen Kuo Gesetzmäßigkeiten zwischen dem Verhalten der Tiere und dem periodischen Wechsel der Umgebungsbedingungen erkannte.

12 **Du Fu:** Der berühmte Dichter schildert in diesem Gedicht, wie er beim Mittelherbstfest schmerzerfüllt an seine von ihm getrennten Anverwandten denkt (siehe Anm. 6 in Kapitel »Ironisches«).

13 Dieses Gesetz gehörte zu der Reform, die Wang Anshi in den Jahren 1069 bis 1085 zur Sanierung der Staatsfinanzen durch ein Bündel politischer, wirtschaftlicher und finanzieller Maßnahmen einleitete. Das Gesetz zum Überstauen von Feldern wurde von einem eigens eingerichteten Amt für das Überstauen von Feldern überwacht und verfolgte das Ziel, die Bodenqualität zu verbessern. Allerdings gelang es bei der zentralistischen Art und Weise, mit der die Reformen durchgesetzt wurden, nicht immer, das Überstauen der Felder richtig zu dosieren, so daß dadurch auch Flutkatastrophen ausgelöst wurden.

14 **»Historische Aufzeichnungen«:** das hier angegebene Zitat stammt nicht aus den »Historischen Aufzeichnungen« von Sima Qian, sondern aus der Chronik der Früheren Han-Dynastie (206 v. Chr. – 24 n. Chr.) »Han shu«.

15 Shen Kuo wurde im Jahre 1075 als Inspektor zur Untersuchung einer Überschwemmungskatastrophe in das Gebiet der damaligen in Ostchina gelegenen Provinzen Huainan und Liangzhe entsandt.

16 Shen Kuo wurde in den Jahren 1074 und 1075 als Inspektor in die Präfektur Hebei geschickt.

17 **Taihangshan-Gebirge:** ein Gebirgszug, der sich an der östlichen Grenze der Provinz Shanxi entlangzieht.

18 Nach einer Überlieferung hatte der legendäre Kaiser Yao den Minister Gun beauftragt, eine Überschwemmungskatastrophe zu regulieren. Nachdem Gun es nicht gelungen war, die Flut zu bändigen, hatte Yaos Nachfolger, Kaiser Shun (nicht Kaiser Yao, wie Shen Kuo erwähnte), den Minister Gun am Feder-Berg ermordet, aber zugleich Guns Sohn Yu befohlen, die Überschwemmung zu beseitigen. Nach vielen Jahren aufopferungsvoller Arbeit gelang es Yu tatsächlich, die Flüsse zu regulieren. Kaiser Shun hatte darauf Yu zu seinem Thronfolger bestimmt.

19 **Die Flüsse Zhang, Hutuo, Zhuo und Sanggan:** Alle genannten Flüsse entspringen im Taihangshan-Gebirge. Der Zhang-Fluß hat seine Quelle im Südosten der Provinz Shanxi und mündet in den Wei-Fluß. Der Hutuo-Fluß nimmt im Wutaishan-Gebirge der Provinz Shanxi seinen Anfang und mündet in den Ziya-Fluß. Der Zhuo-Fluß heißt heute Beijumahe und fließt im Kreis Zhuoxian der Provinz Hebei. Der Unterlauf des alten Zhuo-Flusses folgte dem heutigen Yongding-Fluß. Der Sanggan-Fluß fließt aus dem Norden der Provinz Shanxi nach Hebei.

20 Der Huai-Fluß, der im Tongboshan-Gebirge in der Provinz Henan entspringt, fließt bis zum Hongze-See, vereinigt sich dann mit dem Kaiserkanal, der, den Gaoyou-See passierend, stromaufwärts mit dem Yangzi-Strom vereinigt ist.

21 Das Buch »Meng Zi« wurde von Meng Ke (372 bis 289 v. Chr), der die Lehre des Konfuzius entsprechend den geistigen Kontroversen seiner Zeit weiterentwickelte und popularisierte, zusammen mit zwei seiner Schüler niedergeschrieben. Das vorliegende Zitat stammt aus dem Kapitel »Herzog Wen von Teng, 1. Teil«. Allerdings hatte Shen Kuo eine falsche Schlußfolgerung aus diesem Zitat gezogen, wenn er meinte, daß der Huai-Fluß in den Yangzi abgeleitet wurde. Meng Zi hatte bei der Beschreibung der Regulierung der Flüsse durch den legendären Kaiser Yu Material aus dem »Buch der Dokumente« (Shang shu), Kapitel »Tribut des Yu« verarbeitet. Das »Buch der Dokumente« sagt jedoch aus, daß Yu den Huai-Fluß in die Flüsse Si und Yi und von dort aus ostwärts ins Meer abgeleitet hätte.

22 **Zinnobersand:** Dieses Mineral, das rotes Quecksilbersulfid darstellt, wird in der traditionellen chinesischen Medizin als schmerzstillendes, beruhigendes Arzneimittel verwendet. Außerdem dient es als entgiftendes Mittel zur Behandlung von Entzündungen wie z. B. Furunkel. Das Raffinieren von Zinnober spielte aber eine noch viel größere Rolle in der daoistischen Religion, weil man glaubte, durch das Einnehmen von Zinnoberpillen Unsterblichkeit erlangen zu können. Zahllose Menschen, unter ihnen auch etliche Herrscher, die auf diese Weise unsterblich werden wollten, mußten ihren Irrglauben mit dem Tode bezahlen. Obwohl Shen Kuo die Möglichkeit nicht ausschließt, daß man durch Zinnoberpillen ein Unsterblicher werden könne, betont er aber, daß diese Kunst noch nicht gefunden sei, und seine Warnung vor dem Umgang mit Zinnober erhält durch das Beispiel des Vergiftungsfalls aus seinem persönlichen Umfeld besonderes Gewicht.

23 **Beim Waschen des Erzsandes:** Im Prozeß des Raffinierens von Quecksilbersulfid entsteht im Brennofen Quecksilberoxid, das anschließend vom Quecksilbersulfid aufgrund der unterschiedlichen Löslichkeit durch Waschen in Wasser getrennt wurde. Bei Raumtemperatur werden in 1 l Wasser lediglich 0,01 mg Quecksilbersulfid, aber 52 mg Quecksilberoxid gelöst.

24 **Das Yandangshan-Gebirge bei Wenzhou:** Die Stadt Wenzhou liegt in der Provinz Zhejiang und das Yandangshan-Gebirge auf dem Gebiet der Kreise Yueqing und Pingyang. Das Yandangshan-Gebirge besteht aus vulkanischem Rhyolith, das vor etwa 60 bis 70 Millionen Jahren durch Verwitterung und Erosion eingeebnet wurde. Dann wurde diese Ebene unter dem Einfluß von Erdkrustenbewegungen mehr als 1000 m hochgehoben. Gleichzeitig wurden die senkrechten Risse im Rhyolith dem Einfluß von Verwitterung und Erosion ausgesetzt, so daß sich aus ihnen allmählich Schluchten bildeten. Shen Kuo schreibt über das Nördliche Yandangshan-Gebirge im Kreis Yueqing. Bei einer Inspektion in Zhejiang im Jahre 1073 besuchte Shen Kuo auch das Yandangshan-Gebirge. Die wissenschaftliche Erklärung der Bildung der zerklüfteten Gestalt von Gebirgen durch Erosion ist besonders bemerkenswert, wenn man bedenkt, daß in Europa erst der schottische Geologe James Hutton im Jahre 1788 in seinem Werk »Theory of the earth« zu dieser Erkenntnis gelangte. Darin kehrte er sich insbesondere von der bis dahin dominierenden Schöpfungstheorie der Bibel ab.

25 **Der Luohan Nuo Juluo:** Als buddhistische Heilige sollen die Luohans (auch Lohan geschrieben) durch ihre Weisheit Erlösung erlangt haben. Nach der buddhistischen Legende führen sie als Einsiedler in wild zerklüfteten Gebirgen der sechzehn Weltgegenden ein ewiges Leben und verfügen über magische Kräfte. In den buddhistischen Tempeln werden meistens Gruppen von ursprünglich 16, später 18 Luohans in Form von Statuen verehrt, die sich rechts und links an den Schmalwänden der Haupthalle des Tempels befinden. Nuo Juluo war ein Mönch aus der Tang-Zeit, der ursprünglich Luo Yaoyun hieß. Später wurde er in den Kreis der 16 Luohans aufgenommen.

26 **Guan Xiu** (832–913): ein Buddhamönch der Tang-Zeit, der ursprünglich Jiang Deyin hieß. Er ist vor allem als Maler bekannt. Von Guan Xiu ist ein Bilderzyklus der Sechzehn Luohans in Steinschnitten erhalten, die bis in die jüngste Zeit im Shengyin-Tempel bei Hangzhou aufbewahrt wurden, sich nun aber im Museum der Provinz Zhejiang in Hangzhou befinden.

27 **Xie Lingyun** (385–433): ein berühmter Dichter zur Zeit der Liu-Song-Dynastie. Darüber hinaus hat er auch als Maler gewirkt. Der Kreis Yongjia lag während der Liu-Song-Dynastie im Gebiet des heutigen Wenzhou.

28 **In den großen Schluchten von Chenggao und Shaanxi:** Chenggao liegt im Gebiet der Stadt Sishui (Provinz Henan). Shaanxi: Umgebung der Stadt Xi'an in der Provinz Shaanxi.

29 **Kreis Kunshan des Bezirks Suzhou:** in der Provinz Jiangsu zwischen Suzhou und Shanghai an der Yangzi-Mündung gelegen.

30 **Gaoli:** die damalige chinesische Bezeichnung für das Reich Korea. Während der Zeit des »Vereinten Silla«, als auf der koreanischen Halbinsel das Königreich Silla die Oberhand über die rivalisierenden Königreiche Koguryo und Paekche gewann, entstand der erste koreanische Einheitsstaat, in dem die Sillasprache zur Landessprache wurde. Die vom Adel getragene Hochkultur empfing wesentliche Impulse aus China und bediente sich auch der chinesischen Schriftsprache.

31 **Han Zhengyan:** in den Jahren der Regierungsära Jiayou (1056–1063) Präfekt in dieser Küstenregion. Han Zhengyan machte sich vor allem durch Projekte zur Bewässerung der Felder und zum Schutz der Gegend vor den Fluten des Meeres durch Dammbauten verdient.

32 Shen Kuo lieferte die früheste Beschreibung der Herstellung einer Kompaßnadel durch Magnetisierung einer Eisennadel und verschiedene Formen seiner Lagerung. Aber bereits im 4. Jh. v. Chr. schildert das Buch »Gui gu zi« (»Buch des Meisters vom Dämonental«) den Gebrauch eines Kompasses, bei dem sich ein Löffel aus Magneteisenstein auf einer Platte drehen und so die Richtung anzeigen konnte. In Europa wurde der Magnetkompaß zuerst im Jahre 1190 in dem Werk »De Naturis Rerum« von Alexander Neckam erwähnt. Der englische Sinologe und Wissenschaftshistoriker J. Needham wies in seinem Werk »Science and Civilisation in China« (Bd. IV, T. 1, S. 229 ff.) nach, daß die Kenntnis des Kompasses von China über die Araber nach Europa gelangte. Es ist interessant, daß der deutsche Orientalist und Forschungsreisende J. Klaproth den ersten Satz dieser berühmten Notiz von Shen Kuo im Jahre 1834 in einem Brief über die Geschichte des Kompasses in China an Alexander von Humboldt mitteilte und daß Humboldt diese Information in mehreren Publikationen verwertete.

33 Shen Kuo beschreibt hier die Wirkung der magnetischen Deklination, die auf der Tatsache beruht, daß geographischer und magnetischer Pol der Erde nicht übereinstimmen. Wegen der Wanderung des magnetischen Pols ändert sich zudem der Wert der magnetischen Deklination. Eine frühere Beschreibung der magnetischen Deklination lieferte bereits der buddhistische Astronom Yixing im Jahre 720, der ihren Wert mit etwa 3° nach Osten angab. In Europa hatte zuerst Christoph Columbus bei seiner Seereise im Jahre 1492, die zur Entdeckung Amerikas führte, die magnetische Deklination festgestellt.

34 Der Glaube an eine Richtungseigenschaft der Zypressenbäume findet sich auch in anderen Schriften aus der Song-Zeit, konnte aber nicht wissenschaftlich bestätigt werden.

35 **Xinzhou:** Dieser Bezirk lag im Gebiet der heutigen Stadt Shangrao in der Provinz Jiangxi.

36 **Xia Song** (925–1051): bekleidete das Amt eines Kommissars des militärischen Oberkommandos.

37 Die Kaste Ksatriya verkörperte im alten Indien den 2. Adelsrang, der die politische und die militärische Macht ausübte. Den Brahmanen war als 1. Adelsrang die religiöse Macht vorbehalten.

38 Die Vaisya waren im alten Indien die 3. Kaste, die kleine Produzenten, wie Bauern und Händler umfaßte. Die Sudra bildeten die 4. Kaste, zu der Tagelöhner ohne eigenes Land gehörten.

39 **Dynastie Spätere Wei:** auch Nördliche Wei genannt, wurde vom Nomadenvolk der Tuoba in Nordchina gegründet. Die Dynastie Nördliche Wei, die von 386–534 herrschte, stützte sich zunächst auf nichtchinesische Stammesclans, setzte später aber zunehmend auf die Zusammenarbeit mit einflußreichen chinesischen Familien. Viele Schichten des einfachen Volks, wie Handwerker und landlose Bauern wurden in Kasten gehalten. Eine direkte Übernahme des indischen Kastensystems läßt sich aber nicht nachweisen, obwohl sich durch den im Reich Nördliche Wei allmächtigen Buddhismus spürbar indische Einflüsse in China ausbreiteten.

40 Boling liegt im Süden des Kreises Lixian der Provinz Hebei, Fanyang entspricht dem Kreis Zhuoxian in der Provinz Hebei. Longxi liegt in der Nähe des heutigen Kreises Longxi in der Provinz Gansu und Xingyang im Nordosten des heutigen Kreises Xingyang in der Provinz Henan.

41 **Kaiser Gaozong der Tang-Dynastie**: auch Li Zhi genannt, herrschte von 650 bis 683. Taiyuan liegt in der Provinz Shanxi, Qinghe ist der Kreis Qinghexian in der Provinz Hebei und Zhaojun das Gebiet von Handan und des Kreises Zhaoxian in der Provinz Hebei.

42 Mit dieser Feststellung charakterisiert Shen Kuo den Verfall und den Untergang der alten Aristokratie zum Ende der Tang-Zeit. Die politische Macht der Song-Zeit wurde im Unterschied zur Tang-Zeit vom Zivilbeamtentum getragen.

43 **»Abhandlung über den Tee«:** chin. »Cha lun«. Dieses Werk ist verlorengegangen.

44 **Litschi-Pflaume:** Die pflaumengroßen Früchte des Litschi-Baums, der zur Gattung der Seifenbaumgewächse zählt, sind rötlichbraune Nußfrüchte. Der glänzend dunkelbraune, ungenießbare Samen ist von einem fleischigen, weißen, erdbeerähnlich schmeckenden Samenmantel eingehüllt, der frisch eingemacht oder getrocknet genossen wird.

45 Wie moderne Untersuchungen dieser Züchtungsmethode zeigten, wird die Aufnahme von Wasser und Nährstoffen aus der oberen Erdschicht begünstigt. Das fördert wiederum den Fruchtansatz und erhöht die Fruchtqualität.

46 **Wintersaateule**: lat. *Agrotis segetum Den. et Schiff.*, ein in der Landwirtschaft Chinas gefürchtetes schädliches Insekt.

47 **Maulwurfsgrille**: Außer der Maulwurfsgrille kommt als natürlicher Feind der Wintersaateulen auch einer der zahlreichen Vertreter der Laufkäfer in Betracht. Shen Kuo belegt sehr eindrucksvoll, wie effektiv landwirtschaftliche Schädlinge mit ihren natürlichen Feinden bekämpft werden können.

48 **Tarostengel:** Taro (auch als Süßkartoffel bekannt) gehört zur Familie der Fleckenaron-Gewächse. Taro, der alkalisch reagiert, vermag die Säure von Bienen- oder Ameisengift zu neutralisieren. Diese Wirkung ist die gleiche, die mit dem zur Behandlung von Insektenstichen häufig verwendeten Ammoniakwasser erzielt wird.

49 **Kaiser Ming der Liu-Song-Dynastie:** Die Liu-Song-Dynastie existierte von 420 bis 502 im Stromgebiet des Yangzi und in Südchina. Kaiser Ming herrschte von 465 bis 472.

50 **Zhenyang:** entspricht der Stadt Zhengding nahe Shijiazhuang, der Provinzhauptstadt von Hebei.

51 **Wang Rong:** er bekleidete während der Zeit der Späteren Tang (923–936) das Amt eines Militärgouverneurs von Zhenzhou (Zhenyang) und wurde schließlich von seinen Untergebenen ermordet.

52 **Li Zhengwei:** hieß ursprünglich Li Kuangwei, doch da in seinem Namen das Schriftzeichen Kuang vorkam, das im persönlichen Namen des Song-Kaisers Taizu, Zhao Kuangyin enthalten ist, war es verboten, dieses Zeichen in einem anderen Zusammenhang als dem des Kaisernamens zu gebrauchen. Deshalb änderte Shen Kuo den Namen Li Kuangwei in Li Zhengwei ab. Li Zhengwei war wie Wang Rong Militärgouverneur eines Bezirks.

53 **Zhongshan:** die heutige Stadt Dingxian in der Provinz Hebei.

54 **Xie Shizheng:** war während der Nördlichen Song-Dynastie ein hoher Militärbeamter, der den Befehl über die Region von Dingzhou, Zhizhou und Gaoyangguan innehatte.

55 **Gräber des Königs von Zhongshan:** Schon zur Zeit der westlichen Han-Dynastie (206 v. Chr. – 24 n. Chr.) existierte in der von Shen Kuo beschriebenen Gegend ein Regierungsbezirk Zhongshan, der durch Belehnung zum Königreich erhoben wurde. In den letzten Jahren wurden in den Sanpanshan-Bergen bei Dingxian Gräber aus der Zeit der westlichen Han-Dynastie entdeckt, die nach den Untersuchungen mit einem König von Zhongshan und seinen Angehörigen in Beziehung stehen können.

56 **Kreis Ningguo des Bezirks Xuanzhou:** die heutige Stadt Xuancheng in der Provinz Anhui.

57 **Zweiköpfige Schlangen:** gemeint ist eine in Südchina weit verbreitete, ungiftige Art von Nattern, die durch gleiche Zeichnung an Kopf und Schwanz den Anschein erwecken, sie hätten zwei Köpfe.

58 **Provinz Guangnanxi:** entspricht etwa der heutigen Provinz Guangxi.

59 **Yongzhou:** liegt bei der Stadt Nanning in der Provinz Guangxi.

60 **Xixi bei Qiantang:** Qiantang ist ein alter Name für Hangzhou, die Hauptstadt der Provinz Zhejiang.

61 **Wachsbaum:** auch Chinesische Esche (*Fraxinus chinensis Roxb.*) genannt. Wachsbaumrinde hat die medizinische Wirkung, Fieber und Entzündungen zu beseitigen. Ferner wird sie in der traditionellen chinesischen Medizin zur Behandlung von Durchfall und Sehstörungen verwendet.

62 **Trichterspinne:** eine Giftspinne, die ihr Netz zwischen Gräsern spinnt. Eine Untersuchung dieser Krankheitsbeschreibung in China ergab aber, daß die Eitergeschwülste nicht durch die Trichterspinne, sondern eher durch guineische Fadenwürmer verursacht werden. Ihre Larven werden hauptsächlich über nicht abgekochtes Trinkwasser verbreitet, wobei sie sich als Parasiten im Körper von Menschen und Tieren ansiedeln und Filariosen hervorrufen, die sich durch schwere entzündliche Schwellungen äußern können.

63 **Yangxian, Guzhu, Tianzhu und Mengding:** vier Teeanbaugebiete, die schon vor der Song-Dynastie von besonderer Bedeutung waren. Yangxian ist das heutige Yixing in der Provinz Jiangsu. Guzhu ist der Name eines Berges, der nordwestlich von Changxing in der Provinz Zhejiang liegt. Tianzhu (Himmelssäule) heißt ein Berggipfel westlich von Qianshan in der Provinz Anhui, und Mengding ist der Gipfel des Berges Mengshan im Gebiet von Ya'an in der Provinz Sichuan. Die Teesorte Steinblüten von Mengding galt während der Song-Dynastie als der beste Tee im ganzen Reich.

64 **Jianxi:** eigentlich ein nördlicher Nebenfluß des Minjiang in der Provinz Fujian. Hier bezeichnet Jianxi das Teeanbaugebiet im Wuyishan-Gebirge, das im Norden der Provinz Fujian, und im Einzugsgebiet des Jianxi-Flusses liegt.

65 **Wu, Shu und Huainan:** Das alte Reich Wu lag im Gebiet von Süd-Jiangsu und Nord-Zhejiang. Shu ist ein alter Name für die Provinz Sichuan, während Huainan das Land südlich des Huai-Flusses benennt.

66 **Haoyuan und Zengkeng:** Diese Orte befinden sich nahe der am Jianxi-Fluß gelegenen Kreisstadt Jian'ou.

67 **Kreis Yanshan des Bezirks Xinzhou:** im Südwesten der Stadt Shangrao in der Provinz Jiangxi. Hier befand sich während der Song-Dynastie eine wichtiger Standort der Kupferproduktion. 1096 errichtete die Regierung in Yanshan ein Werk, in dem Kupfer hergestellt wurde. Historiker ermittelten, daß zum Ende der Nördlichen Song-Dynastie in China jährlich ca. 500 t Kupfer im Naßverfahren aus Kupfersulfatlösung gewonnen wurden, was etwa 15 bis 20% der gesamten Kupferproduktion in China ausmachte. Die Herstellung von Kupfer entwickelte sich während der Song-Dynastie besonders durch den großen Bedarf an Münzmetall.

68 Durch die Verwendung eines eisernen Kessels, in dem die Kupfersulfatlösung gekocht wurde, tritt eine Substitutionsreaktion ein, bei der reines Kupfer ausfällt.

69 **»Schlichte Fragen des Gelben Kaisers«:** Ein Teil des bedeutenden Werks der traditionellen chinesischen Medizin »Klassiker des Gelben Kaisers zur Inneren Medizin« (»Huang di nei jing«), das im Zeitraum von der Zhanguo-Periode (475–221 v. Chr.) bis zur westlichen Han-Dynastie (206 v. Chr. – 24 n. Chr.) auf der Grundlage von Materialien aus der Shang- und der Zhou-Dynastie (16 Jh. – 221 v. Chr.) entstanden sein dürfte. Diese Notiz, die ausgezeichnet die chemische Reaktion der Gewinnung von Kupfer aus Kupfersalzen im Beisein von Eisen beschreibt, veranschaulicht sehr deutlich, daß auch der kritische Geist von Shen Kuo die zu seiner Zeit vorherrschende und bereits seit mehr als tausend Jahren dominierende Lehre von den fünf Wandlungsphasen unkritisch übernahm. Das hinderte ihn an einem noch tiefgründigeren Verständnis dieses chemischen Prozesses. Der englische Sinologe J. Needham wies aber in seinem Werk »Science and Civilisation in China« (Bd. 4, Teil 4, S. 201ff.) darauf hin, daß die Substitution von Metallen in Europa erst von Joachim Jungius im Jahre 1630 und von Robert Boyle im Jahre 1675 wissenschaftlich erklärt werden konnte.

70 Dieser Vorgang beruht darauf, daß der in Wasser schwerlösliche Kalkstein Calciumhydrogencarbonat bildet und sich dieses beim Verdunsten des Wassers an der Höhlenwand in Calciumcarbonat umwandelt.

71 Wenn im Brunnenwasser Calciumhydrogencarbonat gelöst vorkommt, wird es unter dem Einfluß von warmem Wetter, wie es im Frühling und Herbst auftritt, als Calciumcarbonat ausgefällt. Diesen Niederschlag nannte Shen Kuo treffend »Steinblumen«.

72 In einer Salzsole können sich außer nicht auskristallisiertem Steinsalz noch eine Reihe anderer Salze niederschlagen, z. B. Gips (Calciumsulfat).

73 **Xie Dequan:** Xie Dequan diente ursprünglich der Südlichen Tang-Dynastie (937–975) als Beamter und fungierte später zum Beginn der Song-Dynastie in verschiedenen Ämtern am Hofe und als Präfekt von Sizhou.

74 Der Bian-Kanal verband die damalige Hauptstadt Bianliang (das heutige Kaifeng) mit dem Huai-Fluß im Süden und diente vor allem der Versorgung der Hauptstadt mit Reis und anderen Gütern. Der direkt bis in die Hauptstadt führende Kanal passierte an den Stadtmauern Wassertore, die geschlossen werden konnten. Die Orte Yongqiu und Xiangyi befinden sich in der Provinz Henan auf dem Gebiet der Kreise Qixian und Suixian.

75 Der Luo-Fluß mündete ursprünglich – wie auch in der Gegenwart – im Kreis Gongxian (Provinz Henan) in den Gelben Fluß. Der Plan, der zu den Reformmaßnahmen von Wang Anshi gehörte, verfolgte das Ziel, dem Bian-Kanal mehr Wasser zuzuführen, um die Passage von mehr und größeren Schiffe zu ermöglichen.

76 Shen Kuo führte die Vermessung der Länge und des Gefälles des Bian-Kanals im neunten Monat des Jahres 1072 durch. Geodätische Höhenmessungen wurden in Europa erst Ende des 17. Jh. vorgenommen.

77 **Sizhou:** Die Stadt Sizhou, bei der der Bian-Kanal in den Huai-Fluß mündete, existiert heute nicht mehr. Sie versank während der Qing-Dynastie im See Hongzehu. Sizhou lag nördlich der Stadt Xuyi am Hongzehu.

78 **Die alte Grenze des Qidan-Reiches:** Zur Zeit der Fünf Dynastien (907–960) verleibte sich das Qidan-Reich 16 Bezirke im Gebiet zwischen dem heutigen Beijing und der Stadt Datong in der Provinz Shanxi ein. Mit der alten Grenze des Qidan-Reiches meinte Shen Kuo die nördliche Grenze dieser 16 damals abgetretenen Bezirke.

79 **Distel:** Die von Shen Kuo erwähnte Distelart ist die Japanische Distel (*Cirsium japonicum DC.*), die bis zu 1 m hoch wächst.

80 Obwohl Shen Kuos Ansatz zur Erforschung der Etymologie von Ortsnamen prinzipiell richtig ist, wird seine Deutung des Ortsnamens Yangzhou von vielen Forschern angezweifelt.

81 **Guanzhong:** die Ebene nördlich des Qinling-Gebirges in der Provinz Shaanxi.

82 **Qinzhou:** ein Bezirk, der bei der heutigen Stadt Tianshui in der Provinz Gansu lag.

83 **Kaiser Renzong:** kam im Jahre 1022 im Alter von 12 Jahren auf den Thron. Er betrieb eine Politik der nationalen Stärkung, indem er das Heer erheblich erweiterte, ohne jedoch seine Schlagkraft entscheidend stärken zu können. Renzong regierte 40 Jahre lang und erreichte damit die längste Regierungszeit aller Kaiser der Nördlichen Song-Dynastie. Seine Herrschaft gab China eine vergleichsweise friedliche, stabile Entwicklung.

84 Shen Kuo war in den Jahren 1074 und 1075 Inspektor der nördlichen Grenze im Gebiet der Provinz Hebei. Vor Shen Kuo hatte bereits Xie Zhuang (421–466) aus der Liu-Song-Dynastie eine zerlegbare Reliefkarte aus Holz angefertigt. In Europa wurde erstmals im Jahre 1510 die Umgebung von Kufstein (Österreich) von Paul Dox mit einer Reliefkarte dargestellt.

85 **Li Shun:** Die weit entwickelte Seidenmanufaktur in Sichuan wurde im Jahre 967 durch die Umsiedlung von Textilarbeitern in die kaiserliche Seidenmanufaktur in der Hauptstadt Kaifeng geschädigt. Zentralistische Regelungen zum Seidenhandel im Jahre 982 führten rasch zum Niedergang von Seidenherstellung und -handel in Sichuan. Die damit einhergehende Senkung des Lebensstandards lieferte den Nährboden für den Aufstand der Brokathandwerker in Sichuan, der von 993 bis 995 von Li Shun und seinem Schwager Wang Xiaobo angeführt wurde.

86 Shu bezeichnet die Provinz Sichuan. Jiannan umfaßt die Region südlich des Kreises Jiange und nördlich des Kreises Dajiang in der Provinz Sichuan, ferner das Gebiet südlich des Kreises Bozhong in der Provinz Gansu und an der nordwestlichen Grenze der Provinz Yunnan. Liangchuan entspricht der Provinz Sichuan und Guanyou der Region westlich des Hanguguan-Passes in der Provinz Henan.

87 Diese Aussage stimmt nicht mit anderen historischen Quellen überein, die besagen, daß Li Shun die Führung der Aufständischen erst übernahm, nachdem Wang Xiaobo Ende des Jahres 993 im Kampf gefallen war.

88 **Kaiser Taizu** (928–976): mit persönlichem Namen Zhao Kuangyin geheißen, war der Gründungskaiser der Song-Dynastie. Er regierte von 960 bis 976. Ursprünglich war er Kommandant der Palastgarde am Hof der Späteren Zhou-Dynastie. Mit einer Reihe von Feldzügen gegen die anderen in China damals bestehenden Kleinstaaten einigte Zhao Kuangyin das Reich. Um Sicherheit und Ordnung in der Gesellschaft herzustellen, setzte er den Vorrang der zivilen vor den militärischen Beamten durch.

Shen Kuos Notiz kritisiert indirekt die Zustände im Heer des Song-Reiches zu seinen Lebzeiten, das zwar enorm aufgebläht war, aber viel zu wenig Schlagkraft gegen die aggressiven Nachbarstaaten im Norden Chinas besaß.

89 **Rechtes Schutztor:** eines der Tore in der Mauer um den in Bianliang (heute Kaifeng) gelegenen Kaiserpalast.

90 **Zhuge Liang:** ein berühmter Politiker und Militärstratege aus der Zeit der Drei Reiche. Zhuge Liang (181–234) war der Berater von Liu Bei, dem Herrscher des Reiches Shu (heutiges Sichuan). Zhuge Liang hatte postuliert, der Weg der Regierung eines Staates bestünde darin, die Weisen in die Politik einzubeziehen.

MEDIZIN

1 **Blätter des Pipa-Baums:** Die Blätter des Pipa-Baums *Eriobotrya japonica* (Thunb. Lindl.) werden in der traditionellen chinesischen Medizin zum Lösen von Schleim bei akuter oder chronischer Bronchitis und bei Erbrechen aufgrund von Gastritis benutzt.

2 **Cibotium-Wurzel:** Die Wurzel von *Cibotium barometz* (L.) J. Sm. wird zur Stärkung von Leber und Nieren sowie von Rücken und Knien, ferner zur Behandlung rheumatischer Schmerzen im Rücken und den Lendenmuskeln eingesetzt.

3 **»Wahres Bild der fünf Organe von Ou Xifan«:** Ou Xifan und weitere 55 Führer eines Aufstands, der in den Jahren der Regierungsära Qingli (1041–1048) stattfand, wurden nach der Niederschlagung des Aufstands hingerichtet. Wu Tong, der Richter von Xuanzhou, ließ ihre Leichen sezieren und den auf dieser Grundlage festgestellten Aufbau des menschlichen Körpers mit Hilfe eines Malers in dem »Wahren Bild der fünf Organe von Ou Xifan« darstellen. Das Bild ist verlorengegangen. Die fünf Organe bezeichnen in der traditionellen chinesischen Medizin Herz, Leber, Milz, Lunge und Nieren.

4 Obwohl Shen Kuo in dieser Notiz schon eine gute Einsicht in die Anatomie des Verdauungstrakts und des Verdauungsmechanismus beweist, die modernen Kenntnissen erstaunlich nahe kommt, ist sie nicht frei von Fehlern in der Darstellung der Anatomie. Wenn man annimmt, daß er das »Wahre Bild der fünf Organe von Ou Xifan« tatsächlich gesehen hat, betrog ihn hier vielleicht sein im übrigen hervorragendes Gedächtnis.

5 **»Rezepte des Wundergartens«:** Dieses medizinische Werk (»Ling yuan fang«) von Shen Kuo in 20 Teilen ist verlorengegangen.

6 **»Wesentliche Techniken für die Wohlfahrt des Volkes«:** (»Qi min yao shu«) eine Enzyklopädie der Landwirtschaft, die von Jia Sixie etwa in den Jahren 533 bis 544 verfaßt wurde.

7 **»Pharmakologie des Meisters Ri Hua«:** (»Ri hua (zhu jia) ben cao«). Diese Pharmakologie erschien im Jahre 970. Ihr Verfasser Da Ming lebte während der Regierungsära Kaiyuan (713–741) der Tang-Dynastie. Er gab sich das Pseudonym Ri Hua Zi (Meister Ri Hua).

8 **»Rezepte der tausend Goldstücke«:** Dieses Rezeptbuch (»Qian jin fang«) stammt von dem berühmten Arzt der Tang-Zeit Sun Simiao (581–682) und erschien im Jahre 652. Shen Kuo irrte aber, daß in Sun Simiaos Rezept für die Fünf-Düfte-Forsythien-Suppe kein Hühnerzungenduft vorkomme. Sun Simiao gibt an, daß mit dieser aus 14 Ingredienzien bereiteten Suppe fiebrige Erkrankungen, Vergiftungen und Schwellungen bei Kindern behandelt werden.

9 **»Neu ergänzte Pharmakologie«:** Dieses Werk (»Jiayou bu zhu ben cao«) entstand während der Regierungsära Jiayou (1056–1063).

10 **Brustduft:** wird aus dem Harz von Lack- und Ölbäumen gewonnen.

11 Nach der traditionellen chinesischen Medizin soll der Herrscher oder die grundlegende Ingredienz die wesentliche Heilwirkung liefern, der Minister hilft, die grundlegende Wirkung zu stärken, der Adjutant lindert Nebenwirkungen oder dämpft die Wirkung der grundlegenden Ingredienz, wenn deren Wirkung zu stark ist, während der Diener die Wirkung zur betroffenen Stelle leitet.

12 **»Über die Eigenschaften von Arzneien«:** von Zhen Quan (541–643) verfaßtes medizinisches Werk (»Yao xing lun bzw. Yao xing ben cao«).

13 **Kroton-Samen:** Aus den stark giftigen Samen von *Croton tiglium L.*, der zur Gattung der

Wolfsmilchgewächse gehört, läßt sich ein abführend und hautreizend wirkendes Öl (Krotonöl) gewinnen. In der traditionellen chinesischen Medizin wird aus den ölhaltigen Rückständen, deren Giftwirkung durch das Auspressen gemildert ist, ein Mittel zum Abführen und zur äußerlichen Behandlung von Furunkeln, Dermatitis und Warzen gewonnen.

14 **Glatte Rose:** In der traditionellen chinesischen Medizin wird aus den Früchten der glatten Rose (»*Rosa laevigata Michx.*«) eine adstringierende Arznei zur Behandlung von Pollutionen, Harnfluß, Weißfluß und Durchfall hergestellt.

15 **Klebrige Rehmannia:** Die frische Wurzel der klebrigen Rehmannia (lat. *Rehmannia glutinosa Libosch*, zur Familie der Scrophulariaceae gehörig) wird zur Behandlung von Durst, Hautausschlägen und Blutungen aufgrund von pathologischer Hitze eingesetzt.

16 **Steinsamenkraut:** Die getrockneten Wurzeln des Steinsamenkrauts (lat. *Arnebia euchroma* (Royle) Johnst (zur Familie der Boraginaceae gehörig) werden äußerlich zur Behandlung von Verbrennungen, Frostbeulen, Dermatitis und Ekzemen verwendet. Die Pflanze ist allerdings mehrjährig und paßt nicht als Beispiel der hier von Shen Kuo angeführten einjährigen Pflanzen.

17 **Bai Juyi:** ein berühmter realistischer Dichter der Tang-Zeit, lebte von 772 bis 846. In Armut aufgewachsen, erklomm er hohe Ämter, wobei er sich stets um die Nöte des Volkes kümmerte. Es wird überliefert, daß er seine Gedichte einer Magd vorlas, um zu prüfen, ob sie auch dem einfachen Volk verständlich sind.

18 **Kreise Bingzhou und Fenzhou:** Bingzhou entspricht der heutigen Stadt Taiyuan in der Provinz Shanxi, während Fenzhou das heutige Fenyang in derselben Provinz ist.

19 **Zhuyue:** eine Bezeichnung für die in Südchina gelegenen Provinzen Guangdong und Guangxi.

20 **Shuomo:** Name für die Steppen- und Wüstengebiete Nordchinas.

21 **Im Kapitel »Monatsanweisungen« des Buches der Riten:** Dieses zu den konfuzianischen Klassikern gezählte Werk beschreibt in 49 Kapiteln die Riten zur Zeit der Zhou-Dynastie (11. Jh. – 221 v. Chr.). Nach der Überlieferung wurde es von Dai Sheng während der westlichen Han-Dynastie (206 v. Chr. – 24 n. Chr.) redigiert, doch die jetzt vorliegende kommentierte Fassung stammt von Zheng Xuan aus der Östlichen Han-Dynastie (25–220).

22 **Yang-Kanäle:** Nach der Auffassung der traditionellen chinesischen Medizin ist der menschliche Körper aus gegensätzlichen Yin- und Yang-Komponenten zusammengesetzt. Dabei sorgt Yang für die physiologischen Aktivitäten, während Yin die materielle Struktur bildet. In diesem Zusammenhang lassen sich die Yang-Kanäle als die Nerven- und Blutbahnen interpretieren.

23 **Sambar-Hirsche:** lat. *Cervus unicolor Sambar*, eine Unterart, die zur Gattung der Rothirsche gehört.

24 **Zhu-Hirsch:** Es handelt sich um eine Elch-Art.

25 **Ningxia-Bocksdorn:** Eine Unterart des Chinesischen Bocksdorns (lat. *Lycium chinense Mill.*), die in Ningxia, Gansu, Qinghai, Xinjiang und der Inneren Mongolei verbreitet ist. Bocksdorn gehört zur Gattung der Nachtschattengewächse. Die getrockneten Früchte dienen als Arznei zur Stärkung der Funktionen von Leber und Nieren, zur Verbesserung der Augensicht sowie zur Behandlung von Rücken- und Beinschmerzen, Impotenz, nächtlichem Erguß und Schwindelanfällen.

26 **»Ergänzung zu den Tausend-Goldstücke-Rezepten«:** Zusammen mit den »Tausend-Goldstücke-Rezepten« von Sun Simiao (581–682) stellt dieses Rezeptbuch eine Zusammenfassung der medizinischen Errungenschaften vor dem 7. Jahrhundert dar.

27 **Ganzhou:** die heutige Stadt Zhangye in der Provinz Gansu.

28 **Haselwurz:** lat. *Asarum Sieboldii Miq.*, gehört zur Gattung der Osterluzeigewächse. Diese in Bergregionen an dunklen, feuchten Stellen wachsende Pflanze wird in der traditionellen chinesischen Medizin zur Behandlung von Kopf- und Zahnschmerzen verwendet. Die Abart Pferdehuf-Duft trägt den lat. Namen *Asarum blumei Duch.* oder *Asarum forbesii Maxim.*

29 **Huashan:** ein Berg in der Provinz Shaanxi in der Nähe von Huayin.

30 **»Pharmakologie der Regierungsära Kaibao«:** Ein von Liu Han und Ma Zhi während der Regierungsära Kaibao (968–975) verfaßtes Heilkräuterbuch.

31 **Gegend von Xiangzhou und Hanshui:** Xiangzhou ist die heutige Stadt Xiangfan in der Provinz Hubei. Der Hanshui entspringt im Kreis Ningqiang der Provinz Shaanxi und mündet bei Wuhan in den Yangzijiang.

32 **Gui du you:** Ein dem Haselwurz ähnelndes mehrjähriges Kraut. Es treibt einen etwa 60 cm hohen Stengel, an dessen Ende schirmartige Blätter wachsen. Die Blüten sind gelblich-weiß.

33 Zur Zeit der Herrschaft des Han-Kaisers Wudi unternahm Zhang Qian (gest. 114 v. Chr.) in den Jahren 139 bis 126 v. Chr. eine diplomatische Missionsreise zu den im Westen Chinas gelegenen Nachbarstaaten, um ein Bündnis mit dem in Zentralasien beheimateten Volk der Yuezhi gegen die Xiongnu zu schließen. Obwohl es ihm nicht gelang, ein Bündnis gegen die Xiongnu abzuschließen, brachte er die Überzeugung mit, daß die zentralasiatischen Staaten durch Handel und Geschenke chinesischer Waren gewonnen werden könnten. Zwar ist bekannt, daß Zhang Qian aus Zentralasien verschiedene Kulturpflanzen, wie z. B. die Weinrebe mit nach China brachte, aber Shen Kuos These, daß Sesam aus dem Land Dayuan nach China gekommen sei, trifft nicht zu. Ausgrabungen aus neolithischen Fundstätten bewiesen, daß Sesam in China schon lange vor Zhang Qian angebaut wurde, und auch in den überlieferten Chroniken, die die Reisen von Zhang Qian beschreiben, finden sich keine Anhaltspunkte hierzu.

34 Von der Wurzel dieser Orchideenart, die den lateinischen Namen *Gastrodia elata Bl.* trägt, wird in der traditionellen chinesischen Medizin eine blutdrucksenkende, krampflösende Arznei zur Behandlung von Kopfschmerzen, Schwindelanfällen und Vorläufersymptomen von Schlaganfällen hergestellt.

35 Aus dem Schichtporling (lat. *Ganoderma lucidum [Leyss. ex Fr.]*) wird ein flüssiger Extrakt gewonnen. Diese Arznei in Form des flüssigen Extrakts oder von Tabletten, die aus dem Extrakt hergestellt werden, dient als Beruhigungsmittel bei Schwindelanfällen und Schlaflosigkeit aufgrund von Nervenschwäche und Bluthochdruck und als Tonikum bei Schwächesymptomen. Ferner wird sie auch bei chronischer Bronchitis und Asthma eingesetzt. Im Altertum galt Schichtporling, von dem eine blaue, eine rote, eine gelbe, eine weiße und eine schwarze Art beschrieben sind, als glückverheißende Pflanze. Sie genoß so hohe Wertschätzung, daß man sie als Geschenk und als Heilpflanze benutzte.

36 In der traditionellen chinesischen Medizin zählen hierzu u. a. Schlaganfall, Lähmung und Epilepsie.

37 **Achyranthes:** lat. *Achyranthes bidentata Bl.* (zur Familie der Fuchsschwanzgewächse gehörend), eine Heilpflanze, deren Wurzeln als harntreibendes und die Menstruation anregendes Mittel verwendet werden.

38 Shen Kuos Beschreibung des Gipskristalls ist sehr präzise. Gips (chemische Zusammensetzung $CaSO_4 \cdot 2H_2O$) ist ein monoklin-prismatisches Mineral mit sechseckigem Querschnitt. Die Querschnittsfläche durch das Prisma ist wie ein Dach aus zwei abgeschrägten Flächen zusammengesetzt. Gipskristalle lassen sich gut spalten. Auch die Beobachtung, daß Gips im Zusammenhang mit Salzlagerstätten vorkommt, trifft zu. Hervorzuheben ist schließlich, daß Shen Kuos Methodik zur Identifizierung von Mineralien anhand ihrer physikalischen Eigenschaften, wie z. B. Kristallform, Farbe, Glanz, Spaltbarkeit, Feuchtigkeitsaufnahme und Löslichkeit in Europa erst im 17. Jahrhundert von dem dänischen Mathematiker und Naturforscher Erasmus Bartholinus (1625–1698) angewendet und weiterentwickelt wurde.

39 Reiner Gips ist durchsichtig-farblos oder weiß. Eine grünliche Färbung kann durch Verunreinigungen der Kristalle hervorgerufen werden.

40 Es kann sich um ein Salz handeln, das durch ein Eisensalz rot gefärbt ist. Jiangzhou entspricht der Gegend von Xinjiang in der Provinz Shanxi.

41 **Yancheng**: (wörtlich: Salzstadt) die Stadt, die auch heute noch denselben Namen trägt, liegt im Kreis Huai'an der Provinz Jiangsu.

42 **Schmuckauster**: (chin. *wen ge*) lautet die wörtliche Übersetzung einer eßbaren Auster mit violett-rötlichen Flecken auf der oberen Schale, die die lateinische Bezeichnung Meretrix meretrix trägt.

43 **Archenmuschel**: lat. *Arca inflata,* eine eßbare Muschel mit dicker, dunkelbrauner Schale, die durch erhabene Rippen strukturiert ist.

44 **Pharmakologie »Ming yi bie lu«:** Nach der Überlieferung soll dieses Werk von Tao Hongjing (456–536), der während der Qi- und Liang-Dynastie (479–557) lebte, verfaßt worden sein. Tao Hongjing war ein Daoist, der Heilpflanzen untersuchte. Außer der von Shen Kuo zitierten Pharmakologie stammt von Tao Hongjing auch der »Kommentar zur Pharmakologie des Heiligen Ackerbauers« (Shennong bencao jing), der ältesten in China bekannten Pharmakologie, die traditionell dem vorhistorischen Herrscher Shennong, dem Heiligen Ackerbauern, zugeschrieben wird. Shennong soll die Heilung von Krankheiten durch Pflanzen entdeckt haben.

45 **Knöterich-Art:** Gemeint ist die Knöterich-Art *Polygonum multiflorum Thunb.*, deren getrocknete Wurzeln in der traditionellen chinesischen Medizin als Arznei zur Stärkung von Leber und Nieren, zur Behandlung von Anämie und von Rücken- und Knieschmerzen verwendet werden.

46 **Yuliang:** Es wird vermutet, daß Shen Kuo mit dem Pflanzennamen Yuliang eine südchinesische Dialektvariante von Shuliang, wie man die Yamswurzel heute nennt, festgehalten hat. Die Yamswurzel (lat. *Dioscorea Cirrhosa Lour.*) ist eine sich windende Pflanze mit stärkereichen eßbaren Knollen, die auch unter dem Namen »chinesische Kartoffel« bekannt ist. Die von Shen Kuo besprochene Yamswurzel-Art *Zhekui* ist nach der Beschreibung im »Abriß der Wurzeln und Gräser« (»Bencao gangmu«) von Li Shizhen (1518–1593) nicht eßbar und wird nur zum Färben benutzt.

ERGÄNZUNGEN DER PINSELUNTERHALTUNGEN – HISTORISCHES

1 **Sima Qian** (145–90 v. Chr.): Historiker und Literat, verfaßte mit den »Historischen Aufzeichnungen« Chinas erstes systematisches Geschichtswerk, das in 130 Kapiteln mehr als 3000 Jahre Geschichte vom mythologischen Gelben Kaiser (Huangdi) bis zum Kaiser Wudi (regierte von 140–87 v. Chr.) behandelt.

2 **Gelber Kaiser und Laozi:** beide werden als die Urväter des Daoismus verehrt. Der Gelbe Kaiser, der zu den fünf weisen Herrschern aus Chinas Goldenem Zeitalter (2852–2255 v. Chr.) gehört, soll angeblich unter anderem das Geheimnis der Unsterblichkeit entdeckt haben, das eines der zentralen Probleme des späteren Daoismus darstellte. Laozi (ca. 580–500 v. Chr.) gilt als der Verfasser des Dao de jing, des »Buches vom Weg und seiner Kraft«, das die grundlegenden Lehrsätze des Daoismus enthält.

3 **Die sechs kanonischen Bücher der Konfuzianer:** Gemeint sind das »Buch der Lieder« (»Shi jing«), das »Buch der Urkunden« (»Shu jing«), das »Buch der Riten« (»Li ji«), das »Buch der Musik« (»Yue jing«), das »Buch der Wandlungen« (»Yi jing«) und die Chronik »Frühling und Herbst« (»Chun qiu«). Diese sechs Werke, deren Ursprünge sich zum größten Teil schon auf die Zeit vor Konfuzius zurückverfolgen lassen, wurden zum Beginn der Han-Dynastie in den Rang kanonischer Bücher erhoben.

4 **Kapitel über »Fahrende Ritter«:** In diesem Kapitel der »Historischen Aufzeichnungen« beschreibt Sima Qian die Rolle verarmter Adliger, die als fahrende Ritter durchs Land zogen und auf anarchische Weise Selbstjustiz übten oder sich am Hof mächtiger Fürsten als Weltverbesserer zu betätigen versuchten.

5 **Wang Yun** (137–192): Ein hoher Würdenträger am Hof des letzten Han-Kaisers Xiandi, der an der Niederschlagung des Bauernaufstandes der Gelben Turbane beteiligt war, den durch seine Grausamkeit und usurpatorischen Absichten berüchtigten Heerführer Dong Zhuo ermordete, aber später selbst durch Gefolgsleute von Dong Zhuo ums Leben kam.

6 Im Jahre 99 v. Chr. wurde Sima Qian zur Kastration verurteilt, weil er vor Kaiser Wudi den General Li Ling verteidigt hatte, der zu den Xiongnu übergelaufen war, nachdem Li Ling durch sie eine Niederlage eingesteckt hatte. Die seelischen Qualen, die Sima Qian durch diese Strafe erlitt, waren offensichtlich der Grund für eine Fülle versteckter Angriffe auf Wudi und eine starke ironische Tendenz in den »Historischen Aufzeichnungen«, die Shen Kuo Hintersinn nennt. Ban Gus Kritik, dessen »Geschichte der Han-Dynastie« sich im übrigen eng an das Vorbild der »Historischen Aufzeichnungen« anlehnt, spiegelt indirekt Sima Qians Streben nach

geschichtlicher Objektivität wider, der Quellen ganz unterschiedlicher ideologischer Herkunft verarbeitete. Kaiser Wudi war vor allem von den Methoden des Legalismus beeinflußt.

7 **Xiong Ansheng**: Ein Gelehrter, der im Dienst der Nördlichen Qi-Dynastie (550–577) und der Nördlichen Zhou-Dynastie (557–581) gestanden war und Kommentare zu den kanonischen Werken »Riten der Zhou« (Zhou li) und »Aufzeichnung der Riten« (Li ji) verfaßt hatte. Xiong Ansheng wurde in Fucheng (Provinz Hebei) geboren.

8 Bei dieser traditionellen phonetischen Methode wird mit dem ersten Schriftzeichen der Anlaut und mit dem zweiten Schriftzeichen der Auslaut und die Betonung des betreffenden Schriftzeichens wiedergegeben. Beispielsweise wird die Aussprache des Schriftzeichens *liàn* (üben) mit den beiden Schriftzeichen *l(ang)* und *(d)iàn* beschrieben. Diese im Chinesischen als *fanqie* bezeichnete Methode hat allerdings den Nachteil, daß sich die Aussprache der als Referenz benutzten Aussprache in Abhängigkeit von Zeit und Ort ändern kann. Shen Kuo erörtert vor allem durch die Dialekte des Chinesischen bedingte unterschiedliche lokale Aussprachen. Sein Denkansatz bildete eine der wesentlichen Grundlagen für die in späteren Jahrhunderten gelungene Rekonstruktion der Aussprache des Altchinesischen.

9 **Lu Deming** (ca. 550–630): der Gelehrte verfaßte Kommentare und das genannte Schriftzeichenlexikon über die konfuzianischen Klassiker. Seine Heimat Wu liegt in der südostchinesischen Region von Süd-Jiangsu und Nord-Zhejiang.

10 **Zheng Kangcheng:** ein berühmter Kommentator der konfuzianischen Klassiker aus der Zeit der Östlichen Han-Dynastie (25–220). Qi liegt in Nordchina.

11 Das fragliche Zitat aus den »Riten der Zhou« läßt sich dann auch so deuten: Der Arzt bedeckte das Geschwür mit Heilkräutern, bis es durch sie entfernt wurde.

12 **Lu:** Während der Westlichen Zhou-Dynastie und der Chunqiu-Periode (11. Jh. – 476 v. Chr.) existierte auf dem Gebiet der heutigen Provinz Shandong das Fürstentum Lu.

13 **Qin:** Ein alter Name für die Provinz Shaanxi.

14 **Fahua-Schule**: eine Schule des Buddhismus, deren Lehre auf dem Lotos-Sutra basiert, woher auch ihr Name rührt. Die Praxis dieser Schule besteht in der Meditation.

15 Zwischen den Namen der Tonleitern des Altertums, den Namen der Töne zur Song-Zeit, den Namen der Töne des Altertums und den Namen der heutigen Tonleitern besteht folgender Zusammenhang:

Namen der Tonleitern des Altertums	*Namen der Töne zur Song-Zeit*	*Namen der Töne des Altertums*	*Namen der heutigen Tonleitern*		
Huangzhong	He	Gong		c	
Dalü	Xiasi		#c		^{b}d
Taicu	Gaosi	Shang		d	
Jiazhong	Xiayi		#d		^{b}e
Guxi	Gaoyi	Jiao		e	
Zhonglü	Shang			f	
Ruibin	Gou	Bianzhi	#f		^{b}g
Linzhong	Chi	Zhi		g	
Yize	Xiagong (Gong)		#g		^{b}a
Nanlü	Gaogong	Yu		a	
Wushe	Xiafan		#a		^{b}b
Yingzhong	Gaofan	Biangong		b	
Huangban	Liu	Shaogong		c	
Daban	Xiawu		#c		^{b}d
Taiban	Gaowu	Shaoshang		d	
Jiaban	Jinwu		#d		^{b}e
Guban		Shaojiao		e	

In dieser Tabelle ist die Tonleiter *Huangzhong* dem Ton *Gong* zugeordnet worden. In der Praxis kann aber ein beliebiger Ton der 12 Tonleitern *Gong* sein. Die Tonleitern *Huangban* bis

Guban stellen die Tonleitern der Obertöne dar. Im Altertum wurden die Tonleitern der Obertöne durch den Suffix *-ban* (halb, d. h. halbe Tonlänge oder doppelte Frequenz) gekennzeichnet. Analog charakterisiert der Präfix *Shao* (wenig) die Obertöne bei den Namen der Töne des Altertums.

16 Wenn zuvor festgestellt wurde, daß dieselben Tonarten 7 Töne aufweisen, so ist das auf die geringere Zahl der Töne im Altertum zurückzuführen. Während die Tonnomenklatur der Song-Zeit 16 Töne unterscheidet (siehe Anmerkung 15), kannte man im Altertum nur 5 Grundtöne.

17 Die Zuordnung der Tonarten zu den Grundtönen gibt folgende Tabelle wieder:

Grundtöne Tonleitern	*Gong*	*Shang*	*Jiao*	*Yu*
Huangzhong	Zhenggong	Dashidiao	Dashijiao	Banshediao
Dalü	Gaogong	Gaodashidiao	Gaodashijiao	Gaobanshediao
Jiazhong	Zhonglügong	Shuangdiao	Shangjiao	Zhonglüdiao
Zhonglü	Daodiaogong	Xiaoshidiao	Xiaoshijiao	Zhengpingdiao
Linzhong	Nanlügong	Xiezhidiao	Xiezhijiao	Gaopingdiao
Yize	Xianlügong	Linzhongshang	Linzhongjiao	Xianlüjiao
Wushe	Huangzhonggong	Yuediao	Yuejiao	Huangzhongyu

Diese Notiz von Shen Kuo liefert eine wertvolle Grundlage für die Rekonstruktion der songzeitlichen Musik.

18 Im Altertum hatten die Chinesen eine Tonleiter mit 12 Tönen entwickelt, die mit Stimmpfeifen definierter Länge dargestellt wurden. Diese 12 Töne wurden in 6 ungerade und 6 gerade Töne unterteilt.

19 **Schlaginstrument Fangxiang:** es bestand aus 16 an einem Rahmen aufgehängten rechteckigen Stahlplatten gleicher Länge und Breite, aber unterschiedlicher Dicke. Ma Duanlin äußerte in einem Buch aus dem Jahre 1300, daß dieses Instrument ausländischen Ursprungs sei.

20 **Griffbrett- und Wölbbrettzither:** alte Saiteninstrumente. Die Griffbrettzither (chin. *qin*) besitzt 7 Saiten, die die Töne *Gong, Shang, Jiao, Zheng, Yu, Kleiner Gong* und *Kleiner Shang* verkörpern. Wenn man den Ton *Gong* in vereinfachter Notation mit 1 bezeichnet, ergibt sich eine Reihenfolge von 1, 2, 3, 4, 5, 6, 1★, 2★. Die Wölbbrettzither hat dagegen 25 Saiten, deren Tonhöhen nach den 5 Tönen *Gong, Shang, Jiao, Zheng* und *Yu* aufgebaut sind. Das Phänomen der Resonanz ist in China schon im Buch Zhuang Zi (etwa 290 v. Chr.) beschrieben worden. Von Shen Kuo stammt die originelle Idee, die Resonanz mit Papierfiguren, die auf die Saiten gestellt werden, sichtbar zu machen.

21 Nach der vereinfachten Notation entsteht Resonanz zwischen den Tönen 1 und 1★ sowie 1 und 2★, zwischen denen vier nicht zu Resonanz angeregte Saiten liegen.

22 Griffbrettzither *Jiqin* – Dieses Saiteninstrument, das von der alten Völkerschaft Xi im Nordwesten Chinas stammte, gilt als der Vorläufer der sog. chinesischen Röhrengeige *Huqin*.

NATURPHÄNOMENE

1 **Lu Zhao:** ein Literat und Beamter der Tang-Dynastie (618–907). Im Vorwort zum »Essay über die Meeresflut« (»Hai chao fu«) vertrat er die These, die Gezeiten würden durch die Sonne verursacht werden. Interessant ist, daß in diesem Essay der Gebrauch von Gezeitentabellen erwähnt wird.

2 Shen Kuos Korrektur von Lu Zhaos falscher Auffassung markiert einen bedeutenden Fortschritt bei der Entwicklung der Gezeitentheorie im alten China. Jetzt ist bekannt, daß die Gezeiten außer von den Anziehungskräften des Mondes auch von denen der Sonne überlagert werden. Aufgrund der viel größeren Entfernung der Sonne von der Erde beträgt die Wirkung der Sonne auf die Gezeiten aber nur etwa 45 % der Wirkung des Mondes. In den weitaus meisten Meeresgebieten dominieren die halbtägigen Gezeiten (Grundzyklus von 12 h 25 min). Dabei addieren sich ein bis zwei Tage nach Voll- und Neumond die Einflüsse von Mond und

Sonne, die zu besonders starken Gezeiten (Springtiden) führen. Rund 7,5 Tage nach der Springzeit heben sich die Einflüsse von Mond und Sonne teilweise auf. Dann sind die Gezeiten besonders schwach (Nipptiden).
Vor Shen Kuo hatte schon der Philosoph Wang Chong (27–97) in seinem Werk »Abgewogene Erörterungen« (»Lun heng«) die Abhängigkeit der Gezeiten vom Mond festgestellt. Die älteste Gezeitentafel Europas, die die Flut an der Brücke von London festhielt, stammt aus dem 13. Jahrhundert.

3 **Herrscher Yao:** einer der kulturgründenden Herrscher, der im Gebiet des Gelben Flusses ein Bündnis patriarchalisch organisierter Stämme führte und im 24. Jh. v. Chr. gelebt haben soll. Dem Herrscher Yao wird u. a. die Erfindung des Kalenders zugeschrieben.

4 **Präzession des Zeitpunkts der Wintersonnenwende:** Shen Kuo hat sich mit dem Phänomen der Präzession in seiner Notiz 126 »Luoxia Hongs Kalendermethode« auseinandergesetzt (s. S. 50).

5 In den alten Kalendern wurde die Zeit zwischen zwei Wintersonnenwenden in 24 Solarperioden unterteilt. Im allgemeinen enthält jeder Mondmonat eine ungeradzahlige Solarperiode. Zum Beispiel fällt die Solarperiode Wintersanfang (*Dong zhi*) in den 11. Monat und die Solarperiode Große Kälte (*Da han*) in den 12. Monat. Aber weil eine Solarperiode mehr als 30 Tage, ein Mondmonat aber nur etwa 29,5 Tage dauert, kommt es vor, daß in bestimmten Monaten keine ungeradzahlige Solarperiode beginnt. Deshalb wird zum Ausgleich ein Schaltmonat eingefügt.

6 Diese Untersuchung hatte Shen Kuo in der Notiz 128 »Wasseruhren« beschrieben (s. S. 52).

7 Shen Kuo berichtete darüber in seiner Notiz 125 »Die Richtung des Stiels des ›Großen Schöpflöffels‹« (s. S. 49).

8 Shen Kuos Vorschlag eines reinen Sonnenkalenders, der die Mängel des Mondkalenders beseitigt und das Bedürfnis nach Übereinstimmung zwischen Kalenderzeit und den periodischen Phasen der Natur befriedigt, ist sehr kühn, weil er sich über Denkmodelle hinwegsetzte, die zu seiner Zeit schon Jahrtausende alt waren. In China wurde während des Taiping-Aufstandes (1850–1864) erstmalig ein Sonnenkalender und dann ab 1912 offiziell der Gregorianische Kalender eingeführt. Der traditionelle lunosolare Kalender ist nach wie vor im Gebrauch.

9 **Stimmpfeifen:** Im alten China wurden die Musikinstrumente mit Hilfe von Stimmpfeifen sowie mit Stimmglocken, die eine definierte Geometrie aufwiesen, gestimmt. Die Stimmpfeifen bzw. Stimmglocken bildeten für die 12-Tonleiter der altchinesischen Musik einen Satz von je 12 Instrumenten. Die Stimmpfeifen tragen die Namen *Huangzhong*, *Dalü*, *Taicu*, *Jiazhong*, *Guxian*, *Zhonglü*, *Ruibin*, *Linzhong*, *Yize*, *Nanlü*, *Wuyi* und *Yingzhong*. Die Festlegung von Normalen für das Stimmen der Musikinstrumente hatte eine außerordentlich große rituelle Bedeutung, um den ursprünglichen Charakter der höfischen Musik zu bewahren.

10 Der Gedanke, ein Volumen über die Zahl der in dieses Volumen hineinpassenden Hirsekörner zu messen, rührt daher, daß Volumenmaße im alten China vor allem zum Messen der Menge von Getreide dienten. Die Stimmglocken als Vorläufer der Stimmpfeifen entwickelten sich wiederum aus bronzenen Volumenmaßen für Getreide. Die Längeneinheit Fen (ca. 3 mm) entsprach der Breite eines Hirsekorns. Die Längenmaße Fen, Cun und Chi wurden auch über eine entsprechende Anzahl nebeneinandergelegter Hirsekörner dargestellt.

11 Diese Rechnung Shen Kuos läßt sich nicht nachvollziehen. Aber in dem naturphilosophischen Werk »Huai nan zi« von Liu An (ca. 180–122 v. Chr.) wird der Stimmglocke Huangzhong aus numerologischen Gründen die Zahl 81 zugeordnet.

12 Man erhält die Längen der Stimmpfeifen für die 12 Töne, indem die der Fundamentalnote entsprechende Länge der Stimmpfeife (in diesem Fall die Stimmpfeife *Huangzhong* mit 9 Cun Länge) abwechselnd mit 2/3 und 4/3 multipliziert werden. Dem liegt die Tatsache zugrunde, daß die Länge der Luftsäule in der Stimmpfeife umgekehrt proportional der Frequenz der Stimmpfeife ist. Das heißt, wenn die Länge der Stimmpfeife mit 2/3 multipliziert wird, ergibt sich eine 3/2-fach größere Frequenz, was einem um eine Quinte höheren Ton entspricht.
Das im alten China benutzte System der Stimmpfeifen stellt ein metrologisches Normal der Frequenz dar, das mittels der Länge einer Luftsäule definiert ist. Somit ist dieses Normal ein

interessanter Vorläufer der modernen Längennormale, die auf der stabilen Frequenz einer elektromagnetischen Strahlung beruhen. Praktisch diente die Länge der Stimmpfeife *Huangzhong* im alten China zugleich als Längennormal.
Die Gruppe der Stimmpfeifen, deren Längen sich durch Multiplikation mit 4/3 ergeben, heißt vorangehende Generation, und die Gruppe der Stimmpfeifen, deren Längen sich durch Multiplikation mit 2/3 ergeben – nachfolgende Generation.

13 Diese Angabe des Umfangs von 9 Fen für die Stimmpfeife *Huangzhong* steht im Widerspruch zu der am Anfang genannten Angabe, daß der Durchmesser der Stimmpfeife *Huangzhong* 9 Fen beträgt. Es ist zu vermuten, daß es statt Durchmesser Umfang heißen soll.

14 Dieser Wert ergibt sich bei einem festgelegten ganzzahligen Wert für den Durchmesser von 3 Fen und dem damals auch in China geläufigen Näherungswert für die Zahl Pi von 22/7, der zuerst von Archimedes um 250 v. Chr. gefunden wurde und auf zwei Stellen hinter dem Komma genau ist. Einen auf 6 Stellen hinter dem Komma genauen Wert für die Zahl Pi hatte der Mathematiker Zu Chongzhi (430–501) errechnet.

15 **»Über Musik« (»Yue lun«):** Diese Schrift von Shen Kuo ist verlorengegangen.

16 In einem Kapitel über Musik in Sima Qians Geschichtswerk »Historische Aufzeichnungen« (»Shi ji«), das im Jahr 90 v. Chr. erschien, befindet sich eine Liste mit den Längen der 12 Stimmpfeifen, die von einer Länge für die Stimmpfeife *Huangzhong* von 8 1/10 Cun ausgehen, der sich als sehr praktisch für die Berechnung der Längen der übrigen Stimmpfeifen durch abwechselnde Multiplikation mit 2/3 und 4/3 erweist. Der fragliche Wert 5 4/10 Cun ist dabei die Länge der Stimmpfeife *Linzhong*, der sich aus 8,1 × 2/3 errechnet.

17 **Reine und trübe Stimmpfeifen:** Der Satz der 12 reinen Stimmpfeifen stellt die um eine Oktave höhere Tonleiter und der Satz der 12 trüben Stimmpfeifen die um eine Oktave tiefere Tonleiter dar.

18 **Zhang Yong** (946–1015): Ein hoher Beamter der Nördlichen Song-Dynastie, der Kreisvorsteher in der heutigen Provinz Hubei und später hauptstädtischer Beamter (u. a. Finanzkommissar und Präsident des Zensorengerichts) und Präfekt von Chengdu in der Provinz Sichuan war. Als Provinzbeamter förderte er, wie in dieser Notiz beschrieben, die allseitige Entwicklung der Landwirtschaft. Zhang Yong galt als fähiger Verwaltungsbeamter. Mit dem Kanzler Kou Zhun verband ihn enge Freundschaft. Über Zhang Yong wird berichtet, daß er Kou Zhun sehr freimütig alle begangenen Fehler vorhielt. Seine Kritik an anderen einflußreichen Hofbeamten brachte ihm Maßregelungen ein.

19 **Kreis Chongyang im Bezirk Ezhou:** in der heutigen Provinz Hubei gelegen. Die Bezirkshauptstadt Ezhou, die jetzt Echeng heißt, befindet sich am Yangzi.

20 **Yuezhou:** entspricht der heutigen Stadt Yueyang am Dongting-See in der Provinz Hubei.

21 Im Jahre 1038 proklamierte sich der Herrscher des tangutischen Reiches Xixia, das im Nordwesten an das Song-Reich grenzte, zum Kaiser. Zu jener Zeit hatten die Tanguten die Uighuren aus Gebieten der heutigen Provinz Gansu vertrieben und verstärkten wieder den Druck auf die Grenze zum Song-Reich in der Provinz Shaanxi, wo sich auch die Stadt Yan'an befindet.

22 **Fan Yong:** über ihn ist bekannt, daß er aus Luoyang in der Provinz Henan stammte, im Jahre 1033 das Amt eines Präfekten von Shaanzhou bekleidete und auch Militärgouverneur von Yan'an war.

23 **Han Xin** (? – 196 v. Chr.): war ein Militärführer am Beginn der Han-Dynastie. Ursprünglich stand er auf der Seite von Xiang Yu, dem König von Chu, der zusammen mit Liu Bang, dem späteren ersten Han-Kaiser Gaozu, um die Vorherrschaft stritt. Hiernach kämpfte er auf seiten von Liu Bang, der ihn zum General ernannte. Nachdem er Liu Bangs Hauptrivalen Xiang Yu in der Schlacht bei Gaixia besiegt hatte, wurde er zum Dank als König von Chu belehnt. Weil er später zusammen mit Chen Xi einen Staatsstreich geplant haben soll, ließ ihn die Kaiserinwitwe Lü im Jahre 196 v. Chr. ermorden.

24 **Jingxingkou:** eine Stadt im Westen der Provinz Hebei.

25 Liu Bang, ein kleiner Beamter aus Qin, gehörte ebenso wie Xiang Yu, einem Adligen aus dem Reich Chu, zu den Führern der Aufständischen, die den Sturz der Qin-Dynastie herbeiführten. Im Kampf um die Macht wurden jedoch aus den ursprünglichen Verbündeten Rivalen. Das Jahr 206 v. Chr., in dem Liu Bang die Qin im Wei-Tal vernichtend schlug, zählt als Grün-

dungsjahr der Han-Dynastie. Im Jahre 202 v. Chr. schaltete Liu Bang und mit ihm sein General Han Xin den letzten mächtigen Konkurrenten Xiang Yu aus, der König des südchinesischen Reiches Chu war. Gaixia, der Ort der Entscheidungsschlacht, liegt im Südosten des Kreises Lingbi in der Provinz Anhui.

26 Nach der Gründung der Han-Dynastie durch Liu Bang mußte er noch mehrere Jahre gegen lokale Machthaber, die in der Zeit des Untergangs der Qin-Dynastie aufgestiegen waren, kämpfen. Zu ihnen zählte König Bao von Wei. Da König Bao sein Heer an einer strategisch vorteilhaften Stelle am Gelben Fluß formiert hatte, war es nicht möglich, ihn direkt anzugreifen. Han Xin spiegelte König Bao durch emsige Geschäftigkeit seiner am gegenüberliegenden Ufer stationierten Truppen vor, daß ein Flußübergang durch Han Xins Heer bevorstünde. Indessen verlegte er heimlich seine Hauptstreitmacht an eine andere Stelle, wo er mit dem Heer über den Gelben Fluß setzte und schließlich König Baos Heer besiegte.

27 Nach den Aufzeichnungen in der Chronik der Song-Dynastie »Song shi« ereignete sich im Sommer des Jahres 1015 in dem vom König Rong bewohnten Palast der ursprünglichen Würde eine Feuersbrunst.

28 **Ding Wei** (962–1033): war während der Regierungszeit des Kaisers Zhenzong (998–1022) Kanzler.

29 Dieses Schiff wurde in den Jahren 976–997 von dem aus dem Volk stammenden Schiffbauer Zhang Ping gebaut. Die Provinz Liangzhe umfaßte die heutige Provinz Zhejiang und den Südteil der Provinz Jiangsu.

30 **Eunuch Huang Huaixin:** Die Chronik der Song-Dynastie »Song shi« berichtet, daß dieser auch Vorrichtungen und Geräte zum Entschlammen von Flüssen gebaut hatte wie z.B. eine »Maschine zum Verteilen von Schlamm mit eisernen Drachenklauen« und eine Egge zum Vertiefen eines Flußlaufs.

31 **See der Goldenen Klarheit:** Dieser westlich von Kaifeng gelegene künstliche See diente zur Zeit des Herrschers Shizong (955–960) der Späteren Zhou-Dynastie als Übungsgewässer für die Flotte.

32 Shen Kuos Notiz ist die erste bislang bekannte Beschreibung eines Trockendocks in China. In Europa wurde das erste Trockendock im Hafen von Portsmouth während der Regierungszeit von Heinrich VII. im Jahre 1495 errichtet.

33 **Radpumpen:** Möglicherweise handelt es sich um Paternosterpumpen, die während der Song-Dynastie auch zum Bewässern höher gelegener Felder gebräuchlich waren.

34 Xi Shi war eine schöne Konkubine des Königs Gou Jian aus dem Reich Yue am Ende der Chunqiu-Periode (770–476 v. Chr.). Gou Jian schenkte sie dem König Fu Cha von Wu, der sie als seine Lieblingsfrau behandelte und schließlich sein Reich an Yue verlor. Mao Qiang war ebenfalls eine Schönheit des Altertums.

35 **Yang Zhu**: war ein Philosoph aus dem Reich Wei während der Zhanguo-Periode (475–221 v. Chr.). Seine Lehre, die sich ansatzweise im Buch des gleichnamigen Daoisten »Lie Zi« erhalten hat, behauptet die Eigenliebe des Menschen und die Ungebundenheit von der materiellen Welt. **Mo Di** (etwa 480 bis 400 v. Chr.) war ein Philosoph, der aus dem Reich Song stammte und im Reich Lu eine Philosophenschule führte. In dem von ihm und seinen Schülern verfaßten Buch »Mo Zi« forderte er allgemeine Menschenliebe, keine Angriffskriege, kein Schicksalsglaube. Die Lehren von Yang Zhu und Mo Di wurden von dem Konfuzianer Meng Zi (372–289 v. Chr.) heftig bekämpft, so daß sie, als der Konfuzianismus während der Han-Dynastie zur Staatsphilosophie erhoben wurde, in Vergessenheit gerieten. Daraus erklärt sich, daß sie »nicht in den Kreis der Heiligen aufgenommen« wurden.

MERKWÜRDIGES

1 Im Jahre 1076 erhielt Shen Kuo den Auftrag des Kaisers, eine Karte des ganzen Landes anzufertigen. Shen Kuo überreichte dem Kaiser im Jahre 1087 eine große Karte, die 1 Zhang 2 Chi [3,68 m] hoch und 1 Zhang [3,07 m] breit war, und eine kleinere Karte. Entsprechend Shen Kuos Angaben ergibt sich ein Kartenmaßstab von ca. 1:900000. Ferner gehörten zu dieser Arbeit 18 Karten der Provinzen und 20 Nebenkarten. Die Karte erhielt den offiziellen Namen

»Karte aller Bezirke und Kreise des Reiches« (»Tian xia zhou xian tu«). Kaiser Zhezong belohnte Shen Kuo für diese Leistung mit 100 Ballen Seide und erlaubte ihm, sich seinen Wohnsitz frei zu wählen. Daraufhin zog Shen Kuo von Xiuzhou (dem heutigen Jiaxing in der Provinz Zhejiang) nach Runzhou (dem heutigen Zhenjiang in der Provinz Jiangsu), wo er in seinem Anwesen Traumbachgarten (Meng xi yuan) zurückgezogen sein Alter verbrachte und die »Pinselunterhaltungen am Traumbach« vollendete.
Neuere Untersuchungen führten zu der berechtigten Vermutung, daß die im Stelenwald von Xi'an aufbewahrte »Karte der Spuren des Kaisers Yu« (chin. »Yu ji tu«) auf Shen Kuo zurückgehen kann. Sie wurde im Jahre 1137 in Stein gehauen, ist aber wahrscheinlich auf den Zeitraum vor dem Jahre 1100 zu datieren. Sie ist etwa 1 m × 1 m groß, und der Abstand der Linien des rechtwinkligen Netzes entspricht 100 Li (s. [98], S. 411).

2 Diese Methoden der Kartographie hatte schon Pei Xiu, ein Minister für Öffentliche Arbeiten während der Jin-Dynastie, der von 224 bis 273 lebte, entwickelt.

3 Zuerst glaubte der Song-Hof, daß Wang Jizhong im Kampf gefallen sei, doch nachdem man erfuhr, daß er sich dem Liao-Reich zur Verfügung gestellt hatte, versuchte die Partei der Verhandlungslösung am Hofe, Wang Jizhong als Übermittler von Vorschlägen für einen Friedensvertrag mit dem Liao-Reich zu benutzen. Kaiser Zhenzong (regierte von 997–1022) war ein geistig recht labiler Herrscher, der zwischen den Vertretern einer Verhandlungslösung und eines Feldzugs (Kanzler Kou Zhun) gegen das Liao-Reich schwankte, sich aber letztlich für den Abschluß eines Friedensvertrags mit Liao entschied.

4 **Mozhou:** ein Bezirk im Gebiet der heutigen Stadt Renqiu in der Provinz Hebei.

5 **Cao Liyong:** ein Hofbeamter, der Mitglied der Delegation der Song war, die im Jahre 1004 den Friedensvertrag von Shanyuan mit dem Liao-Reich abschloß. Danach schlug er als Befriedungskommissar von Guangnan eine Rebellion des dortigen Militärs nieder. Für diesen Erfolg stieg er zu verschiedenen Hofämtern auf. Aufgrund einer Intrige wurde er degradiert und nach Suizhou verbannt. Auf dem Weg in die Verbannung beging er im Jahre 1029 Selbstmord.

6 Unter dem Eindruck der vom Song-Heer gewonnenen Schlacht bei Shanyuan erklärte sich das Liao-Reich schließlich an der Wende des Jahres 1004 zu 1005 zum Abschluß eines Friedensvertrages bereit. Die schwache Position Chinas wurde jedoch daran sichtbar, daß China entsprechend diesem Friedensvertrag jährlich einen Tribut von 100 000 Liang Silber [3960 kg] und 200 000 Ballen Seide an Liao zu zahlen hatte. Ungeachtet dieser für China demütigenden Friedensbedingung muß man aber bedenken, daß sie das Land ökonomisch weitaus weniger belastete als die Militärausgaben. Die Tributzahlungen machten 1,4 %, die Ausgaben für das Heer aber 25 % der Staatseinnahmen aus. Die sich damals verschärfende Finanzkrise des Staates spielte eine große Rolle für die Annahme dieses Friedensvertrages. Tatsächlich sicherte sich China auf diese Weise für mehrere Jahrzehnte den Frieden an der Grenze zum Liao-Reich.

7 **Neun Heere:** Nach der Heeresordnung der Song wurden die Streitkräfte in die linke und die rechte Wache, den linken und den rechten Flügel sowie in das mittlere, vordere und hintere Heer eingeteilt.

8 **Sun Wu:** auch Sun Zi, d. h. Meister Sun genannt, war ein berühmter Militärstratege aus dem Staat Qi während der Periode der Kämpfenden Staaten. Ihm wird das Werk »Meister Suns Kriegskunst« (»Sun Zi Bing Fa«) zugeschrieben, das um das Jahr 345 v. Chr. entstanden ist. Als möglicher Autor dieses Buches wird aber auch Sun Bin angesehen. Die Charakterisierung »eine Armee an die Kette legen« für eine unflexible Schlachtordnung findet sich im Kapitel »Die offensive Strategie« (»Mou Gong Bian«) des Buches »Sun Zi Bing Fa«.

9 Diese Schrift verfaßte Shen Kuo im Jahre 1075 in seiner Eigenschaft als Aufseher des kaiserlichen Arsenals.

10 Von dieser Ritualvorschrift rührt die chinesische Bezeichnung *dongdao* für einen Gastgeber, was wörtlich »Östlicher Weg« bedeutet.

11 **Als Han Xin den Herrn von Guangwu empfing**: Han Xin war ein Heerführer, der durch den Sieg über die Qin-Dynastie zur Gründung der Han-Dynastie durch Liu Bang im Jahre 206 v. Chr. beitrug. Im Jahre 204 v. Chr. schlug Han Xin eine Schlacht gegen das Liu Bang feindlich gesonnene Fürstentum Zhao. Li Zuoche, der Herr von Guangwu, der im Dienst des

Fürsten von Zhao stand, schlug damals vor, Han Xin in einem Hinterhalt zu vernichten. Als Han Xins Späher erfuhren, daß der Plan des Herrn von Guangwu abgelehnt wurde, fügte Han Xin dem Fürstentum Zhao eine schwere Niederlage zu, bei der der Herr von Guangwu gefangengenommen wurde. Aus Wertschätzung für das militärstrategische Talent des Herrn von Guangwu löste Han Xin ihm persönlich die Fesseln und behandelte ihn als Lehrer.

12 Shen Kuo beschreibt offensichtlich die Umwandlung von im Wasser löslichen Calciumhydrogencarbonat in ausfallendes Calciumcarbonat.

13 **Sternanis:** Zur Familie der Magnoliengewächse gehöriger immergrüner Baum, der 3 bis 10 m hoch wachsen kann, lateinische Bezeichnung *Illicium lanceolatum A.C. Smith.* Die Früchte und die Blätter enthalten ein aromatisches Öl. Die Wurzeln sind giftig. Sternanis wird als Arznei zum Lösen von Blutstauungen benutzt, außerdem ist seine tödliche Wirkung für Insekten bekannt.

14 **»Illustriertes Buch der Wurzeln und Kräuter« – »Ben cao tu jing«:** eine von Su Song (1020–1101) verfaßte Pharmakologie. Su Song ist vor allem als Astronom und Erfinder astronomischer Geräte, aber auch als Pharmakologe bekannt.

15 **Glanzmispel:** lat. *Photinia serrulata lindl.,* ein zur Familie der Rosengewächse gehöriger immergrüner Baum. Ihre Blätter werden als Arznei mit harntreibender, fieberlösender und schmerzstillender Wirkung verwendet.

16 Shu ist eine alte Bezeichnung der Provinz Sichuan. Die Flüsse Xiang und Han sind Nebenflüsse im Mittellauf des Yangzijiang. Die Provinz Zhejiang liegt im Südosten Chinas südlich der Mündung des Yangzijiang.

17 **Li Deyu** (787–849): ein Kanzler zur Zeit des Kaisers Wuzong, der von 840 bis 846 regierte.

18 **Drachentor:** chin. *Longmen,* eine Landschaft am Yi-Fluß in der Nähe der Stadt Luoyang in der Provinz Henan. Am Drachentor befinden sich zahlreiche Steingrotten und Tempelanlagen.

19 **Ginsengbrühe:** Ginsengwurzel gilt in der traditionellen chinesischen Medizin als eines der besten Stärkungsmittel, das insbesondere das zentrale Nervensystem und die Blutbildung stimuliert.

20 Der Brauch, gefangene Tiere freizulassen, läßt sich weit ins Altertum zurückverfolgen. Ursprünglich sollte er die Gnade eines Herrschers ausdrücken, indem er gefangene Tiere freiläßt. Schon im Buch »Lie Zi« (etwa 7.–5. Jh. v. Chr.) wird die diesem Brauch zugrunde liegende scheinheilige Moral kritisiert, daß um z. B. Tauben freizulassen, diese zuvor erst gefangen werden müssen. Zur Zeit der Nördlichen Song-Dynastie besaß dieser Brauch unter dem Einfluß des Buddhismus den Hintergrund, daß man durch das Freilassen von Tieren gute Taten aufhäufen könne, die sich günstig auf die Art der Wiedergeburt im nächsten Leben auswirken werden.

21 **»Buch der Lieder«:** Die zitierte Liedzeile stammt aus dem Lied »Der Kreuzbalken der Tür« in den Liedern aus Chen (in der Übersetzung von H. Köser: Das Liederbuch der Chinesen Guofeng, Insel-Verlag, Frankfurt am Main [1990], S. 115).

22 **Sockenblume:** Diese aus *Herba Epimedii* bestehende Heilpflanzenmischung wird vor allem zur Kräftigung der Funktion der Nieren, bei Potenzschwäche und als antirheumatisches Mittel eingesetzt.

23 **Schmalblättriges Kreuzblümchen:** lat. *Polygonala tenuifolia Willd.*, zur Gattung der Kreuzblumen-Gewächse gehörig. In Arzneien hat diese Heilpflanze die Wirkung, den Blutkreislauf anzuregen, Hämatome aufzulösen und Hustenreiz zu besänftigen.

24 **Sonnenwolfsmilch:** lat. *Euphorbia helioscopia L.* Diese Heilpflanze stillt Fieber, löst Schleim, treibt Harn, löst Schwellungen und tötet Insekten. Shen Kuos Angabe, daß Sonnenwolfsmilch mit der »Großen Lanze« (lat. *Euphorbia pekinensis Rupr.*) identisch sei, ist falsch, aber beide Pflanzen gehören zur Gattung der Euphorbiaceae.

25 **Pfeifenkraut:** lat. *Aristolochia debilis Sieb. et Zucc.* Als Arznei werden die Früchte dazu verwendet, den Atem zu erleichtern und Hustenreiz zu besänftigen.

26 **Zuona-Kraut:** Dieses Kraut, das nicht identifiziert werden konnte, soll Schleim lösen und den Atem beruhigen.

27 **Paternosterbaum:** lat. *Melia azedarch L.* Die Rinde, die Blätter und die Früchte dieses Laubbaums werden für schmerzstillende Arzneien verwendet.

28 **Kornelkirschen:** lat. *Cornus officinalis Sieb. et Zucc.* In Arzneien werden sie zur Stärkung von Leber und Nieren und zur Behandlung von Rücken- und Knieschmerzen verwendet.

29 **Wuling-Gebirge:** bildete die nördliche Grenze der Provinzen Guangdong und Guangxi.

30 **Bambusbast:** entsteht, wenn eine bestimmte Schlupfwespe in den Bambusschößlingen einiger Bambusarten ihre Eier ablegt. Durch die Verletzung des Zellgewebes sondert der Bambus viel wäßrige Flüssigkeit ab, die sich in der Bambusröhre ansammelt. Mit dem Wachstum des Bambus oder im Feuer trocknet die Flüssigkeit aus und bildet Bambusbast. Er kommt in unregelmäßig geformten, klumpen- oder scheibchenförmigen, verschieden großen, milchigweißen oder graublauen Stücken vor. Bambusbast wird als fieberstillende, schleimlösende Arznei verwendet.

31 **Leizhou:** Der Bezirk Leizhou entspricht dem größten Teil der heutigen Halbinsel Leizhou in der Provinz Guangdong.

32 Heute ist bekannt, daß der natürliche Magneteisenstein jeweils einen Nord- und einen Südpol hat. Wenn man die Spitze einer Eisennadel mit dem »Nordpol« des Magneteisensteins schleift, wird die Nadelspitze nach Süden zeigen. Schleift man sie mit dem »Südpol« des Magneteisensteins, zeigt die Nadelspitze nach Norden. Eine ausführlichere Beschreibung der Kompaßnadel findet sich in der Notiz 437 »Der Kompaß« (s. S. 164).

33 **Kugelfisch:** Der hier erwähnte Fisch gehört zur Art der Kugelfische, lat. *Spheroides ocellatus* (Osbeck). Kugelfische haben einen stark dehnbaren Magensack, mit dem sie bei Gefahr so viel Wasser aufnehmen können, daß er die Gestalt einer Kugel annimmt. In China und Japan bereiten speziell ausgebildete Köche diesen Fisch zu einer Delikatesse, nachdem sie die giftigen Teile (Ovarien, Gallenblase, Leber und Darm) schnell und vollständig entfernt haben.

34 Diese mit dem Kugelfisch nicht verwandte Art trägt den lateinischen Namen Leiocassis longirostris.

35 **Die Orchideenart Cymbidium** (*Ling ling xiang*): – Nach der Beschreibung kann es sich um die Orchidee *Cymbidium faberi Rolfe* handeln. Möglich ist aber auch eine Einordnung in die Familie der Primelgewächse.

36 **Bartblume:** lat. *Caryopteris*, ein in alten chinesischen Büchern erwähntes übelriechendes Strauchgewächs.

37 **Japanische Pollie:** chin. *Du ruo*, trägt den wissenschaftlichen Namen *Pollia japonica Thunb.* und gehört zur Familie der *Commelinaceae.* Wurzel und Stiel dieser mehrjährigen Pflanze können als Arznei verwendet werden. Ihre therapeutische Eigenschaft ist wärmend, ihr Geschmack bitter. Ihre Wirkung besteht darin, daß sie die Lebensenergie durch Erwärmen nach unten zieht (somit Husten und Aufstoßen entgegenwirkt), die Augensicht verbessert und Schmerzen lindert.

38 **Chinesische Alpinie:** chin. *Gao liang jiang.* Diese zur Familie der *Zingiberaceae* (Ingwergewächse) gehörige Heilpflanze mit der lateinischen Bezeichnung *Alpinia officinarum Hance* ist mehrjährig. Wurzeln und Stiel werden ebenso wie bei der japanischen Pollie zur Arzneiherstellung verwendet. Sie weist wärmende Wirkung und bitteren Geschmack auf. Therapeutisch löst sie Kälte auf und lindert Schmerzen. Aufgrund der Ähnlichkeit von Aussehen und therapeutischer Wirkung der beiden Pflanzen wurden sie vor Shen Kuo meist nicht als verschiedene Pflanzen angesehen.

39 **Lampionkraut:** chin. *Deng long cao*, lat. *Physalis minima L.*, eine Heilpflanze mit säuerlichem Geschmack, von der die komplette Pflanze als Arznei verwendet wird. Sie wird zur Behandlung von Hitze, Vergiftungen und Schwellungen eingesetzt. Weiterhin besitzt diese Arznei harntreibende und blutstillende Wirkung.

40 **Bergingwer** (*Shanjiang*):Von dieser Heilpflanze mit dem lateinischen Namen *Alpinia chinense Rosc.* werden Wurzeln und Blüten als Arznei verwendet. Sie weist wärmende Wirkung und bitteren Geschmack auf. Als therapeutische Wirkung wird die Auflösung von Kälte und Schmerzlinderung genutzt.

41 **»Illustriertes Buch der Wurzeln und Kräuter«** – ***»Ben cao tu jing«:*** im Gegensatz zu der in der Notiz 583 zitierten gleichnamigen Pharmakologie aus der Song-Zeit ist hier eine Pharmakologie aus der Tang-Zeit gemeint, die von Su Jing und anderen im Jahre 659 fertiggestellt wurde. Diese Pharmakologie ist zugleich das älteste regierungsamtliche Arzneibuch Chinas.

Die älteste auf der Welt erhaltene Sammlung von Arzneivorschriften ist offensichtlich der altägyptische »Papyrus Ebers« von 1550 v. Chr. Im europäischen Raum gilt das »Dispensatorium Pharmacorum« des Valerius Cordus, das 1535 in Nürnberg erschien, als das älteste Arzneibuch.

42 **Gegend von Xiashan und nördlich und südlich von Wuling**: Xiashan entspricht dem heutigen Kreis Qingyuan in der Provinz Guangdong. Wuling (fünf Bergketten) ist eine Sammelbezeichnung für das Grenzgebiet der Provinzen Hunan, Jiangxi, Guangdong und Guizhou.

43 **Gelsemium:** eine zur Familie der Logangewächse (Brechnußgewächse) gehörende giftige Kletterpflanze, lat. *Gelsemium elegans (Gardn. et Champ.) Bentn.* Chemische Analysen ergaben, daß Gelsemium Cumin ($C_{20}H_{22}N_2O$) und dessen Derivate enthält. Unter den Derivaten kommt auch das hochgiftige Cuminicin vor. Es ist Shen Kuo als großes Verdienst anzurechnen, daß er beim Gebrauch von Gelsemium für Arzneizwecke wegen seiner Giftigkeit zur Vorsicht mahnte.

44 **»Pharmakologie des heiligen Ackerbauern«:** Diese Pharmakologie (chin. »Shen nong ben cao jing«) stammt aus der Han-Dynastie (206 v. Chr. – 220 n. Chr.), basiert aber auf Materialien aus der Zhou- und der Qin-Dynastie (11. Jh. – 207 v. Chr.) und erhielt ihre endgültige Form nicht vor dem 2. Jh. n. Chr. Dieses Werk, dessen Verfasser unbekannt ist, ging als eigenständiges Buch verloren, wird aber in den meisten nachfolgenden Pharmakologien als grundlegende Schrift zitiert.

45 **Gift-Efeu:** Die Wurzeln dieses Efeus (lat. *Pueraria lobata (Willd.) Ohwi.*) werden als Arznei verwendet. Gift-Efeu ist aber nicht mit Gelsemium identisch. Die Wurzel von Pueraria wird als schweißtreibendes Mittel bei Fieber sowie bei Rücken-, Nacken- und Kopfschmerzen verwendet.

46 **Kapjasmin:** auch Gardenie genannt (lat. *Gardenia jasminoides*), ein weißblühender Strauch mit ledrigen Blättern.

47 **Blauregen**: lat. *Wisteria sinensis Sweet*, ein Kletterstrauch, der zu den Schmetterlingsblütlern gehört, bringt Hülsenfrüchte hervor. Bemerkenswert ist die in dieser Notiz erwähnte Tatsache, daß es in der Song-Zeit schon Erfahrungen mit dem Pfropfen von Blauregen auf Sophoren gab.

48 **Gleditschie:** Obwohl die Gleditschie (lat. *Gleditsia sinensis Lam.*) im Gegensatz zum Blauregen ein Baum ist, ähneln sich tatsächlich Blätter und Früchte.

49 **Elegie über die Hauptstadt von Shu:** Es handelt sich um eine der »Elegien über drei Hauptstädte«, die Zuo Si während der Jin-Zeit (265–420) verfaßte. Darin erwähnt er die zahlreichen in Chengdu, der damaligen Hauptstadt von Shu (heutige Provinz Sichuan), verarbeiteten Heilpflanzen. Mit Blauperle (*Qing zhu*) und Gelbring (*Huang huan*) sind Heilpflanzen gemeint.

KUNST UND LITERATUR

1 **Hongzhou:** entspricht der heutigen Stadt Jiujiang in der Provinz Jiangxi.

2 **Zhang Wenzhi:** Über ihn ist bekannt, daß er erfolgreich die höchste Beamtenprüfung im Kaiserpalast bestanden hatte und später unter anderem das Amt eines Oberaufsehers der kaiserlichen Bankette bekleidete.

3 **Zhao Pu** (916–992): war Kaiser Taizus Berater und diente dem darauffolgenden Kaiser Taizong als Prinzenerzieher.

4 **Tao Yuanming** (365 (oder 372) – 427): war ein berühmter Dichter, der während der Jin-Dynastie in einer Zeit blutiger Intrigen um die Macht lebte. Die für einen Gelehrten im alten China übliche Laufbahn als Beamter brach er schon nach 80 Tagen wieder ab. Angewidert von den politischen Verhältnissen, legte er sein Amt nieder und zog ein Leben in Armut auf dem Lande vor. Dieser Haltung blieb er trotz verlockender Angebote bis zu seinem Tode treu. Die moralische Reinheit, die seinen das Landleben und die Natur besingenden Gedichten zugrundeliegt, begründete Tao Yuanmings Dichterruhm.

5 Diese Verse entstammen dem Gedicht »Das große Glück«, die in der Übertragung von

E. Schwarz (Tao Yüan-ming: Pfirsichblütenquell, Insel-Verlag Leipzig [1967], S. 38) wiedergegeben sind.

6 Die »Anthologie der Literatur« (chin. »Wen xuan«) wurde von Xiao Tong (501–531), einem Prinzen der Liang-Dynastie, redigiert. Tao Yuanmings Ruhm wurde wesentlich durch die Aufnahme seiner Dichtungen in die »Anthologie der Literatur« befördert.

7 Shen Kuo kritisiert an diesem redaktionellen Eingriff in das Gedicht, daß Tao Yuanmings ursprüngliche Intention verfälscht wurde. Der Dichter schaut nämlich, vom Pflücken der Astern aufblickend, auf den Südberg. Die Gleichzeitigkeit dieser Eindrücke wirkt intensiver, als wenn der Dichter nach dem Pflücken der Astern den Südberg betrachtet.

8 In einem Kommentar zu dieser Notiz wies Hu Daojing in [98], S. 436 zu Recht darauf, daß dieses Material nicht einfach Prophezeiungen beschreibt, sondern im Sinne von S. Freuds Psychoanalyse Beziehungen zwischen Unterbewußtsein und Träumen darstellt.

9 **Wang Yucheng** (954–1001): war ein namhafter Dichter und Literat der Nördlichen Song-Dynastie. Als Beamter wirkte er am Hofe als Kritiker der Politik zur Rechten sowie in den Provinzen. Literarisch setzte er sich für einen schlichten Stil ein, der die besten Traditionen der Tang-Zeit fortführen sollte. Huangzhou war damals ein sehr armer Bezirk in der südchinesischen Provinz Guangdong.

10 **Qizhou:** ein Bezirk in der heutigen Provinz Hubei.

11 **Maoling**: das Grab des Han-Kaisers Wudi (regierte 140–87 v. Chr.) im Kreis Xingping der Provinz Shaanxi, dessen Bau dieser im Jahre 139 v. Chr. befahl und das zu den prächtigsten Gräbern der Han-Kaiser zählt. Das Traktat über die Opfer an Himmel und Erde ist ein Kapitel aus den »Historischen Aufzeichnungen« (»Shi ji«) von Sima Qian (145–86 v. Chr.), das die Geschichte dieses vom Kaiser vollzogenen Opfers beschreibt.

12 Nach der altchinesischen Traumdeutung bedeutete ein Traum von einem wachsenden Maulbeerbaum die Zahl 48, weil man sich das Schriftzeichen *sang* (Maulbeerbaum) aus den Schriftzeichen für die Zahl 48 zusammengesetzt denken kann. Nach der traditionellen chinesischen Lebensalterzählung hat ein Mensch bei seiner Geburt bereits ein Alter von einem Jahr, woraus sich das Wang Yucheng beschiedene Alter von 48 Jahren ergibt.

Zeittafel der Dynastien

Xia-Dynastie	21.–16. Jh. v. Chr.	Nord-Dynastien	386–581
Shang-Dynastie	16.–11. Jh. v. Chr.	Nördliche Wei-Dynastie	386–534
Zhou-Dynastie	11. Jh.–221 v. Chr.	Östliche Wei-Dynastie	534–550
Westliche Zhou-Dynastie	11. Jh.–771 v. Chr.	Nördliche Qi-Dynastie	550–577
Östliche Zhou-Dynastie	770–256 v. Chr.	Westliche Wei-Dynastie	535–556
Chunqiu-Periode	770–476 v. Chr.	Nördliche Zhou-Dynastie	557–581
Zhanguo-Periode	475–221 v. Chr.	Sui-Dynastie	581–618
Qin-Dynastie	221–207 v. Chr.	Tang-Dynastie	618–907
Han-Dynastie	206 v. Chr. bis 220 n. Chr.	Fünf Dynastien	907–960
Westliche Han-Dynastie	206 v. Chr. bis 24 n. Chr.	Spätere Liang-Dynastie	907–923
Östliche Han-Dynastie	25–220	Spätere Tang-Dynastie	923–936
Drei Reiche	220–280	Spätere Jin-Dynastie	936–946
Wei-Dynastie	220–265	Spätere Han-Dynastie	947–950
Shuhan-Dynastie	221–263	Spätere Zhou-Dynastie	951–960
Wu-Dynastie	222–280	Song-Dynastie	960–1279
Westliche Jin-Dynastie	265–316	Nördliche Song-Dynastie	960–1127
Östliche Jin-Dynastie	317–420	Südliche Song-Dynastie	1127–1279
Periode der Nord- und Süd-Dynastien	420–589	Liao-Dynastie	916–1125
Süd-Dynastien	420–589	Xixia-Dynastie	1032–1227
Song-Dynastie	420–479	Jin-Dynastie	1115–1234
Qi-Dynastie	479–502	Yuan-Dynastie	1271–1368
Liang-Dynastie	502–557	Ming-Dynastie	1368–1644
Chen-Dynastie	557–589	Qing-Dynastie	1644–1911
		Republik China	1912–1949
		Volksrepublik China	1949 gegründet

Regierungsären der Nördlichen Song-Dynastie

Kaiser	*Regierungsära*	*Jahr*
Taizu	Jianlong	960–962
	Qiande	963–967
	Kaibao	968–975
Taizong	Taiping Xingguo	976–983
	Yongxi	984–987
	Duangong	988–989
	Chunhua	990–994
	Zhidao	995–997
Zhenzong	Xianping	998–1003
	Jingde	1004–1007
	Dazhong Xiangfu	1008–1016
	Tianxi	1017–1021
	Qianxing	1022
Renzong	Tiansheng	1023–1031
	Mingdao	1032–1033
	Jingyou	1034–1037
	Baoyuan	1038–1039
	Kangding	1040
	Qingli	1041–1048
	Huangyou	1049–1053
	Zhihe	1054–1055
	Jiayou	1056–1063
Yingzong	Zhiping	1064–1067
Shenzong	Xining	1068–1077
	Yuanfeng	1078–1085
Zhezong	Yuanyou	1086–1093
	Shaosheng	1094–1097
	Yuanfu	1098–1100
Huizong	Jianzhong Jingguo	1101
	Chongning	1102–1106
	Daguan	1107–1110
	Zhenghe	1111–1117
	Chonghe	1118
	Xuanhe	1119–1125
Qinzong	Jingkang	1126

Masseeinheiten während der Song-Dynastie

(berechnet nach den in [127] dargestellten Maßverkörperungen)

Längeneinheiten

1 Fen	3,03 mm
1 Cun (= 10 Fen)	3,03 cm
1 Chi (= 10 Cun)	30,32 cm
1 Zhang (= 10 Chi)	3,032 m
1 Bu (= 5 Chi)	1,516 m
1 Li (= 360 Bu)	545,76 m

Flächeneinheiten

1 Mu	5,66 a
1 Qing (= 100 Mu)	566,25 a

Masseeinheiten

1 Zhu	1,65 g
1 Qian	3,96 g
1 Liang (= 10 Qian = 24 Zhu)	39,6 g
1 Jin (= 16 Liang)	633,0 g
1 Jun (= 30 Jin)	18,99 kg
1 Dan (= 4 Jun)	75,96 kg

Volumeneinheiten

1 Shao	0,064 l
1 He (= 10 Shao)	0,641 l
1 Sheng (= 10 He)	6,641 l
1 Dou (= 10 Sheng)	66,41 l
1 Dan	94,88 l

Literatur

Literatur über Shen Kuo und Ausgaben der »Pinselunterhaltungen am Traumbach«

In dieser Literaturzusammenstellung wurde die in [95] enthaltene Bibliographie von Bao Weimin über chinesische Veröffentlichungen zum Thema »Forschung über Shen Kuo« in den Jahren 1926–1983 berücksichtigt.

[1] Zhu Kezhen: *Bei Song Shen Kuo dui dixue zhi gongxian yu jishu (Beiträge und Aufzeichnungen von Shen Kuo aus der Nördlichen Song-Dynastie über Geowissenschaften).* Kexue, Juni (1926), Bd. 11, H. 6.

[2] Xu Xide: *Ji Shen Cunzhong lunyong yangli shi (Notiz über Shen Cunzhongs Erörterung eines Sonnenkalenders).* Zhonghua Gongjiao qingnian hui jikan, Bd. 2, H. 2.

[3] Zhang Yinlin: *Shen Kuo biannian shi ji (Chronologische Lebensdaten von Shen Kuo).* Qinghua Xuebao April (1936), Bd. 11, H. 2, S. 323–358.

[4] Ding Zeliang: *Shen Kuo sheng zu nian kao (Untersuchung über das Geburts- und das Todesjahr von Shen Kuo).* Dagongbao (Shanghai), Wenshi zhoukan, 21. 5. 1947, Nr. 29.

[5] Xu Gui: *»Shen Kuo biannian shi ji« jiao hou ji (Notiz nach der Redaktion der »Chronologischen Lebensdaten von Shen Kuo«).* Shenbao wenshi, 6. 3. 1948, Nr. 13.

[6] Ding Zeliang: *Du »›Shen Kuo biannian shi ji‹ jiao hou ji« (Zur »Notiz nach der Redaktion der ›Chronologischen Lebensdaten von Shen Kuo‹«).* Shenbao wenshi, 6. 3. 1948, Nr. 13.

[7] Wang Jiayin: *Bei Song kexuejia Shen Kuo he Zhongguo dizhen (Der Wissenschaftler Shen Kuo der Nördlichen Song-Dynastie und die Erdbeben in China).* Guangming Ribao, 12. 5. 1951.

[8] Xu Chunfang: *Duo cai duo yi de shuxuejia – Shen Kuo (Shen Kuo – ein vieltalentierter Mathematiker).* Kexue Dazhong (1951), H. 11.

[9] Qi Xun: *Song dai zhuoyue de kexuejia – Shen Kuo (Shen Kuo – ein hervorragender Wissenschaftler der Song-Zeit).* Lishi jiaoxue (1954), H. 6.

[10] Wang Jinguang: *Gudai Zhongguo wulixue de chengjiu: II, »Meng xi bi tan« du hou ji (Errungenschaften der Physik im alten China: II, Notiz nach der Lektüre der »Pinselunterhaltungen am Traumbach«).* Wuli Tongbao (1954), H. 9.

[11] Hu Daojing (Hrsg.): *Meng xi bi tan jiaozheng (Kommentierte Ausgabe der »Pinselunterhaltungen am Traumbach«).* Shanghai chubanshe (1956).

[12] Hu Daojing: *Shen Kuo de kexue chengjiu de lishi huanjing jiqi zhengzhi qingxiang (Historische Umgebung und politische Tendenz der wissenschaftlichen Erfolge von Shen Kuo).* Wen shi zhe (1956), H. 2.

[13] Wang Jinguang: *»Meng xi bi tan« zhong de cixue yu guangxue zhishi (Kenntnisse über Magnetismus und Optik in den »Pinselunterhaltungen am Traumbach«).* Zhejiang Shifan Xueyuan Xuebao (ziran) (1956), H. 2.

[14] Wang Jinguang: *Woguo gudai weida kexuejia Shen Kuo (Unser großer Wissenschaftler des Altertums Shen Kuo).* Kexue huabao (1956), H. 6.

[15] Hu Daojing (Hrsg.): *Xin Meng xi bi tan jiaozheng (Neue kommentierte Ausgabe der »Pinselunterhaltungen am Traumbach«).* Zhonghua shuju, Beijing (1957).

[16] Hu Daojing: *Huoziban famingzhe Bi Sheng zunian ji didian shitan (Erforschung des Todesjahrs und des Sterbeorts von Bi Sheng, dem Erfinder des Drucks mit beweglichen Typen).* Wen shi zhe (1957), H. 7.

[17] Yabuuchi Kiyoshi: *Shin Katsu to sono gyoseki (Shen Kuo und seine Errungenschaften).* Kagakushi kenkyu 48 (1958), S. 1–6.

[18] Holzman, Donald: *Shen Kua and his Meng-ch'i pi-t'an.* T'oung-pao XLVI, 3–5 (1958), S. 260–292 .

[19] Yu Pingbo: *Du xin jiao zheng ben »Meng xi bi tan« (Beim Lesen des neu redigierten Originals der »Pinselunterhaltungen am Traumbach«).* Guangming Ribao, 20. 9. 1959.

[20] Zhang Jiaju: *Shen Kuo zhixue de jianku tashi zuofeng – jinian Shen Kuo dansheng jiusanling zhounian (fu zhaopian).* (Shen Kuos mühevolles, wirklichkeitsnahes Studium – Zum Gedenken an den 930. Geburtstag von Shen Kuo (mit Fotos)) Wen hui bao, 3. 3. 1961.

[21] Hu Daojing: *Zuguo gudian kexue de zhongyao zhuzuo – »Meng xi bi tan« (fu zhaopian) (»Die Pinselunterhaltungen am Traumbach« – ein wichtiges Werk der Wissenschaft des Altertums unseres Vaterlandes (mit Fotos)).* Wen hui bao, 3. 3. 1961.

[22] o.V.: *Song dai jiechu de kexuejia – Shen Kuo (Shen Kuo – ein hervorragender Wissenschaftler der Song-Zeit).* Zhongguo qingnian bao, 7. 12. 1961.

[23] Zhang Jiaju: *Shen Kuo. Shanghai renmin chubanshe, Shanghai (1962).*

[24] Hu Daojing: *Shen Kuo zai nongxueshang de chengjiu he gongxian (Shen Kuos Erfolge und Beiträge zur Agrarwissenschaft).* Xueshu yuekan (1966), H. 2, S. 48–54.

[25] Hu Daojing: *Shen Kuo de nongxue zhuzuo »Meng xi wang huai lu« (Shen Kuos agrarwissenschaftliches Werk »Meng xi wang huai lu«).* Wen shi, Bd. 3, Oktober (1963).

[26] Li Guangbi, Qian Junhua: *Song dai zhuoyue de kexuejia – Shen Kuo (Shen Kuo – ein hervorragender Wissenschaftler der Song-Zeit).* Zhongguo kexue jishu faming he kexue jishu renwu lunji, Sanlian shudian (1955).

[27] Qian Baocong: *Zhongguo gudai kexuejia (Wissenschaftler des alten China).* Kexue chubanshe, Beijing (1959), S. 111–121.

[28] Qian Baozong: *Song Yuan shuxue shi lunwen ji (Aufsätze zur Geschichte der Mathematik in der Song- und Yuan-Zeit).* Kexue chubanshe, Beijing (1966).

[29] Teraji Jun: *Shin Katsu no shizen kenkyu to sono haikei (Shen Kuos naturwissenschaftliche Forschungen und ihr Hintergrund).* Hiroshima daigaku bungakubu kiyo 27 (1967) 1, S. 99–121.

[30] Sakade Yoshinobu: *Shin Katsu no shizenkan ni tsuite (Über Shen Kuos Konzeption der Natur).* Tohogaku 39 (1970), S. 74–87.

[31] Xia Nai: *Shen Kuo he kaoguxue (Shen Kuo und die Archäologie).* Kaogu xuebao (1974), H. 2, S. 1–14 und (1974) H. 5, S. 277–289 auch erschienen in: Kaoguxue he kejishi (Archäologie und Geschichte von Wissenschaft und Technik), Kexue chubanshe, Beijing (1979).

[32] Sivin, Nathan: *Shen Kua.* In: The Dictionary of Scientific Biography, Vol. 12 (1975), S. 369–393.

[33] Li Di: *Shen Kuo dui qixiang xianxiang de jishu yu yanjiu (Shen Kuos Aufzeichnungen und Untersuchungen über Klimaphänomene).* Daqi kexue (1977), H. 2, S. 159–161.

[34] Xu Gui: *Shen Kuo shengzunian wenti de zai tansuo (Eine neuerliche Untersuchung des Problems des Geburts- und Todesjahrs von Shen Kuo).* Hangzhou daxue xuebao (zhe she) (1977), H. 3.

[35] *»Meng xi bi tan« xuanzhu (Kommentierte Auswahl aus den »Pinselunterhaltungen am Traumbach«).* Shanghai guji chubanshe (1978).

[36] Li Zhichao: *Shen Kuo de tianwen yanjiu (yi) – kelou yu tuofa (Shen Kuos astronomische Forschungen (T. 1) – Wasseruhren und ein Approximationsverfahren).* Zhongguo kexue jishu daxue xuebao (1978), Bd. 8, H. 1, S. 9–14.

[37] Zhu Hongda: *Tan Shen Kuo de »Yandangshan he »Cai cao yao« (Über Shen Kuos Notizen »Das Yandangshan-Gebirge« und »Sammeln von Heilkräutern«).* Yuwen zhanxian (1978), H. 2.

[38] Yang Weisheng: *Shen Kuo he tade »Meng xi bi tan« (Shen Kuo und seine »Pinselunterhaltungen am Traumbach«).* Hangzhou daxue xuebao (zhe she) (1978). H. 2.

[39] Chen Dezhi: *Guanyu Shen Kuo de »Xining shi lü tu chao« (Über Shen Kuo's Bericht »Kartographische Aufzeichnungen über eine Gesandtschaft zu den Barbaren in den Jahren der Regierungsära Xining«).* Lishi yanjiu (1978), H. 2, S. 66–69.

[40] Yu Huan: *Shen Kuo jiqi »Meng xi bi tan« (Shen Kuo und seine »Pinselunterhaltungen am Traumbach«).* Guangxi Ribao, 12. 3. 1978.

[41] Li Zhizhong: *Yuan dade ben »Meng xi bi tan« (Die Ausgabe der »Pinselunterhaltungen am Traumbach« aus der Zeit der Regierungsära Dade der Yuan-Dynastie).* Shehui kexue zhanxian (1978), H. 4.

[42] Shen Kangshen: *Nuji gongneng shishi (Versuche und Erläuterungen zur Leistungsfähig-*

keit von Armbrust-Abzugmechanismen). Hangzhou daxue xuebao (ziran) (1978), H. 4.

[43] Hu Daojing: *Meng xi bi tan jiaozheng (Kommentierte Ausgabe der »Pinselunterhaltungen am Traumbach«).* Shijie shuju, Taibei (1978).

[44] Umehara Kaoru (Hrsg.): *Mukei hitsudan (Pinselunterhaltungen am Traumbach).* Heibonsha, Tokyo (1978 – 1981).

[45] Guo Shengchi: *Shen Kuo faxian de kelou chiji he zhen taiyang shi de bujunyunxing (Das von Shen Kuo entdeckte Vor- und Nacheilen der Wasseruhr und der Ungleichmäßigkeit der wahren Sonnenzeit).* Tianwen cankao ziliao (1979), H. 1.

[46] Deng Guangming: *Bu xuyao wei Shen Kuo jinshangtiaohua – Wanchunwei fei Shen Kuo xingjian xiaokao (Man muß nicht zu Shen Kuo's Leistungen neue Leistungen hinzuerfinden – Kleine Untersuchung darüber, daß der Damm von Wanchunwei nicht von Shen Kuo erbaut ist).* Xueshu yuekan (1979), H. 1.

[47] Hu Daojing: *»Meng xi bi tan« zai waiguo (Die »Pinselunterhaltungen am Traumbach« im Ausland).* Shulin (1979), H. 1.

[48] Xu Gui: *Shen Kuo »Guan yu yuan qiu« xianyi (Zweifel an Shen Kuos Werk »Guan yu yuan qiu«).* Hangzhou daxue xuebao (zhe she) (1979), H. 1 – 2.

[49] Zhang Liwen, Fan Zhuzeng: *Cong »Meng xi bi tan« kan Shen Kuo zhexue de sixiang tedian (Betrachtung der Besonderheiten im philosophischen Denken von Shen Kuo anhand der »Pinselunterhaltungen am Traumbach«).* Qunzhong luncong (1979), H. 2.

[50] Zhang Hua: *Tan »Meng xi bi tan · Yandangshan« (Über die Notiz »Das Yandangshan-Gebirge« in den »Pinselunterhaltungen am Traumbach«).* Liaoning shifan xueyuan xuebao (1979), H. 2.

[51] Wu Qianming: *Zhang Hu, Zhang You bian – »Xin jiaozheng Meng xi bi tan« di wueryi tiao zhiyi (Zur Unterscheidung von Zhang Hu und Zhang You – Zweifel am Artikel 521 in den neu kommentierten »Pinselunterhaltungen am Traumbach«).* Nankai daxue xuebao (1979), H. 2.

[52] Hu Daojing: *»Meng xi bi tan« jiaozheng wushi nian (50 Jahre Kommmentierung der »Pinselunterhaltungen am Traumbach«).* Dushu (1979), H. 4.

[53] Liu Shangheng: *Ye tan Wanchunwei de xingjian – shi yu Deng Guangming xiansheng shangque (Nochmals zur Erbauung des Damms von Wanchunwei – Versuch einer Diskussion mit Herrn Deng Guangming).* Xueshu yuekan (1979), H. 8.

[54] Hu Daojing: *»Meng xi bi tan« buzheng (Redigierte »Pinselunterhaltungen am Traumbach«).* Zhonghua wenshi luncong (1979) , 3. Sammlung.

[55] Wu Zuoxin: *Shen Kuo de »Ling yuan fang« (Shen Kuos »Rezepte aus dem Wundergarten«).* Zhonghua wenshi conglun (1979), 3. Sammlung.

[56] Li Rong: *Shijie shang yanjiu dizhi, gushengwu huashi de diyiren – Shen Kuo (Shen Kuo der erste Mann der Welt, der geologische und paläobiologische Fossilien untersuchte).* Neimenggu Ribao, 5. 1. 1980.

[57] Xiang Yiping: *Bi Sheng huozi faming didian kaoce (Untersuchung über den Ort, an dem Bi Sheng die beweglichen Lettern erfand).* Sichuan tushuguan xuebao (1980), H. 1.

[58] Li Zhichao: *Shen Kuo de tianwen yanjiu (er) – rishi he xingdu (Shen Kuos astronomische Forschungen (II) – Sonnenfinsternisse und Sternkoordinaten).* Zhongguo kexue jishu daxue xuebao (1980), Bd. 10, H. 1, S. 51 – 56.

[59] Guo Shengchi: *Shen Kuo faming de louhu chiji he taiyang zhounian shiyundong de bujunyunxing (Das von Shen Kuo entdeckte Vor- und Nacheilen der Wasseruhr und die Ungleichmäßigkeit der scheinbaren Bewegung der Sonne in einem Jahr).* Zhongguo kexueyuan Shanghai tianwentai niankan, Februar (1980).

[60] Hu Daojing: *»Su Shen nei han liang fang« – fenxi ben shu suoshu de zuozhe: Shen fang yi wei Su fang (Analyse über die Autorschaft des Werkes »Gute Rezepte von Su Shi und Shen Kuo).* Shehui kexue zhanxian (1980), H.3.

[61] Lin Cen: *Lüe lun Shen Kuo yu Wang Anshi de guanxi (Einige Ausführungen über die Beziehungen zwischen Shen Kuo und Wang Anshi).* Beijing shiyuan xuebao (1980), H. 4, S. 45–51.

[62] Hu Daojing: *Shen Kuo junshi sixiang tanyuan – lun Shen Kuo yu qi jiufu Xu Dong de shicheng guanxi (Untersuchung über die Quellen von Shen Kuos militärstrategischem Gedankengut – über Shen Kuos Vorbildbeziehung zu seinem Onkel Xu Dong).*

Shehui kexue (Shanghai) (1980), H. 6.
[63] Cao Wanru: *Lun Shen Kuo zai dituxue fangmian de gongxian (Über Shen Kuos Beitrag auf dem Gebiet der Kartographie).* Keji shi wenji (san), August (1980).
[64] Hu Daojing: *Shen Kuo wenwu ersan shi (Einige Erörterungen zu Kulturdenkmälern von Shen Kuo).* Zhonghua wenshi luncong (1980), 2. Sammlung.
[65] Ni Wenmu: *Shen Kuo shengnian zhengwu (Korrektur eines Fehlers im Geburtsjahr von Shen Kuo).* Zhonghua wenshi luncong (1980), 4. Sammlung.
[66] Zhang Lianggao: *»Xin jiaozheng Meng xi bi tan« biaodian shangque (Erörterung der Interpunktion in den »Neu kommentierten Pinselunterhaltungen am Traumbach«).* Zhonghua wenshi luncong (1980), 4. Sammlung.
[67] Hu Shuang: *Gudai kexue taidou Shen Kuo (Shen Kuo – eine Koryphäe der Wissenschaft des Altertums).* Guangming Ribao, 12. 1. 1981.
[68] Hu Daojing, Wu Zuoyi (Hrsg.): *»Meng xi wang huai lu« gouchen (Untersuchungen über das Werk »Aufzeichnungen über vergessene Sehnsucht am Traumbach«).* Hangzhou daxue xuebao (zhe she) (1981), H. 1.
[69] Li Xianlang: *Zhongguo gudai jiechu de qixiangxuejia – Shen Kuo (Shen Kuo – ein hervorragender Meteorologe des chinesischen Altertums).* Qixiang zhishi (1981), H.1.
[70] Guo Yin: *Zuo wei huihua meixuejia de Shen Kuo (Shen Kuo als Ästhet der Malerei).* Anhui daxue xuebao (zhe she) (1981), H. 2.
[71] Hu Daojing: *Keji baike »Meng xi bi tan« he tade zuozhe Shen Kuo (Die wissenschaftlich-technische Enzyklopädie »Pinselunterhaltungen am Traumbach« und ihr Autor Shen Kuo.* Cishu yanjiu (1981), H. 2.
[72] Xing Zhishan: *Shen Kuo de meixue jianjie – xi »Meng xi bi tan« zhong guanyu meishu de lunshu (Shen Kuo's ästhetische Ansichten – Analyse der Erörterungen über Ästhetik in den »Pinselunterhaltungen am Traumbach«).* Meiyuan (1981), H. 3.
[73] Meng Guangyao: *Shen Kuo jiqi »Shi Liao tuchao« (Shen Kuo und sein Bericht über eine Gesandtschaft ins Liao-Reich).* Neimenggu Ribao, 21. 10. 1981.
[74] Yuan Bingchang: *Shen Kuo he tade »Meng xi bi tan« (Shen Kuo und seine »Pinselunterhltungen am Traumbach«).* Renmin yinyue (1981), H. 11.
[75] Ma Tailai: *»Meng xi bi tan« zaji erce (Zwei Notizen aus den »Pinselunterhaltungen am Traumbach«).* Zhonghua wenshi luncong (1981), 3. Sammlung.
[76] Hu Daojing: *Shen Kuo de ziran guan he zhengzhi sixiang (Shen Kuos Ansichten zur Natur und politisches Gedankengut).* Zhongguo zhexue, 5. Sammlung, Sanlian shudian (1981), S. 118–134.
[77] Yang Weisheng: *Shen Kuo dui lishixue de gongxian (Shen Kuos Beiträge zur Geschichtsschreibung).* »Shehui kexue zhanxian« bianjibu bian »Zhongguo gushi lunji« Jilin renmin chubanshe (1981).
[78] Lin Wei: *»Meng xi bi tan jiaozheng« bianwu (Richtigstellung von Fehlern in den »Kommentierten Pinselunterhaltungen am Traumbach«).* Wenshi, 12. Sammlung, September 1981).
[79] Zhang Runsheng u. a. (Hrsg.): *Bei Song da kexuejia Shen Kuo (Shen Kuo – ein großer Wissenschaftler der Nördlichen Song-Dynastie).* In: Zhongguo gudai keji mingren zhuan, Zhongguo qingnian chubanshe, S. 224 – 236.
[80] Xia Nai: *»Meng xi bi tan« zhong de Yu Hao »Mu jing« (Yu Haos Architekturwerk »Mu jing« in den »Pinselunterhaltungen am Traumbach«).* Kaogu (1982), H. 1, S. 73–78.
[81] Chen Meidong: *Woguo gudai louhu de lilun yu jishu – Shen Kuo de »Fu lou yi« ji qita (Theorie und Technik der Wasseruhren unseres Altertums – Shen Kuos Schrift »Fu lou yi« und anderes).* Ziran kexue shi yanjiu (1982), Bd. 1, H. 1.
[82] Xu Gui: *»Meng xi bi tan« zhong youguan shishi jizai dingwu (Korrektur von Fehlern in Aufzeichnungen über historische Ereignisse in den »Pinselunterhaltungen am Traumbach«).* »Song shi yanjiu lunwen ji« (»Zhonghua wenshi luncong« zengkan), Januar (1982).
[83] Qian Jingkui: *Guanyu Shen Kuo yong gui, lou guancha faxian zhen taiyangri you changduan de tantao (Untersuchung über Shen Kuos Beobachtung und Entdeckung der Änderung der Länge des wahren Sonnentags mit Hilfe von Sonnen- und Wasseruhr).* Ziran kexue shi yanjiu (1982), Bd. 1, H. 2.
[84] Wang Enhou: *Shen Kuo.* Lishi jiaoxue (1982), H. 2.
[85] Che Guangyu *»Meng xi bi tan« zhong de jize qixiang quwen (Einige interessante Notizen über Meteorologie in den »Pinselunter-*

haltungen am Traumbach«). Lishi zhishi (1982), H. 2, S. 51–52.
[86] Ling Hubiao: *»Xu Huang er ti zhi zheng bianxi (Analyse der Notiz »Der Kampf zwischen den Malern Xu Xi und Huang Quan«).* Meishu yanjiu (1982), H. 3.
[87] Meng Naichang: *Qiushi shiyi – guanyu zhongguo gudai niaozaiti xingjisu zhiji de zhibei (Erprobung der traditionellen chinesischen Arznei »Herbststein« – Über die Herstellung eines Sexualhormonpräparats aus Harnsäuresterin im chinesischen Altertum).* Ziran kexue shi yanjiu (1982), Bd. 1, H. 4.
[88] Li Zhilin: *Shilun Shen Kuo de kexue fangfa (Über Shen Kuos wissenschaftliche Methodik).* Jianghai xuekan (1982), H. 5.
[89] Zou Yiren u. a.: *»Wu jing zong yao« he »Meng xi bi tan« zhong de bingqi zhizao he zhiliang (Über die Herstellung und Qualität von Waffen in den Werken »Sammlung der wichtigsten militärischen Techniken« und »Pinselunterhaltungen am Traumbach«).* Zhongguo zhiliang guanli (1982), H. 5.
[90] Li Zhichao, Mao Yunqing: *Kelou jingdu de shiyan yanjiu (Experimentelle Untersuchung der Genauigkeit einer Wasseruhr).* Zhongguo kexue jishu daxue xuebao (zengkan) (1982), H. 6, S. 27–31.
[91] Li Zhichao: *»Fu lou yi« kaoshi (Untersuchung der Schrift »Über Wasseruhren«).* Zhongguo kexue jishu daxue xuebao (zengkan) (1982), H. 6, S. 33–38.
[92] Su Zhenyuan: *Bei Song de He Xiangru – Shen Kuo (Shen Kuo – der He Xiangru der Nördlichen Song-Zeit).* Zhejiang qingnian (1982), H. 12.
[93] Feng Hongqian: *Song Shen Kuo »Meng xi bi tan« pulu zhushi zhiyi (Zweifel an der Erläuterung des Terminus pulu in den »Pinselunterhaltungen am Traumbach« von Shen Kuo aus der Nördlichen Song-Zeit).* Zhongguo nong shi (1983), H. 1.
[94] Zhong, S. Z.: *Ancient China's Scientists.* The Commercial Press, Hongkong (1984).
[95] Hangzhou daxue: *Song shi yanjiushi (Forschungsbereich Geschichte der Song-Zeit der Universität Hangzhou), Shen Kuo yanjiu (Forschungen über Shen Kuo).* Zhejiang renmin chubanshe, Hangzhou (1985).
[96] Zhang Shunhui (Hrsg.): *Zhongguo gudai xuezhe bairen zhuan (Hundert Biographien von Gelehrten des chinesischen Altertums).* Qingnian chubanshe, Beijing (1986).
[97] Gauler, Gabriele: *Das Meng-ch'i pi-t'an des Shen Kua. Die Memoiren eines Staatsmannes und Universalgelehrten der Nördlichen Sung-Zeit (960–1126).* Dissertation Würzburg (1987).
[98] Hu Daojing, Jin Liangnian: *Meng xi bi tan daodu (Einführung in die Lektüre der »Pinselunterhaltungen am Traumbach«.* Bashu shushe, Chengdu (1988).
[99] Li Wenze: *Meng xi bi tan xuanyi (Ausgewählte Übersetzungen der »Pinselunterhaltungen am Traumbach«).* Bashu shushe, Chengdu (1991).
[100] Meng xi bi tan: *Baihua quanyi (Vollständige Übersetzung in die Umgangssprache), von Yan Jia und Zhou Xiaofeng.* Bashu shushe, Chengdu (1995).
[101] Dai Zhigong: *Mengxi shike – Shen Kuo jian Mengxiyuan de shiwu jianzheng (Eine Steingravierung – ein gegenständliches Zeugnis über die Anlage des Traumbachgartens durch Shen Kuo).* Zhongguo wenwu bao, 30. 4. 1995.

Weiterführende Literatur

[102] Carter, T. F.: *The invention of Printing in China and Its Spread Westward.* The Ronald Press Company, New York (1955).
[103] Egan, R.C.: *The literary works of Ou-yang Hsiu (1007–72).* Cambridge University Press, Cambridge (1984).
[104] Eichhorn, Werner: *Die Wiedereinrichtung der Staatsreligion im Anfang der Sung-Zeit.* Monumenta Serica 23 (1964), S. 205–263.
[105] Eichhorn, Werner: *Chou Tun-i. Ein chinesisches Gelehrtenleben aus dem elften Jahrhundert.* Veröffentlichungen der Deutschen Morgenländischen Gesellschaft, Leipzig (1936).
[106] Franke, Herbert (Hrsg.): *Sung Biographies.* Münchner Ostasiatische Studien, Bde. 16,1–16,3, Franz Steiner-Verlag Wiesbaden (1976).
[107] Franke, Otto: *Der Bericht Wang Ngan-schis von 1058 über die Reform des Beamtentums.* Ein Beitrag zur Beurteilung des Reformators. Sonderausgabe aus den Sitzungs-

berichten der Preußischen Akademie der Wissenschaften, Phil.-Hist. Klasse, XIII (1932).

[108] Hervouet, Yves (Hrsg.): *A Sung Bibliography.* The Chinese University of Hongkong, Hongkong (1978).

[109] Kracke, E.A. Jr.: *Civil Service in Early Sung China 960–1067.* Harvard-Yenching Institute Monograph Series, Vol. XIII. Harvard Yenching Institute (1968).

[110] Kreifelts, R.: »*Das System von Teetransport und -vertrieb in der Nördlichen Song-Dynastie (960–1126)*«. In: Kuhn, D. (Hrsg.): Beamtentum und Wirtschaftsspolitik in der Song-Dynastie, Würzburger Sinologische Schriften, edition forum Heidelberg (1995).

[111] Kuhn, Dieter: *Die Song-Dynastie (960–1279). Eine neue Gesellschaft im Spiegel ihrer Kultur.* VCH-Verlagsgesellschaft, Weinheim (1987).

[112] Lee, Thomas H.C.: *Government Education and the Examinations in Sung China.* The Chinese University Press, Hongkong (1984).

[113] Lewin, Günter: *Die ersten fünfzig Jahre der Song-Dynastie in China,* Akademie-Verlag, Berlin (1973).

[114] Lin Yutang: *The Gay Genius. The Life and Times of Su Tungpo.* The John Day Company, New York (1947).

[115] Liu, James T.C.: *Ou-yang Hsiu. An Eleventh Century Neo Confucianist.* Stanford University Press, Stanford (1967).

[116] Liu, James T.C.: *Reform in Sung China. Wang An-shih (1021 1086) and his New Policies.* Harvard East Asian Studies 3. Harvard University Press, Harvard (1959).

[117] Needham, Joseph: *Science and Civilisation in China.* Cambridge (1961–1994), Cambridge University Press, Vol. 1 – Vol. 6 (In Needhams Monumentalwerk sind etwa 35 Notizen aus Shen Kuos »Pinselunterhaltungen am Traumbach« übersetzt oder erwähnt.).

[118] Needham, Joseph; Wang Ling; Price, Derek J. de Solla: *Heavenly Clockwork. The great astronomical clocks of medieval China.* Cambridge (1960), University Press.

[119] Ouyang Yongshu ji *(Gesammelte Werke von Ouyang Xiu).* Shangwu yinshuguan, Shanghai (1958), 3 Bde..

[120] Schmoller, Bernd: *Bao Zheng (999–1062) als Beamter und Staatsmann.* Chinathemen, Bd. 6, Studienverlag Brockmeyer, Bochum (1982).

[121] Schwarz-Schilling, Christian: *Der Friede von Shan-yüan (1005 n. Chr.). Ein Beitrag zur Geschichte der chinesischen Diplomatie.* Asiatische Forschungen, Bd. 1, Otto Harrasowitz, Wiesbaden (1959).

[122] Sivin, Nathan: *Cosmos and Computation in Early Chinese Mathematical Astronomy.* T'oung-pao 55 (1969), S. 1–73.

[123] Song shi *(Chronik der Song-Dynastie).* Zhonghua shuju, Beijing (1977).

[124] Su Dongpo ji *(Gesammelte Werke von Su Dongpo).* Shangwu yinshuguan, Shanghai (1958), 3 Bde.

[125] Wang Anshi: *Linchuan xiansheng wenji (Gesammelte Werke des Herrn von Linchuan).* Zhonghua shuju, Beijing (1959).

[126] Wu Chengluo: *Zhongguo duliangheng shi (Geschichte der Maße und Gewichte Chinas).* Shangwu yinshuguan, Shanghai (1937), Nachdruck Shanghai shudian (1984).

[127] o. v.: *Zhongguo gudai duliangheng tuji (Bildersammlung von Maßen und Gewichten des alten Chinas).* Wenwu chubanshe, Beijing (1984).

Personen- und Ortsregister

An Zhonghui 20
Anlu (Ortsname) 38
Anping (Kreis) 75
Anxi (Ortsname) 42, 47

Bagongshan (Berg) 142f.
Bai Juyi 155, 181, 206
Bailao 101
Baishui (Fluß) 142
Ban Gu 40, 186, 196
Bao (Präfektur) 82
Bao Zheng 153
Baozhou (Ortsname) 96
Beishen (Ortsname) 86
Beiyuan (Ortsname) 171
Bi Sheng 121, 139
Bianliang (Ortsname) 154
Bing Yuan 69
Bingzhou (Kreis) 181
Binzhou (Ortsname) 41, 92
Boling (Ortsname) 167
Bozhou (Bezirk) 87

Cai Sheng 143
Cai Zizheng 104
Caihe Xiaqu (Ortsname) 65
Cang (Ortsname) 156
Cangzhou (Bezirk) 96
Cao, Herzog 158
Cao Han 64
Cao Liyong 202f., 215
Cao Wei 89, 93
Caozhou (Ortsname) 76
Cha Wenhui 63
Chagen (Ortsname) 171
Chai Wu 196
Chang'an (Ortsname) 133, 198
Changxian (Kreis) 144
Changzhou (Ortsname) 72, 137, 157
Chao Chong 61
Chaozhou (Ortsname) 148
Chen Shengzhi 96
Chen Wenlian 175f.
Chen Xiang 99
Chen Yi 24
Chen Yongzhi 110
Chen Yu 196
Chen Zangqi 179
Cheng (Bezirk) 82
Cheng Bochun 147
Chenggao (Ortsname) 163
Chongyang (Kreis) 194f.
Chu (Name einer Gegend) 38
Chu Yan 58
Cizhou 34
Cui Boyi 144

Dalan (Führer der Qidan) 202
Daming (Ortsname) 202
Dengzhou (Ortsname) 144f., 147
Di Fei 216
Di Qing 69, 92f.
Di Renjie 69
Di Zundu 216
Diao Yue 28f.
Diezhou (Ortsname) 96
Ding Wei 197
Dingyuan (Kreis) 95
Dingzhou (Ortsname) 170
Dong Yuan 113
Dong'a (Ortsname) 36
Du Fu 105, 155, 160
Du, Fünfter Herr 66f.
Du Weichang 84
Du Yu 38
Duan Chengshi 152

Enzhou (Bezirk) 150
Ezhou (Bezirk) 194f.

Fan Xiang 84
Fan Yong 195
Fan Yue 45
Fan Zhongyan 77, 86, 177
Fang Shuo 24
Fang Zhongxun 85
Fanyang (Ortsname) 167
Fei 196
Feng (Bezirk) 82
Feng Dao 121
Feng Zhen 143
Fenglin (Ortsname) 73
Fengxiang (Ortsname) 42, 89
Fengzhen 130
Fenzhou (Kreis) 181
Fu Qian 75
Funing (Ortsname) 97
Fuyan (Provinz) 22, 41, 158
Fuzhou (Ortsname) 41

Gangtou (Ortsname) 167
Gao Anshi 112f.
Gao Chao 79f.
Gao Shen 112
Gaonuxian (Kreis) 158
Gaotangxian (Kreis) 145
Gaoyou (Ortsname) 144, 161, 216
Gaozong (Tang-Kaiser) 136, 167
Gaozu 19, 196
Gaozu (Han-Kaiser) 197
Gong'an (Kreis) 39
Gu Kaizhi 108
Guan Ning 69
Guan Qi 170
Guan Xiu 163
Guangling (Ortsname) 45
Guangnandong (Provinz) 80
Guangnanxi (Provinz) 80, 170
Guangnanxilu (Provinz) 92
Guangwu, Herr von 204
Guangzhou (Ortsname) 175
Guanqiu Jian 45
Guanxi (Name einer Gegend) 42, 181
Guanyou (Name einer Gegend) 175

Guanzhong (Name einer Ebene) 148
Guanzhong (Ortsname) 161, 174
Gun 161
Guo Chongtao 20, 69
Guo Gu 203
Guo Shenxi 79f.
Guo Si 38f.
Guo Ziyi 69
Guzhu (Ortsname) 171

Haizhou (Ortsname) 70, 142, 150, 154
Han Gao 45
Han Qi 135
Han Wengong 37
Han Wo 106
Han Xianfu 61
Han Xin 196f., 204
Han Xizai 37
Han Yu 37, 217
Han Zhengyan 164
Hangzhou (Ortsname) 84, 89, 125
Hankou (Ortsname) 38, 88
Hanshui (Ortsname) 183
Haoyuan (Ortsname) 171
Haozhou (Bezirk) 95
He Chengju 96
He Dun 106
He Ning 106
He Yin 169
Hedong (Provinz) 82
Helian (Ortsname) 73
Helian Bobo 73
Helian-cheng (Ortsname) 73
Hong'er 103
Hou Shuxian 99f.
Hu Lan 61
Hu Wuping 86
Hu Ze 64
Huainan (Name einer Gegend) 69, 85, 123, 171
Huainan (Provinz) 80, 154
Huang Chao 137
Huang Huaixin 197
Huang Jian 26
Huang Quan 111
Huangfu Bo 38
Huangzhou (Bezirk) 217
Hui von Liang, Fürst 103
Huiri 187
Huzhou (Ortsname) 157f.
Ji Kang 45
Jia Changchao 80
Jian (Präfektur) 82
Jiang 196
Jiang (Bezirk) 82
Jiang Yingshu 203
Jiang Yu 143
Jianghuai (Name einer Gegend) 130
Jianghuai (Provinz) 153
Jiangnan (Name einer Gegend) 37, 159
Jiangnandong (Provinz) 80
Jiangnanxi (Provinz) 80
Jiangzhou (Ortsname) 71, 184
Jianli (Kreis) 39
Jiannan (Name einer Gegend) 175
Jianning (Kreis) 39
Jianxi (Ortsname) 171
Jianye (Ortsname) 113
Jianzhou (Bezirk) 99
Jianzhou (Ortsname) 63f., 88, 153
Jiazhou (Bezirk) 155
Jie (Bezirk) 82
Jin (Bezirk) 82
Jincheng (Kreis) 147
Jing (Name einer Gegend) 57f., 92
Jing (Ortsname) 156
Jing'an (Name einer Gegend) 75
Jingdong (Provinz) 80
Jinggong (Ortsname) 167
Jinghubei (Provinz) 80
Jinghunan (Provinz) 80
Jingling (Kreis) 39
Jingling (Ortsname) 39
Jingxi (Provinz) 82, 159
Jingxingkou (Ortsname) 196
Jingyuan (Provinz) 41, 135
Jingzhao (Ortsname) 143
Jingzhou (Ortsname) 174
Jinxiangxian (Kreis) 132
Jizhou (Bezirk) 132
Juran 113
Juyushan (Berg) 144

Kaifeng (Ortsname) 87
Kaifeng (Präfektur) 24
Kehu (Ortsname) 97
Kong 196
Kong Anguo 38
Kong Min 69
Kong Ting 61
Korea 96
Kou Zhun 42, 107
Kuang, Musikmeister 133
Kui (Name einer Gegend) 82
Kuizhou (Bezirk) 105
Kunshan (Kreis) 164

Laozi 186
Lei Jianfu 95
Leizhou (Bezirk) 208
Li (Name einer Gegend) 82
Li Ao 19, 85, 161
Li Bo 43
Li Cheng 110
Li Chuhou 82
Li Deyu 206
Li Ding 132
Li Guinian 41
Li Jianfu 140
Li Jilong 97f., 202
Li Jing 64
Li Jipeng 97
Li Jiqian 97
Li Jizhi 138
Li Ping 142
Li Pu 153
Li Shan 155
Li Shansheng 161
Li Shiheng 198
Li Shun 175f.
Li Shunju 138
Li Xuji 140
Li Yu 28
Li Yu (Kaiser der Späteren Tang-Dynastie) 37
Li Yuangui 174
Li Yunze 98
Li Yuqing 72
Li Zhengwei 170
Li Zhi 157
Li Zi 89, 215
Liang, Fürst von 76
Liang Lingzan 61
Liangchuan (Name einer Gegend) 175
Liangzhe (Provinz) 77, 80, 96, 125, 154, 197
Liao (Staat) 19, 96
Ling (Name einer Gegend) 185

Lingdi (Han-Kaiser) 147
Linglingjun (Regierungsbezirk) 211
Lingwu (Kreis) 42
Lingzhou (Ortsname) 89f.
Linrucheng (Ortsname) 159
Linzhen (Ortsname) 94
Liquan (Kreis) 143
Liu Chong 134
Liu Jun 89
Liu Ke 105
Liu Qian 70
Liu Tingshi 71
Liu Xu 27f.
Liu Yan 73f.
Liu Yao 61
Liu Yi 169
Liuzhuang (Ortsname) 96
Lixia (Ortsname) 36
Liyan (Ortsname) 75
Liyang 66
Long Qie 197
Longxi (Ortsname) 167
Longzhou (Ortsname) 86
Lou Jing 143
Lu (Bezirk) 82, 187
Lu, Herzog 32, 106
Lu (Name einer Gegend) 106, 158
Lu Deming 186
Lu Ji 51
Lü Jinshu 143
Lu, Meister 45
Lu Sheng 166
Lu Sujian 89
Lu Tanwei 108
Lü Xugong 89
Lu Zhongfu 142
Lu Zongdao 215
Luo Qiu 103
Luoxia Hong 50f.
Luoyang (Ortsname) 159
Luzhou (Bezirk) 82
Luzhou (Ortsname) 194

Mao Qiang 198f.
Meng (Name einer Gegend) 38f.
Meng Zi 37, 102
Mengding (Ortsname) 171
Min (Name einer Gegend) 148, 185
Mindi (Kaiser der Späteren Tang-Dynastie) 27
Ming (Kaiser der Liu-Song-Dynastie) 169
Mo Di 199
Mo-ao 24
Mozhou (Ortsname) 202

Nanfeng (Ortsname) 148
Nanyang (Ortsname) 147f.
Nigu (Ortsname) 96
Ningguo (Kreis) 170
Nördliche Hauptstadt 107
Nuo Juluo 163

Ouyang Xiu 25f., 108f., 145, 217

Pang Ji 157
Panliangzhen (Ortsname) 144
Ping Dao 28
Pinglu (Kreis) 106
Pucheng (Kreis) 99
Puyang (Ortsname) 137

Qi (Name einer Gegend) 158, 186
Qian Liu 125
Qian Sengru 142
Qian Wenxi 68
Qiantang (Ortsname) 82, 84, 112, 148, 170
Qiaobo (Ortsname) 141
Qikou (Ortsname) 88
Qin (Name einer Gegend) 41, 187
Qin Han 202
Qinghe (Ortsname) 167
Qingzhou (Bezirk) 168
Qingzhou (Ortsname) 150, 174
Qinzhou (Bezirk) 89
Qiongguan (Ortsname) 47
Qizhou (Bezirk) 194, 217
Qizhou (Name einer Gegend) 75
Quanzhou (Ortsname) 176

Raoyang (Kreis) 75
Renzong (Song-Kaiser) 70f., 174
Runan (Ortsname) 159
Runzhou (Ortsname) 44, 86, 138
Ruzhou (Ortsname) 159

San Yisheng 154
Shamendao (Insel) 89, 139
Shanding (Ortsname) 171
Shanghu (Ortsname) 79f.
Shanyuan (Ortsname) 200, 202f.
Shanzhou (Ortsname) 107, 113
Shen Liao 111
Shenxian (Kreis) 82
Shenzhou (Ortsname) 75
Shi Manqing 65, 70f., 157
Shi Pu 202
Shishou (Kreis) 39
Shouzhou (Bezirk) 74, 142
Shu (Name einer Gegend) 82, 105, 206
Shu Shaoliang 129, 171
Shu Yijian 61
Shun (vorhistorischer Kaiser) 104
Shuomo (Name einer Gegend) 181
Shuqu (Ortsname) 148
Shuzhou (Bezirk) 205
Sima Qian 186
Sima Xiangru 155
Siming (Ortsname) 130
Sizhou (Ortsname) 154, 172
Song Cidao 28, 150
Song Di 110
Song Shu 144
Songzi (Ortsname) 143
Su Chinang 101
Su Yijian 19
Su Zichan 71
südliche Hauptstadt 82
Sui (Name einer Gegend) 142
Suiyang (Kreis) 99
Suizhou (Bezirk) 38, 215
Suizhou (Kreis) 97
Sun Shi 89
Sun Simiao 129, 206
Sun Wu 203
Sun Yanxian 141
Sun Yuangui 92
Sun Zhen 66f.
Suzhou (Bezirk) 164
Suzhou (Ortsname) 54, 98

Taikang (Kreis) 87
Taiyuan (Ortsname) 167
Taizong (Tang-Kaiser) 18f., 38, 87, 112
Taizu (Song-Kaiser) 176, 216
Tao Daozhen 45
Tao Jian 85
Tao Yuanming 216
Tiandushan (Ortsname) 101
Tianzhu (Ortsname) 171
Tumen (Ortsname) 167

Wang Anshi 25, 68, 103, 205f., 217
Wang Ceng 194
Wang Congpi 203
Wang Hefu 217
Wang Hong 113
Wang Ji 28f., 103
Wang Jie 139
Wang Jizhong 200, 202f.
Wang Junmin 25f.
Wang Juzhi 148
Wang Ling 45
Wang Qinruo 87, 202f.
Wang Rong 170
Wang Shengmei 102
Wang Wei 109
Wang Wenzheng 28, 64f., 68f.
Wang Wujiu 138
Wang Xian 200
Wang Xiaobo 176
Wang Xizhi 108, 111, 113, 158
Wang Ya 43
Wang Yanzheng 63
Wang Yanzu 208
Wang Yi 28
Wang Yuanze 94
Wang Yucheng 217
Wang Yun 186
Wei Po 58, 60, 123
Wei Xie 109
Wei Ye 106f.
Weijiang (Ortsname) 176
Wen (Zhou-König) 154
Wen Renshao 148
Wen Yanbo 198
Wenzhou (Ortsname) 163
West-Zhejiang (Provinz) 77
Wu (Name einer Gegend) 38, 158, 171, 186f., 208
Wu (Regierungsbezirk) 77
Wu Yu 108
Wu Zhengxian 107
Wuchengxian (Kreis) 150
Wudi (Han-Kaiser) 186
Wuzhong (Name einer Gegend) 157
Wuzhou (Name einer Gegend) 145

Xi Shi 198f.
Xia Song 166
Xiang (Name einer Gegend) 142
Xiang Yu 196f.
Xiangyi (Ortsname) 172
Xiangzhou (Ortsname) 183
Xianping (Kreis) 87
Xianyang (Ortsname) 43
Xiao, Kaiserinmutter 202
Xiaoyaocun (Ortsname) 110
Xiazhou (Bezirk) 105
Xiazhou (Ortsname) 97, 105
Xie An 85
Xie Dequan 172
Xie He 109
Xie Lingyun 163f.
Xie Shizheng 170
Xie Tao 76
Xie Zhaokuo 89
Xiezhou 31
Xiezhou (Ortsname) 82, 159, 184
Xiliang (Kreis) 42
Xin'an (Ortsname) 156
Xingyang (Ortsname) 167
Xingzhou (Bezirk) 74f.
Xinzhou (Bezirk) 166, 171
Xiong Ansheng 186
Xiongzhou (Ortsname) 98
Xiuzhou (Ortsname) 106, 150
Xixi (Ortsname) 170f.
Xixia (Staat) 101
Xu Dezhan 143
Xu Hao 137
Xu Huaide 63
Xu Kai 37
Xu Xi 111
Xu Yan 190
Xu Yuan 130
Xuanzhou (Bezirk) 170
Xuanzong (Tang-Kaiser) 41
Xucun (Ortsname) 75, 96
Xue Xiang 68

Yan Gao 30
Yan Shu 70
Yan Yuan 109
Yan'an (Ortsname) 195
Yanfuxian (Kreis) 97
Yang Danian 103
Yang Huaimin 96
Yang Ledao 25
Yang Wengong 37
Yang Yi 24
Yang Yuansun 41
Yang Zhu 199
Yangxian (Ortsname) 171
Yangzhai (Kreis) 66
Yangzhou (Ortsname) 22, 96, 144, 158, 174
Yanshan (Kreis) 171
Yanzhou (Bezirk) 73, 94
Yanzhou (Ortsname) 41, 145, 159
Yao (vorhistorischer Herrscher) 161, 191
Yaozhou (Kreis) 112
Yeli 101
Yi (Name einer Gegend) 81, 194
Yi Zhigao 92
Yihai 187
Yizhong, Großmeister 187
Yindi (Kaiser der Späteren Han-Dynastie) 38
Ying (Ortsname) 28, 38
Ying Ju 45
Yingchang (Ortsname) 66
Yingzhou (Ortsname) 143
Yixing 50, 120, 123
Yixing (Kreis) 61, 137
Yongjia (Ortsname) 163
Yongning (Name einer Gegend) 75
Yongqiu (Ortsname) 172
Yongxing (Ortsname) 89
Yongzhou (Bezirk) 170
Yongzhou (Ortsname) 207
Youli (Ortsname) 154
Yu 38, 44, 125
Yu (vorhistorischer Herrscher) 161
Yu Dingguo 36
Yu Hao 114, 125, 127

Yu Shi 131
Yuan (Name einer Gegend) 92
Yuan An 109
Yuan Hao 101
Yue (Name einer Gegend) 45, 187
Yuezhou (Bezirk) 137
Yuezhou (Ortsname) 187, 195
Yun (Name einer Gegend) 38f.
Yunmeng (Name einer Gegend) 38
Yusha (Kreis) 39

Ze (Bezirk) 82
Zedi (Ortsname) 167
Zeng Fu 148
Zeng Hui 87
Zengkeng (Ortsname) 171
Zezhou (Ortsname) 147
Zhaishuiya (Ortsname) 97
Zhang Denggong 89
Zhang Gaoqing 86
Zhang Hao 202f.
Zhang Heng 51
Zhang Jingyang 148
Zhang Lun 86
Zhang Mi 43
Zhang Mu 203
Zhang Qian 183
Zhang Rou 131
Zhang, Ungehobelte Achte 106
Zhang Wenjie 70
Zhang Wenzhi 215
Zhang Yong 194f.
Zhang Yue 45
Zhang Zitong 129
Zhang Zixin 51
Zhangxian (Kaiserinmutter) 153
Zhao Jian 76
Zhao Pu 159, 216
Zhaobo (Ortsname) 86
Zhaojun (Ortsname) 167
Zhaozong (Tang-Kaiser) 38
Zheng, Graf 38
Zheng Kangcheng 154, 186f.
Zheng Shen 138
Zheng Shuxiong 129
Zheng Tian 28
Zhenrong (Ortsname) 93
Zhenyang (Ortsname) 170
Zhenzhou (Ortsname) 85f.
Zhenzong (Song-Kaiser) 68, 87, 202f.
Zhihe (Name eines Buddhamönchs) 45
Zhong E 148
Zhong Shiheng 100f.
Zhong You 108
Zhongkang (Xia-Herrscher) 123
Zhongshan (Ortsname) 170
Zhou (Shang-Kaiser) 26, 154
Zhou Cong 58
Zhou Wenzhi 89, 202
Zhu Congdao 25
Zhu Shi 216
Zhu Wei 132
Zhu Wen 112
Zhu Wenji 187
Zhuang von Lu, Fürst 123
Zhuang Min 157
Zhuang Zi 69, 90
Zhuangzong, Kaiser 20
Zhuge Liang 177
Zhuyu (Ortsname) 86
Zhuyue (Name einer Gegend) 181
Zi (Name einer Gegend) 49
Zongzi 147f.
Zu Geng 116
Zu Gengzhi 51

Zum Autor

Konrad Herrmann, geboren 1945 in Prag, studierte Sinologie und Maschinenbau und promovierte auf dem Gebiet der Meßtechnik. Er übersetzte Werke moderner chinesischer Schriftsteller, wie Lu Xun, Ding Ling und Zhang Xianliang (»Die Hälfte des Mannes ist Frau«), und Quellen der altchinesischen Literatur (u.a. »Pinselunterhaltungen aus der Strohhütte der Betrachtung des Großen im Kleinen« von Ji Yun). Sein Interesse gilt insbesondere der Geschichte der chinesischen Zivilisation und Wissenschaft.

Weitere Bücher zum Thema China im Eugen Diederichs Verlag

I Ging

Das Buch der Wandlungen
Aus dem Chinesischen übertragen und erläutert von Richard Wilhelm

644 Seiten, Leinen

Das »Buch der Wandlungen« ist das älteste Buch Chinas – und zugleich eines der aktuellsten. Als Orakel befragt (mittels Schafgarbenstengeln oder Münzen), gibt es vor, wie man in einer konkreten Situation handeln soll. Es zeigt dem Fragenden, bildhaft verschlüsselt, die Gegenwart und auch die Richtung, in die sie tendiert: eben den Wandel. Der komplette Text in der klassischen Übersetzung von Richard Wilhelm.

I Ging

Text und Materialien
Einleitung von Richard Bauer

Diederichs Gelbe Reihe Band 1, 325 Seiten, Paperback

Im »Buch der Wandlungen« als Taschenbuch in der Gelben Reihe bleibt das Dritte Buch, die Kommentare, ausgespart. Die handlichere Version zur Anleitung und Befragung des Orakels, ergänzt durch eine hilfreiche Einführung des Sinologen Wolfgang Bauer.

Erfahrungen mit dem I Ging

Vom kreativen Umgang mit dem Buch der Wandlungen
Herausgegeben von Ulf Diederichs

Diederichs Gelbe Reihe Band 51, 272 Seiten, Paperback

C.G. Jung, Richard Wilhelm, Hermann Hesse, Jorge Luis Borges ... hier schreiben China-Experten, Poeten, Künstler, Kybernetiker, Psychologen, Aussteiger, wie sie das I Ging für sich entdeckt und für ihr Leben produktiv gemacht haben.

Hanna Moog (Hrsg.)

Leben mit dem I Ging

Erfahrungen aus Kunst, Therapie und Alltagspraxis

Diederichs Gelbe Reihe Band 128, ca. 300 Seiten, Paperback

Das I Ging »von unten«. Mehr als 30 Prominente und Unbekannte erzählen, wie sie das altchinesische Orakel- und Weisheitsbuch für sich nutzen. Beiträge aus den Bereichen Lebenshilfe, Psychotherapie, Kunst, Geld und Beruf, Philosophie und Forschung zeigen: Man kann das Buch lesen und darüber philosophieren, man kann es befragen in schwierigen Lebenslagen, es kann zum künstlerischen Selbstausdruck inspirieren oder selbst zum Forschungsobjekt werden.

Liä Dsï

Das wahre Buch vom quellenden Urgrund
Aus dem Chinesischen übertragen und erläutert von Richard Wilhelm

Diederichs Gelbe Reihe Band 28, 256 Seiten, Paperback

Ein schier unerschöpflicher Reichtum an Weisheit und Lebenserfahrung ruht in diesem Buch: Heilige und Spötter, Philosophen und Asketen, Bettler und Kinder, Staatsmänner und Bauern führen auf lebendige Weise die Lehre des Meisters Liä Dsï vor Augen. Sie bietet keine geschlossene Weltanschauung, sondern ist das vermittelnde Bindeglied zwischen dem Taoteking und dem Taoismus.

Li Gi

Das Buch der Riten, Sitten und Bräuche
Übersetzt und herausgegeben von Richard Wihelm

Diederichs Gelbe Reihe Band 31, 352 Seiten, Paperback

Eines der fünf großen Weisheitsbücher des alten China. In ihm sind die Lebensregeln des Alltags zusammengefaßt wie auch der Kodex chinesischer Staatsweisheit. Es stellt eine unschätzbare Erkenntnisquelle für die Wertvorstellungen im alten China dar.

Mong Dsï

Die Lehrgespräche des Meisters Meng K'o
Übersetzt von Richard Wilhelm
Mit einem neuen Vorwort von Karl Heinz Pohl

Diederichs Gelbe Reihe Band 42, 248 Seiten, Paperback

Die Lehren des Mong Dsï zeichnen sich durch ihre durchsichtige Klarheit und Ausführlichkeit, durch ihren Humor und ihre Fülle an Gleichnissen und erläuternden Geschichten aus. Er glaubte an das moralische Gute im Menschen und trat vehement für seine Selbstverwirklichung in Form aktiver Teilnahme und Übernahme politischer Verantwortung ein.

Isabelle Robinet

Geschichte des Taoismus

Aus dem Französischen von Stephan Stein

Diederichs Gelbe Reihe Band 118, 394 Seiten, Paperback

Die erste entwicklungsgeschichtliche Darstellung dieser philosophisch-religiösen Weisheitslehre Chinas, verfaßt von der renommiertesten Taoismus-Forscherin Frankreichs. Isabelle Robinet zeigt die großen Linien der unterschiedlichsten Lehren, Schulen und Strömungen des Taoismus, der in allen Epochen und sämtlichen Schichten der chinesischen Gesellschaft präsent ist.

EUGEN DIEDERICHS VERLAG

Laotse

Tao te king

Das Buch vom Sinn und Leben
Übersetzt und mit einem Kommentar von Richard Wilhelm

Diederichs Gelbe Reihe Band 19, 232 Seiten, Paperback

Über zweieinhalb Jahrtausende hinweg hat sich das Tao te king als eine unversiegliche Quelle metaphysischer Erkenntnis und als Unterweisung in einer natürlichen, meditativen Lebensführung erwiesen.

Dschuang Dsi

Das wahre Buch vom südlichen Blütenland
Aus dem Chinesischen übertragen und erläutert von Richard Wihelm

Diederichs Gelbe Reihe Band 14, 332 Seiten, Paperback

Das Besondere an Dschuang Dsis Dichtungen sind nicht nur seine Anschauungen, sondern auch die Lebhaftigkeit seines Geistes, die Schärfe seines Denkens und der Umfang seines Wissens. In mythischen Erlebnissen und Gleichnissen, in seinem bilderreichen, poetischen Stil, breitet er die Grundgedanken seiner Philosophie aus.

»Von allen Büchern chinesischer Denker, die ich kenne, hat dieses am meisten Reiz und Klang.« Hermann Hesse

Kungfutse

Gespräche · Lun Yü

Aus dem Chinesischen übertragen und herausgegeben von Richard Wilhelm

Diederichs Gelbe Reihe Band 22, 224 Seiten mit 4 Abbildungen und Frontispiz, Paperback

»Die Gespräche des Konfuzius sind das älteste vollkommene geistige Porträt eines Menschen. Man empfindet es als ein modernes Buch, nicht nur alles, was es enthält, auch alles, was in ihm fehlt, ist wichtig.« Elias Canetti

Kungfutse

Schulgespräche · Gia Yu

Übersetzt von Richard Wilhelm

Diederichs Gelbe Reihe Band 36, 240 Seiten, Paperback

Geschichten aus dem Leben des Meisters, Anekdoten, Gespräche, Urteile über Zeitgenossen und historische Persönlichkeiten, Ausführungen über verschiedene Lebensfragen: Im Gegensatz zu den zu Anekdoten geschliffenen Gesprächen im Lun Yü sind die Schulgespräche ausführlicher, mit mehr Einzelheiten und Beispielen.

EUGEN DIEDERICHS VERLAG

Weitere Titel in der Gelben Reihe Magnum

Christian Rätsch

Die Steine der Schamanen

Kristalle, Fossilien und die Landschaften des Bewußtseins

Gelbe Reihe Magnum, Band 2
Mit 28 Farbabb. und zahlreichen s/w Abb., 168 Seiten, Festeinband

Bergkristalle, Amethyste, Ammoniten, Scaphite: Steine haben magische Kräfte, deren Wirkung in Vergessenheit geraten ist. Christian Rätsch führt ein in die symbolischen und mythischen Bedeutungen, die die unterschiedlichsten Kulturen und Völker den Steinen beimessen.

Marko Pogačnik

Geheimnis Venedig

Modell einer vollkommenen Stadt

Gelbe Reihe Magnum, Band 3
Mit ca. 160 Farbbildern und 100 Zeichnungen, 192 Seiten, Festeinband

Venedig mit dem Auge des Künstlers, Geomanten und Landschaftsheilers Marko Pogačnik gesehen. Er erschließt die geistigen und energetischen Urmuster der sterbenden Stadt und zeigt, wie die über Jahrhunderte gesammelten Erfahrungen auf einer höheren Stufe der Entwicklung eingebracht werden können.

EUGEN DIEDERICHS VERLAG